LA

CAMPAGNE DE 1793

A

L'ARMÉE DU NORD ET DES ARDENNES

PUBLIÉ SOUS LA DIRECTION

DE LA

SECTION HISTORIQUE DE L'ÉTAT-MAJOR DE L'ARMÉE

LA
CAMPAGNE DE 1793

A

L'ARMÉE DU NORD ET DES ARDENNES

DE VALENCIENNES A HONDTSCHOOTE

PAR

V. DUPUIS

CAPITAINE D'INFANTERIE BREVETÉ

A LA SECTION HISTORIQUE DE L'ÉTAT-MAJOR DE L'ARMÉE

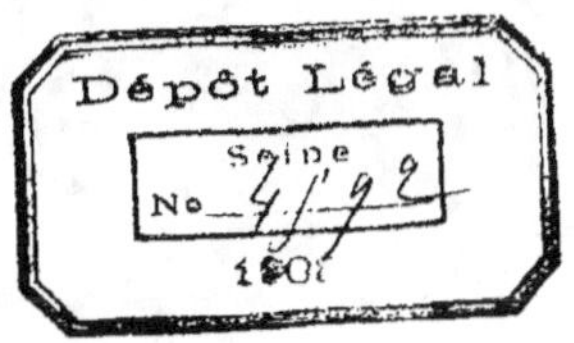

PARIS

LIBRAIRIE MILITAIRE R. CHAPELOT ET Cᵉ

IMPRIMEURS-ÉDITEURS

30, Rue et Passage Dauphine, 30

1906

INTRODUCTION

Cette étude de la campagne de 1793 concerne les
événements militaires qui se sont déroulés sur le
théâtre d'opérations du Nord et des Ardennes depuis le
1er août jusqu'au 8 septembre, c'est-à-dire depuis la
capitulation de Valenciennes exclusivement, jusqu'à la
bataille d'Hondtschoote inclusivement. Elle est divisée
en deux parties : la première se termine au moment où
les armées de la coalition, libres de leurs mouvements,
se sont cependant immobilisées autour des deux places
de Dunkerque et du Quesnoy ; dans la deuxième, au
contraire, c'est l'armée du Nord qui, prenant à son tour
l'offensive, s'efforce de chasser l'envahisseur du territoire national. Les deux phases se distinguent donc
nettement l'une de l'autre par le déplacement de l'initiative stratégique qui passe du camp des alliés au
camp français. D'autre part, comme les questions d'organisation offrent à ce moment un intérêt capital, leur
exposé a été séparé de celui des opérations proprement
dites et présenté dans chacune des deux parties sous un
titre spécial.

Il nous a paru que ce plan permettrait, mieux que
tout autre, de relier les effets à leurs causes, au cours
d'une période particulièrement confuse et troublée. En

effet, l'état militaire de la France est alors une résultante de la crise politique et économique qui agite toute la nation et confère aux *éléments de la guerre* une valeur anormale. Les cadres supérieurs sont recrutés parmi des officiers ou des soldats de l'ancienne armée, ou même parmi de simples volontaires, que la Révolution éleva parfois au grade de général en moins de trois ans. Les unités combattantes ont une composition hétérogène ; un tiers des soldats provient des régiments de l'armée royale, le reste comprend, soit des volontaires qui désirent en grand nombre rentrer dans leurs foyers après avoir accompli une ou deux années de service, soit des recrues venues sous les drapeaux, depuis quelques mois, en exécution d'une loi de réquisition qui les contraint au service militaire. Le groupement de troupes aussi peu homogènes sous un commandement improvisé provoque des courants de défiance et de suspicion qui parcourent de haut en bas et de bas en haut cet organisme en pleine crise de croissance. La force de ces courants est d'ailleurs d'autant plus grande que les passions déchaînées dans l'opinion publique ont légèrement obscurci la notion du devoir professionnel dans les rangs, comme aux divers échelons de la hiérarchie.

Ce serait peu cependant si les rapports entre les généraux et les pouvoirs publics reposaient, comme à l'ordinaire, sur la loyauté et la confiance. Mais il n'en est rien, car les vides creusés dans les cadres par l'émigration, la conduite de Dumouriez, l'attitude inquiétante de Custine et d'un certain nombre d'officiers ont rendu suspect le loyalisme des militaires. Pour se protéger contre des défections ou des trahisons éventuelles, la Convention a soumis l'armée à la tutelle de ses délégués directs qui, suivant le degré de leur intelligence et la nature de leur caractère, exercent une influence plus ou moins heureuse sur les décisions du commandement. Le Comité de Salut public qui détient toute la puissance

exécutive, en même temps qu'il a la charge d'élaborer
les plans de campagne, correspond directement, tantôt
avec ces représentants du peuple en mission, tantôt avec
les généraux, pour exciter et diriger le zèle des uns et
des autres. Quant au Ministre de la guerre, il n'est
plus que le premier commis de ce Comité et son rôle
comme sa personnalité le maintiennent au second plan.
Enfin, la hiérarchie administrative régulière est à peu
près dépossédée de son pouvoir légal par quelques
organes nouveaux auxquels la Révolution a donné naissance.

Toutes ces particularités ont pour effet de placer nos
généraux dans des conditions qui ne furent réalisées à
aucune autre époque de notre histoire. En outre, la
diversité des sources auxquelles l'autorité gouvernementale puise sa force et la complexité des rouages qui la
transmettent à l'armée, émiettent les responsabilités et
les répartissent en des points où l'esprit n'est pas accou-
tumé à les rencontrer. Il était donc nécessaire de mettre
le jugement de tous en garde contre des erreurs possibles en analysant à la fois l'état politique et l'état militaire de la France et en distinguant cette étude de celle
des opérations.

Le plan de cet ouvrage et le développement qui a été
donné aux questions organiques se justifient encore par
ce fait que l'armée française, en 1793, n'est pas un instrument de combat préparé soigneusement à son rôle
durant de longues années de paix. Le gouvernement
révolutionnaire, alors en guerre avec les puissances voisines, n'a pas reçu de la monarchie une armée qu'il
puisse utiliser telle quelle pour triompher aisément de
ses nombreux adversaires. Sous la menace de dangers
toujours croissants, on remédie à coups de décrets ou
d'arrêtés aux imperfections de notre système défensif ou
à l'insuffisance des effectifs, et il suffit de se reporter
aux *Bulletins des Lois* ou au *Registre du Comité de Salut*

public, pour apprécier l'importance de cette œuvre législative.

C'est ainsi qu'on ordonne des levées nouvelles ou des transports de forces d'un théâtre d'opérations sur un autre et qu'on demande, soit à l'administration civile, soit à des entrepreneurs, les approvisionnements qu'il est d'usage de réunir à l'avance dans des magasins spéciaux. Mais l'effet de toutes ces mesures, prises trop tardivement pour répondre à des besoins multipliés, est si lent qu'un ennemi audacieux pourrait facilement vaincre toutes nos résistances. Par là aussi, la puissance des moyens d'action du commandement varie avec le degré d'exécution de ces décrets ou de ces arrêtés, et la stratégie de nos généraux subit fatalement le contre-coup d'une réorganisation pour ainsi dire incessante : d'où la nécessité de suivre parallèlement et jusque dans le détail, l'action des pouvoirs publics et celle du commandement.

Il convient enfin, pour terminer, de rappeler ici cette loi de l'Histoire qui veut que la transformation des mœurs et des institutions politiques entraîne nécessairement la transformation des mœurs et des institutions militaires. La phase de la campagne de 1793, qui se déroule en pleine Terreur, aurait donc été trop imparfaitement étudiée si nous nous étions borné à exposer les faits de guerre sans tenir compte de la tourmente politique qui secoua si violemment chefs et soldats et leur fit une âme héroïque. Quelques défaillances ne sauraient en effet ternir l'éclat d'une gloire si noblement acquise par les armées de la Révolution qui, en dernière analyse, méritèrent l'admiration de tous par une longue pratique des plus pures vertus militaires.

LA

CAMPAGNE DE 1793

A

L'ARMÉE DU NORD ET DES ARDENNES

DE VALENCIENNES A HONDTSCHOOTE

Ire PARTIE

L'offensive des alliés.

TITRE Ier

ORGANISATION

CHAPITRE Ier.

**Situation respective des forces adverses lors de la capitulation
de Valenciennes.**

Situation de l'armée du Nord. — Situation de la 2e division de l'armée
des Ardennes. — Composition et emplacements de l'armée alliée.

Au moment où Valenciennes ouvrit ses portes aux
coalisés, les troupes qui constituaient alors l'armée du

Nord et des Ardennes étaient réparties le long de la frontière, depuis Longwy jusqu'à Dunkerque.

Les situations ci-dessous présentent un tableau détaillé de la composition de cette armée; elles indiquent en même temps les emplacements occupés par les diverses unités.

1° *Situation de l'armée du Nord* (1).

-----

(1) A. H. G. Carton des situations de l'armée du Nord et des Ardennes, 2ᵉ semestre 1793.

Armée Camp de César, Quartier général à Cambrai.

Rapport général du 30 juillet 1793.

CORPS.	EN CONGÉ.	EN PRISON.	DÉTA-CHÉS.	FORCES D'AUJOUR-D'HUI.	A L'HÔPITAL.	PRÉSENTS SOUS LES ARMES.	MANQUE au COMPLET.	
Flanqueurs de gauche.								
13e régiment chasseurs du centre........	»	»	»	36	4	35	»	Hamel.
2e hussards	»	4	»	275	4	270	750	Fléquière.
5e d'hussards.................	»	4	4	119	»	114	906	Gouy.
14 d'infanterie légère.............	7	5	90	604	79	427	636	Cantin.
Flanqueurs d'Hasnon...........	»	»	»	65	5	60	»	La Motte.
1 bataillon d'Indre-et-Loire..........	1	»	12	578	75	450	300	Arleux.
5e régiment d'infanterie...........	»	5	156	683	84	445	309	Campé au Mont-Brûlé.
2e bataillon d'Indre-et-Loire.........	6	1	86	749	198	458	292	Gouy.
3e de l'Oise.................	3	1	82	611	73	452	298	Ueu-Lenglet.
2 volontaires nationaux............	2	1	3	546	78	462	288	Estrée.
17 volontaires nationaux............	1	»	3	528	70	454	296	Campé Moulin d'Arleux.
7e du Pas-de-Calais..............	1	1	3	462	17	441	309	Gouy.
1 de la Haute-Vienne.............	»	»	31	542	60	451	299	Moulin d'Arleux.
1 du Nord..................	5	»	78	624	87	454	296	Arleux.
Canonniers à cheval.............	»	»	»	58	6	52	»	Dans les retranchements.
Total.....	21	49	545	6,440	834	5,024	»	

CORPS.	EN CONGÉ.	EN PRISON.	DÉTA-CHÉS.	FORCES D'AUJOUR-D'HUI.	A L'HÔPITAL.	PRÉSENTS SOUS LES ARMES.	MANQUE AU COMPLET.	
Avant-garde.								
4 régiment de hussards	»	2	»	444	»	442	578	Brunelmont.
7 régiment de hussards	1	7	7	489	4	470	550	Fressies.
6 régiment de chasseurs	»	1	»	481	13	467	283	Aubanchœuil.
Détachement d'artillerie	»	»	»	71	1	70	»	Auhigny-au-Bac.
Artillerie légère	»	1	1	70	7	61	»	Id.
Chasseurs des 4 nations	»	»	10	146	20	116	»	Abbaye du Verger.
3 bataillon francs	»	»	9	581	119	453	297	Pallué.
5e bataillon franc	»	»	15	421	12	394	356	Abbaye du Verger.
9e chasseurs d'infanterie	»	1	85	622	83	453	297	Brunelmont.
15e d'infanterie légère	2	2	»	395	59	332	448	Abbaye du Verger.
1 de Jemappe	»	3	51	526	52	420	330	Brunelmont.
8 des fédérés	»	»	66	595	70	459	290	Camp d'Oisy.
2 bataillon du 1er d'infanterie	»	»	124	692	464	404	346	Id.
9 des fédérés	»	1	4	558	95	458	292	Id.
1 de l'Ille-et-Vilain	3	»	86	667	451	427	323	Camp d'Auhanchœuil.
2 bataillon du 22e d'infanterie	»	1	227	733	418	387	362	Id.
2 bataillon d'Ille-et-Vilaine	2	»	15	524	55	452	298	Auhigny au-Bac.
1 bataillon de Paris	»	»	80	584	64	440	310	Camp d'Aubanchœuil.
1 bataillon du 19e d'infanterie	»	3	147	686	88	448	304	Id.
6 bataillon de Paris	»	1	134	617	408	374	376	Id.
4 bataillon de l'Aisne	»	5	59	456	84	398	352	Camp d'Oisy.
9 de Paris	»	4	6	599	132	457	293	Id.
3 de l'Oise	»	»	»	»	»	»	62	Heu-Lenglet.
TOTAL	8	32	4,426	40,957	4,499	9,070	»	
Division du Nord.								
1 bataillon de l'Aisne	1	33	69	707	148	456	204	Camp de César.
1 du 81 d'infanterie	1	3	70	631	105	452	298	Id.
3 des [illegible] aux Aisne	[illegible]	[illegible]	63	614	89	457	293	Id.

2 du 74e d'infanterie	»	»	51	[illegible]	[illegible]	[illegible]	[illegible]	Id.
3 du Lot	»	»	7	503	97	459	294	Id.
4 de Seine-et-Oise	»	5	68	653	128	452	298	Id.
4 du 72e d'infanterie	»	4	90	644	90	463	287	Id.
3 Seine-et-Oise	»	3	70	604	87	444	306	Id.
4 de l'Oise	8	6	70	706	159	463	287	Id.
54 d'infanterie	»	»	63	649	123	463	287	Id.
5 de l'Oise	6	»	6	624	448	464	286	Id.
5 de Paris	»	2	28	612	414	474	279	Id.
98 d'infanterie	4	23	70	648	62	459	294	Id.
Bataillon des républicains	»	5	70	654	126	453	297	Id.
de Saint-Denis	»	1	55	534	22	456	294	Id.
83e d'infanterie	»	»	8	553	93	452	298	Id.
La Butte-des-Moulins	6	2	2	552	65	477	273	Id.
3 de l'Aube	5	4	4	536	87	436	348	Au camp de Fontaine-Notre-Dame, près Cambrai.
2 du 104e régiment	13	1	54	798	225	405	345	Id.
3 de l'Yonne	9	»	68	640	81	452	298	Id.
4 de la réserve	»	1	58	593	78	456	294	Id.
4 du 78e régiment	»	1	54	763	254	455	295	Id.
25 de la réserve	»	3	26	627	143	455	295	Id.
Total	53	96	4,133	15,003	2,720	10,904	»	

Flanqueurs de droite.

42 chasseurs à cheval	»	2	13	476	48	443	»	»
2 de dragons	1	8	2	327	12	304	»	»
5 de dragons	»	6	14	350	5	325	»	»
7 de dragons	»	»	»	217	5	209	»	»
26 de cavalerie	»	4	36	429	2	90	»	»
1er bataillon de la Marne	»	2	»	524	61	458	292	
2 bataillon du 45e d'infanterie	»	3	73	708	137	495	225	
3 de la Marne	»	1	97	747	82	537	243	
2 de la Meurthe	27	6	55	644	68	454	296	
56 d'infanterie	55	57	50	775	159	454	296	
3 de la Meurthe	»	2	410	591	67	402	348	
3 du Nord	»	4	50	580	62	467	283	
21 infanterie légère	1	5	15	446	52	373	377	
Total	84	94	516	6,448	760	4,981	»	

Division des Ardennes.

CORPS.	EN CONGÉ.	EN PRISON.	DÉTA-CHÉS.	FORCES D'AUJOUR-D'HUI.	A L'HÔPITAL.	PRÉSENTS sous LES ARMES.	MANQUE au COMPLET.	
2 bataillon des Ardennes	»	»	34	660	126	500	250	Camp de César.
8 régiment d'infanterie	»	»	»	»	»	»	»	Id.
3 des Ardennes	»	»	11	559	60	488	262	A Douai.
2 Saône-et-Loire	»	1	13	541	74	453	297	Camp de César.
17 régiment d'infanterie	»	»	4	637	124	509	241	
1 bataillon de la Mayenne	1	»	»	578	122	455	295	
25 d'infanterie	4	»	33	641	161	443	307	Camp de César.
1 de la Sarthe	9	»	2	552	90	451	299	Id.
4 de la Meuse	»	»	14	608	148	446	304	Id.
43 d'infanterie	»	2	»	594	140	449	301	Id.
2 de la Meuse	»	»	15	549	95	439	311	Id.
5 des Vosges	»	2	»	525	80	443	307	Id.
45 d'infanterie	»	»	34	678	194	450	300	Id.
10 bataillon de Paris	1	1	13	557	72	470	280	Id.
10 Seine-et-Oise	»	7	4	610	142	457	293	Id.
47 d'infanterie	»	»	»	625	153	471	279	Id.
1 Haute-Vienne	»	1	»	592	154	437	313	Id.
2 de la Meurthe	»	»	»	»	»	»	»	Flanqueurs de droite.
56 d'infanterie	»	»	»	»	»	»	»	Id.
3 bataillon de la Meurthe	»	»	»	»	»	»	»	Id.
La Commune de Paris	»	»	»	»	»	629	»	Landrecy.
58 d'infanterie	»	»	»	»	»	692	»	Id.
7 Théâtre français	»	»	»	»	»	»	»	Id.
TOTAL	15	14	177	9,503	1,935	8,682	4,639	

6 régiment cavalerie	1	7	40	300	3	249	»	Cantain.
7 Id	»	4	»	284	29	251	»	Fontaine Notre-Dame.
18 Id	»	»	»	175	4	474	»	Marcoing.
20 Id	7	»	100	422	26	299	»	Sailly.
23 Id	»	5	»	328	17	306	»	Noyelle.
14 chasseurs	»	»	100	244	16	128	»	Awoin.
3 Id	»	»	»	208	»	208	»	Crèvecœur.
40 hussards	»	»	»	50	»	59	»	Abbaye Guillaume.
25 de cavalerie	»	»	»	121	7	414	»	Camp de César.
TOTAL	8	16	240	2,133	99	4,769	»	
Canonniers attachés au parc	»	1	412	1,298	226	659	»	Camp de César.
Canonniers volontaires et auxiliaires	»	»	270	552	78	204	»	Id.
5 bataillon de la Meurthe	9	1	25	519	55	422	328	Id.
4 de la Moselle	3	»	293	494	63	135	645	Id.
TOTAL	12	2	1,000	2,856	422	1,420	»	
Flanqueurs de gauche	21	19	545	6,440	834	5,024	»	
Avant-garde	8	32	1,126	10,957	1,499	9,070	»	
Division du Nord	53	96	4,433	15,033	2,720	10,901	»	
Flanqueurs de droite	84	94	516	6,448	760	4,981	»	
Division des Ardennes	45	44	477	9,503	4,935	8,682	4,639	
Cavalerie, troupes légères	8	16	240	2,133	99	4,769	»	
Parc d'artillerie et réserve	12	2	1,000	2,856	422	1,420	»	
Gendarmerie nationale	»	»	»	»	»	»	»	
Guides de l'armée	»	»	»	»	»	»	»	
TOTAL GÉNÉRAL	201	273	4,737	53,340	6,269	41,844	»	

Maubeuge.

CORPS.	PRISONNIERS DE GUERRE.	EN CONGÉ.	DÉTACHÉS.	A L'HÔPITAL.	PRÉSENTS sous LES ARMES.	TOTAL de L'EFFECTIF.	MANQUE au COMPLET.
Garnison							
2e bataillon de la Marne	»	»	436	78	631	845	»
1er du Loiret	»	3	58	56	624	741	9
1er régiment de cavalerie	»	»	97	7	322	426	374
2e bataillon des Hautes-Alpes	»	»	59	90	588	737	13
6e compagnie d'artillerie légère	»	»	»	11	60	71	5
4e compagnie de mineurs	»	1	46	4	35	83	2
Le Camp							
Parc d'artillerie	»	3	17	8	348	376	6
Chasseurs de Jemmapes	»	»	100	26	305	431	319
48e d'infanterie, 1er et 2e bataillons	57	»	240	77	777	1,451	364
5e bataillon Volontaires nationaux	9	2	49	35	555	650	100
5e de l'Yonne	»	»	416	49	463	628	422
6e de l'Yonne	»	3	2	74	530	614	136
2 du Gard	43	2	2	41	481	539	214
12 des fédérés	»	»	3	36	430	469	281
5 —	5	1	67	48	384	503	247
7 —	11	»	10	28	322	431	319
68e d'infanterie, 1er et 2e bataillons	60	»	193	84	824	1,161	354

Cerfontaine. . . .	Bataillon de Seine-et-Marne.	25	2	59	66	314	496	254
	12e régiment de dragons.	»	3	306	26	253	588	212
	Bataillon de Douai.	»	»	3	9	398	440	340
Hautmont. . . .	10e des Fédérés.	3	»	4	45	385	438	312
	Détachement du 3e chasseurs à cheval.	»	»	»	1	61	62	»
Jeumont	Chasseurs du Hainaut.	15	3	55	39	461	573	477
	Bataillon de Mayenne-et-Loire.	4	8	58	78	594	742	8
	Bataillon de Cambrai.	»	»	27	26	325	378	372
	Chasseurs de Clermont	»	»	»	7	98	105	45
Sasseignies	Bataillon de la Haute-Vienne.	»	»	152	61	550	763	»
Forêt de Mormal.	2e régiment belge.	»	»	»	»	228	228	»
	2 bataillon chasseurs belges.	»	»	»	»	58	58	»
	4e bataillon chasseurs belges.	»	»	»	»	88	88	»
	Totaux.	202	31	1,860	1,108	11,787	14,988	4,611

	CORPS.	PRÉSENTS sous LES ARMES.	MANQUE au COMPLET.
	Camp de la Madelaine.		
1re	Bataillon de Sainte-Marguerite.	630	120
	2e bataillon du 12e d'infanterie...	392	358
	1er de l'Allier.	888	»
2e	15e de Volontaires nationaux	530	220
	2e du 34e d'infanterie	357	393
	22e Volontaires nationaux	450	300
1re	5e de l'Aisne	536	214
	2e du 2e d'infanterie	521	229
	40e Volontaires nationaux	623	127
2e	11e Volontaires nationaux	506	244
	2e du 90e d'infanterie	343	407
	19e Volontaires nationaux	286	464
1	10e de la Seine-Inférieure	448	302
	1er du 12e d'infanterie	432	318
	2e du Pas-de-Calais	624	126
2	13e des Volontaires nationaux	636	144
	2e du 15e d'infanterie	554	196
	2e de Loir-et-Cher	465	285
1	4e de la Sarthe	640	110
	1er d'Eure-et-Loir	834	»
	3e Volontaires nationaux	758	»

CORPS.	PRÉSENTS sous LES ARMES.	MANQUE au COMPLET.
Report	19,315	»
Les Liégeois	383	367
Compagnie de Pauly	114	»
— de Clemendot	61	»
Ouvriers bataves	22	»
6e corps franc	297	»
2e bataillon belge	480	570
Chasseurs de Morlaix	80	»
4e bataillon batave	276	474
4e régiment d'Anvers	380	442
Bataillon belge	184	566
— —	197	553
21e régiment de cavalerie	264	»
9e — de hussards	63	»
3e — de dragons	474	»
13e régiment	50	»
Légion franche étrangère	146	»
7e régiment de hussards	60	»
10e — —	460	»
TOTAL	22,634	»
Camp de Cassel et cantonnements.		
14e régiment d'infanterie	372	378
1er bataillon du Finistère	406	344
2e des fédérés	523	227
17e —	277	473
24e régiment d'infanterie	304	446

2e de l'Yonne	607	143
Cantonnements de la Lys.		
16e Volontaires nationaux	707	43
14e Volontaires nationaux	807	»
3e de la Somme	303	447
1er des Côtes-du-Nord	800	»
71e d'infanterie	721	29
2e bataillon de l'Oise	822	»
1er bataillon belge	385	365
Corps de Baillé	605	145
Compagnie de Tourcoing	129	»
Grenadiers du Calvados	45	»
— du Finistère	49	»
— du Pas-de-Calais	58	»
Les Bataves	314	436
À reporter	19,315	»

4e de Nord	527	425
4e Volontaires nationaux	199	»
9e de la Seine-Inférieure	542	208
Grenadiers de l'avant-garde	793	»
5e régiment de chasseurs à cheval	302	»
Compagnie de Panty	30	»
5e bataillon de la Côte-d'Or	850	»
2e de la Gironde	352	398
2e de Cambrai	283	467
2e bataillon franc	331	419
Détachement du 5e chasseurs à cheval	50	»
Chasseurs de l'Observatoire	83	»
— de l'Egalité	72	»
Compagnie du Mont-Cassel	140	»
1er bataillon de l'Eure	400	350
5e de Rhône-et-Loire	702	48
18e Volontaires nationaux	450	300
1er bataillon de l'Orne	400	350
7e de Seine-Inférieure	652	98
4e du Nord, détachement	200	»
3e bataillon de Cambrai, détachement	200	»
Total	10,209	»

CORPS	PRÉSENTS SOUS LES ARMES.
Camp de Gyvelde.	
32e division gendarmerie nationale	265
34e — —	140
2e bataillon de la même division	240
1er bataillon du Pas-de-Calais	551
8e — —	417
6e — —	669
1er bataillon des Bouches-du-Rhône	330
46e régiment d'infanterie	224
6e bataillon de la Seine-Inférieure	700
Bataillon de grenadiers de différents corps	532
9e bataillon de la réserve	331
8e régiment d'infanterie	750
2e bataillon de l'Orne	868
2e de Paris	815
96e régiment d'infanterie	1,040
1er bataillon de la Gironde	836
5e du Nord	494
89e régiment d'infanterie	465
4e bataillon de la Somme	626
Bataillon permanent de Valenciennes	224
25e régiment d'infanterie	509
Bataillon de Cambrai	236
TOTAL	11,256

CORPS.	PRÉSENTS SOUS LES ARMES.
Report	1,272
1er des Lombards	470
24e de la réserve	446
27e —	340
Artillerie de ligne, compagnie Gardaire	67
— — de Chatenay	37
— — d'Alphonse	7
— — du 1er régiment	8
— — du 6e régiment	4
— — du 7e régiment	16
9e compagnie d'ouvriers	23
4e de mineurs	19
Artillerie auxiliaire, compagnie de Kay	46
— du 44e volontaires nationaux	54
— de la compagnie de la Roze	59
— du Riches	55
— auxiliaire, compagnie de Caré	30
— — d'Arbout	46
— du 19e volontaires nationaux	44
— du 2e de la Charente	67
— de Vismes	87
— du Panthéon français	75
— de Guadet	66
— de Le Roy	50
29e division de gendarmerie à cheval	74
13e régiment de cavalerie	215
6e — de dragons	194
43e — de chasseurs	235
TOTAL	4,103

— de Montreuil	50
Chasseurs de la Manche	39
Artillerie de Douai	177
9e régiment belges	138
6e — d'infanterie	167
Artillerie légère, 5 compagnies	72
8e — — —	72
12e — — —	76
18e — — —	75
19e — — —	74
1re compagnie d'ouvriers de Paris	98
8e — de ligne	72
3e — —	24
10e — —	67
9e régiment belge d'ouvriers	58
Gendarmerie nationale	24
13e régiment de dragons	742
9e bataillon de réserve	783
56e régiment d'infanterie	924
2e bataillon de l'Orne	835
5e — du Nord	542
89e d'infanterie	645
4e bataillon de la Somme	778
1er de Valenciennes	225
25e régiment d'infanterie	662
Bataillon de Cambrai	483
Total	7,963

Lille.

34e division de gendarmerie	331
3e bataillon du Calvados	394
2e du Nord	547
À reporter	4,272

4e — du Nord	455
Dépôt du 44e d'infanterie	43
Détachement 5e régiment chasseurs à cheval	36
— du 3e d'artillerie	26
Dépôt du 6e du Pas-de-Calais	165
— du 6e Seine-Inférieure	43
— du 44e Seine-Inférieure	33
— de la compagnie de Santy	47
Total	1,477

Dunkerque.

16e régiment d'infanterie	114
Dépôt du 78e d'infanterie	186
— du 3e d'artillerie	53
— du 6e d'artillerie	13
— du 1er du Pas-de-Calais	214
2e bataillon des Fédérés	352
6e — —	468
4e Volontaires nationaux	469
Compagnie canonniers de Bonne-Nouvelle	57
5e régiment chasseurs à cheval	335
Total	2,264

Saint-Venant.

3e bataillon de la Somme	512
Régiment de Bruges	134
Détachement du 7e hussards	28
— de Jemmapes	34
— de la compagnie de Poly	55
Total	763

CORPS.	PRÉSENTS SOUS LES ARMÉS.
Aire.	
2e bataillon du 19e d'infanterie	70
Dépôt du 22e d'infanterie	139
— du 1er d'Eure-et-Loire	333
— du 4e de la Somme	99
— du 1er des Deux-Sèvres	23
— du 4e de l'Yonne	7
— du 6e chasseurs francs	287
— du 7e hussards	9
Total	967
Béthune.	
Dépôt du 45e d'infanterie	72
— du 1er de la Sarthe	43
— du 1er d'Ille-et-Vilaine	48
— du 45e d'infanterie	31
Du 1er de la Moselle	8
Du bataillon de Sainte-Marguerite	87
Du 1er chasseurs francs	40
Du 7e hussards	257
Total	526
Saint-Omer.	

CORPS.	PRÉSENTS SOUS LES ARMÉS.
Report	1,534
5e de chasseurs à cheval	50
14e bataillon des fédérés	341
Chasseurs de l'Observatoire	106
Compagnie du Mont-Capel	140
1er bataillon de l'Eure	644
7e de la Seine-Inférieure	587
3e bataillon de Cambrai	223
5e de la Somme	350
5e Rhône et Loire	632
8e volontaires nationaux	558
4e bataillon du Nord	681
1e de l'Orne	379
Total	6,243
Guise.	
Dépôt du 2e Indre-et-Loire	49
— du 2e de la Vienne	18
Invalides	30
Total	97
Saint-Quentin.	

TOTAL.... 4,092

Le Quesnoy.

Avant-garde.

Chasseurs bavarois	137
Légion des Ardennes	544
1er bataillon Liégeois	160
3e bataillon Liégeois	133
Légion des Ardennes	443

Garnison.

45e bataillon des fédérés	502
1er — du 98e d'infanterie	444
16e — des fédérés	528
4e — du Pas-de-Calais	649
3e — de Paris	716
1ere de la Vendée	699
1ere de la Manche	737
Dépôt du 49e d'infanterie	445
Canonniers et auxiliaires	95
5e régiment de cavalerie	104
TOTAL	6,003

Bailleul et cantonnements.

2e bataillon de la Gironde	428
2e — de Cambrai	336
5e de la Côte-d'Or	770
À reporter	1,534

Du 1er Mayenne-et-Loire	85
Du 2e de la Vienne	49
Du 5e d'infanterie	73
Du 29e d'infanterie	188
Du 1er de Cambrai	26
Du 5e de l'Oise	4
Du 6e formé à Soissons	7
Du 2e de hussards	585
TOTAL	1,453

Cambrai.

Garde nationale citoyenne	1,320
Artillerie légère	32
6e régiment de hussards	223
10e régiment de hussards	818
4e compagnie de mineurs	11
3e régiment d'artillerie	26
Compagnie du Théâtre français	70
Artillerie. Section de Beaurepaire	118
— Section des 15-20	16
25e régiment d'infanterie	50
83e régiment d'infanterie	759
6e bataillon de Soissons	769
2e — de l'Ille-et-Vilaine	15
3e — de la Meurthe	44
Chasseurs de Clermont	2
Chasseurs français	74
4e bataillon des fédérés	334
35e régiment de cavalerie	134
TOTAL	3,503

CORPS.	PRÉSENTS sous LES ARMES.
Bouchain.	
104e régiment d'infanterie	518
1er bataillon de la Somme	621
2e des Deux-Sèvres	562
6e régiment d'artillerie	24
Canonniers belges	7
Chasseurs de Versailles	81
Mineurs	14
Gendarmerie nationale	6
TOTAL	1,833
Valenciennes.	
1er bataillon de la Haute-Charente	627
87e régiment d'infanterie	426
1er — de Seine-Inférieure	572
1er de la Côte-d'Or	584
73e régiment d'infanterie	359
1er bataillon des Deux-Sèvres	477
1er — de Loir-et-Cher	469
1er du 29e d'infanterie	540
1er de Mayenne-et-Loire	277
2e de l'Eure	906
2e du 29e d'infanterie	260
1er de la Nièvre	397
Grenadiers de la Côte-d'Or	545

CORPS.	PRÉSENTS sous LES ARMES.
Landrecy.	
21e régiment d'infanterie	488
1er de la commune de Paris	538
Dépôt du 10e d'infanterie légère	421
Canonniers et auxiliaires	51
Dépôt du 3e de cavalerie	58
58e régiment d'infanterie	416
10e — d'infanterie légère	549
2e Haute-Vienne	591
7e Théâtre-Français	359
4e bataillon belge	392
Chasseurs de Jemmapes	100
TOTAL	3,263
Gravelines.	
Bataillon du Pas-de-Calais	449
8e du Nord	492
3e chasseurs français	100
Détachement du 6e d'artillerie	42
— du 16e chasseurs	60
TOTAL	773
Calais.	

1re division volontaires à cheval	109
2e — — —	117
TOTAL	9,490

Condé.

Dépôt du 6e d'infanterie	»
6e régiment d'infanterie	»
7e bataillon de Paris	»
38e régiment d'infanterie	»
49e —	»
Un détachement de chasseurs à cheval	»
TOTAL	»

Vervins.

Dépôt du 18e d'infanterie	49
— du 68e —	44
— du 5e chasseurs à cheval	128
TOTAL	221

Avesnes.

1er bataillon de la Meurthe	489
2e du Calvados	549
Dépôt du 2e de la Marne	68
— du 1er régiment d'artillerie	15
— du 3e chasseurs à cheval	32
TOTAL	4,153

TOTAL	1,182

Boulogne.

40e bataillon du Pas-de-Calais	831
Détachement du 16e chasseurs à cheval	33
Vétérans du Hainaut	58
TOTAL	922

Ardres.

1er régiment de chasseurs à cheval	151
2e — de cavalerie belge	188
Détachement Nord	11
TOTAL	350

Amiens.

26e régiment de cavalerie	812
44e bataillon d'infanterie légère	143
Dépôt du 1er de l'Oise	64
— du 4er de la Mayenne	26
TOTAL	1,045

Abbeville.

Détachement du 26e cavalerie	329
20e régiment de dragons	439
TOTAL	768

CORPS.	PRÉSENTS sous LES ARMES.
Montreuil.	
Détachement du 12e chasseurs à cheval	29
— Bataves	40
— du 3e du Nord	35
Gendarmere nationale	16
Détachement du 5e bataillon franc	23
TOTAL	114
Hesdin.	
Dépôt du 20e cavalerie	83
— du 12e chasseurs	273
— du 16e chasseurs	529
Légion batave	90
TOTAL	975
Arras.	
2e bataillon de la Somme	609

CORPS.	PRÉSENTS sous LES ARMES.
Bapaume.	
Dépôt du 1er de l'Aisne	76
— du 1er Indre-et-Loire	49
— du 1er Seine-Inférieure	32
— du 1er de Paris	14
— du 4e chasseurs francs	24
Vétérans nationaux	35
Dépôt du 1er de cavalerie	56
— du 6e de cavalerie	124
TOTAL	407
Laon.	
Dépôt du 7e de hussards	452
Vétérans nationaux	45
5e régiment de dragons	181
TOTAL	378
La Fère.	

— 70e —	72
Compagnie de vétérans	26
Détachement du 6e d'artillerie	6
Dépôt du 6e chasseurs	333
10e régiment de hussards	527
17e chasseurs belges parti pour Péronne	»
2e brigade de gendarmerie	11
TOTAL	1,822

Doullens.

Vétérans nationaux	54
Détachement de cavalerie de la République	34
TOTAL	88

Péronne.

17e régiment de chasseurs belges	428
Dépôt du 1er de Loire	73
— des Gravillers	32
— du 17e des fédérés	24
— du 25e de la réserve	40
— du 1er du Calvados	10
Détachement du 10e de hussards	21
Dépôt du 1er Mayenne et Loire	82
TOTAL	710

TOTAL	450

Chaulny.

Dépôt du 3e chasseurs à cheval	35
— du 13e de cavalerie	31
TOTAL	66

Château-Thierry.

Dépôt du 3e de cavalerie	125

Soissons.

Dépôt du 25e de cavalerie	234

RÉCAPITULATION GÉNÉRALE.

CORPS.	PRÉSENTS SOUS LES ARMES.	CORPS.	PRÉSENTS SOUS LES ARMES.	CORPS.	PRÉSENTS SOUS LES ARMES.
De l'Armée	41,744	Report	121,888	Report	153,103
Maubeuge	11,787				
Camp de la Madelaine et la Lys	22,634	Cambrai	3,803	Abbeville	768
Camp de Cassel et cantonnements	40,209	Bouchain	1,833	Montreuil	114
Camp de Gyvelde	11,256	Guise	97	Hesdin	975
Lille	4,103	Valenciennes	9,490	Arras	1,822
Bergues	1,177	Vervins	221	Doullens	88
Dunkerque	2,264	Douai et camp de Sin	7,963	Péronne	710
Saint-Venant	763	Avesne	4,153	Bapaume	407
Aire	967	Landrecy	3,263	Laon	378
Béthune	526	Gravelines	773	La Fère	150
Saint-Omer	1,092	Calais	1,182	Chaulny	66
Le Quesnoy	6,003	Boulogne	922	Château-Thierry	125
Bailleul	6,243	Ardres	350	Soissons	234
Saint-Quentin	4,453	Amiens	1,045		
À reporter	121,888	À reporter	153,403	Total général	159,850

2° *Situation de l'armée des Ardennes*. — A la date du 26 mai 1793 (1), l'armée des Ardennes a été placée sous le commandement supérieur du général en chef de l'armée du Nord. Depuis lors, les troupes qui entraient dans sa composition ont été plus ou moins éparpillées : c'est ainsi qu'on trouve au camp de César une « division des Ardennes » ; d'autre part, les unités qui composent la garnison de Maubeuge ou stationnent aux abords de cette place forment un groupe distinct dénommé « division de Maubeuge ». Par suite, cette armée est désormais réduite à une seule division numérotée 2 dont voici la situation exacte (2) :

---

(1) Décret de la Convention. *Bulletin des lois.*
(2) A. H. G. Situation de l'armée des Ardennes, 2ᵉ semestre 1793.

Situation générale des troupes de la 2ᵉ division de l'armée

GARNISONS, QUARTIERS, camps et cantonnements.	DÉSIGNATION DES CORPS.	OFFICIERS.	PRÉSENTS.	HÔPIT. détach...
Herbeuval, Tassigny, Sapogue et Margut.	1ᵉʳ bataillon du Cher	12	349	
	16ᵉ — d'infanterie légère	17	486	
	Gendarmerie nationale	»	7	
Tonne-la-Long, Thonnelle, Breux, Avioth et Thoune-le-Thil	1ᵉʳ bataillon de la Creuse	6	160	
	13ᵉ régiment de chasseurs à cheval	19	404	
	16ᵉ bataillon d'infanterie légère	9	206	
	Canonniers et artillerie	3	60	
Grand et petit Verneuil, Frenoi, Ecouvier et Velonne	Chasseurs de la République	25	612	
Carignan	Gendarmerie nationale	2	29	
	Compagnie des Guides	1	13	
Deuxvilles, Maton	Grenadiers du 94ᵉ régiment	3	54	
	23ᵉ régiment de cavalerie	18	255	
Pure, Messaincourt, Clémencie, Mogue, Trembloy, Auflance, Puilly	Chasseurs de la Meuse	25	631	
Bouillon	4ᵉ compagnie du bataillon de la Creuse	13	360	
	10ᵉ régiment de dragons	2	25	
Escombres	Eclaireurs de Bar-sur-Ornain	5	136	
Osne	15ᵉ régiment de cavalerie	2	37	
Mogue	10ᵉ régiment de dragons	8	88	
Camp de Carignan	1ᵉʳ bataillon du 99ᵉ régiment	31	560	19
	2ᵉ du 94ᵉ régiment	30	563	7
	5ᵉ de la Moselle	27	617	3
	19ᵉ — de Paris	30	755	3
	9ᵉ — de Paris	29	800	5
	Artillerie de différents corps	7	477	2
	Corps d'ouvriers	10	467	3
Sedan	Artillerie, mineurs et canonniers	1	24	7
	10ᵉ régiment de dragons	10	173	4
	12ᵉ — —	8	301	3
	Garde nationale sedanoise	102	1,731	170
	1ᵉʳ bataillon de la Creuse	1	67	8
	3ᵉ — du Loiret	1	45	»
	3ᵉ — de la Marne	»	39	
	38ᵉ régiment d'infanterie	21	630	20
	94ᵉ —	3	91	125
	99ᵉ —	1	37	
	Gendarmerie nationale	1	40	
Donchéry	Gendarmerie nationale	»	8	
Flize	Gendarmerie nationale	»	8	
Mézières et Charleville	Garde nationale	84	1,521	32
	Vétérans nationaux	2	36	17
	4ᵉ et 6ᵉ bataillons des Ardennes	5	124	89
	Artillerie légère et à pied	3	76	
	Gendarmerie nationale	4	48	51
	94ᵉ régiment d'infanterie	3	70	
	5ᵉ — de hussards	5	249	40
	1ᵉʳ bataillon de la Charente-Inférieure	4	54	2
	À reporter	596	»	»

...ennes au 1er août 1793, l'an 2e de la République française.

TROUPE.		CHEVAUX DE TROUPE ET D'ARTILLERIE.				OBSERVATIONS.
TOTAL de l'effectif.	TOTAL général.	PRÉSENTS.	ÉCLOPÉS détachés.	TOTAL de l'effectif.	TOTAL général.	
349		»	»	»		
486	842	»	»	»	7	
7		7	»	7		L'avant-garde du camp de Carignan, commandée par le colonel Sistrières, du 13e régiment de chasseurs à cheval, et par le sieur Berpel, commandant temporaire de Montmédy, forme deux divisions.
160		»	»	»		
404	830	404	»	404	404	
206		»	»	»		
60		»	»	»		
612	612	»	»	»	»	
29		29	»	29		
13	42	13	»	13	42	
54		»	»	»		
259	313	264	»	264	264	Cantonnements en avant du camp d'Ivoy Carignan, commandés par le chef d'escadron Magnac, du 23e régiment de cavalerie, et par le commandant Le Noble, des chasseurs de la Meuse.
631	631	»	»	»	»	
360		»	»	»		
25	385	25	»	25	25	
136	136	»	»	»	136	
37	37	37	»	37	37	
88	88	88	»	88	88	
756		»	»	»		
638		16	»	16		
647		16	»	16		Camp d'Ivoy, quartier général à Carignan, commandé par le général Champollon. Les places de la division sont commandées par le général de division Wisch, à Sedan.
786	4,355	13	»	13	60	
850		15	»	15		
179		»	»	»		
499		»	»	»		
94		»	»	»		
213		168	33	201		
334		84	3	87		
909		»	»	»		
75		»	»	»		
45	3,626	»	»	»	298	
40		»	»	»		
656		»	»	»		
213		»	»	»		
37		»	»	»		
10		10	»	10		
8	8	8	»	8	8	
8	8	8	»	8	8	
553		»	»	»		
53		»	»	»		
213		»	»	»		
81		»	»	»		
69	2,384	18	51	69	164	
70		»	»	»		
289		80	45	95		
56		»	»	»		
»	14,297	»	»	»	1,344	

GARNISONS, QUARTIERS, camps et cantonnements	DÉSIGNATION DES CORPS.	DÉTAIL DE L…		
		OFFICIERS.	PRÉSENTS.	HÔPITAUX détachés.
	Report……………	596	»	»
Rocroy…………	Garde nationale…………	15	215	2
	3e bataillon des Ardennes…………	1	49	2
	16e — de chasseurs…………	38	743	32
	Artillerie…………	1	9	1
	9e régiment de hussards…………	1	21	2
Deux-Givet et Charlemont…………	3e bataillon de l'Oise et 4e de Seine-et-Oise…………	70	1,470	95
	1er bataillon du 38e régiment…………	7	71	»
	2e — du 43e régiment…………	27	650	46
	2e — du 47e régiment…………	27	667	54
	4e — de la Marne…………	34	758	17
	3e — belge…………	42	632	»
	15e régiment de cavalerie…………	36	430	»
	Artillerie…………	1	36	»
	7e régiment de hussards…………	12	400	»
Philippeville…………	2e bataillon du 99e régiment…………	28	662	62
	Bataillon de Molière…………	35	667	43
	15e bataillon d'infanterie légère…………	15	407	58
	6e — de la Marne…………	26	649	68
	Dépôt de Loire-et-Cher…………	2	46	1
	15e régiment de cavalerie…………	3	54	»
	Canonniers ouvriers et génie…………	4	40	3
	Canonniers du bataillon de Molière……	6	124	3
Rethel…………	9e bataillon de chasseurs…………	3	82	»
	Bataillon de Saône-et-Loire…………	»	8	»
	13e régiment de chasseurs à cheval……	4	196	»
	22e — de cavalerie…………	11	87	»
Reims…………	74e régiment d'infanterie…………	4	93	49
	18e — de cavalerie…………	13	96	»
	15e bataillon de chasseurs…………	5	113	14
	5e bureau de Paris…………	1	25	1
Châlons…………	13e régiment de cavalerie…………	2	31	19
	21e — — …………	5	30	25
Vitry…………	7e régiment de cavalerie…………	8	158	»
Montmédy…………	7e bataillon de la Marne…………	»	729	»
	Chasseurs de la République…………	»	170	»
	Chasseurs de la Meuse…………	»	50	»
	Bataillon de la Creuse et artillerie……	»	287	»
	Gendarmes nationaux…………	»	8	»
Stenay…………	11e régiment de chasseurs…………	11	388	68
Verdun…………	Bataillon de Rhône-et-Loire…………	2	37	»
	1er bataillon de la Meuse…………	2	192	»
	22e régiment d'infanterie…………	1	113	»
	24e — — …………	1	183	»
	10e — de cavalerie…………	8	118	»
	Artillerie…………	1	40	»
Vaucouleurs…………	23e régiment de cavalerie…………	16	232	»
	TOTAL…………	1,023	»	»

| PE. | | CHEVAUX DE TROUPE ET D'ARTILLERIE. | | | | OBSERVATIONS. |
TOTAL de l'effectif.	TOTAL général.	PRÉSENTS.	ÉCLOPÉS détachés.	TOTAL de l'effectif.	TOTAL général.	
»	14,297	»	»	»	1,341	
217		»	»	»		
51		»	»	»		
775	1,076	»	»	»	28	
10		5	»	5		
23		23	»	23		
565		32	»	32		
71		»	»	»		
696		»	»	»		
721		»	»	»		
775	5,335	»	»	»	682	
632		»	»	»		
430		364	59	423		
36		»	»	»		
409		187	40	227		
724		»	»	»		
710		»	»	»		
465		»	»	»		
717	2,884	»	»	»	51	
47		»	»	»		
51		51	»	51		
43		»	»	»		
127		»	»	»		
82		»	»	»		
8		»	»	»		
196	373	182	»	182	275	
87		87	6	93		
142		»	»	»		
96		90	»	90		
127	»	»	»	»	90	
26		»	»	»		
50		37	12	49		
115	165	98	23	121	170	
158	158	158	»	158	158	
729		»	»	»		
170		»	»	»		
50	1,244	»	»	»	8	
287		»	»	»		
8		8	»	8		
479	479	141	405	346	346	
37		»	»	»		
192		»	»	»		
113		»	»	»		
183	653	»	»	»	89	
118		33	56	89		
10		»	»	»		
232	232	149	20	169	169	
»	27,287	»	»	»	3,807	

Des situations ci-dessus, il ressort que l'ensemble des forces mises à la disposition du général commandant en chef les deux armées s'élevait à 187,134 hommes.

Toutefois il faut retrancher de ce total la garnison de Valenciennes (soit 9,500 hommes) à laquelle une clause de la capitulation interdisait de porter désormais les armes contre la coalition.

L'effectif des troupes destinées à être employées sur le théâtre d'opérations du Nord et des Ardennes était donc, le 1er août 1793, de 175,000 hommes en chiffres ronds.

3° *Composition et emplacements de l'armée alliée.* — L'armée alliée qui opérait sur le même théâtre comprenait des Autrichiens, des Anglais, des Hollandais, des Prussiens, des Hanovriens et des Hessois (1), ces deux derniers contingents étant à la solde de l'Angleterre.

---

(1) La note ci-dessous (*Archives françaises du ministère des Affaires étrangères, Correspondance manuscrite*, Angleterre, 1er mars au 21 septembre 1793, p. 402) contient les clauses du contrat intervenu entre la Hesse et l'Angleterre pour la location de ce contingent :

« Par un traité fait avec le landgrave de Hesse-Cassel le 10 avril, celui-ci s'engage à fournir pendant trois ans 8,000 hommes, tant d'infanterie que de cavalerie. Pour la levée de ces troupes, il sera payé 80 couronnes de banque fixées à 4 schellings gs. et 3 farthings anglais pour la levée de chaque cavalier, et trois de ces couronnes pour chaque fantassin. Le subside annuel est de 225,000 couronnes ; la dépense des recrues afin de tenir ce corps complet, et celle nécessaire pour remplacer l'artillerie ou autres effets qui pourraient être pris par l'ennemi, se fera pour le compte de l'Angleterre. Il est convenu que, sans distinction, chaque homme sera fourni moyennant 12 couronnes par tête. »

Par un second traité conclu avec le même landgrave, le 23 août 1793, l'Angleterre prend à son service, aux mêmes conditions que ci-dessus, un autre corps de 4,000 hommes.

Le 5 octobre 1793, un pareil traité est signé avec le landgrave de Hesse-Darmstadt pour la fourniture d'un contingent de 3,000 hommes. (Même référence que ci-dessus.)

Lorsque Valenciennes se rendit, cette armée était placée comme il suit :

1° *Le corps de siège*, comptant environ 30,000 hommes, traçait autour de la place une circonférence jalonnée par les villages de Saultain, Saint-Sauve, Bruay, Beuvrages, Saint-Léger et Aulnoit (1) : il était commandé par le duc d'York (dont le quartier général se trouvait à Étreux) ;

2° *L'armée d'observation*, comprenant environ 29,000 hommes, était campée entre Wavrechin et Oisy, sous les ordres du prince de Cobourg qui avait installé son quartier général à Hérin (4 kilomètres Ouest de Valenciennes) (2) ;

3° Un corps de 7,000 à 8,000 Prussiens, sous le lieutenant général de Knobelsdorf, observait les places de Lille et de Douai : sa gauche était à Cysoing, sa droite à Villem ; il se reliait à l'armée d'observation par une ligne de postes qui occupaient Orchies, Marchiennes, Hasnon et Saint-Amant ;

4° Un corps composé de 10,000 Hollandais, sous les ordres du prince héréditaire d'Orange, était campé sur la rive gauche de la Lys entre Menin et Wevelghem, pour couvrir la West-Flandre : des postes détachés jusqu'à Lannoy assuraient sa liaison avec les Prussiens ;

5° 5,000 Hollandais, commandés par le prince Frédéric d'Orange, plus un bataillon et huit escadrons autrichiens, sous Mylius, couvraient la Flandre où ils occupaient les places d'Ostende, Nieuport, Furnes et Ypres ;

---

(1) Witzleben. *Prinz Friedrich Josias von Coburg-Saalfeld*, IIᵉ partie. Berlin, 1859, page 225.

(2) L'atlas joint à l'ouvrage de Witzleben, *Prinz Friedrich Josias von Coburg-Saalfeld*, contient une planche : *Plan der Belagerung von Valenciennes im Jahre 1793*, sur laquelle les emplacements occupés par les troupes de siège et d'observation ont été exactement indiqués.

6° Au Sud-Est de Valenciennes, le feld-maréchal Latour observait le Quesnoy, Maubeuge et Philippeville avec 13 bataillons et 20 escadrons disposés en cordon depuis Villers-Pol jusqu'à Charleroi : ses camps principaux étaient à Houdaing, Bettignies et Charleroi;

7° 25,000 Autrichiens environ, placés sous le commandement du prince de Hohenlohe, étaient répartis en trois corps qui occupaient Namur, Trèves et Luxembourg.

Il n'a pas été possible, faute de documents (1), de dresser, à la date du 1er août 1793, un ordre de bataille précis de l'armée alliée : cependant les situations ci-dessous permettent de connaître exactement la force et la composition des contingents hessois et hanovriens :

---

(1) La composition ci-dessus de l'armée alliée est celle qui a été donnée par les publications étrangères, telles que : la *Neue militarische Zeitschrift ; Geschichte der Kriege in Europa ; Prinz Friedrich Josias von Coburg*, par von Witzleben. On trouvera dans les chapitres suivants des *situations* ou *ordres de bataille* qui indiquent en détail la constitution des groupements nouveaux formés quelque temps après la capitulation de Valenciennes. Elles permettront au lecteur de se rendre compte, avec une précision suffisante et par déduction, de la composition des armées alliées qui opéraient sur le théâtre du Nord et des Ardennes.

Rapport sur l'effectif réglementaire et sur celui des présents du corps hessois, en Flandre, le 1er juillet 1793 (1).

RÉGIMENTS ET CORPS.	EFFECTIF RÉGLEMENTAIRE.						ÉTAT DES PRÉSENTS.						OBSERVATIONS.
	Offi-ciers.	Sous-offi-ciers.	Musi-ciens.	Troupe.	TOTAL des hommes.	Che-vaux.	Offi-ciers.	Sous-offi-ciers.	Musi-ciens.	Troupe.	TOTAL des hommes.	Che-vaux.	
Cavalerie.													
Régiment de gendarmes (3 escadrons)	48	48	8	360	434	416	48	48	8	360	434	400	
Régiment de carabiniers (3 escadrons)	48	48	8	360	434	416	48	47	8	358	431	400	
Régiment de dragons prince Frédéric (5 escons)	20	60	16	600	696	676	48	56	14	597	682	640	43 chevaux malades.
TOTAL de la cavalerie (11 escadrons)	56	156	32	1,320	1,564	1,508	54	151	27	1,315	1,547	1,410	
Infanterie.													
Bataillon de grenadiers d'Eschwege	16	44	20	360	440	»	14	43	20	352	429	»	
Bataillon de grenadiers de Wurmb	16	44	20	360	440	»	15	43	20	347	425	»	
Régiment Erbprince (2 bataillons)	40	120	37	900	1,097	»	37	120	36	890	1,083	»	
Régiment prince Charles (2 bataillons)	40	120	37	900	1,097	»	34	116	37	870	1,057	»	
Régiment de Lossberg (2 bataillons)	40	120	37	900	1,097	»	38	120	36	902	1,096	»	
Régiment de Kosspoth (2 bataillons)	40	120	37	900	1,097	»	37	113	36	861	1,047	»	
Bataillon de chasseurs (2 compagnies)	8	20	6	450	184	»	8	20	6	149	183	»	
TOTAL de l'infanterie (11 bataillons)	200	588	194	4,470	5,452	»	183	575	191	4,371	5,300	»	
Artillerie	11	20	»	200	231	»	8	19	»	197	224	279	
Etat-major	»	»	»	»	20	»	»	»	»	»	20	»	
Santé et commissariat	»	»	»	»	30	30	»	»	»	»	30	28	
Domestiques personnels et chevaux de bât	»	»	»	»	545	1,422	»	»	»	»	545	1,422	
Non combattants	»	»	»	»	116	30	»	»	»	»	116	30	
TOTAL	»	»	»	»	7,958	2,690	»	»	»	»	7,882	2,869	

NOTA. — En ce qui concerne les domestiques et non combattants, leur nombre est indiqué en bloc. Il y avait environ 500 domestiques privés et 700 chevaux de selle ou de bât, non compris les équipages et les serviteurs à livrée des généraux et officiers d'état-major.

(1) Cette situation est extraite de l'ouvrage *Die Hessen in den Felzügen von* 1793, 1794 *und* 1795, par Maximilian von Ditfurth, 1er vol., p. 55.

Composition du corps hanovrien (1) à la solde de l'Angleterre et placé sous le commandement du feld-maréchal de Freytag.

Cavalerie.

2 escadrons de la Garde..........	Formant un *régiment* de
2 — du 2ᵉ régiment......	4 escadrons.
2 escadrons du 1ᵉʳ régiment......	Formant un *régiment* de
2 — du 4ᵉ —	4 escadrons.
2 escadrons du 5ᵉ régiment......	Formant un *régiment* de
2 — du 7ᵉ —	dragons de 4 escadons.
2 escadrons du 9ᵉ régiment......	Formant un *régiment* de
2 — du 10ᵉ —	dragons légers de 4 escadrons.

16 escadrons à 150 hommes chacun.

Chaque régiment à 4 escadrons comprend 662 hommes.

Infanterie.

2 bataillons du régiment de la Garde.	
2 bataillons du 4ᵉ régiment d'infanterie....................	Ensemble : 12 bataillons de mousquetaires à 4 compagnies de 156 hommes chacune.
2 bataillons du 5ᵉ régiment d'infanterie....................	
2 bataillons du 6ᵉ régiment d'infanterie....................	Effectif de chaque bataillon : 624 hommes.
2 bataillons du 10ᵉ régiment d'infanterie....................	Effectif de chaque régiment : 1306 hommes.
2 bataillons du 11ᵉ régiment d'infanterie....................	

La brigade des grenadiers, comprenant 3 bataillons à 4 compagnies de 176 hommes chacune ; effectif de chaque bataillon, 708 hommes ; de la brigade, 2,187 hommes.

Total général : 15 bataillons à 4 compagnies.

---

(1) *Geschischte der Königlich-Hannoverschen Armee*, par von Sichart, tome IV, page 189. Hanovre 1871.

Artillerie.

L'artillerie se composait de 38 pièces de calibres divers réparties en trois divisions; en outre, chaque bataillon d'infanterie disposait de deux pièces de trois livres, soit un total de 48 canons ou mortiers.

Pionniers.

Il y avait un détachement de pionniers ayant à sa disposition le matériel de deux ponts portatifs.

L'effectif total comprenait en chiffres ronds 13,000 combattants.

Quant aux troupes anglaises proprement dites, elles comprenaient seulement 7 bataillons et 23 escadrons (1), soit 8,000 hommes environ. L'Angleterre fournissait donc à la coalition un corps de 30,000 hommes puisque les contingents hessois et hanovriens étaient à sa solde : de ce fait, elle pouvait intervenir sur le pied d'égalité avec l'Autriche et la Prusse, dans les conseils où l'on discuterait le choix des objectifs.

Les unités qui composaient l'armée alliée avaient reçu une solide éducation militaire, donnée selon les méthodes usitées pendant la deuxième moitié du XVIIIe siècle, et il semble *a priori* que les soldats de l'armée du Nord, en grande partie improvisés, ne parviendraient pas à battre un adversaire parfaitement discipliné et rompu à toutes les manœuvres de l'école frédéricienne. La suite de cette étude montrera comment et pourquoi il n'en fut rien. Mais, parmi les causes de nos succès définitifs, il convient de signaler dès maintenant celle qui réside dans la composition si hétérogène des forces ennemies. Car si la restauration de la monarchie en France était le prétexte

---

(1) Le chapitre V contient un tableau de l'ordre de bataille de l'armée aux ordres du duc d'York, extrait des Mémoires d'Arnaudin. On y trouvera la décomposition détaillée des bataillons et des escadrons anglais.

avoué de la coalition, il n'en est pas moins vrai que chacune des puissances alliées poursuivait un but particulier et comptait orienter l'effort commun dans le sens le plus favorable à son propre intérêt.

Les chefs des différents contingents devaient donc subordonner leur désir de vaincre aux exigences d'une situation politique qui tendait à faire diverger leurs efforts. C'était là évidemment un germe de faiblesse des plus redoutables, puisqu'il allait entraîner nos ennemis à commettre des erreurs stratégiques telles qu'une tactique judicieuse ne pouvait suffire à les réparer (1).

---

(1) La carte d'ensemble n° 1 représente le théâtre d'opérations du Nord et des Ardennes. On y a fait figurer les emplacements occupés par les armées adverses à la date du 1ᵉʳ août 1793.

CHAPITRE II

État général de l'armée du Nord et des Ardennes
à la fin de juillet 1793.

Infanterie. — Cavalerie. — Artillerie. — Chevaux d'attelage, convois et transports. — Subsistances. — Commandement. — Discipline. — Accroissement numérique.

Les circonstances politiques particulières qui ont contraint le gouvernement révolutionnaire à augmenter hâtivement les forces militaires de la France, ont eu pour conséquence de donner à celles-ci une composition anormale. L'armée du Nord et des Ardennes comprend en effet :

1° Des soldats ayant appartenu aux anciennes troupes réglées, dans la proportion d'un tiers environ de l'ensemble ;

2° Des volontaires de 1791, dont un grand nombre n'a pas abandonné les drapeaux à la fin de la campagne de 1792, quelques-uns « dans la crainte d'être marqués d'infamie au tableau d'inscription civique comme ayant refusé à la patrie les secours qu'elle leur demandait (1) » ;

3° Des volontaires de 1792, levés pendant le deuxième semestre de cette année et généralement réunis en bataillons en août et septembre 1792 (2) ;

4° Des *réquisitionnaires* ou *requis* par le décret du

____

(1) *Campagne de 1794 à l'armée du Nord.* Première partie : Organisation. Colonel Coutanceau. Préface, page IX.

(2) *Les Volontaires nationaux pendant la Révolution.* Chassin et Hennet. Tome 1er, page 355. On trouvera dans cet ouvrage les détails les plus circonstanciés sur les levées de 1792 et sur l'appel de 1791.

24 février 1793 parmi les hommes de 18 à 40 ans. Cette levée, dite « des 300,000 hommes », a été recrutée, soit au moyen des engagements volontaires, soit, en cas d'insuffisance, en exigeant des communes un contingent déterminé (1). La désignation des recrues dans chaque commune a été faite à l'aide des procédés usités sous l'ancien régime pour la réunion des milices; le tirage au sort était supprimé, il est vrai, mais le *remplacement* avait été maintenu (2).

5° Des *gardes nationales citoyennes*, destinées à la défense particulière des villes ou villages où elles se sont organisées : elles participent parfois, comme à Dunkerque, aux sorties exécutées par la garnison proprement dite;

6° Des troupes de formation nouvelle provenant de levées spéciales et locales ordonnées en 1793 et opérées dans des conditions qui seront analysées ultérieurement (3).

---

(1) Les représentants de Sacy, Delbrel et Carnot au Comité de Salut public, 13 juillet 1793. Voir à ce sujet la *Campagne de 1794 à l'armée du Nord*, de M. le colonel Coutanceau. Préface, page XIII.

(2) Les volontaires de 1791 tenaient à n'être pas confondus avec ceux de 1792 et 1793. Voici, par exemple, comment Joliclerc s'exprimait en parlant de ces derniers :

« Je vous demanderai, écrit-il à sa mère, le 30 mai 1794, quel est le citoyen de Froidefontaine qui ose prendre le titre de volontaire ! Est-ce ceux du contingent du mois d'août 1792 qui ont reçu quatre cents à cinq cents livres ? Ceux du mois de mars 1793 qui en ont reçu six cents à sept cents ? Est-ce à la première réquisition que vous donnez ce nom de volontaires ? Non, non, ils ne sont point volontaires! Les uns se sont vendus comme on vend des cochons à la Saint-Thomas à Salins, et les autres ont été forcés de partir en vertu des décrets de la Convention. Ainsi, ils ne sont point volontaires, et je suis le seul de la compagnie à qui ce beau nom appartienne. Je m'en glorifie et je le soutiendrai au péril de ma vie. » *Joliclerc, volontaire aux armées de la Révolution*. Paris 1905. Librairie académique Perrin.

(3) Se reporter à la fin de ce chapitre.

On voit ainsi que, les militaires venus de l'ancienne
armée et les volontaires de 1791 étant mis à part, l'armée
du Nord et des Ardennes comptait dans ses rangs une
forte proportion de soldats qui n'avaient pas encore
accompli une année de service.

Infanterie. — L'infanterie de l'armée du Nord et des
Ardennes comprenait :

1° Des *bataillons ayant appartenu aux régiments d'infanterie* qui composaient les anciennes troupes réglées :
ils ont été complétés autant que possible par des enga-
gés ;

2° Des *bataillons de volontaires nationaux*, créés en
1791 et 1792 (1) et renforcés faiblement au moyen des
requis de février 1793 ;

3° Des *bataillons de fédérés* formés en vertu des lois
des 2 et 11 juillet 1792, avec les fédérés des départements venus à Paris pour la fédération de 1792 (2) ;

4° Des *bataillons de volontaires nationaux de la réserve*
organisés en exécution de la loi du 22 juillet 1792,
titre III, article 4 : on les appela indifféremment bataillons des réserves, bataillons de Soissons, ou simplement
bataillons de volontaires nationaux (3) ;

5° Des *bataillons d'infanterie légère* créés en 1791 (4) ;

6° Des *compagnies franches*, levées en 1792 et réunies
parfois en bataillons francs (5) ;

7° Des *divisions de gendarmerie nationale* composées

---

(1) Voir les *Volontaires nationaux*, de MM. Chassin et Hennet (*loc.
cit.*) *Introduction* (p. 1) et *Organisation des bataillons* (p. 383).

(2) *État militaire de la France pour l'année 1793*, par Léon Hennet.
Paris, 1903, page 344.

(3) Hennet, *loc. cit.*, page 343.

(4) *Ibid.*, page 185.

(5) *Ibid.*, page 198.

chacune de deux compagnies (1), recrutées et organisées en 1790, 1791 ou 1792;

8° Des *compagnies de chasseurs volontaires nationaux*, qui portent le nom du département ou du district de leur provenance. Elles ont été créées en mai 1792 et comptent environ 150 hommes chacune (2);

9° Des *légions* formées au cours du deuxième semestre 1792; elles comprennent généralement deux bataillons d'infanterie, huit escadrons de cavalerie et une compagnie d'artillerie (3).

L'ensemble de toutes ces unités constitue ce qu'on a appelé « les cadres antérieurs au 1er mars 1793 (4) ».

Aux termes de la loi du 21 février 1793 (5), il ne doit plus y avoir désormais « aucune distinction ni différence de régime entre les corps d'infanterie appelés régiments de ligne et les volontaires nationaux (6) ». Toutes ces formations d'infanterie devaient être réunies en demi-brigades comprenant chacune un bataillon de ligne, deux bataillons de volontaires, et une compagnie de 75 hommes dont 66 canonniers qui devaient servir six pièces de campagne, dites « canons de bataillon ».

Ce groupement ternaire a bien été effectué à peu près complètement à l'armée du Nord par les soins des généraux, mais les demi-brigades ainsi formées n'ont pas

----

(1) Hennet, *loc. cit.*, page 277.
(2) *Ibid.*, page 347.
(3) *Ibid.*, page 203.
(4) Colonel Coutanceau, *loc. cit.* Préface, page XXVII.
(5) *Collection générale des lois*, tome XIII, page 374.
(6) Il suit de là que la ligne, qui avait l'habit de couleur blanche, devait prendre le même uniforme que les volontaires, c'est-à-dire l'habit bleu, déjà porté par les gardes nationales. Mais, en fait, l'accoutrement bigarré des volontaires, qui les fit surnommer « arlequins paysans », ne disparut pas immédiatement, faute d'effets. Voir, à ce sujet, *Joliclerc, loc. cit.*, préface de Funck-Brentano (page 277).

encore reçu un numéro d'ordre (1). On les désigne généralement par le numéro du bataillon suivi du numéro du
régiment d'infanterie qui entre dans leur composition.
Quant aux demi-brigades légères, elles n'ont pas encore
été constituées, parce que les unités qui devaient y être
fondues étaient trop disparates. Cette organisation incom-
plète suscite des difficultés sérieuses au commandement
et aux états-majors qui ne réussissent qu'avec peine à
connaître la composition exacte des troupes qu'ils sont
chargés de faire stationner, marcher, vivre et combattre;
de ce chef, l'établissement et la rédaction des ordres sont
rendus plus laborieux, la machine est pesante et ne se
meut que difficilement. Ces inconvénients sont d'ailleurs
aggravés par ce fait que les généraux et les états-majors
sont le plus souvent improvisés; par suite ils montrent
généralement plus de bonne volonté que d'expérience
technique dans le maniement des grosses unités auxquelles on n'a pas encore donné une composition nette et
uniforme (2).

L'examen des situations de l'armée du Nord fait
ressortir des différences d'effectif considérables entre les
divers bataillons de ligne ou de volontaires; le nombre
des présents sous les armes est inférieur d'un tiers et
souvent même d'une moitié au complet réglementaire.
« Le contingent tarit vers sa source, écrit des Brulys. Il

---

(1) Cette fusion des bataillons d'origine différente en demi-brigades
nouvelles constitue « l'embrigadement », qu'il ne faut pas confondre
avec « l'amalgame », qui avait pour effet de mélanger des compagnies
de volontaires et d'ancienne armée dans un même bataillon. (Article IX
de la loi du 12 août 1793. *Collection des lois.*) Cette dernière opération
ne fut faite qu'en 1794.

(2) La loi du 24 février 1793, titre VIII, a bien prévu l'organisation
des divisions d'infanterie et la composition de l'état-major d'une
armée, mais elle n'a pas indiqué comment chaque armée devait être
constituée. C'est pourquoi les armées ont alors une composition très
variable de l'une à l'autre et suivant l'époque considérée.

ne nous en arrive plus et nos bataillons ne sont plus que des cadres, que nous avons égalisés faute de contingent pour les compléter. Leur force moyenne est de 450 hommes, y compris les grenadiers (1). » Sur ces 450 hommes on compte un nombre variable de recrues arrivées sous les drapeaux en avril ou mai 1793 ; celles-ci proviennent de la levée des 300,000 hommes du 24 février 1793, et figurent généralement sur les différentes situations sous la rubrique « venues du contingent ».

L'armement de cette infanterie est à peu près au complet, mais les ressources suffisent à peine à armer les formations actives ; il manque encore un certain nombre de canons de bataillon, surtout parmi les troupes de Cassel et de Dunkerque. « La plupart des bataillons sont sans canons, écrit Carnot le 2 août (2), il manque au moins trente pièces de 4. »

Le 8 juillet 1793, la Convention décide que l'on retirera les butières ou arquebuses aux ci-devant arquebusiers pour les distribuer aux chasseurs à pied, et le Comité de Salut public invite le Ministre, le 1er août, à faire fabriquer sur le champ 200,000 piques destinées à défendre l'infanterie et les canonniers contre la cavalerie.

Les munitions sont en nombre suffisant, mais on manque de caissons et d'attelages. Custine a bien prescrit que chaque homme serait porteur de soixante cartouches, mais la mesure a des inconvénients :

« La distribution des soixante cartouches par homme ordonnée par le général Custine et exécutée en partie sous le commandement du général Le Veneur pendant

---

(1) Lettre de des Brulys au général Tourville. Registre de correspondance 1 a/1 II, page 218. A. H. G.

(2) Carnot à d'Urtubie. De Cassel, 2 août, Charavay, tome II, page 441.

l'absence du premier, écrit des Brulys (1), m'a paru extrêmement vicieuse. Je le lui dis ; on n'a pas voulu me croire et la distribution a été faite au mépris de mes représentations fondées sur ce que j'ai vu plusieurs fois, dans différentes actions, les soldats jeter leurs cartouches. C'est cependant pour des occasions que le général Custine a voulu les munir de soixante cartouches et retirer le caisson d'infanterie pour diminuer, disait-il, la longueur des files de voitures. Ce motif avait sans doute une utilité, mais ce remède compensait-il le mal qu'il occasionne. »

Le général Bellemont, directeur du parc de l'armée du Nord et des Ardennes, partage cette opinion « parce qu'une grande quantité de ces coups s'avarie quand il pleut, ce qui consomme un genre de munitions précieux pour la rareté des matières premières et pour le prix de la main-d'œuvre (2) ».

Ce gaspillage et ces détériorations font abandonner cette pratique, et dès le 4 août, on décide de délivrer deux caissons par demi-brigade, faute de pouvoir en donner un à chaque bataillon. Ces caissons seront au centre dans les camps ; dans les marches, l'un d'eux suivra le bataillon du centre, l'autre, le bataillon de queue (3).

Cavalerie. — Les coalisés avaient amené sur le terrain de la lutte à peu près autant d'escadrons que de bataillons, tandis que nous disposions à peine, sur le front Dunkerque—Longwy, de 12,000 cavaliers, chiffre égal au quinzième environ de l'effectif total de l'armée du Nord et des Ardennes. La plupart des régiments étaient

---

(1) Des Brulys à Dardenne, 27 juillet. Registre de correspondance 1 *a*/1 II, page 207. A. H. G.

(2) Correspondance de l'armée du Nord. A. H. G.

(3) Correspondance de l'armée du Nord. A. H. G.

d'ailleurs réduits à l'état de véritables unités-sque-
lettes, faute de chevaux, de harnachement ou d'armement, car les hommes ne manquaient pas. Il y avait, en
effet, dans les dépôts plus de 7,000 cavaliers inutilisables ; c'est ainsi que les dépôts du 2ᵉ hussards, des 11ᵉ
et 16ᵉ chasseurs, du 20ᵉ dragons, contenaient plus de
500 hommes, tandis que l'effectif des portions actives de
ces mêmes régiments s'élevait à peine à 300 hommes
en moyenne. C'était là une cause d'infériorité absolue et
relative des plus graves qui alarmait fort le commandement et les Représentants du peuple (1). La faible portée
des armes de l'infanterie et le peu de solidité de nos
jeunes bataillons justifiaient ces craintes, puisque
l'ennemi pouvait faire un usage redoutable de ses escadrons à la fois nombreux et solides.

Aussi, Kilmaine, pour excuser l'inaction des troupes
du camp de César, avec lesquelles il n'avait rien tenté
pour débloquer Valenciennes, ne manque-t-il pas d'invo-
quer les raisons suivantes (2) :

« En vain dira-t-on : il fallait secourir Valenciennes !
Sans doute, il le fallait, citoyen Ministre, mais les

---

(1) A cette époque, la cavalerie n'est pas utilisée suivant la doctrine
actuelle ; on ne lui demande pas avant tout de fournir des renseignements sur l'ennemi, mais son rôle sur le champ de bataille et dans la
poursuite est considéré comme prépondérant. Il est vrai que le besoin
d'une troupe montée légère, pouvant combattre à pied à l'occasion,
s'est déjà fait sentir, mais cette notion est encore confuse et très éloignée de son application.

M. le colonel Coutanceau a publié dans la *Revue d'Histoire* (janvier 1903, page 60. *Campagne de l'armée du Nord 1794*), une étude
détaillée de la composition et du recrutement de la cavalerie française
en 1793. On y trouvera tous les renseignements désirables sur cette
question et sur les tendances nouvelles qui se manifestaient au point
de vue du mode d'emploi de cette arme.

(2) Kilmaine au président de la Convention, 30 juillet, de Cambrai.
Lettre publiée par le *Moniteur*, n° du 3 août, page 917.

moyens n'existaient pas. *Une armée ne peut agir sans cavalerie* et celle de cette armée a toujours été pour ainsi dire nulle ; depuis la trahison de l'infâme Dumouriez, vous savez que notre *cavalerie agissante* n'est que d'environ 5,000 hommes. »

Le 7 août, il déclare (1) que le manque de cavalerie l'inquiète beaucoup ; il lui faudrait 12,000 cavaliers pour lutter contre un ennemi qui en a 20,000 et il demande qu'on lui envoie les carabiniers de la Moselle, sous prétexte que ceux-ci ne peuvent être d'une grande utilité dans les Vosges.

Delbrel et Levasseur envoient au Comité de Salut public (2) des états d'inspection des régiments de cavalerie qui suffiront, disent-ils, à donner une idée du dénûment dans lequel on a laissé ces corps, et à faire sentir la nécessité de modifier l'organisation des dépôts de la manière qu'ils proposent... « Rien n'est plus urgent de faire fournir par le Ministre tout ce qui manque à ces corps. »

Le 1ᵉʳ août, des Brulys transmet à Vigel, commissaire du Pouvoir exécutif, une demande faite par le 10ᵉ hussards : « Vous verrez, déclare-t-il, mon impossibilité de satisfaire à ce nombre de 800 ou 600 sabres, 800 carabines et 800 paires de pistolets, et vous sentirez la nécessité de réitérer avec insistances vos demandes au Ministre sur des ressources intérieures (3). »

On s'efforça donc de remédier à ce fâcheux état de choses en recourant à des expédients nombreux qui, malheureusement, ne pouvaient avoir aucun effet immédiat. Car, s'il est relativement facile de constituer hâtivement des unités d'infanterie et de donner rapidement à

---

(1) Kilmaine à Bouchotte, de Cambrai, le 7 août. A. H. G.

(2) De Cambrai, 30 juillet. A. H. G. et *Recueil Audard*, tome V, page 423.

(3) Registre de correspondance 1 a/1 11, page 225. A. H. G.

des bataillons improvisés un certain air de solidité, la question est beaucoup plus complexe lorsqu'il s'agit de monter des cavaliers experts, armés et équipés sur des chevaux harnachés et bien dressés.

Voici d'ailleurs les mesures essentielles qui furent adoptées ; on reconnaîtra aisément que leur efficacité eût été trop tardive si l'ennemi s'était montré plus audacieux.

Le 22 juillet, la Convention décréta une levée de 30,000 hommes, montés, équipés et armés ; elle rédigea à cet effet une instruction qu'on peut lire dans la *Collection des lois*. Le mécanisme de l'opération a été exposé par M. le colonel Coutanceau (1) qui en a montré toute l'ingéniosité. Ce sont, en effet, les administrations des départements qui sont chargées de réunir les chevaux avec le concours d'un cadre militaire, tandis que les administrations des districts et des communes pourvoient à la levée des cavaliers par les procédés usités sous l'ancien régime pour le recrutement des milices et, conséquemment, familiers aux paroisses. Sur les 30,000 cavaliers, il en est attribué 4,855 à l'armée du Nord et 3,915 à celle des Ardennes à répartir dans les régiments déjà formés ; mais comme l'opération exige un temps très long, les renforts n'auront pas encore rejoint lorsque la bataille d'Hondtschoote sera livrée. Un autre décret du 25 juillet prescrivit (2) que toutes les gardes nationales à cheval, dans toute l'étendue de la République, seraient en état de réquisition ; on pouvait désormais les envoyer à l'armée sans qu'aucun des cavaliers nationaux pût donner sa démission ou refuser de se rendre aussitôt au poste qui lui serait indiqué. Le

---

(1) *Loc. cit.*, page 75.

(2) La mesure parut tellement urgente que le décret fut promulgué le même jour. Voir la *Collection des lois*.

16 août, la Convention décida que le corps de cavalerie levé dans les départements du Calvados, de l'Eure, de l'Orne, de la Manche et de la Seine-Inférieure, sous la dénomination de « dragons de la Manche » et stationné alors à Versailles « serait incorporé dans les différents régiments de cavalerie et troupes légères de la République ».

Cependant, le manque de chevaux se faisait toujours sentir ; c'est pourquoi le Comité de Salut public ordonnait le 4 août (1) au Ministre de la guerre « de faire un tri dans les chevaux d'artillerie et de charroi pour en extraire les chevaux d'escadron » ; en outre, il prescrivait le 28 du même mois (2) d'employer à l'intérieur aux transports et charrois des armées « la plus grande quantité de bœufs possible ». De leur côté, les Représentants Collombel et Levasseur arrêtaient le 15 août (3) que les généraux contraints à un mouvement rétrograde devraient retirer auparavant tous les chevaux de selle qui se trouveraient dans le pays abandonné. Mais toutes ces mesures aboutissaient à un résultat si médiocre qu'à la fin d'août la question du recrutement des chevaux venait de nouveau en discussion à la Convention nationale. Là, on émettait des propositions nouvelles qui provoquaient d'autres décrets, entre autres celui de recourir aux achats à l'étranger en payant en numéraire (4). Quoi qu'il en soit, et pendant toute la période que nous étudions, la cavalerie de l'armée du Nord ne sera pas sensiblement augmentée et notre commandement ne manquera pas de donner ce prétexte pour excuser son inaction, ou plus exactement sa passivité.

---

(1) *Recueil Aulard,* tome V, page 472.
(2) *Ibid.,* tome VI, page 141.
(3) *Ibid.,* tome V, page 559.
(4) *Ibid.,* tome VI, page 162.

Artillerie. — L'artillerie en usage dans les armées du Nord et des Ardennes se composait de pièces de 4, de 8, de 12, de 16 et d'obusiers de 6 pouces, indépendamment bien entendu des deux canons de 4 qui étaient rattachés à chacun des bataillons d'infanterie. Les chevaux et conducteurs d'artillerie étaient fournis par des entrepreneurs dans des conditions qui seront précisées au paragraphe suivant.

Bien que le rendement de ce matériel fût très limité, puisque la portée efficace moyenne des pièces ne dépassait pas alors 800 mètres, il y aurait eu intérêt à disposer d'une proportion relativement forte d'artillerie pour compenser l'infériorité professionnelle ou numérique de notre infanterie et de notre cavalerie. Or, les incomplets à la fin de juillet 1793 étaient considérables (1), car il manquait 9,459 chevaux sur 14,545, 174 canons de 4 sur 468, 104 canons de 8 sur 169, 75 canons de 12 sur 112, 51 obusiers de 6 sur 79 pour porter à son complet de guerre l'artillerie nécessaire à l'armée.

D'autre part on avait songé à diminuer les inconvénients qui résultaient de la disproportion numérique des deux cavaleries opposées en créant des compagnies d'artillerie légère. Cette arme avait, comme on sait, provoqué un véritable engouement à cause de sa mobilité et de son audace, et bien qu'elle eût occasionné l'usure prématurée d'une grande quantité d'attelages. C'est pourquoi les représentants du peuple Levasseur et Delbrel

---

(1) Voir l'*État de l'artillerie du parc des armées du Nord et des Ardennes* établi à la date du 18 juillet 1793 et reproduit aux documents annexes. En envoyant cet état aux Représentants du peuple le 21 juillet, le chef d'état-major ajoutait : « Le général vous prie de l'adresser au Comité de Salut public pour en traiter les demandes faites par le général commandant l'artillerie de l'armée. » (Registre 1 a/1 II, page 194. A. H. G.)

avaient résolu en juillet de former à Douai cinq compagnies nouvelles. Mais les équipages faisaient défaut. « Sur 730 chevaux et 300 à 400 charretiers nécessaires, écrivent-ils le 3 août (1), il n'en est arrivé qu'une faible fraction. Les chevaux de charrois pour les compagnies d'artillerie légère ne sont pas les seuls qui nous manquent. Il nous en faudrait encore à toute rigueur 3,000 ou 4,000 pour traîner notre artillerie de bataille et de position. Nous sentons qu'il est impossible de les fournir, mais on ne saurait se dispenser de nous en envoyer sans délai 1200 à 1500 ; il nous les faut absolument, si nous ne voulons pas être exposés à perdre notre artillerie par l'effet de quelque mouvement forcé, inattendu et rapide. Nous tâcherons de suppléer au reste par des chevaux de réquisition. »

Le recrutement des canonniers présentait également des difficultés telles que le 15 juillet la Convention avait institué dans chaque département une école particulière d'instruction pour les canonniers aux frais de la République. Le 22 juillet elle augmentait d'une escouade de seize hommes, commandée par un lieutenant, chaque compagnie de canonniers du corps d'artillerie. Ces hommes devaient être pris « soit dans l'infanterie, soit dans les compagnies de canonniers de la garde nationale parmi ceux qui, se présentant volontairement, auront au moins 5 pieds 3 pouces pieds nus ». Enfin, le 7 août, elle accordait un sou de haute paye aux canonniers des bataillons de volontaires nationaux comme à ceux des autres corps. On verra par la suite que, malgré ces différentes prescriptions, on ne put mettre l'artillerie de l'armée du Nord sur son véritable pied de campagne.

Chevaux d'attelage, convois et transports. — L'orga-

---

(1) Levasseur et Delbrel au Comité de Salut public. A. H. G.

nisation des équipages destinés aux divers services des armées de la République fut complètement modifiée par le décret du 25 juillet 1793. Jusqu'alors la fourniture des chevaux, voitures et conducteurs nécessaires aux services de l'artillerie, des vivres, des ambulances, des hôpitaux et des charrois des armées, avait été assurée par des compagnies d'entreprise telles que celles de Winter, d'Espagnac, Caruette, Boursault, Lauchère et Choiseau (1) : celles-ci avaient passé avec le Ministre de la guerre des traités d'après lesquels les payements devaient être faits en numéraire. Or la baisse relative des assignats avait rendu ces traités absolument usuraires et ruineux pour la République ; en outre certaines compagnies n'avaient pas tenu exactement leurs engagements ; elles avaient fourni un nombre insuffisant d'attelages et réalisé des bénéfices énormes. Pour faire cesser cet état de choses, la Convention décréta (2) que tous ces services seraient assurés par une régie intéressée, placée sous les ordres du Conseil exécutif provisoire, et confiée à sept régisseurs en chef ayant fourni chacun un cautionnement de 300,000 livres. Aux termes du nouveau contrat, pendant toute la durée de la guerre, l'État payera 3 livres 10 sous pour chaque journée d'entretien de cheval ou de mulet, moyennant quoi la régie seule entretiendra les chevaux, mulets, voitures, charretiers, ouvriers et employés nécessaires ; seules les pertes en cas de force majeure incomberont au Trésor public ; le bénéfice réalisé sera partagé également entre l'État et la régie. Deux commissaires inspecteurs attachés à chacune des armées seront chargés de la police et de la surveillance des équipages. Comme mesure transitoire,

---

(1) On trouvera dans le tome 1er de la *Campagne de 1793 en Alsace*, page 54 (Colin, librairie Chapelot), des considérations intéressantes et des documents nombreux sur cette question des chevaux d'attelage.

(2) *Collection des lois*, 25 juillet 1793.

les anciennes compagnies Lauchère, Choiseau, Winter et Boursault continueront leur service pour l'artillerie seulement; le personnel des anciennes entreprises devra être conservé par la nouvelle régie. Le 1er août on devait passer la revue du personnel, dresser l'inventaire du matériel et indemniser ou rembourser en conséquence les entrepreneurs. On devait en outre, dans cette revue, désigner les chevaux propres à la remonte de la cavalerie et des troupes légères, afin que le Ministre pût en disposer dans ce sens.

En fait cette régie ne commença à fonctionner que vers le 1er septembre. Malheureusement la réforme ne s'appliquait pas à la fourniture des chevaux d'artillerie et de leurs conducteurs qui restait aux mains des compagnies d'entreprise, de sorte que la conduite des pièces d'artillerie était toujours confiée à un personnel non militarisé, lequel n'hésitait pas, au moindre danger, à couper les traits pour s'enfuir avec ses chevaux, abandonnant ainsi à l'ennemi un grand nombre de pièces de campagne dans des combats peu sanglants.

Subsistances. — Les conséquences de la *loi du 4 mai dite du maximum* (1) pèsent alors si lourdement sur la question des approvisionnements, qu'il est nécessaire d'en rappeler tout d'abord les prescriptions essentielles.

Aux termes de cette loi, les grains ou farines ne peuvent être vendus que dans les *marchés publics ou ports* où l'on a coutume d'en vendre, et chaque citoyen doit déclarer à la municipalité du lieu de son domicile la quantité et la nature des grains ou farines qu'il possède. En outre les marchands en gros ou tenant magasins de grains ou farines doivent inscrire sur un registre leurs achats, leurs ventes et les noms de ceux avec qui ils ont

---

(1) *Collection des lois.*

fait ces échanges. Les directoires de département, connaissant ainsi les existants, peuvent requérir les denrées à un *prix maximum* qu'ils auront fixé eux-mêmes et au-dessus duquel il est défendu de vendre et d'acheter; ils doivent également surveiller le mouvement commercial et empêcher l'accaparement. Enfin le Ministre de l'intérieur a la faculté de prescrire l'envoi de ces denrées d'un département à l'autre; seuls les Ministres de la guerre, de la marine et les préposés à l'administration des subsistances militaires sont autorisés, ainsi que les administrations des départements ou des districts, à acheter chez les particuliers à un prix qui n'excède pas le maximum.

En outre, pour garder l'État contre tout payement frauduleux, la Convention a décrété le 12 juillet (1) que les payeurs des départements ou des armées ne payeront les fournitures faites aux armées que sur le vu des pièces suivantes à présenter par les fournisseurs : 1° la réquisition en vertu de laquelle ils ont fourni; 2° un certificat de leur municipalité constatant la nature et la durée de la livraison ou des services; ce certificat sera vérifié par le district et visé par le département. Enfin un décret du 26 juillet 1793 punit de la peine de mort les accapareurs de toutes les denrées et marchandises de première nécessité.

Ce système offre la plus grande analogie avec celui du ravitaillement national et des réquisitions qui est actuellement en vigueur. Dans les deux cas l'État, connaissant les quantités de denrées existantes, dispose de celles-ci à son gré, sous la seule réserve qu'elles seront payées à un taux fixé suivant les fluctuations du marché.

De nos jours, on peut estimer à bon droit que cette organisation ne procurera aucun mécompte puisque

---

(1) *Collection des lois.*

la centralisation administrative permet de faire céder les intérêts particuliers à l'intérêt général. Chaque comité départemental est en effet présidé par le préfet, qui a les moyens de contraindre à l'obéissance les municipalités ou les particuliers. Mais en 1793, les conditions d'application de ces mesures quelque peu coercitives étaient très différentes. Voici d'ailleurs, à titre d'exemple, comment on procédait dans le département du Nord. La Convention, le Comité de Salut public ou les Représentants en mission ayant décidé que ce département fournira 5,000 sacs de blé et 3,000 sacs de seigle à l'armée, il est alloué à cet effet au Directoire une certaine somme en assignats, 300,000 livres si l'on veut. Cette somme est prélevée, soit sur la caisse du payeur général départemental, soit sur celle du payeur de l'armée, lesquelles sont alimentées par des envois du Ministre ou du Comité de Salut public qui confient le papier-monnaie à un courrier spécial pourvu d'une escorte. Au reçu de l'arrêté, le directoire du département fixe pour chaque district la quantité de sacs à fournir et la somme qui lui est allouée pour la livraison. A son tour le district désigne « des préposés connaisseurs et intègres » pour faire les achats de grains destinés à son contingent, à moins qu'il ne trouve plus convenable de les faire simplement requérir par les municipalités. Au fur et à mesure de leur réunion, les denrées sont déposées dans le magasin militaire du chef-lieu du district où elles sont à la disposition du directeur des subsistances de l'armée (1). Une fois la livraison faite, le district envoie à l'administration départementale les récépissés des denrées en même temps que l'état des dépenses occasionnées par les achats, les frais de trans-

---

(1) Archives de Lille. Registre des procès-verbaux des séances de l'administration du département du Nord, n° 2, page 44.

port, etc..... Généralement les communes adressent quelque réclamation au district ; elles demandent, soit une diminution de la quantité de grains à fournir, soit à livrer le blé en gerbes et non battu, tantôt, elles récriminent parce qu'on ne leur donne pas décharge, ou parce que les sacs ne sont pas rendus, etc.... (1). Les administrateurs et les municipalités n'apportent pas toujours tout le zèle et toute la bonne volonté qui seraient nécessaires au bon fonctionnement du service. Préoccupés avant tout de défendre les intérêts de leurs concitoyens, ils appliquent ordinairement avec mollesse les ordres du pouvoir central, alors que les particuliers s'efforcent de se soustraire aux réquisitions pour plusieurs raisons. La baisse du cours des assignats diminue sensiblement le prix de la denrée qui est payée en papier-monnaie au taux du maximum, alors que ce taux a été fixé comme si le payement avait lieu en numéraire. C'est en vain que le décret du 1er août établit des peines contre ceux qui refuseraient les assignats-monnaies, les donneraient ou recevraient avec une perte quelconque ; c'est en vain que ceux qui placeraient des fonds sur les comptoirs ou banques des pays avec lesquels la République est en guerre, sont déclarés traîtres à la patrie. On ne réglemente pas le crédit, ni la confiance, surtout quand les passions politiques sont surexcitées : la baisse s'accentue. D'autre part, les formalités administratives à remplir pour se faire payer déplai-

---

(1) Pour connaître en détail le fonctionnement de ce service, il faut se reporter aux registres des procès-verbaux des séances des administrations départementales ou de district. Ces registres existent généralement dans les archives départementales. C'est d'ailleurs en consultant ceux du département du Nord à Lille et à Dunkerque que nous avons pu savoir d'une façon précise comment on faisait alors les réquisitions. Il est vraisemblable que ce système fut en usage dans tous les départements.

sent aux propriétaires qui savent aussi que l'État ne rembourse pas toujours, car il existe des arriérés. Enfin, au mois de juillet, la récolte de 1792 est à peu près épuisée, alors que celle de 1793 n'est pas encore engrangée et les greniers sont presque vides. Si l'on pouvait faire appel aux ressources des pays étrangers, la situation serait moins alarmante, mais l'Angleterre interdit à ses nationaux tout commerce avec la France, et nous sommes en guerre avec tous nos voisins, sauf avec la Suisse. D'ailleurs, les échanges entre les États sont peu usités à cette époque ; ils eussent, du reste, exigé une quantité de numéraire dont on ne disposait pas.

Heureusement, la récolte de 1793 promet d'être abondante ; elle pourra nous tirer d'embarras à la fin d'août, mais l'application de la loi du 4 mai risque de ruiner toutes les espérances, si l'on n'y remédie promptement. En effet, Collot-d'Herbois, en mission dans l'Oise, signale ce danger dès le 7 août. « Bien plus, écrit-il (1) au Comité de Salut public, comme le maximum de l'avoine, qui fait complètement défaut, paraît devoir dépasser celui du blé, les fermiers vont faire manger le froment, le blé et l'orge par les chevaux et on ne pourra plus nourrir les hommes si un décret ne vient pas interdire cette pratique. Il faut ordonner de suite le recensement de l'excellente récolte nouvelle, car s'il n'y a pas véritablement disette de blés anciens, on aperçoit une sorte d'épuisement. »

La gravité de cette crise économique qui pouvait entraîner la famine des armées et provoquer la désorganisation de nos forces militaires, mérite de retenir l'attention. Pour saisir la denrée chez le producteur, il a

---

(1) Lettre du 7 avril datée de Senlis. *Recueil Aulard*, tome V, page 500.

fallu instituer tout un régime coercitif dont les conséquences vont à l'encontre du but poursuivi. Les propriétaires cherchent à se soustraire aux exigences de l'État qui a le tort de ne pouvoir payer immédiatement en espèces sonnantes tout ce qu'il requiert. D'autre part, pour des raisons politiques (1), les administrations locales sont plutôt disposées à agir dans l'intérêt privé de leurs commettants qu'en conformité des ordres du pouvoir central. Il semble donc que, vers le mois d'août 1793, la France était sur le point de subir la loi de ses ennemis. Il n'en fut rien cependant, grâce à l'organisation du gouvernement révolutionnaire, qui permit aux Représentants du peuple d'intervenir énergiquement et de conjurer le péril. Placés pour ainsi dire au-dessus de la loi, ceux-ci n'hésitèrent pas à sortir de la légalité pour surmonter toutes les difficultés qui se présentaient. C'est ainsi que le 30 juillet, Delbrel, Letourneur et Levasseur prenaient un arrêté aux termes duquel les denrées à fournir par les départements pouvaient être achetées exceptionnellement « à un prix qui excédera le maximum (2) ».

Mais, sous l'empire de ces circonstances critiques, ce

---

(1) Pour mettre fin aux nombreux conflits qui s'élèvent entre les Représentants du peuple et les administrations des départements, le Comité de Salut public prend des arrêtés nombreux dont l'exposé des motifs est ainsi formulé :

« Considérant que ces lenteurs paraissent avoir pour cause principale l'égoïsme des cultivateurs et le défaut d'énergie des autorités constituées, plus que l'impuissance de satisfaire auxdites réquisitions, arrête, etc., etc. » (Voir Archives nationales, série AFii-74.)

(2) Correspondance A. H. G. D'autre part, Levasseur et Delbrel écrivent le 3 août de Cambrai :

« Il ne nous restait plus d'espoir de trouver de l'avoine si nos collègues Duhem et Lesage-Senault n'eussent suspendu l'effet de la loi sur le maximum ; les cultivateurs aimeraient mieux la faire manger que la vendre. » (A. H. G.)

fut Carnot qui imagina la solution la plus pratique bien
que brutale. Ayant constaté, au cours de sa mission à
Cassel, que les places de la frontière du Nord n'ont pas
un mois de vivres et de fourrages, il décide qu'il sera
procédé dans toutes les campagnes de certains districts,
à des visites domiciliaires faites par un commissaire des
guerres, accompagné d'un préposé aux vivres, d'un
préposé aux fourrages et d'une force armée prélevée sur
la garnison de Dunkerque (1). « Le citoyen Chivaille,
commissaire ordinaire des guerres est à la tête de
l'expédition » (le terme suffit à caractériser la méthode).
Le résultat obtenu dépasse toutes les espérances, car,
dès le 4 août, Carnot annonce au Comité de Salut
public (2) que « cette mesure a eu le plus grand succès.
On a trouvé que partout les déclarations faites en vertu
de la loi du 4 mai étaient on ne peut plus infidèles,
quoique recommencées jusqu'à quatre fois. *Dix hussards
ont produit en vingt-quatre heures plus que toutes les
réquisitions depuis trois mois*..... »

Pendant le mois d'août, la Convention multiplie encore
ses exigences. C'est ainsi qu'un décret du 15 août (3)
interdit, pour éviter le surhaussement des prix, de faire
sortir de l'étendue de la République les denrées et
marchandises de première nécessité énoncées dans le
décret, savoir : le pain, le biscuit, toute espèce de
viande, de poissons, de fruits, de cidre, de vin, d'eau-
de-vie, de vinaigre, d'huile, de sel, de miel, de sucre,
de savon, de soude, de charbon de terre, l'acier non
ouvré ou simplement fondu, le papier, les draps, étoffes
et bonneterie autres que de soie.

---

(1) Carnot à ses collègues, à Lille. Cassel, 1er août. Charavay,
tome II, page 435.

(2) Carnot au Comité de Salut public. Cassel, 4 août 1793. Charavay,
tome II, page 443.

(3) *Collection des lois.*

Le 17 (1), on se préoccupe de mettre la main sur la nouvelle récolte. « Il sera fait dans chaque commune un recensement général des graines de la dernière récolte. Tout citoyen qui sera convaincu d'avoir fait une fausse déclaration sera puni de dix années de fer et les grains seront confisqués, savoir : un quart au bénéfice du dénonciateur, le surplus au profit de la République. »

Le 19, on tente de remédier à la cherté de l'avoine en décrétant que son prix ne pourra excéder la moitié du maximum du prix du froment. Puis, pour mettre un terme à la résistance des administrations, un décret du 26 août retire à celles-ci le droit d'acheter chez les particuliers; désormais, le Conseil exécutif provisoire aura seul qualité pour approvisionner les départements et ordonner les réquisitions.

Du reste, à ce moment, la Convention comprend enfin que toutes ces mesures draconiennes, provoquées surtout par l'application de la loi sur le maximum (2) indisposent les citoyens sans donner cependant les résultats que l'on escomptait; elle décide alors de renouveler son

---

(1) Décret du 17 août 1793. Voir *Collection des lois*. Cité *in extenso* dans la *Campagne de 1793 en Alsace*, du capitaine Colin, page 67.

(2) Dans un rapport qu'il adressait le 1er septembre 1793 à la Convention le représentant du peuple Isoré, en mission à l'armée du Nord, se plaignait que la question fut mal réglée. D'après lui, les arrêts multipliés des Représentants et des administrations départementales ne sont qu'un amas de confusions. On demande trop et la défiance détruit le bon effet qui semblait être attaché au mode de réquisition. « Le nombre d'hommes employés aux approvisionnement des armées, ajoute-t-il, est trop considérable. Les uns s'attendent aux autres et ceux qui ne devraient qu'obéir veulent souvent commander. Quand l'inquiétude domine les chefs, l'insubordination triomphe; les marches sont arrêtées et il n'est pas un jeune commis qui ne se regarde comme un homme de poids et d'importance. C'est ainsi que se conduit la surveillance des approvisionnements militaires, et notez encore que les dénonciations affluent de toutes parts et que les places, et non le désir de bien faire, sont toujours à l'ordre du jour. » (Archives nationales. ADVI-38.)

Comité d'agriculture et prescrit que le nouveau Comité, après avoir examiné les avantages et les inconvénients de cette loi, lui présentera son avis à cet égard.

Le commandement. — On sait que la victoire ou la défaite décident le plus souvent du sort des régimes politiques et que la part due à la qualité du commandement dans les succès ou dans les revers est généralement prépondérante. Le recrutement des généraux est donc une des questions les plus délicates et des plus graves qu'un gouvernement puisse avoir à résoudre, puisque son avenir et celui du pays sont intimement liés à la valeur professionnelle des chefs qu'il distingue et choisit. Or, en 1793, les données de ce problème sont si spéciales, la solution adoptée si particulière qu'il convient de s'y arrêter. En effet, au début de l'année, les conditions politiques sont telles que nul ne peut être général s'il a des opinions royalistes ; aussi, la plupart des officiers de l'ancienne armée, qui avaient alors une valeur professionnelle acquise, ont-ils émigré ou abandonné l'armée. Quelques-uns cependant, soit qu'ils aient sacrifié à leur patriotisme leurs convictions intimes, soit qu'ils aient accepté sincèrement le système révolutionnaire, soient enfin que les nécessités de la vie les aient contraints à ne pas abandonner leur carrière, sont restés sous les drapeaux, où ils sont parvenus rapidement au grade de général, grâce au mode d'avancement à l'ancienneté de service. Le premier Comité de Salut public, qu'inspire la politique large et tolérante de Danton, se reposant sur leur loyalisme, a accepté leurs services. Mais la trahison de Dumouriez et des officiers qui lui sont restés fidèles, l'attitude de Custine et ses attaches avec le parti girondin, enfin et surtout la série des revers que l'armée du Nord en particulier a dû subir depuis la défaite de Nerwinden on fait suspecter le civisme des chefs militaires. C'est pourquoi le parti de la Montagne, décidé à appliquer les principes de la politique sans-culottiste, place la question du recrutement des généraux sur des bases nouvelles dès son arrivée au pouvoir. En principe, nul ne sera désormais général s'il est noble ou étranger et s'il n'est pas sans-culotte. Certains montagnards avaient bien compris qu'en appliquant cette doctrine on priverait la République des services des militaires les plus compétents, sans qu'il soit possible de pourvoir de suite à leur remplacement. « Entre ces deux écueils, *la trahison et l'ignorance*, il faut choisir le moindre, répondit la majorité ; tant pis pour les officiers nobles qui n'en seraient pas moins sans-culottes. C'est le point de vue politique qui doit l'emporter dans l'espoir que l'on trouvera bientôt parmi la classe des lieutenants-colonels et même des capitaines des hommes patriotes et instruits qui remplaceront les généraux perfides (1). »

Dès la fin de juillet le « système des épurations » est appliqué énergiquement, c'est-à-dire qu'on suspend, destitue ou arrête un grand nombre de généraux ou d'officiers d'état-major, pour leur substituer ceux dont le dévouement à la chose publique ou, pour employer le langage de l'époque, « au système populaire », ne peut être suspecté.

Les pouvoirs publics se trouvent ainsi amenés à choisir des généraux et des chefs de brigade dans cette catégorie d'officiers des anciens régiments, parmi lesquels se recrutaient les majors et lieutenants-colonels de la monarchie. Ce sont généralement des instructeurs excellents, mais ils manquent des qualités brillantes et de la préparation intellectuelle que nécessite le commandement supérieur. Par suite et malgré leur bonne volonté, ils seront le plus souvent incapables de faire manœuvrer une division ou une brigade, et au fur et à

---

(1) *Mémoires de Levasseur*, tome II, page 159.

mesure que leur incapacité professionnelle se traduira
dans les actes, on les destituera et souvent même on les
guillotinera, sous prétexte d'incivisme ou de trahison.
Telle est la doctrine en honneur pendant la deuxième
moitié de l'année 1793, en matière de recrutement des
généraux. Bouchotte, qui est chargé de l'appliquer,
frappe sans hésitation ceux qui lui sont signalés par les
commissaires exécutifs ou par les sociétés populaires. Au
commencement d'août, les lettres de suspension pleuvent
dru à l'armée du Nord; les généraux Lamarche, Lamar-
lière, Le Veneur, d'Haugest, Sabrevois, Tourville, Pou-
tier, Baussancourt, Desponchés, Kermorvan, Devrigny,
le chef d'état-major des Brulys, les adjudants généraux
Chérin et Dardenne sont suspendus, destitués ou arrêtés.
Kilmaine, recevant ces lettres de suspension en même
temps que des lettres de service destinées aux nouveaux
promus dont l'adresse lui est inconnue, exprime son
embarras. Il n'a « personne pour remplacer dans le commandement (1) », et pour tempérer l'effet de ces mesures
il néglige le plus possible de faire parvenir à tous les
intéressés les ordres du Ministre. Une lettre trouvée sur
un Anglais, et dont Barère a lu la traduction à la
tribune de la Convention le 1er août (2), provoque un
redoublement de sévérité, parce qu'elle semble établir
que les Anglais ont réussi à se ménager des intelligences
dans les places fortes du Nord, auprès de certains officiers généraux. Aussi le Comité de Salut public excite-t-il
le zèle des Représentants du peuple. « On avait jugé
devoir destituer des officiers et vous les avez maintenus

---

(1) Kilmaine au Ministre de la guerre. 5 août, de Cambrai. A. H. G.

(2) La lettre contenait la phrase suivante : « If Delet the mayor can
be depended on as the friend of O'Moran, he will be the proper person
to temper with him. Let no money be spared..... » (*Moniteur*, n° du
2 août 1793.)

sous prétexte qu'on ne découvrait point leurs successeurs..... On les aurait trouvés si on les avait cherchés..... Vous avez conservé les plus grands contre-révolutionnaires. Lisez la lettre anglaise !..... Nous attendons tout de votre zèle à rallier l'armée dans le sens du patriotisme. La vigueur seule peut nous sauver (1). » Aussitôt Duquesnoy et Lebas font arrêter les généraux O'Moran et Richardot; l'adjudant général Jouy est suspendu ainsi que certains commandants de place : Rosières à Douai, Lavallière à Cambrai, Kerenveyer à Dunkerque, Noirod au Quesnoy, Gobert à Philippeville (2). Toutes ces mesures de rigueur alarment d'autant plus les officiers qu'ils peuvent être l'objet, sans le savoir, de délations mensongères inspirées quelquefois par la haine, la jalousie, la malveillance ou l'ignorance. Mis dans l'impossibilité de se défendre, ils redoutent tellement l'injustice que le grade de général n'est plus recherché; ceux qui sont déjà nommés expriment le désir d'être rétrogradés. Dietman refuse le commandement de l'armée du Nord que Kilmaine demande à remettre le plus tôt possible : « J'ai le malheur, écrit celui-ci (3), quoique élevé en France, d'être né en Irlande; cette raison seule serait un prétexte de dénonciations, non pas pour nos véritables républicains, mais pour les malveillants, et nous en avons beaucoup ici qui regorgent d'argent. » Il se déclare cependant partisan de la doctrine sans-culottiste : « Je crois, ajoute-t-il, que vous pensez ainsi que moi qu'il nous faut des hommes qui n'aient d'autre alternative que la République ou la mort; il n'y a dans ce moment point de milieu pour nous; tous les gens ménageant les deux

---

(1) Le Comité de Salut public aux Représentants à l'armée du Nord. Paris, 4 août 1793. Aulard, tome V, page 474.

(2) Voir à ce sujet l'ouvrage de M. Chuquet et ses références : *Les guerres de la Révolution*, tome XI. *Hondschoote*, chapitre II.

(3) Kilmaine à Bouchotte. A. H. G. Documents annexes.

partis doivent être exclus. » Barthel (1), désigné pour faire l'intérim en remplacement de Kilmaine jusqu'à l'arrivée de Houchard, est tout heureux de trouver un prétexte pour rester à la tête de la division de Cassel. Houchard, qui vient d'être nommé commandant en chef de l'armée du Nord et des Ardennes, demande au Ministre le 7 août (2) qu'on lui retire cette charge et cet honneur. « Ma vie est empoisonnée, citoyen Ministre, et, depuis que j'ai été accusé, calomnié impunément, tandis que tout mon être, tous mes efforts sont employés pour le bien de la République, je ne peux plus être propre à conduire une armée : partout la calomnie m'a précédé ; partout j'ai souffert le dernier supplice, puisque j'ai trouvé plus que de la méfiance dans toutes les personnes qui ne me connaissent pas. Cela est trop dur pour y tenir ; après tant de peines je ne devais pas m'attendre à voir accueillir un scélérat calomniateur. Si mes travaux n'ont pas toujours été suivis de succès, je n'ai rien à me reprocher et si je méritais des reproches ils ne pouvaient être attribués qu'à des fautes et personne n'est infaillible. Je suis parti aussitôt votre lettre reçue pour obéir, et ne pas laisser de lacune dans l'exécution de vos dispo-

---

(1) Nicolas Barthel, né le 26 novembre 1718 à Thionville (Moselle). Enrôlé volontaire au régiment d'infanterie de Marsan le 25 février 1736 ; sergent le 1er février 1743 ; lieutenant le 10 octobre 1755 ; aide-major le 10 avril 1761 ; rang de capitaine le 1er février 1762 ; chevalier de Saint-Louis le 12 novembre 1770 ; capitaine de compagnie le 13 août 1775 ; capitaine commandant au régiment de Viennois (infanterie) le 8 juin 1776 ; major de l'île Dominique le 3 novembre 1778 ; capitaine de grenadiers le 7 avril 1783 ; retraité le 13 juin 1783 ; lieutenant-colonel du 1er bataillon de l'Orne le 20 septembre 1792 ; commandant la place de Bergues le 11 avril 1793 ; nommé par les Représentants du peuple général de brigade à l'armée du Nord le 1er juillet 1793 ; général de division le 30 ; retraité le 16 novembre 1794 ; mort à Bellesme (Orne) le 13 mai 1813.

(2) Houchard à Bouchotte. A. H. G. Documents annexes.

sitions; mais après avoir obéi, *je vous déclare, citoyen Ministre, que je désire être remplacé au plus vite parce que je ne peux plus être général d'armée.* Je ne cesserai jamais de servir la République tant qu'elle aura des ennemis, mais *je ne peux plus la servir comme général et on ne pourrait l'exiger sans injustice.* »

Colaud, qui commande les flanqueurs de gauche, apprenant qu'il y a contre lui quatre dénonciations, demande (1) pourquoi on lui laisse le commandement des troupes s'il est suspect : « Je vous avoue franchement que je suis las d'être général, et que l'on me fera grand plaisir, si l'on veut me renvoyer à mon régiment : je servirai du moins la République *sans crainte.* Si c'est de cette manière que l'on veut encourager le zèle des hommes dévoués à la République, bientôt le *dégoût* s'en mêlera. Il n'est point étonnant que l'on entende dire tous les jours à de simples soldats qu'ils ne voudraient point être général, *ils ont ma foi bien raison.* »

Ainsi, comme l'a écrit M. Sorel (2), « les officiers, se sentant suspects, se dérobent..... La discipline disparaît moins par le refus d'obéissance que par le refus de commandement. Dans ces armées qui, dès qu'on leur rendra la liberté de leurs mouvements, vont manifester un si pur héroïsme, il se produit un fait inouï en temps de guerre dans une armée française : *la grève des officiers* »; on pourrait dire plus exactement : *la grève des généraux.* Par suite de l'avancement à l'ancienneté de service on voit à la tête des troupes des généraux incapables ou impotents, et « pour remédier à l'impuissance de ces vieux soldats effacés, les commissaires en suscitent des

---

(1) Colaud au chef d'état-major des Brulys. Registre 10, page 4. D'Arleux, le 4 août. A. H. G.

(2) *L'Europe et la Révolution française,* page 438. Troisième partie : *La Guerre aux Rois.*

jeunes, au hasard, les élèvent, les révoquent, les déplacent, et tout le zèle des troupes s'épuise dans ces mutations incohérentes ».

Discipline. — L'arrestation de Custine, la destitution d'un grand nombre de généraux et enfin la prise de Valenciennes avaient provoqué un vif mécontentement dans l'armée du Nord, au sein de laquelle les effets fâcheux d'un esprit particulariste, détourné de son objet par le défaut d'homogénéité des troupes, subsistaient encore malgré l'embrigadement. En effet, les officiers et soldats de ligne provenant des anciennes « troupes réglées » de la monarchie, n'étaient pas sincèrement animés de l'esprit républicain : faute de temps, les sentiments profondément enracinés en eux par l'éducation militaire, la tradition et toute une existence de gloire commune s'étaient peu modifiés. La plupart des officiers n'avaient pas encore quitté l'habit blanc et pour faire disparaître ces vestiges de l'ancien régime, les Représentants Levasseur, Letourneur et Delbrel avaient dû arrêter, le 31 juillet, que l'on délivrerait « sur-le-champ aux officiers le drap bleu nécessaire pour qu'ils soient dans la tenue commune, ceux du camp de César le 10 août au plus tard, ceux des autres divisions éloignées au 15 au plus tard (1) ». De leur côté, les volontaires n'avaient pas encore gagné, au contact des anciennes troupes, l'esprit de discipline et le sentiment du devoir militaire qui leur faisaient défaut. Ils continuaient à s'absenter sans autorisation pour se rendre dans les clubs « où ils délibéraient sur les affaires de l'État et dénonçaient les chefs qui leur déplaisaient ». C'est pourquoi un arrêté du 1er août ordonnait « des peines sévères contre les généraux, officiers ou soldats qui quitteraient

---

(1) A. H. G. Correspondance.

leur poste pour toute autre raison que le service et sans permission (1) ».

Il va sans dire que ce fâcheux état moral de l'armée avait sa répercussion sur la façon dont le service était exécuté. Le 31 juillet, le chef d'état-major (2) écrit au général Baussancourt pour lui annoncer que les « Représentants du peuple, venant de Douai pendant la nuit, ont été surpris de la négligence qui règne dans le service des avant-postes et surtout à la redoute d'Aubigny-au-Bac, où ils sont entrés sans être reconnus. Ils voulaient prendre un arrêté pour faire destituer tout officier qui commettrait de pareilles négligences dans le service ».

Dans les combats, on avait pu constater également quelques défaillances graves et assez inquiétantes pour motiver un décret du 27 juillet édictant la peine de mort « contre tout individu qui, dans des armées, sera convaincu d'avoir mis des mèches artificielles dans les caissons et se sera rendu coupable de vol ou de pillage ; contre les conducteurs d'artillerie et de charrois qui seront convaincus d'avoir abandonné leurs chevaux, ou de les avoir vendus ou livrés à l'ennemi (3) ».

D'autre part, l'organisation de la justice militaire prévue par la loi du 12 mai 1793 n'avait pas encore été mise en application à l'armée du Nord ; si bien qu'au lieu et place des officiers de police de sûreté et des tribunaux militaires, prévus par cette dernière loi, on y trouvait encore : 1° des cours martiales ; 2° des juges de paix et à la police correctionnelle militaire. « Nous n'avons point encore ici de tribunal militaire. Nous n'avons qu'une cour martiale dont le commissaire-auditeur est entièrement nul, écrit des Brulys (4) le 30 juillet.

---

(1) Registre XIII, page 65. A. H. G.
(2) Registre 1 *a*/1 11, page 220. A. H. G.
(3) *Collection des lois.*
(4) Nicolas-Ernault des Brulys, né à Brives (Corrèze) le 7 août 1757 ;

Les Représentants sollicitent la nouvelle institution, mais c'est en vain (1). » Or, on sait que l'appareil judiciaire prévu par la loi de 1792 avait l'inconvénient de confier exclusivement aux commissaires des guerres le soin de poursuivre les délits : comme les commissaires-auditeurs étaient fort peu nombreux, les prévenus devaient attendre très longtemps leur jugement dans les prisons jusqu'à ce que l'auditeur pût venir prononcer sur leur sort. En outre, la mollesse de ces tribunaux était extrême et on y jugeait moins d'après les fautes commises que d'après les opinions politiques. C'est pourquoi le maréchal Soult a pu dire avec de bonnes raisons que « jamais l'armée n'avait été dans un plus fâcheux état de désorganisation (2). »

Pour toutes ces raisons on pouvait craindre, à la fin de juillet 1793, une rébellion parmi les troupes : elle ne fut évitée que grâce à l'énergie des délégués

---

aspirant à l'école d'artillerie de Verdun le 28 septembre 1774 ; garde du corps de la compagnie de Noailles le 25 septembre 1877; lieutenant en second au 3ᵉ d'artillerie le 14 juillet 1780 ; en premier le 1ᵉʳ septembre 1783; démissionnaire le 14 octobre 1786; chargé par le Gouvernement d'une mission en Turquie et en Perse pendant les années 1786 et 1787; lieutenant en second au 4ᵉ d'artillerie le 27 janvier 1788 ; aide de camp du premier inspecteur de l'arme le 8 août 1791; capitaine en second le 6 février 1792; adjoint à l'état-major de l'armée du Centre le 8 février 1792; capitaine commandant le 11 septembre 1792; adjudant général, chef de brigade, le 8 mars 1793 ; général de brigade le 15 mai 1793; exerçant les fonctions de chef d'état-major général des armées du Nord et des Ardennes; suspendu le 30 juillet 1793; réintégré le 25 prairial an III; en non-activité le 1ᵉʳ vendémiaire an X; à la disposition de la Marine pour l'expédition de l'Inde le 10 nivôse an X; passé définitivement au Département de la marine le 9 fructidor an XI; membre de la Légion d'honneur le 4 germinal an XII; général de division le 13 juillet 1808; se suicide, étant commandant de l'île Bonaparte, le 25 septembre 1809.

(1) Registre 1 af1 II, page 218.
(2) *Mémoires de Soult*, page 63.

du pouvoir central. Les Représentants du peuple en mission, comprenant toute la gravité de cette situation, puisqu'on était au contact d'un ennemi victorieux, s'efforcèrent de ramener le calme dans les esprits et de faire triompher chez tous le sentiment du devoir patriotique. Parcourant les camps en haranguant les troupes, ils surent, par leur attitude ferme et résolue, étouffer toute idée de révolte et ramener peu à peu la confiance dans tous les rangs de l'armée, quoique l'opinion leur fût alors généralement hostile. Levasseur conte en détail, dans ses *Mémoires* (1), l'accueil glacial qui lui fut fait tout d'abord tant par les officiers que par la troupe. Le représentant de Sacy prétend, au contraire (2), que les volontaires approuvaient aveuglément les ordres de la Convention et que, seuls, les officiers et soldats « ci-devant appelés de ligne », les habits blancs montraient moins de résignation. Selon lui, les soldats désiraient bien plus la suppression de la retenue faite sur leur masse que le retour de Custine.

Quoi qu'il en soit, Levasseur, Delbrel et Letourneur faisaient lire aux troupes, à l'ordre du 3 au 4 août, l'adresse suivante (3), afin de ranimer les courages :

A l'armée du Nord !

« Citoyens soldats, dans la visite que nous avons faite à l'armée, nous avons remarqué avec satisfaction le bon esprit qui y règne et nous en avons rendu compte à la Convention nationale. A la vérité quelques individus ont fait entendre des clameurs indécentes, mais le temps

---

(1) *Loc. cit.*, chapitre II, tome II.

(2) Rapport de Sacy au Comité de Salut public. Paris, 30 juillet. A. H. G.

(3 Registre des ordres journaliers, n° VIII. A. H. G.

dissipera leur erreur en les ramenant à la raison et au respect dont ils n'auraient jamais dû s'écarter.

« Dans un moment où le salut de la République dépend de la conduite ferme et vigoureuse de l'armée, les ennemis de la liberté ne négligent rien pour l'égarer et la dissoudre. Nous sommes instruits et nous croyons devoir vous avertir que des hommes vendus à Cobourg doivent, au premier combat important qui aura lieu, opérer une déroute dans l'armée par des cris d'alarme et de fausses terreurs; mais votre courage trompera l'espoir de nos ennemis : hé! que peut-on par de fausses terreurs contre des hommes qui n'en connaissent aucune? Quand on est bien décidé à vaincre ou à mourir il n'est plus de dangers à craindre. Quant à nous, nous devons, nous voulons partager les vôtres. Oui ! dans les combats nous serons au milieu de vous; oui, nous serons témoins de votre valeur et de votre gloire, et s'il est des traîtres et des lâches, qu'ils tremblent, nous serons là. »

Kilmaine, de son côté, avait adressé aux troupes, le 1er août, une proclamation dans laquelle il s'efforçait d'atténuer l'effet produit par la capitulation de Valenciennes, en usant toutefois d'arguments quelque peu spécieux (1) :

> *Adresse du général en chef Kilmaine*
> *à ses frères d'armes.*

« Citoyens soldats !

« La ville de Valenciennes est au pouvoir des satellites du despotisme; la courageuse garnison qui la défendait a, même dans ses revers, bien mérité de la

______

(1) Ordre du 1er août. Registre VIII. A. H. G.

patrie et montré qu'elle était libre en subissant la loi du vainqueur.

« Annoncer des pertes aux soldats français, c'est électriser leur âme et doubler leur énergie ; c'est leur offrir l'alternative ou de venger dignement la République, ou de s'ensevelir avec gloire sous les ruines de la liberté. La fermeté dans les revers présage une victoire et l'adversité ôte aux esclaves ce qu'elle ajoute aux hommes libres. »

N'est-il pas évident que l'enthousiasme provoqué momentanément par ces harangues ne pouvait remplacer les effets salutaires et durables d'une organisation judicieuse et d'une discipline vraiment forte ?

L'accroissement numérique de l'armée. — Il résulte de ce qui précède que les forces disposées sur le théâtre d'opérations dit du Nord et des Ardennes n'étaient pas en état, vers le 1er août, de s'opposer victorieusement à une offensive subite et vigoureuse des coalisés. La mise en valeur des ressources immenses que le patriotisme, de plus en plus surexcité, devait mettre à la disposition du gouvernement révolutionnaire exigeait un temps assez long, car les qualités techniques qui distinguent les bonnes troupes des foules armées ne se développent qu'avec l'aide du temps et sous l'influence d'institutions mûrement étudiées et judicieusement établies. La Convention, dans son désir ardent de sauver la patrie et la révolution, avait bien édicté à la date une série de lois ou de décrets dans le but d'améliorer notre état militaire, mais ceux-ci ne pouvaient être suivis d'un effet immédiat. Heureusement, nos ennemis ne comprirent pas tous les avantages que la situation stratégique leur offrait à ce moment ; ils nous laissèrent du temps, et c'est précisément de cet auxiliaire précieux que nous avions besoin pour créer et organiser nos forces.

Comme on ne pouvait disposer de suite d'un commandement et de troupes excellentes, et comme aussi il était impossible de développer subitement les qualités professionnelles des généraux et des unités déjà existantes, on avait naturellement songé à remédier aux défectuosités précédemment signalées par l'augmentation des effectifs. Custine, Kilmaine et les Représentants du peuple n'avaient pas manqué de réclamer des renforts (1), et, pour répondre à leur désir très légitime, la Convention avait ordonné un certain nombre de mesures qu'il est intéressant d'examiner. On constatera ainsi les difficultés que rencontre tout organisateur lorsque les mesures de prévoyance n'ont pas été poussées jusqu'à leur dernière limite avant la déclaration de guerre. On verra, en effet, que tous les expédients auxquels on eut recours pour créer des unités nouvelles exigeaient, pour aboutir à un résultat pratique, un délai relativement long et sur lequel il est imprudent de baser ses prévisions lorsque l'ennemi contre lequel on lutte est animé du véritable esprit de la guerre.

Aux termes d'un décret du 23 juillet 1793 (2), la Convention ordonne que le Ministre de la guerre renforcera l'armée du camp de César avec 15,000 hommes d'infanterie et 6,000 cavaliers ; pour cela, 5,000 fantassins seront prélevés sur l'armée des Ardennes, 3,000 cavaliers à la fois sur les armées des Ardennes et de la Moselle, 10,000 fantassins sur l'armée de la Moselle. Le Ministre de la guerre fera des propositions pour le recrutement des 3,000 cavaliers qu'il reste à trouver. Les 15,000 hommes d'infanterie, ainsi extraits des différentes

---

(1) Lettres de Custine et de Kilmaine au Ministre de la guerre ou au Comité de Salut public. Correspondance. A. H. G. Juin, juillet et août 1793.

(2) *Collection des lois.*

garnisons des places ou des camps, y seront remplacés par 10,000 hommes de gardes nationales à requérir dans les départements de la zone frontière et par les excédents des contingents alors rassemblés dans le département du Rhin. Une somme de 2 millions est mise à la disposition du Ministre de la guerre pour l'exécution de ces différentes mesures; en outre, on lui ouvre un crédit de 400,000 livres pour le prompt transport des troupes et des effets qui leur sont nécessaires.

Dix jours plus tard, le 3 août, le Ministre de la guerre faisait adopter les mesures suivantes pour la levée des 3,000 cavaliers. Les départements ci-dessous désignés devaient fournir un contingent déterminé, savoir :

	Escadrons (1).	Hommes.
Seine-et-Oise	2	340
Paris	6	1,020
Seine-et-Marne	2	340
Seine-Inférieure	3	510
Loiret	3	510
Oise	2	340
Somme	2	340

Chaque recrue ayant la taille et les qualités nécessaires devait recevoir 250 livres de gratification.

Ces escadrons, de 170 hommes chacun, se formeraient au chef-lieu de leur département, où ils trouveraient l'équipement et le harnachement; de là, on les dirigerait sur l'armée pour les amalgamer aux corps déjà existants. Les chevaux de luxe étaient mis à la disposition du Ministre.

Le soin de lever 10,000 hommes de réquisition incombait :

1° Aux représentants du peuple Élie Lacoste et

---

(1) Escadron de 170 hommes.

Peyssard pour les départements du Nord, du Pas-de-Calais, de la Somme, de la Seine-Inférieure, de l'Oise, de l'Aisne et des Ardennes ;

2° Aux représentants Lacoste et Guyardin pour les départements de la Haute-Marne, de la Meuse, de la Moselle, de la Meurthe, du Bas-Rhin, de l'Aube, du Haut-Rhin et des Vosges.

Les mesures d'exécution ordonnées à cet effet par Élie Lacoste et Peyssard méritent d'être retenues.

Le 1ᵉʳ août, ceux-ci lancent de Cambrai une proclamation enflammée, dans le but de décider les habitants à se lever en masse (1) :

« Réunissez-vous sous trois jours aux chefs-lieux de vos districts respectifs ; armez-vous de faulx, d'espontons, de piques, de cannes, de fusils et de pistolets, n'importe de quelles armes : elles deviendront entre vos mains celles de la victoire et des instruments de mort contre vos ennemis..... Fermez l'oreille à ces trompeuses sirènes, qui voudraient plonger la nation dans un océan de malheurs et de calamités ; ne suivez que l'impulsion de votre patriotisme. Vous serez les sauveurs de la République et les libérateurs du monde entier..... »

Cette proclamation, adressée aux directoires des départements ci-dessus indiqués, est accompagnée d'une circulaire dans laquelle ces Représentants du peuple exposent le but de la mesure : « Il s'agit d'improviser une force imposante par une réquisition prompte et générale. »

Enfin, dans un arrêté pris à Douai le 4 août (2), ils règlementent ainsi les dispositions de détail :

---

(1) A. H. G. Correspondance.
(2) A. H. G. Correspondance.

« Tous les citoyens de 15 à 50 ans, réunis au chef-lieu de chaque district, s'y formeront en compagnies de 100 hommes, sous le commandement d'un patriote reconnu et expérimenté choisi par eux. Les différentes compagnies de chaque district constitueront une division commandée par un vieux *médaillon* ou ancien militaire : elle sera dotée d'une bannière portant le nom du district.

« 1º Celles de ces divisions qui seront formées dans les départements du Nord et du Pas-de-Calais se réuniront à Douai le 25 août;

« 2º Celles des départements de l'Aisne et des Ardennes à Avesnes, à la même date ;

« 3º Celles des départements de la Seine-Inférieure, de la Somme et de l'Oise, à Cambrai, le 30 août.

« Avec ces divisions, on formera trois corps d'armée à Avesnes, cinq à Douai, quatre à Cambrai.

« Les chevaux de luxe, les chariots, mulets ou chevaux qui ne sont pas indispensables à l'agriculture sont à la disposition des procureurs-syndics pour la division de leurs districts.

« Dans chaque commune, les officiers municipaux requerront chez les citoyens aisés des chemises, bas et souliers pour ceux qui ne peuvent s'en procurer.

« Et comme dans un temps où le peuple entier se lève pour repousser les hordes de barbares qui souillent la terre de la liberté, il faut s'assurer des ennemis intérieurs qui leur tendent les bras, tous les gens suspects seront conduits, sous bonne et sûre garde, sur les derrières de l'armée et renfermés dans des édifices publics où toute communication leur sera interdite. »

Il fallait donc attendre plus d'un mois avant que ces requis puissent être de quelque utilité, et l'on conçoit aisément que des bataillons levés dans de telles conditions n'auraient, alors, qu'une faible valeur militaire. Élie

Lacoste déclarait d'ailleurs qu'il était impossible de fixer une date plus rapprochée pour ces rassemblements, parce qu'il était nécessaire de laisser aux agriculteurs le temps d'enlever les récoltes. Mais le danger était tellement pressant, il y avait un tel intérêt à augmenter l'effectif de l'armée agissante que, dès le 11 août (1), les représentants Levasseur, Letourneur et Delbrel prenaient un arrêté contraire à celui d'Élie Lacoste et Peyssard. Ils ordonnaient, ce jour-là, que toutes les gardes nationales en réquisition que l'on pourrait se procurer, entreraient de suite dans les places pour s'y substituer aux garnisons régulières ; celles-ci deviendraient alors disponibles pour tenir la campagne. La suite de cet exposé montrera que le résultat ainsi obtenu fut insignifiant.

Quoi qu'il en soit, la 2e division de l'armée des Ardennes, se conformant en partie aux prescriptions du décret du 23 juillet, dirigeait sur Saint-Quentin, dès le 1er août, 4,299 fantassins et 1108 cavaliers (2).

Mais à peine ces troupes se mettent-elles en route que le général Wisch, craignant pour la sécurité de son secteur, fait décider par les Représentants du peuple que ces détachements compléteront les garnisons de Rocroy, de Givet et de Philippeville, sous prétexte que la capitulation de Valenciennes rend inutile leur présence à l'armée du camp de César; le commissaire du Conseil exécutif Jouy envoie aussitôt au lieutenant de gendarmerie Douart l'ordre d'arrêter ces renforts sur la route de Saint-Quentin et de diriger :

1° Le bataillon du Loiret et 30 dragons sur Philippeville ;

____

(1) A. H. G. Correspondance.
(2) On trouvera aux documents annexes l'état qui indique la composition détaillée de ce détachement.

2° Les trois compagnies du 15e bataillon d'infanterie légère avec 80 hussards des Ardennes sur Givet;

Enfin, les quatrièmes bataillons de la Marne et de l'Oise, ainsi que le bataillon de Molière, arrivés à Cambrai le 4 août et destinés d'abord à la place de Rocroy, viendront à Bouchain le 8 août (1).

Ce sont là tous les renforts que Kilmaine devait recevoir pendant la première quinzaine d'août.

D'ailleurs le système du cordon était tellement cher à tous les esprits que, si ces 15,000 hommes avaient rejoint aussitôt, on se fût bien gardé de les employer au renforcement de la masse principale stationnée au camp de César. Le général en chef avait en effet décidé que ces renforts seraient ainsi répartis (2) :

Les 10,000 hommes venant de l'armée de la Moselle iraient :

3,000 hommes à Lille ;

3,000 hommes au camp de la Madeleine ;

4,000 hommes à Douai.

Les 5,000 hommes prélevés sur l'armée des Ardennes se rendraient dans les places de Landrecies, le Quesnoy, Avesnes et Cambrai, la cavalerie au camp de Paillencourt.

Enfin, outre que ces différentes mesures n'allaient pas se traduire par une augmentation numérique des forces réunies au camp de César, on aggravait la situation en prélevant sur celles-ci une fraction importante qui viendrait tenir une position en avant de Landrecies et près de la forêt de Mormal. L'ordre qui réglait ce mouvement était ainsi conçu (3) :

---

(1) Registre 1 a/1 II, p. 228. A. H. G.
(2) Registre XIII, p. 67.
(3) Registre 1 a/38, p. 153.

Ordre du 29 juillet, quartier général de Paillencourt.

« La brigade aux ordres du général Colomb et la demi-brigade du 17ᵉ d'infanterie lèveront demain matin leur camp et partiront avec armes et bagages pour aller occuper une position en avant de Landrecies et proche la forêt de Mormal.

« Cette colonne d'infanterie sera commandée par le général Colomb.

« Il sera joint à cette troupe un bataillon d'infanterie légère et trois escadrons de dragons ou de troupes légères ; ce corps entier, destiné à la défense de la forêt de Mormal, sera commandé par le général de division Ihler, qui prendra aussi le commandement des autres troupes répandues dans la forêt (1), ainsi que de celles qui sont à Landrecies. Les campements, passant par le Pont-Rouge, seront rendus à 2 heures du matin devant la porte de Cambrai, sur la route de Landrecies, où ils se mettront en bataille.

« Ils se mettront en marche pour leur destination sous l'escorte du 7ᵉ régiment de dragons et des hussards des Ardennes, qui en éclaireront la marche. Ils seront commandés par le commandant du 7ᵉ régiment de dragons.

« La colonne d'infanterie se mettra en marche aussitôt après les campements et suivra la même direction.

---

(1) La composition de la division, ainsi constituée sous les ordres d'Ihler, était la suivante : 1ᵉʳ bataillon du 25ᵉ régiment, 1ᵉʳ bataillon de la Sarthe, 4ᵉ bataillon de la Sarthe, 1ᵉʳ bataillon du 43ᵉ régiment, 2ᵉ bataillon de la Meuse, 2ᵉ bataillon de Saône-et-Loire, 1ᵉʳ bataillon du 17ᵉ régiment; 1ᵉʳ bataillon de la Mayenne. L'effectif total de ces bataillons s'élevait à 3,800 hommes environ ; d'autre part, les troupes déjà stationnées dans la forêt de Mormal, comprenaient le 2ᵉ régiment belge, le 2ᵉ et le 4ᵉ bataillon de chasseurs belges, qui ne comptaient pas au total plus de 500 hommes.

« Les équipages marcheront après la colonne et seront suivis de deux régiments de cavalerie qui les escorteront jusqu'à leur arrivée. Ces régiments rentreront immédiatement après ; ils seront remplacés le lendemain par deux autres. Les troupes à cheval en sont prévenues.

« Il sera joint à ce corps un détachement de gendarmerie nationale composé de six gendarmes et un sous-officier, d'après l'ordre qu'en a reçu le commandant de la gendarmerie nationale.

« Le détachement des guides de l'armée des Ardennes sera attaché à cette division.

« Cette colonne sera conduite par l'adjudant général Dardenne et ses adjudants, et les campements par l'adjudant général Saint-Martin. »

En exécution de cet ordre, le général Antoine, commandant la cavalerie, désignait de son côté les 18e et 20e régiments de cavalerie pour former l'arrière-garde, sous le commandement du plus ancien chef de brigade ; au retour, le 20e régiment devait se diriger sur Crèvecœur, le 18e sur Marcoing (1).

Le général de division Ihler, qui avait reçu le commandement supérieur du détachement, prenait position à Ilecq, sur la lisière de la forêt de Mormal (à 30 kilomètres environ du camp de Paillencourt), où il se trouvait quelque peu aventuré avec des forces trop faibles, car, en somme, il disposait à peine de 4,500 hommes (2).

---

(1) Registre VIII. Ordre du 29 au 30 juillet. A. H. G.

(2) Le chef d'état-major des Brulys écrit, le 2 août, à Gudin (registre 1 a/1, tome II, Correspondance, p. 230) : « Le corps que nous avons envoyé dans la forêt de Mormal est d'environ 4,000 hommes ; il y en avait déjà *3,000*. » Ce dernier chiffre, 3,000, est évidemment très exagéré, ainsi que le prouve la situation du 30 juillet, publiée au chapitre 1er.

De sorte que, à la fin de juillet, au lieu de grossir l'armée dite du camp de César, on augmentait la dispersion des troupes, on amincissait le cordon et l'on se condamnait, de plus en plus, à la défensive passive (1).

---

(1) Dans ses *Mémoires* (chapitre IX, p. 178) Gay Vernon s'efforce de disculper Custine au sujet de l'opportunité de ce détachement. MM. Foucart et Finot (*La Défense nationale dans le Nord,* t. 1er, p. 584) reproduisent la même discussion. On voit que l'erreur est manifeste, puisque l'ordre de mouvement qui règle le déplacement du détachement d'Ihler est daté du 29 juillet. C'est donc bien à Kilmaine qu'il faut imputer cet affaiblissement de l'armée du camp de César puisque Custine avait été rappelé à Paris le 18 juillet.

CHAPITRE III.

L'état politique de la France dans ses rapports
avec la situation militaire.

La volonté de vaincre. — État moral des troupes. — Convention. — Conseil
exécutif provisoire. — Comité de Salut public. — Le ministère de la guerre :
a) le Ministre; *b*) ses moyens d'action; 1° administration centrale; 2° les
commissaires ou agents du Conseil exécutif. — Les Représentants du peuple en
mission : 1° dans les départements ; 2° aux armées. — Les sociétés populaires.
— Les comités révolutionnaires.

La volonté de vaincre. — Si les éléments qui ont été
analysés au chapitre précédent étaient seuls intervenus
dans la lutte engagée entre la France et les puissances
coalisées, la défaite de l'armée du Nord eût été fatale.
Mais l'*acte de guerre* ne comporte pas seulement la mise
en valeur de l'habileté des généraux et des moyens
matériels dont les adversaires peuvent disposer; la
volonté de vaincre, qui anime plus ou moins le gouvernement et les combattants, exerce également sur l'issue
des opérations une influence qu'on ne saurait méconn-
naître.

L'importance relative de ce double facteur se manifeste nettement pendant les guerres de la Révolution,
car, malgré l'énormité des fautes stratégiques alors
commises par les alliés, les vices de notre système militaire ne nous auraient pas permis de profiter de ces
erreurs, si l'énergie des pouvoirs publics et l'exaltation
produite par une foi nouvelle n'avaient pas contribué à
pousser les chefs et les soldats jusque sous le feu de
l'ennemi.

Il est d'ailleurs très difficile de déterminer exactement la part de succès qu'il convient d'attribuer à

l'enthousiasme des troupes comme à l'action du gouvernement. Les historiens ont émis sur ce sujet des opinions très différentes, et cela se conçoit aisément parce que les documents qui s'y rapportent contiennent des arguments à l'appui des thèses les plus diverses. En effet, s'il plaisait à un auteur de glaner les actes de dévouement collectifs ou individuels dont cette époque est pour ainsi dire émaillée, et de les présenter en gerbe, les « Carmagnoles » seraient pareils à des héros de légende. Mais si tel autre, préférant assister aux séances des tribunaux militaires, se bornait à enregistrer les motifs des condamnations prononcées par ceux-ci, les bataillons de volontaires deviendraient à ses yeux des bandes de pillards, vicieux et indisciplinés. Entre ces deux couleurs trop crues, les nuances sont infinies. Le rôle militaire de la Convention, du Comité de Salut public et des Représentants en mission se prête de même aux interprétations les plus variées. Cela est affaire de sincérité, de probité historique et de liberté d'esprit, comme aussi d'érudition, puisque la Révolution, tout en formant un bloc, comprend des phases distinctes au cours desquelles les éléments dont il s'agit n'eurent ni la même puissance, ni la même efficacité.

Laissant à d'autres plus autorisés le soin de trancher cette délicate question, on se bornera à évaluer ici, autant que possible, l'état moral de nos troupes au moment où Valenciennes capitula. En outre, on rappellera comment les divers rouages du pouvoir central furent mêlés à la préparation, à la direction, ou même à l'exécution des opérations militaires. L'organisation de l'armée, la valeur technique de son commandement, l'intensité de sa volonté de vaincre et le mécanisme qui actionna le tout étant ainsi connus, les enseignements ressortiront clairement de l'analyse des faits.

L'état moral des troupes. — On a vu, au cours du

chapitre précédent, que, vers le commencement du mois d'août 1793, les liens de la discipline s'étaient tellement relâchés au sein de l'armée du Nord qu' « ils menaçaient de se rompre (1) ». Toutefois, le souci de l'équité exige que l'on n'applique pas ce jugement sévère à tous les soldats de cette armée indifféremment. Ceux-ci n'étaient pas en effet dévoués au même degré à la cause révolutionnaire, et l'on doit, pour être juste, distinguer, dans cette masse, des catégories qui possédaient une valeur militaire très différente de l'une à l'autre.

A la fin de juillet 1793, l'armée du Nord comprenait, comme on sait, outre les régiments provenant de l'ancienne armée, des bataillons formés soit en 1791, soit en 1792. Ceux de 1791 étaient composés de volontaires qu'animait un patriotisme ardent, surexcité par l'idéal généreux de la Révolution (2). Soutenus par une foi sincère, ces volontaires ont déjà supporté, pendant deux ans, les rudes épreuves de la vie de campagne; ils sont consacrés soldats et soldats vraiment français, car un « instinct mystérieux et sacré (3) » les a tenus en dehors des luttes politiques. Associant intimement le devoir civique au devoir militaire, ils se sont refusés à l'embauchage de Dumouriez et la plupart sont restés à la frontière, face à l'ennemi, pour y continuer la guerre de délivrance et d'affranchissement. C'est à cette phalange superbe qu'appartient Joliclerc, ce brave paysan du Jura qui, sans souci de prendre une attitude

---

(1) Ce sont les termes employés par Gay Vernon dans ses *Mémoires sur les opérations militaires des généraux en chef Custine et Houchard*, page 184. — Librairie Firmin-Didot, 1844.

(2) Voir à ce sujet la conférence de M. Albert Sorel, « L'armée de la République », publiée dans *L'Armée à travers les âges*. — Librairie Chapelot, tome Ier, 1899.

(3) Page 195. *L'Armée à travers les âges.*

vis-à-vis de la postérité, écrivait à sa mère ces lignes admirables : « Quand la patrie nous demande pour sa défense, nous y devons voler comme je courrais à un bon repas. Notre vie, nos biens, nos facultés ne nous appartiennent pas. C'est à la nation, à la patrie à qui cela est.... (1) »

Quant aux bataillons levés en 1792, alors que le décret du 11 juillet eut déclaré la patrie en danger, ils comptaient dans leurs rangs beaucoup de malingres et d'hommes qui avaient été séduits par l'appât d'une solde journalière de 15 sous (2).

D'autre part, tous ces bataillons (ceux de 1791 et de 1792) avaient reçu en mars et avril 1793 un contingent très médiocre provenant de la levée des 300,000 hommes.

« Si l'on vous dit que l'armée est organisée, écrivait au président de la Convention le chef de bataillon Vezu (3), on vous trompe ; si l'on vous dit que les 300,000 hommes décrétés sont rendus à leurs postes, l'on vous trompe encore, car il est bien démontré qu'il n'en existe que la moitié dans les armées, et dans ce nombre, un tiers, au yeux de la République entière, est incapable de service. Les uns sont attaqués de maladies incurables, les autres sont imbéciles, d'autres borgnes, bossus, boiteux. Les uns sont trop âgés, les autres trop jeunes et trop faibles pour soutenir les fatigues de la guerre (et ce n'est pas le plus petit nombre) ; d'autres, enfin, sont si petits que leurs fusils leur passent la tête d'un pied.

---

(1) *Joliclerc, volontaire aux armées de la Révolution,* page 21. — Librairie académique Didier, Paris, 1905.

(2) A. Chuquet, *La Première invasion prussienne, 1792,* page 71. Il est entendu qu'il y eut des natures d'élite parmi les volontaires de 1792, tel Fricasse, dont on connaît l'état d'âme grâce à la publication de son *Journal* de marche par M. Lorédan Larchey. — Paris, 1882.

(3) Lettre publiée par Camille Rousset dans *Les Volontaires de 1791-1794,* page 226. — Librairie Didier.

« Voilà, citoyen président, les hommes sur qui on se repose du salut de la République ; et pourquoi ? Parce que les corps administratifs, pour former leur contingent, ont ramassé dans les villes ce qu'ils ont trouvé, tous les mauvais sujets du coin des rues, les gens sans aveu ; et dans les campagnes on a recueilli tous les malheureux, tous les vagabonds, enfin tout ce qui pouvait troubler leur douce tranquillité. On a presque tout fait marcher ou par le sort ou par argent. Tels sont les hommes qui ont remplacé de braves soldats. . . . . »

L'incorporation de telles recrues diminuait donc sensiblement la valeur moyenne des bataillons de volontaires (1).

Enfin, la défaite de Nerwinden (18 mars 1793), l'évacuation de la Belgique, la défection de Dumouriez, l'inutilité des tentatives faites pour débloquer Condé, une longue période d'inaction et le rappel de Custine (17 juillet 1793) avaient certainement affaibli la confiance de l'armée tant en elle-même que dans ses chefs. Car, s'il est vrai, suivant l'expression de Joliclerc, que le « soldat va comme on le pousse », encore faut-il, pour alimenter son courage, qu'il trouve un peu de gloire sur la route périlleuse où l'on conduit son patriotisme et son abnégation.

A toutes ces causes de démoralisation s'ajoutait également la détresse matérielle qui sévissait dans les camps.

On ne saurait donc admettre que l'armée du Nord fut garantie contre les pires défaillances uniquement par cette volonté de vaincre qui, au dire de certains écri-

---

(1) Dans *Les Volontaires nationaux*, MM. Chassin et Hennet, donnent des indications sur le nombre des réquisitionnaires incorporés dans les bataillons dont ils ont fait l'historique. Ce nombre a généralement varié entre 200 et 300 par bataillon.

vains trop enthousiastes, aurait animé indistinctement tous les soldats de la Révolution.

De sorte que, la force de cette volonté étant ainsi mesurée plus exactement, le triomphe de nos armes serait encore inexpliqué si l'on ne reconnaissait pas l'heureuse influence que l'énergie déployée par les pouvoirs publics exerça sur les opérations.

A notre avis (1), il n'est pas douteux que ce fut l'impulsion vigoureuse du gouvernement révolutionnaire qui rendit l'armée du Nord capable d'agir offensivement, en contraignant le commandement à profiter des fautes des alliés, alors que l'incompétence professionnelle et la crainte des responsabilités maintenaient nos généraux dans une absolue passivité.

Nous ne voulons pas ainsi justifier la Terreur et prétendre que « le gouvernement de la peur par la peur (2) » fut nécessaire pour sauver la France. Cela signifie simplement que, étant données les conditions de la lutte à la date du 1er août 1793, sur le théâtre du Nord, l'intervention violente du pouvoir central et de ses délégués dans les choses purement militaires fut un facteur très important du succès.

Les conséquences de cette ingérence anormale apparaîtront d'autant plus clairement que les attributions

---

(1) Cette opinion fut d'ailleurs celle de l'archiduc Charles qui a écrit dans ses *Mémoires* : « Pendant que d'un côté tout reposait sur la faiblesse et engendrait le désaccord et le malheur, de l'autre s'élevait une force supérieure au point de vue moral et physique, grâce à laquelle des opérations mal calculées et contraires au but à atteindre furent couronnées d'un heureux résultat. *Un gouvernement redoutable mit en mouvement des moyens extraordinaires; et les généraux, obligés de réfléchir, renouvelèrent les entreprises prescrites malgré maint insuccès et les exécutèrent avec une opiniâtreté qui, à la longue et en dépit de la plupart des cas habituels, assura le succès.* . . . » Reproduit par M. le colonel Coutanceau, *Revue d'Histoire*, n° 51, page 629.

(2) *L'Armée à travers les âges*, Sorel, *loc. cit.*

des divers organes gouvernementaux et le mode de fonctionnement du mécanisme révolutionnaire, à l'époque
considérée, seront mieux connues. Nous les rappellerons
tout d'abord.

Convention. — En principe, le pouvoir législatif appartient à la Convention et le pouvoir exécutif au Conseil
exécutif provisoire (1).

Les résolutions de la Convention portent le nom de
décrets; ceux par lesquels elle légifère sont envoyés
dans les trois jours au Comité de Salut public qui y
appose le sceau de l'État et les promulgue; ce sont alors
des lois. Si les décrets sont parfois votés hâtivement,
leur rédaction n'est pourtant pas improvisée, car, à
l'exemple de la Constituante et de la Législative, la
Convention a créé des comités permanents chargés d'élaborer ses décisions; citons, entre autres, celui de la
guerre qui comprenait quatorze membres.

Conseil exécutif provisoire. — Par décret du 15 août
1792, les Ministres réunis constituent le Conseil exécutif
provisoire auquel incombent « toutes les fonctions de la
puissance exécutive » qu'il doit exercer non plus au nom
du roi, mais au nom de la nation.

En août 1793 les titulaires des différents portefeuilles
sont les suivants :

Ministère de la justice : Gohier.

---

(1) Cet exposé succinct est extrait en grande partie de *L'Histoire
politique de la Révolution française* de M. Aulard. Librairie Colin, Paris,
1901. Voir en particulier le chapitre V, page 314. On a consulté en
outre : *L'Europe et la Révolution française* de M. Sorel, tome III; la
Campagne de 1794 de M. le colonel Coutanceau; les *Études et leçons
sur la Révolution française* de M. Aulard; la *Correspondance de Carnot*,
publication Charavay; le tome XI des *Guerres de la Révolution* de
M. A. Chuquet.

Ministère de la marine : Dalbarade.

Ministère de la guerre : Bouchotte.

Ministère des affaires étrangères : Defforgues.

Ministère de l'intérieur : Garat, remplacé par Barère le 20 août.

Ministère des contributions publiques : Destournelle.

Secrétaire général du Conseil : Fauchet, puis Désaugiers.

Peu à peu le rôle de ce Conseil, dépopularisé par Roland, a été amoindri au point que ses fonctions sont réduites, en juillet 1793, à celles d'un tribunal des prises et les Ministres ne sont plus que les premiers commis du Comité de Salut public.

Ce déplacement des attributions, commencé timidement, en janvier 1793, avec le Comité de défense générale, et poursuivi hardiment avec le Comité de Salut public, avait eu pour conséquence de réunir dans les mains de la Convention les deux pouvoirs législatif et exécutif. Ce cumul, loin d'affaiblir le pouvoir exécutif, le fortifiait en le centralisant et donnait plus de vigueur au ressort gouvernemental. « C'est par ce cumul, écrit M. Aulard (1), qu'elle (la Convention) réussit à accomplir sa tâche essentielle, qui était de sauver la France envahie, et qu'elle accomplit quelques autres parties de son autre tâche, l'organisation de la démocratie. »

Comité de Salut public. — Le Comité de Salut public, créé le 6 avril 1793, devait être un organe de surveillance et d'action, placé entre la Convention et le Conseil exécutif provisoire pour secouer la léthargie de l'exécutif : de fait, il fut le véritable ministère responsable. Ses attributions étaient ainsi définies : « Ce Comité délibérera en secret, il sera chargé de surveiller et d'accé-

---

(1) *Loc. cit.*, page 318.

lérer l'action de l'administration confiée au Conseil exécutif provisoire, dont il pourra même suspendre les
arrêtés..... Il est autorisé à prendre, dans les circonstances urgentes, des mesures de défense générale extérieure et intérieure, et ses arrêtés signés de la majorité
de ses membres délibérants, qui ne pourront être au-
dessous des deux tiers, seront exécutés sans délai par le
Conseil exécutif provisoire. »

Cependant, la Convention, « par une concession aux
routiniers instincts de méfiance envers tout pouvoir
exécutif (1) », a rendu la Trésorerie nationale indépendante du Comité, à la disposition duquel elle met seulement 100,000 livres pour les dépenses secrètes (2).

En principe, les membres du Comité sont répartis en
autant de sections qu'il y a de ministères ; la troisième
concerne la guerre. La méthode de travail en usage est
la suivante. Le Comité général entre en conseil le matin
à 8 heures au plus tard ; il se rend à 1 heure de l'après-
midi à la Convention, s'assemble de nouveau à 7 heures
du soir, et lève sa séance à 10 heures. En outre le
Comité de la guerre de la Convention se réunit le samedi
à 8 heures, avec la Section de la guerre du Comité de
Salut public, pour combiner les mesures militaires.

Ce Comité avait été dirigé par Danton depuis sa créa-
tion jusqu'au 10 juillet 1793. A cette date, les événements graves survenus pendant les journées du 30 mai

---

(1) *Loc. cit.*, Aulard, page 332.

(2) Il y a aussi une autre partie où le Comité de Salut public n'exerce
pas seul l'autorité gouvernementale, c'est la police. A cet égard il partage le pouvoir avec le Comité de Sûreté générale qui, comme on le
sait, a mission de faire arrêter les citoyens prévenus de complot, ou de
complicité avec les royalistes ou l'étranger, et en général tous ceux qui
pouvaient troubler la tranquillité publique. Quand les mesures à prendre
étaient très graves, telle l'arrestation de Danton, les deux Comités se
concertaient, c'est pourquoi on les a souvent appelés les *Comités de
gouvernement*. (Aulard, *loc. cit.*)

et du 2 juin, et les échecs subis par l'armée du Nord semblaient condamner à la fois la politique intérieure et extérieure de ce Comité ; on l'accusa d'avoir manqué de fermeté à l'égard des Girondins, auxquels on imputait le mouvement fédéraliste dirigé contre Paris ; la Montagne lui reprocha de n'avoir su ni empêcher l'invasion, ni paralyser les diverses insurrections. La Convention le réduisit alors à neuf membres, savoir :

Robespierre, Saint-Just, Couthon, Barère, Hérault de Séchelles, Jean Bon Saint-André, Thuriot et Robert Lindet.

Le 14 août Carnot (1) et Prieur de la Marne entraient également au Comité ; le 6 septembre c'était le tour de Billaud-Varennes et de Collot-d'Herbois ; enfin le 20 septembre Thuriot démissionnait.

En remplaçant ainsi Danton par Robespierre et en composant ce deuxième Comité à l'aide des Montagnards les plus ardents, la Convention donnait à sa politique une orientation nouvelle. Danton s'était en effet efforcé, avec le premier Comité, de conjurer les dangers multiples qui menaçaient la France, en répudiant la propagande *brissotine*, en essayant de négocier avec les puissances ennemies et en faisant appel à l'union volontaire de tous les citoyens. Au contraire, l'arrivée de Robespierre au pouvoir (27 juillet 1793), consacre le triomphe de la « Montagne », décidée à agir à la fois contre les riches, contre l'esprit bourgeois, les royalistes et les Girondins. Avec ce parti, qui comprend les républicains les plus militants, ceux qui s'intitulèrent les « sansculottes », la République va devenir une religion dont

---

(1) Le *Recueil* des actes du Comité de Salut public (AFɪɪ 51, Arch. nat.) mentionne le nom de Carnot parmi ceux des conventionnels qui ont signé ce registre au bas du procès-verbal de la séance du 13 août. Il ne semble pas cependant que Carnot, alors en mission à l'armée du Nord, ait pu se trouver à Paris avant le 14, dans la matinée.

Robespierre sera le pontife, le grand prêtre : à ce titre, elle créera des rites et imposera des dogmes; comme telle, elle aura ses saints, ses héros, ses victimes et ses martyrs (1).

La dictature de plus en plus réelle de ce Comité aura sa répercussion sur l'organisation et même sur les opérations de l'armée; les arrêtés de ce Comité, ses propositions à la Convention et sa correspondance avec le Ministre de la guerre, les généraux et les représentants en mission, le prouvent clairement.

Parmi les membres du Comité qui s'occupèrent spécialement des affaires militaires, il faut citer Prieur de la Côte-d'Or, Robert Lindet et surtout Carnot. Ce dernier qui, suivant l'expression de M. Sorel (2), « représentait dans la Révolution la race des grands serviteurs de l'État », deviendra bientôt le véritable Ministre dirigeant de la

---

(1) On trouvera dans les ouvrages déjà cités de M. Aulard et de M. Sorel des considérations fort intéressantes sur la personnalité de Danton et de Robespierre, et en particulier sur les haines jalouses qui inspiraient ce dernier. En général Danton y apparaît comme un patriote sincère, tel Gambetta, incarnant l'esprit français largement ouvert à toutes les idées généreuses. Robespierre, au contraire, est dépeint sous les traits d'un doctrinaire fanatique, capable de tuer ses semblables pour faire triompher une conception de sa pensée. Les railleries des Girondins avaient cruellement blessé son amour-propre, car sa vanité était grande; on prétend même que leurs sarcasmes attisèrent vivement la haine qu'il leur avait vouée. Il est vrai que les Girondins furent sévères à l'égard de Robespierre, si l'on en juge par cet extrait de la *Chronique de Paris :*

« Il a tous les traits, non pas d'un chef de religion, mais d'un chef de secte; il s'est fait une réputation d'austérité qui vise à la sainteté; il monte sur les bancs, il parle de Dieu et de la Providence; il se dit l'ami des pauvres et des faibles; il se fait suivre par les femmes et les faibles d'esprit; il reçoit gravement leur adoration et leurs hommages; il disparaît avant le danger et l'on ne voit que lui quand le danger est passé; Robespierre est un prêtre et ne sera jamais que cela. » Numéro du 9 novembre 1792.

(2) *Loc. cit.*, tome III, page 513.

défense nationale. Sa besogne personnelle comprenait l'établissement des plans de campagne, la rédaction des instructions et arrêtés concernant les armées, l'examen de la correspondance du Ministre, des généraux, des personnels administratifs, et enfin des Représentants du peuple, quand elle avait trait à des questions militaires. Le nombre considérable de ses autographes est une preuve de l'activité féconde et de la puissance de travail prodigieuse de Carnot qui était alors dans la force de l'âge.

Ministère de la guerre. — a) *Le Ministre.* — Bouchotte, qui occupa le ministère de la guerre pendant toute la période que nous étudions, était né à Metz le 27 décembre 1754. Engagé en 1773 comme simple soldat au régiment de Nassau, il s'était fait naturaliser Nassovien en 1773, pour obtenir une lieutenance dans ce corps. Comme son père était payeur des gages du Parlement de Metz, et que la charge de ces payeurs conférait la noblesse au premier degré, on peut dire que Bouchotte était à la fois noble et étranger (1). Lieutenant-colonel de cavalerie lorsqu'on lui confia le portefeuille de la guerre, le 4 avril 1793, il débuta péniblement dans ses nouvelles fonctions où il se fit même traiter d'ignorant; mais, grâce à la protection des Hébertistes et de Robespierre, on le maintint cependant à ce poste, où il montra une telle soumission aux ordres du deuxième Comité que, dès le 28 juillet 1793, un décret augmentait ses pouvoirs sur le personnel des officiers généraux et d'état-major (2). Désormais il

---

(1) La constatation est assez piquante, puisqu'il mit le plus grand zèle à expulser de l'armée tous les officiers nobles et étrangers.

(2) M. Chuquet a tracé un portrait détaillé de Bouchotte dans le premier chapitre de son tome XI des *Guerres de la Révolution* : le lecteur pourra y trouver des renseignements très complets sur le rôle et la personnalité de ce Ministre.

était autorisé à remplacer ceux-ci comme il le jugerait
bon et sans s'astreindre aux dispositions des lois précédentes sur le mode d'avancement et de remplacement
des officiers. Il est vrai qu'en déléguant à ce Ministre de
la guerre une autorité aussi absolue, le Comité ne commettait aucune imprudence politique, car la doctrine de
Bouchotte était à cet égard entièrement conforme à celle
du parti montagnard.

« Quand tous ceux qui ont le talent se montrent contre
le système populaire, écrivait-il le 9 août, il faut faire
appel à des hommes nouveaux qui, à défaut de grands
moyens, aient la volonté d'aller. Il faut absolument
appeler les sans-culottes à toutes les places, sans aucune
exception, si l'on veut que la Révolution des sans-culottes
réussisse (1). » Aussi s'adonnera-t-il à cette tâche avec
un acharnement que la plupart des historiens ont trouvé
excessif. Il s'y consacra d'autant mieux que, dans toutes
les autres parties de ses attributions générales, le rôle de
Bouchotte fut réduit à sa plus simple expression par le
Comité de Salut public. Aucune mesure organique,
aucun plan d'opérations ne paraissent avoir été inspirés
par ce Ministre de la guerre; sa correspondance donne à
penser qu'il se borna toujours à répéter au Comité de
Salut public ce que lui écrivaient les généraux, et inver-
sement. A considérer la quantité de papiers qu'il a noircis
de son écriture menue et serrée (2), on acquiert la certitude que Bouchotte fut très laborieux, mais la nature de
son intelligence plus attachée aux détails qu'à l'ensemble
n'a pas permis que ce labeur fût réellement fécond. En
résumé il apparaît, dans la période qui nous intéresse,
tel un intermédiaire intègre et sans ambition, mais aussi

---

(1) Capitaine Colin, *Campagne de 1793*, page 29.

(2) Bouchotte était myope et Carnot presbyte; à la simple inspection
de leurs écritures, un graphologue ne manquerait pas de constater
combien leurs caractères et leurs intelligences différaient.

sans autorité et sans prestige ; cela est si vrai que le Comité entretint une correspondance directe non seulement avec les chefs d'état-major et l'administration des subsistances des différentes armées, mais encore avec les généraux et les Représentants du peuple (1).

b) Les moyens d'action du Ministre de la guerre. — 1° *Administration centrale* (2). — Le Ministre de la guerre était secondé par six adjoints qui travaillaient directement avec lui dans six divisions embrassant toute l'administration centrale. Ces adjoints, nommés par le Ministre, devaient être agréés par le Conseil exécutif provisoire et ne pouvaient être destitués que par ce Conseil. Ils étaient tenus d'habiter l'Hôtel de la guerre et recevaient un traitement annuel de 10,000 livres.

Le travail était réparti comme il suit entre ces six divisions :

1re division. — Appointements et solde ; volontaires nationaux ; gendarmerie ; compagnies de vétérans et invalides.

2e division. — Masses et fournitures ; vivres ; habillement ; campement ; remontes ; casernement ; chauffage ; hôpitaux ; étapes et convois. Cette division, très chargée, est partagée entre quatre chefs de bureau (3).

3e division. — Artillerie ; fortifications et tout ce qui concerne le matériel et le personnel (avec son traitement) de l'artillerie et du génie.

----

(1) Pour se rendre compte du degré de subordination de Bouchotte vis-à-vis du Comité de Salut public, il suffit de se reporter à la teneur des arrêtés du 4 août et du 6 août 1793 qui fixent les pièces à fournir directement au Comité par les chefs d'état-major, par les administrations des subsistances et par le Ministre lui-même.

(2) Voir à ce sujet la brochure intitulée : *Les bureaux de la guerre sous la Terreur*, par M. L. Baudoin, 1887.

(3) Le 18 septembre, on créa un deuxième adjoint pour cette seconde division.

4ᵉ division. — Inspection ; police ; discipline ; contrôle et manœuvres de troupes ; cours martiales ; crimes et délits militaires ; gendarmerie ; collection et envoi des lois militaires.

5ᵉ division. — Expédition des ordres de service aux officiers généraux ; correspondance avec eux, les commandants temporaires et les corps actifs ; mouvement et logement des troupes ; projets de rassemblement et d'embarquement des garnisons et des vaisseaux ; rassemblements et détails relatifs aux volontaires nationaux.

6ᵉ division. — Promotions et livrets des vétérans ; nominations, avancement et remplacement des officiers de tous grades ; congés et retraites ; expédition des livrets de pension ; admission aux invalides.

A partir du 27 juillet 1793, les six adjoints donnent sous leur responsabilité, dans la partie dont ils sont chargés, tous les ordres et toutes les signatures nécessaires ; ils se réunissent tous les jours à heure fixe avec le Ministre de la guerre.

Voici d'ailleurs les noms des six adjoints en fonction pendant les mois d'août et septembre :

1ʳᵉ division : Bouchotte, commissaire des guerres (1).

2ᵉ division : Gauthier, successeur de Ronsin, nommé général de brigade.

3ᵉ division : Dupin, chef de bataillon du génie, successeur de Defforgues, devenu Ministre des affaires étrangères.

4ᵉ division : Sijas (2), ancien chef au bureau de la guerre sous le ministère de Pache.

---

(1) Frère du Ministre ; fut élu député de la Moselle après 1830. Une sœur du Ministre, mariée à M. Voïart, administrateur général des vivres, fut la mère de Mᵐᵉ Amable Tastu, poète de la génération de 1830, oublié de la nôtre.

(2) Il fut exécuté avec d'autres partisans de Robespierre.

5e division : Jourdeuil (1), ancien chef au bureau de la guerre sous le ministère de Pache.

6e division : Xavier Audoin (2), commissaire des guerres, gendre de Pache.

Citons en outre le fameux Vincent (3) qui, en qualité de secrétaire général du Ministre de la guerre, était chargé, à partir du 27 juillet, de tenir un registre des ordres donnés par le Ministre, afin que le Comité de Salut public puisse constater et surveiller les opéra-

---

(1) Il entra au ministère de la guerre le 1er décembre 1792, sur la recommandation du citoyen Vincent.

Né en 1760 à Mussy-l'Évêque, ancien huissier, membre de la Commune de Paris, il avait fait partie, avec Delforgues, du Comité secret des massacres de septembre, où il joua un rôle actif. Il siégea au tribunal révolutionnaire, de mars à juillet 1793, tout en gardant son emploi au Ministère. Arrêté en même temps que les Hébertistes, il était réservé à une autre fournée et fut sauvé par Thermidor. Après le 18 brumaire, il reçut l'ordre de quitter la France, mais il obtint l'autorisation d'y demeurer sous la surveillance de la police, et mourut bientôt.

(2) Né à Limoges en 1766, vicaire à Limoges, puis à Paris (Saint-Eustache), Audoin fut successivement membre de la Commune de Paris en 1792, Commissaire des guerres en Vendée, secrétaire général du ministère de la guerre avec Pache, dont il avait épousé la fille. Bouchotte le garda comme adjoint. Sous le Consulat, l'ancien vicaire devient historiographe du ministère de la guerre, et composa une *Histoire de l'administration militaire*, qui n'est qu'une compilation informe.

(3) Né en 1767, Vincent, fils d'un concierge de prison, était clerc de procureur : l'appui du club des Cordeliers et des vrais Montagnards le fit employer au ministère de la guerre ; il s'occupa activement de la formation de l'armée révolutionnaire et disposa d'une certaine autorité à la Commune de Paris où il se fit le répondant et le protecteur de Bouchotte. D'après Thiers, son fanatisme était mêlé de quelque aliénation mentale, et l'on prétend qu'il avait, pour la viande crue, une passion étrange et certainement morbide. Il fut exécuté le 24 mars 1794. Lorsqu'il entendit sa condamnation, il fut pris de convulsions qui ne cessèrent pas jusqu'à l'échafaud.

tions des bureaux dont la lenteur avait soulevé des plaintes violentes.

Ce Vincent, dont Bouchotte fit son *alter ego*, était un sans-culotte exalté. Violent, emporté, peu travailleur, arrogant, il fut, comme l'a dit Camille Desmoulins, le « Pitt de Georges Bouchotte », et s'abandonna à ses passions haineuses au point de convier le club des Cordeliers à massacrer les aristocrates dans leur domicile, après avoir planté devant leur porte un drapeau noir. Il est permis de penser que la présence d'un tel énergumène à ce poste important exerça une influence considérable sur Bouchotte.

2° *Les commissaires ou agents du Conseil exécutif.* — Pour user de son autorité avec discernement et pour être exactement renseigné sur les points particuliers qu'il lui importait de connaître, le Ministre de la guerre était autorisé à envoyer sur les théâtres d'opérations, avec des missions variables, des agents ou *commissaires du Conseil exécutif*. Bouchotte usa surtout de cette permission pour faire surveiller la conduite et l'attitude politiques des officiers : les avis de ces agents décidèrent souvent du sort des généraux. Les Ronsin, Celliez, Varin, Defrenne, etc., ont acquis un certain renom dans les missions de ce genre dont ils furent chargés à l'armée du Nord, et leur zèle a été apprécié sévèrement. Levasseur lui-même, dont on ne saurait suspecter l'ardeur révolutionnaire, s'exprime ainsi à leur sujet (1) : « La plupart de ces agents étaient des hommes à têtes exaltées, animés de passions haineuses, ne voyant partout que complots, que conspirations. Ils auraient voulu user de mon nom et de mon autorité pour satisfaire leur vengeance particulière, ou pour se faire un mérite de leur zèle outré. »

____

(1) Levasseur, *Mémoires sur la Révolution*, tome II, page 32.

Les abus d'autorité ou le zèle maladroit de ces agents ayant gêné parfois l'action des Représentants du peuple, la Convention les supprima, le 23 août, par un décret ainsi conçu : « La Convention nationale décrète que tous les commissaires et agents envoyés par le Conseil exécutif dans les départements et dans les armées sont rappelés, et que leurs fonctions cesseront à compter du jour de la notification qui leur sera faite sans délai du présent décret, sauf au Comité de Salut public à envoyer partout où il le trouvera utile à la chose publique, tels commissaires ou agents qu'il jugera à propos. »

Ce décret, qui dépossédait les Ministres au profit du Comité de Salut public, enlevait à Bouchotte tout moyen d'information directe. Mais, lorsque ce Comité, ému par « les trahisons sans cesse renaissantes des officiers des armées (1) » lui recommanda d'exercer sur ceux-ci une surveillance active, le Ministre de la guerre ne manqua pas de réclamer (2) l'annulation du décret ci-dessus. Ce fut seulement le 11 septembre qu'il obtint gain de cause. Par décret de ce jour (3), les Ministres étaient autorisés à envoyer des agents aux armées et dans l'intérieur de la République, sous la surveillance du Comité de Salut public, auquel on devait rendre compte, tous les huit jours, du nombre de ces agents et de l'objet de leur mission.

Les Représentants du peuple en mission. — L'utilité militaire de l'institution des Représentants du peuple, au cours de la période révolutionnaire, a déjà été mise en lumière par M. le colonel Coutanceau (4). Cet auteur

---

(1) Charavay, tome III, page 44. Le Comité de Salut public à Bouchotte, 26 août.

(2) *Ibid.* Bouchotte au Comité de Salut public.

(3) *Collection des Lois,* page 816.

(4) *Loc. cit.*, préface, page 48.

a reconnu que, dans les conditions générales de l'état politique et militaire de la France à cette époque, les députés ayant une délégation permanente du pouvoir central, pouvaient seuls remédier, avec la rapidité nécessaire, aux imperfections organiques des armées. Il suffira donc de faire connaître ici le mécanisme de cette institution. Pour cela, on examinera séparément les deux genres de missions qui furent confiées aux conventionnels, savoir : 1° les missions dans les départements ; 2° les missions aux armées.

1° *Les missions dans les départements.* — L'organisation départementale en vigueur pendant l'année 1793 résultait de la loi du 22 septembre 1789, qui divisait administrativement le territoire de la France en communes, districts (1) et départements. Dans chacune de ces unités administratives, le soin de délibérer appartenait à des conseils électifs dénommés conseils municipaux, conseils de district ou de département, lesquels élisaient eux-mêmes leurs présidents. L'administration proprement dite était confiée à un certain nombre de citoyens choisis à l'élection dans ces conseils ; la réunion de ces élus constituait le *directoire* dans les départements et districts, la *municipalité* dans les communes. Le chef de ces directoires ou de ces municipalités était élu, comme tous les autres membres, et portait le titre de *procureur général syndic du département*, de *procureur syndic du district* ou de *procureur de la commune*.

Ces diverses assemblées qui recevaient les lois, avec l'obligation de les faire appliquer, considéraient généra-

---

(1) Le district était constitué par la réunion d'un certain nombre de communes. Généralement, cette circonscription tenait le milieu entre le canton et l'arrondissement actuels.

lement que leur principal devoir était de prendre les
intérêts de leurs commettants, alors que le pouvoir central ne disposait d'aucun moyen, soit pour forcer l'obéissance des subdivisions territoriales récalcitrantes, soit
simplement pour surveiller et régler l'exécution des
décrets ou des lois. Ce vice organique avait beaucoup
favorisé le développement du fédéralisme à un moment
où la conscience nationale s'éveillait à peine. C'est pourquoi la Convention institua des *Commissaires* de la Convention auxquels succédèrent *les Représentants du
peuple en mission dans les départements*. Choisis parmi
les membres de la haute assemblée pour que leur autorité fût plus grande, ces Représentants furent munis
d'un pouvoir presque absolu et limité seulement, dans
l'application, par la conscience de ces délégués ou par
le sentiment de leur responsabilité morale vis-à-vis de
la Convention. Celle-ci avait décrété, en effet : 1° le
17 juillet 1793, que les arrêtés des Représentants du
peuple en mission étaient des lois provisoires ; 2° le
16 août 1793, que les administrateurs qui suspendraient
l'exécution de ces arrêtés seraient punis de dix années
de fer..... Grâce à la puissance de ces moyens d'action, les Représentants réussirent à briser toutes les
résistances des administrations et à jouer efficacement
le rôle d'un préfet actuel ou d'un intendant de l'ancien
régime, alors que les exigences de l'État pouvaient
cependant paraître excessives aux populations.

2° *Missions aux armées*. — Imitant en cela l'exemple
de la Législative et de la Constituante, la Convention
envoya également un grand nombre de délégués en
mission aux armées dans un but qu'il est intéressant de
connaître. Si l'on compare, en effet, les différents sys-
tèmes d'organisation qui ont précédé ou suivi celui de
la Révolution, on constate que les divers régimes politiques n'ont jamais introduit dans la machine militaire

un rouage identique ou simplement analogue à celui-ci. Logiquement, d'ailleurs, on ne peut concevoir son utilité dans les institutions normales d'un État qui ne serait pas aux prises avec les difficultés d'une guerre à la fois civile et étrangère, et dans lequel la conscience nationale serait développée à un degré suffisant pour que le sentiment patriotique l'emportât sur tous les autres. C'est précisément parce que ces conditions étaient imparfaitement remplies que l'ingérence dans les questions militaires techniques d'un délégué direct de l'autorité centrale, armé de pouvoirs redoutables et redoutés, parut non seulement utile, mais encore indispensable.

Le plan de travail de surveillance et de correspondance qui fut proposé par le Comité de Salut public aux Représentants du peuple près les armées de la République, et imprimé par ordre de la Convention nationale le 7 mai 1793, fait ressortir très nettement la raison d'être de ces missions (1). Aux termes de cette instruction, les Représentants délégués aux armées peuvent ou doivent nommer aux emplois vacants, de concert avec les généraux, exercer la surveillance la plus active sur les opérations des agents du pouvoir exécutif, de tous les fournisseurs et entrepreneurs des armées, sur la conduite des généraux, officiers et soldats, sur l'état de défense et d'approvisionnement de toutes les places fortes, côtes, armées et flottes de leur division. Ils doivent prendre toutes les mesures nécessaires pour accélérer l'armement, l'équipement et l'incorporation des volontaires et recrues dans les cadres existants ; ils ont le droit de requérir les gardes nationaux pour ren-

---

(1) M. le colonel Coutanceau a résumé cette instruction dans son ouvrage sur la *Campagne de 1794*, *loc. cit.*, préface, page 50. D'autre part, M. Aulard l'a publiée *in extenso* dans son *Recueil*, tome IV page 23.

forcer les armées ; ils peuvent également prendre toutes les mesures pour découvrir, faire arrêter les généraux, et traduire au tribunal révolutionnaire tout militaire, agent civil et autres citoyens qui auraient aidé, favorisé ou conseillé un complot contre la liberté ou la sûreté de la République ou qui auraient machiné la désorganisation des armées et des flottes. Ils sont enfin chargés de faire distribuer aux troupes les bulletins, adresses, proclamations et instructions de la Convention qui seront adressés aux armées par son comité de correspondance ; ils doivent employer tous les moyens d'instruction qui sont en leur pouvoir pour y maintenir l'esprit républicain. Enfin, les Représentants du peuple envoyés près les armées sont investis de pouvoirs illimités pour l'exercice des fonctions qui leur sont ainsi déléguées. Par arrêté du 4 août, le Comité de Salut public a même décidé qu'ils correspondront avec lui, tous les deux jours, par courrier extraordinaire et qu'une ligne télégraphique du système Chappe sera établie à cet effet entre Paris et Lille.

Il ne faudrait pas croire cependant que ces délégués de la Convention échappaient à tout contrôle dans l'exercice de ces pouvoirs si étendus « car, au retour de leur mission, déclare Levasseur (1), ils rendaient compte de leur conduite à la Convention, aux *Comités de gouvernement* (Comité de Salut public et de Sûreté générale) et surtout au club des Jacobins, dont l'examen était cent fois plus minutieux et plus sévère que celui des autorités légales. Des exécutions ou des actes iniques eussent infailliblement, ajoute-t-il, entraîné la radiation de la liste des Jacobins, et par suite la guillotine ».

Quoi qu'il en soit de l'efficacité de ce contrôle plus ou moins réel, il est certain que les Représentants du peuple

---

(1) *Mémoires*, tome II, page 151.

avaient le pouvoir de servir très heureusement les intérêts de l'État, ou de faire beaucoup de tort à la chose
publique. La suite de cette étude montrera comment les
conventionnels venus à l'armée du Nord et des Ardennes
usèrent de leur autorité : cependant la doctrine la plus
généralement admise jusqu'à nos jours est tellement
défavorable à l'institution de ces missions que nous
croyons devoir reproduire ici ce plaidoyer de Levasseur
dont il convient de tenir compte avant de se faire une
opinion définitive sur cette question toujours passion-
nante :

« Si la présence des commissaires (1) était partout
nécessaire, si elle vivifiait tout, imprimait à tout le mouvement révolutionnaire, elle était surtout indispensable
aux armées. Je l'ai déjà dit, et j'aurai occasion de revenir
sur ce point, la plupart des chefs étaient, sinon enclins à
trahir la République, du moins peu disposés à faire de
grands sacrifices pour cette forme de gouvernement.
Bien peu de généraux étaient sortis des rangs du peuple,
et il n'était pas douteux qu'un certain nombre d'entre
eux regrettât la monarchie constitutionnelle sous laquelle
ils semblaient destinés à parvenir aux plus hauts emplois.
Peut-être n'aurait-on pas toujours le temps d'arrêter des
desseins perfides ou de prévenir de coupables négligences. La présence sur les lieux d'hommes dévoués,
forts de toute la force de la Convention même, pourvoyait
à tout. Le soupçon était une cause de destitution ; la
moindre velléité criminelle un arrêt de mort : ainsi la
trahison était contenue ou réprimée, la vengeance suivait
de près le crime. En même temps les commissaires, qui
avaient vécu au milieu des états-majors, pouvaient y
découvrir les capacités encore inconnues et, dans la
disette de chefs qui se faisait sentir, faire sortir des rangs

---

(1) *Mémoires*, tome II, page 151.

les plus minimes de l'armée des généraux dévoués à la République, unique cause de leur élévation, unique base de leur fortune. Il me semble que cet espoir n'a pas été déçu. Il suffirait, pour le prouver, de citer des noms tels que ceux de Hoche, Moreau, Kléber, Jourdan, Masséna, Brune, Macdonald et même Bonaparte, qui tous ont dû leur fortune à des Représentants en mission.....

« On a cru nous flétrir de l'épithète de proconsuls!..... Oui, dans nos missions, nous avions, comme ces chefs romains, une puissance sans bornes; mais, comme eux aussi, nous avions le courage et l'amour de la patrie. Ont-ils donc été bien fréquents, pendant trois années, les abus du proconsulat? On citera les noms des Lebon et des Carrier, de ces hommes qui auraient pu déshonorer par leurs excès la plus noble des causes, si des crimes individuels pouvaient retomber sur d'autres que sur ceux qui les ont commis.....

« Oui, la nomination de commissaires investis de pouvoirs illimités était un acte tyrannique; oui, ce mode de gouvernement ouvrait une large porte à l'arbitraire, mais c'était le seul moyen de sauver la France. »

Par décret du 19 juillet, la Convention avait décidé que le nombre de ces délégués serait seulement de quatre pour le théâtre du Nord et de trois pour celui des Ardennes, mais en réalité elle les multiplia beaucoup. La liste ci-dessous contient, avec leurs noms, l'indication des missions confiées aux Représentants à l'armée du Nord et des Ardennes dans la période d'août à octobre 1793 :

1º Carnot, Delbrel, Levasseur et Letourneur, en exécution du décret du 19 juillet;

2º Élie Lacoste et Peyssard, par décret du 25 juillet, dans le but de se concerter avec le général en chef de l'armée du Nord au sujet des 10,000 hommes de réquisition à lever dans le Nord, le Pas-de-Calais, la Somme, la Seine-Inférieure, l'Oise, l'Aisne et les Ardennes;

3° Billaud-Varennes et Niou, envoyés par décret du 29 juillet dans le Nord et les Ardennes, pour y faire une enquête sur un complot tramé contre la République dans ces deux départements;

4° Prieur de la Marne, chargé le 1er août d'aller conférer avec les généraux sur toutes les mesures nécessaires dans les circonstances actuelles;

5° Duquesnoy et Lebas, qui reçoivent le 2 août la mission de se rendre à l'armée du Nord pour correspondre avec le Comité de Salut public et prendre les mesures qu'exige l'intérêt de la République;

6° Collombel, Bentabole, Deville et Châles, affectés le 1er août à l'armée du Nord en remplacement des commissaires de la Convention supprimés par le décret du 19 juillet;

7° Massieu, Calès et Perrin, attachés à l'armée des Ardennes;

8° Deschamps et Bécard, auxquels un arrêté du Comité de Salut public, en date du 15 août, prescrivait de se rendre sur-le-champ à l'armée du Nord pour s'y procurer des renseignements sur l'état des places, de l'armée et des ennemis.

Si l'on considère que, jusqu'à la fin d'août, le conseil exécutif provisoire, le Ministre de la guerre et même les commis étaient aussi représentés dans la région du Nord « par une nuée de commissaires de tous les noms, de toutes les formes et de toutes les couleurs (1) » on concevra aisément que les opérations durent être fortement influencées par la tutelle que cette organisation faisait peser sur le commandement.

Les sociétés populaires. — Les sociétés populaires ou jacobines (2) « ce sont les anciens amis de la Constitu-

---

(1) Delbrel au Comité de Salut public, 25 juillet. (A. H. G.)
(2) Aulard, *Histoire de la Révolution française*, page 349.

tion, jadis bourgeois, devenus vers la fin de 1793 démocrates, montagnards, sectateurs ardents des idées d'égalité et d'unité..... Fondées dans une vue d'instruction populaire pour des colloques plutôt que pour des actes, issues spontanément de la situation de la France et du caractère des Français, les circonstances les amenèrent à agir politiquement, à se mêler directement de l'administration ». Leur existence légale fut consacrée par le décret du 14 frimaire an II (4 décembre 1793). Les Représentants en mission s'appuyèrent sur elles pour « soutenir l'esprit public » et empêcher les défaillances principalement dans les places assiégées ou menacées d'investissement : parfois aussi, ces sociétés prêtèrent l'oreille à de basses calomnies et se laissèrent aller à faire quelques dénonciations contre les individus. En fait, ce fut par elles que les Représentants du peuple exercèrent leur action sur les communes ou sections de communes.

Les comités révolutionnaires. — En principe, il devait y avoir, dès le mois de mars 1793, dans chaque commune, un comité révolutionnaire comprenant douze membres (ni ex-nobles, ni ecclésiastiques), élus par leurs concitoyens et pris en dehors de la municipalité. Ces comités étaient chargés de recevoir les déclarations des étrangers et surtout de s'assurer du civisme des étrangers nés dans les pays avec lesquels la République était en guerre. On les appela comités de surveillance ; ceux de Paris s'intitulèrent eux-mêmes comités révolutionnaires. Au cours de la période qui nous intéresse, leur organisation et leur action évoluèrent ainsi que le dépeint M. Aulard (1) :

« D'avril à septembre 1793, cette institution se trans-

---

(1) *Histoire politique de la Révolution française,* page 349.

forma. Certains comités, surtout à Paris, s'attribuèrent
des pouvoirs généraux de surveillance policière, non
seulement sur les étrangers, mais sur tous les citoyens.
Il se forma aussi, et spontanément, dans les villes ou
dans les départements, des comités dits de salut public,
dont les uns fonctionnèrent à côté des comités de surveillance, dont les autres s'y substituèrent ou les englo-
bèrent. Divers décrets et arrêtés supprimèrent, main-
tinrent ou rétablirent ces comités. Ceux qui subsis-
tèrent reçurent, par décret du 5 septembre 1793, une
indemnité quotidienne pour chacun de leurs membres.
Enfin, la loi du 17 septembre 1793, consacrant l'existence de tous ceux de ces comités qui existaient à cette
date, édicta que « les comités de surveillance établis
« d'après le décret du 21 mars dernier, ou ceux qui leur
« ont été substitués, soit par les arrêtés des Représentants
« du peuple envoyés près les armées et dans les départe-
« ments, soit en vertu des décrets particuliers de la Con-
« vention nationale, sont chargés de dresser, chacun dans
« son arrondissement, la liste des gens suspects, de
« décerner contre eux les mandats et de faire apposer les
« scellés sur leurs papiers. » La force armée était mise à
la disposition de ces comités qu'on appela dès lors, en
général, « comités révolutionnaires ».

« Si l'on veut comprendre quels immenses pouvoirs
leur étaient conférés et combien peu de citoyens pouvaient se flatter d'échapper à leur surveillance, il faut
lire l'art. 2 de cette loi du 17 septembre : « Sont réputés
« gens suspects : 1° ceux qui, soit par leur conduite,
« soit par leurs relations, soit par leurs propos ou leurs
« écrits, se sont montrés partisans de la tyrannie ou du
« fédéralisme et ennemis de la liberté ; 2° ceux qui ne
« pourront pas justifier, de la manière prescrite par le
« décret du 21 mars dernier, de leurs moyens d'exister,
« et de l'acquit de leurs devoirs civiques ; 3° ceux à qui
« il a été refusé des certificats de civisme ; 4° les fonc-

« tionnaires publics suspendus ou destitués de leurs
« fonctions par la Convention nationale ou par ses com-
« missaires, et non réintégrés, notamment ceux qui ont
« été ou qui doivent être destitués en vertu du décret du
« 14 août dernier ; 5° ceux des ci-devant nobles,
« ensemble les maris, femmes, pères, mères, fils ou
« filles, frères ou sœurs et agents d'émigrés, qui n'ont
« pas constamment manifesté leur attachement à la
« Révolution ; 6° ceux qui ont émigré dans l'intervalle
« du 1er juillet 1789 à la publication du décret du
« 30 mars-8 avril 1792, quoiqu'ils soient rentrés en
« France dans le délai fixé par ce décret ou précédem-
« ment. »

Ce pouvoir ainsi délégué à un organe communal était
sans contredit une arme terrible, puisqu'on pouvait
l'employer à l'assouvissement de haines locales ou indi-
viduelles, et commettre ainsi les pires abus d'autorité.
Aussi M. Aulard (1) a-t-il porté sur l'œuvre de ces
comités le jugement suivant :

« Si l'insurrection vendéenne et l'invasion étrangère
ne purent se rejoindre, si la sédition royaliste ne put se
propager de manière à donner la main aux armées autrichiennes, anglaises et espagnoles, c'est en partie aux
comités révolutionnaires qu'on le doit. Mais ce résultat
ne fut pas acquis sans injustice et sans tyrannie et, dans
le filet jeté sur la France, il n'y eut pas que de mauvais
Français qui se trouvèrent pris. »

Conclusion. — En résumé, on peut dire que, au sein
du gouvernement révolutionnaire, tous les pouvoirs
appartiennent à la Convention qui délègue l'exercice du
pouvoir exécutif au Comité de Salut public, le conseil
exécutif provisoire n'étant plus qu'un organe d'exécution

---

(1) *Loc. cit.*, page 352.

sans initiative et sans influence. Les rouages administratifs réguliers sont dominés, actionnés, on pourrait dire annihilés par une organisation latérale, de circonstance, qui a pour objet de vaincre toutes les résistances politiques. C'est ainsi que, dans les départements, les Représentants en mission répriment les tendances fédéralistes et contribuent puissamment au développement du sentiment national en s'appuyant sur les sociétés jacobines ou sur les comités révolutionnaires. Aux armées, ils s'efforcent de faire prédominer l'esprit républicain, d'écarter de la hiérarchie les officiers suspects, de déjouer toute trahison, de prévenir les défections et de contraindre le commandement à l'action efficace.

Jusqu'au mois de juillet, ce mécanisme n'a pas donné son rendement maximum à cause de la politique appliquée par Danton. Mais, à ce moment, l'œuvre toute entière de la Révolution est menacée. Mayence et Valenciennes ont capitulé ; le sol français est envahi aux Pyrénées, en Alsace et dans le Nord ; la ville de Lyon s'est révoltée ; Toulon est sur le point de se rendre aux Anglais ; les insurrections fédéraliste et vendéenne ne sont pas encore maîtrisées et le spectre de la famine affole la population parisienne que les agents de l'étranger et de l'aristocratie s'efforcent d'égarer plus encore.

Le Gouvernement se trouvait donc aux prises avec de telles difficultés que, en mettant la Terreur à l'ordre du jour, la Convention put croire réellement qu'elle prenait ainsi une mesure indispensable au salut de la patrie.

TITRE II

LES OPÉRATIONS PROPREMENT DITES

CHAPITRE IV.

Genèse du plan d'opérations, précédée d'un aperçu sur la situation stratégique et diplomatique.

Disposition des troupes alliées. — Disposition des troupes françaises. — Situation diplomatique à la fin de juillet 1793. — Le plan d'opérations des alliés. — Le plan français.

Disposition des troupes alliées. — La répartition des forces des coalisés à la fin de juillet 1793, sur le théâtre d'opérations du Nord et des Ardennes, résultait du plan que ceux-ci avaient adopté au congrès d'Anvers (1) (7 et 8 avril 1793). Il avait été décidé que l'on se bornerait, au cours de cette année, à conquérir les places de Condé, Valenciennes, le Quesnoy, Maubeuge, Dunkerque et Lille. Cela fait, on posséderait une base solide qui permettrait, dans une campagne ultérieure, de marcher sur Paris sans s'exposer à subir une mésaventure analogue à celle qui avait été si funeste à Brunswick en 1792. Mais depuis le mois d'avril, les alliés n'avaient pu s'emparer que de Condé et de Valenciennes. Leur armée se trouvait naturellement disposée autour de cette dernière ville et les détachements de Knobelsdorf, du prince d'Orange et de Latour, dispersés, il est vrai, sur un

---

(1) Voir au sujet de ces conférences d'Anvers le tome III de M. Sorel, *loc. cit.*, page 366, et le tome X des *Guerres de la Révolution*, de M. Chuquet.

front trop étendu, la couvraient contre toutes les tentatives que l'on croyait avoir à redouter des troupes françaises, cependant émiettées le long de la frontière et incapables de prendre l'offensive.

En ces quatre mois d'activité relative, les succès de nos ennemis étaient donc médiocres ; d'autre part, la coalition avait déjà commis quelques fautes graves qu'il convient de relever. En effet, la garnison de Condé avait bien été faite prisonnière de guerre, mais celles de Valenciennes et de Mayence étaient laissées libres, sous la réserve qu'elles ne porteraient plus les armes contre les alliés. Il s'en suit que la Convention pouvait employer ces troupes à la répression des mouvements contre-révolutionnaires, comme ceux de la Vendée et de Lyon. C'était là une erreur que Mallet du Pan a sévèrement critiquée dans ses Mémoires (1).

« L'inconvénient du plan temporisateur, écrit-il, était de laisser se former et s'aguerrir les rassemblements ennemis ; l'avantage était de laisser à l'intérieur du royaume une espèce de repos très propre au développement des factions et à la fermentation des divers partis, mais puisque ce plan avait pour avantage de favoriser le développement des troubles intérieurs, encore fallait-il se saisir de tout cet avantage. Or, qu'a-t-on fait pour seconder le mouvement départemental du Calvados et de la Gironde, anéanti presque aussitôt que créé ; le mouvement de la Vendée, qui est demeurée si longtemps abandonnée à tous les hasards d'une guerre sans appui ; la révolte de la ville de Lyon et celle de Marseille, qui pouvaient avoir une si grande influence pour la contre-révolution ? Quelques personnes assurent que 30,000 hommes, qui auraient passé les Alpes, auraient pu parvenir jusqu'à Genève, dont ils se seraient

---

(1) *Mémoires* de Mallet du Pan, tome I, page 409.

assurés, et de là pénétrer jusqu'à Lyon. Je ne puis avoir à cet égard une opinion, mais ce que je sais, c'est qu'après avoir employé une armée et un temps considérable à reprendre Mayence, que la plus simple prévoyance pouvait garantir, il y avait peu de profit à délivrer l'armée qui s'y trouvait enfermée pour fournir à la Convention le moyen de détruire la Vendée. Je sais de même, qu'en prenant Valenciennes, on n'a pas seulement calculé que donner la liberté à la garnison qui s'y trouvait, c'était donner à la Convention un moyen terrible d'étouffer la résistance si intéressante de Lyon ; avec un peu de réflexion, on aurait vu cependant que c'était mal calculer ses avantages que de se débarrasser ainsi en apparence de deux armées, en les renvoyant contre ses meilleurs et ses plus sûrs alliés ; qu'on soit bien sûr que la soumission de Lyon, celle du Calvados, de Marseille et de Bordeaux, ont été des événements plus désastreux pour les puissances, dans le cours de cette année, que ne l'eût été la perte de Valenciennes, de Mayence et de toute la Belgique..... »

En outre, Cobourg avait pris possession de Condé et de Valenciennes au nom de l'Empereur, son maître ; l'aigle impériale avait été arborée sur les édifices publics et une junte composée de sujets autrichiens était installée dans ces deux villes. En donnant ainsi satisfaction à ses appétits, l'Autriche excitait ceux des autres chancelleries et se rendait suspecte à ses alliés ; elle introduisait de la sorte, dans le concert des puissances, des germes de discussions intéressées qui ne manqueraient pas d'en troubler l'harmonie. Enfin, chose plus grave encore, on avouait à la face de l'Europe que le but réellement poursuivi par la coalition était le démembrement de la France et non le renversement du gouvernement révolutionnaire. Grâce à cet aveu, la Convention disposerait désormais d'un levier assez puissant pour opérer avec succès une levée en masse, puisqu'elle se trouvait ainsi investie de la noble mission de libérer le territoire. Par ce manque de sens politique, les coalisés identifiaient la Révolution et la France ; par conséquent, tous ceux qui ne répondaient pas à l'appel des pouvoirs publics devaient être considérés comme de mauvais patriotes, les contre-révolutionnaires et les étrangers comme des ennemis de l'État. Quant aux émigrés, ils n'étaient plus dès lors des Français révoltés contre un régime politique, mais des fils dénaturés qui coopéraient les armes à la main au morcellement de leur mère patrie (1).

Disposition des troupes françaises. — Des situations détaillées qui ont été publiées au chapitre Ier, il ressort que sur 177,000 hommes présents à l'armée du Nord et des Ardennes, 80,000 environ forment les garnisons des différentes places de la frontière entre Longwy et Dunkerque ; 57,000 sont répartis dans des camps établis à proximité des susdites places qui leur fournissent des approvisionnements et leur prêteraient, en cas de besoin, l'appui de leurs canons et l'abri de leurs remparts. Seuls les 40,000 hommes qui occupent le « camp de César » constituent une masse indépendante de la fortification permanente et assez forte pour tenir la campagne.

---

(1) Il est vrai que le comte de Provence protesta contre la conduite de l'Autriche, lors des capitulations de Condé et de Valenciennes, mais ce fut tout à fait vainement.

« Je vous dirai en passant, écrivait Mercy, que les braves émigrés que nous supportons si patiemment à Bruxelles et ailleurs, annoncent hautement leur désaveu et, en cas de besoin, leur formidable opposition à toute conquête que nous pourrions faire sur le territoire français, qu'ils prennent sous leur protection immédiate. » Comme l'un d'eux se plaignait de l'affaire de Valenciennes, Mercy lui répondit : « Vous croyez donc que nous faisons la guerre pour vos beaux yeux ? Vous en verrez bien d'autres. » Sorel. *L'Europe et la Révolution française*, tome III, page 468. On trouvera un peu plus loin d'autres renseignements sur l'attitude des émigrés.

Le système des places fortes construites sur cette frontière — on en comptait 29 sur le front compris entre la
Meuse et la mer — a donc fixé sur le sol l'emplacement
des trois quarts de l'effectif total — 137,000 hommes sur
177,000. — Un tel dispositif, qui a pour effet de paralyser l'armée en la dispersant à l'extrême et en la figeant
pour ainsi dire dans un moule rigide, est absolument
condamné par les théories actuelles et par l'expérience
des guerres modernes. Il semble que son adoption,
en 1793, doive être imputée principalement à la doctrine
des ingénieurs militaires qui attribuaient alors à la fortification permanente une prépondérance excessive dans
le domaine de l'art de la guerre. Cette opinion a d'ailleurs
été exprimée très franchement par Grimoard dans les
observations qu'il rédigea au sujet d'un mémoire fait
en 1778 par M. de La Fitte Clavé, alors capitaine du
génie employé à Cambrai (1).

« Il avait le défaut, commun à beaucoup d'ingénieurs,
écrit-il, d'ajouter trop d'importance et de confiance aux
places de guerre et de vouloir trop les multiplier, ainsi
que les lignes ou retranchements permanents, et *de couvrir la terre entière de bastions et de redans*, quoique
l'expérience et les vrais principes démontrent que les
places les mieux fortifiées en apparence sont souvent
celles qui opposent le moins de résistance, et que les
fortifications appelées *passagères* ou *de campagne* et
faites uniquement pour le besoin pressant, quand il
s'agit de mettre à couvert une armée ou un poste quelconque, sont communément plus utiles que cette multitude de places qui épuisent en frais de constructions, de
réparations, en approvisionnements et en garnisons, et
qu'une longue paix ou la perte d'une bataille rend super-

____

(1) *Tableau de la guerre de la Révolution française*, tome I⁰ʳ. Grimoard.

flues ou fait tomber. Si M. de La Fitte avait mieux connu la guerre de campagne, c'est-à-dire l'aptitude et la propriété d'une armée même peu nombreuse, mais bien commandée, pour la défense d'une frontière, et ce qu'elle peut ajouter aux forces naturelles d'un petit nombre de bonnes forteresses bien emplacées, son mémoire eût été encore meilleur et beaucoup plus militaire (1). »

On aurait pu cependant remédier aux inconvénients de cette dispersion des forces, provoquée par le souci de conserver toutes ces places, en appliquant une méthode de guerre facile à concevoir.

En effet, l'ennemi ayant mis le siège devant une des villes qui barraient la voie d'invasion, il était possible au général en chef français de constituer une « masse agissante » en profitant de la durée du siège pour réunir en un point convenablement choisi les « troupes disponibles » prélevées sur les garnisons voisines, et de tenter, avec la susdite masse, une manœuvre relativement aisée, puisqu'elle serait dirigée contre un adversaire momentanément immobilisé.

Mais, en 1793, la notion de la concentration des efforts en vue de frapper un coup décisif n'avait pas encore pénétré les esprits : on s'en tenait alors à cette doctrine vague des « grands développements », qui, à vouloir trop embrasser, n'étreignait rien. Chacun des chefs qui gardaient un secteur de la frontière était persuadé, à juste titre d'ailleurs, que, en cas d'attaque, il devrait

---

(1) Dans sa préface à la *Campagne de 1794*, page 57, M. le colonel Coutanceau a montré la part que prit à la préparation des plans de campagne le comité militaire, composé d'ingénieurs militaires, tels que d'Arçon et Laffite-Clavé, sans compter l'influence de Carnot, qui était lui aussi un officier du génie. En outre dans son *Étude du plan de 1794* (*Revue d'Histoire*, n° de mars 1903, page 635), il a également constaté que ce plan était avant tout une conception d'ingénieurs militaires.

céder le terrain à cause de son infériorité numérique, et tous protestaient avec la plus grande énergie dès qu'il était question de leur retirer une partie de leurs troupes pour les transporter ailleurs.

En poussant jusqu'à l'extrême cette conception par trop simpliste, on eût été obligé, pour tranquilliser les esprits, d'entretenir sur chaque point de la frontière une force au moins égale à celle que l'ennemi pouvait lui-même y amener. L'impossibilité matérielle de réaliser jamais un tel système rend évidente l'erreur fondamentale sur laquelle il repose. Cependant, cette notion subsistera assez longtemps pour paralyser toutes les opérations dont on va suivre le développement. L'exécution des décrets de la Convention ou des arrêtés du Comité de Salut public qui ordonnaient des renforcements par prélèvement sur une place ou sur une armée voisine sera toujours retardée, sinon empêchée par la résistance des administrations civiles ou des généraux, soutenus le plus souvent par les Représentants du peuple, qui, parfois, prêtaient trop facilement l'oreille aux doléances locales. C'est pourquoi il arrivera que le commandant de l'armée du Nord et des Ardennes livrera la bataille d'Hondtschoote avec 43,000 hommes à peine, alors que l'effectif des troupes placées sous ses ordres s'élevait à 200,000 environ.

Situation diplomatique à la fin de juillet 1793. — D'après le premier projet de conquêtes plus ou moins avoué par les diplomaties des puissances coalisées, l'Autriche devait échanger les Pays-Bas contre la Bavière; la Prusse s'agrandirait en Pologne suivant un traité de partage à intervenir entre elle et la Russie, tandis que l'Angleterre jetterait son dévolu sur Dunkerque. Mais, dès le mois de juillet 1793, la prophétie sévère de Dumouriez commence à se réaliser : « Il vous arrivera, avait dit ce général à un Autrichien, ce qui

échoit aux voleurs de grand chemin, qui, après avoir
pillé un cocher, se brouillent et s'entr'égorgent lorsqu'il
s'agit de partager le butin. » En effet, l'accord est alors
loin d'être parfait entre nos ennemis communs, qui,
respectivement, ne songent qu'à leurs intérêts particuliers et craignent que l'un d'entre eux ne recueille à peu
près tout le bénéfice de leurs efforts collectifs. L'Angleterre considère que l'échange des Pays-Bas contre la
Bavière augmenterait par trop la puissance des Autrichiens, qui deviendraient ainsi dangereux pour l'Italie
et pour la Prusse. Au lieu de faciliter ce troc (1), il vaudrait mieux, à ses yeux, pousser l'Empereur à garder
les Pays-Bas, parce qu'ils sont séparés de l'Autriche :
on les protégerait d'ailleurs contre la France par une
solide barrière de places fortes, analogue à celle que
Joseph II avait eu le tort de détruire en 1782 (2). La
Grande-Bretagne désire avant tout faire la conquête de
Dunkerque le plus tôt possible ; car, si l'on en croit les
rapports de nos agents et les publications parues à cette
époque, les embarras économiques de cette puissance
sont considérables, et voici pourquoi :

Les négociants anglais, convaincus que le gouvernement n'avait aucune intention de prendre part à une
guerre continentale, qui devait accroître les besoins de

---

(1) Voir la *Correspondance* d'Elgin avec Lord Grenville, en mai 1793.
Foreign-Office. Volume 21. Bruxelles et Ostende.

(2) *Histoire de Menin*, par le docteur Renclery-Barth, archiviste de
la ville. (Bruges, Edw. Gaillard, 1881.) Tome III, page 30. « L'empereur Joseph II, profitant du moment où les Provinces-Unies se trouvaient engagées dans une guerre maritime contre l'Angleterre,
ordonna, par décret du 16 avril 1782, de démanteler toutes les places
fortes des Pays-Bas en commençant par les villes-barrières ; celles-ci
étaient en ce moment encore occupées par les garnisons hollandaises
qui, peu disposées jusque-là à abandonner ces places, se retirèrent
alors sans opposer de résistance. »

l'Europe et, par suite, donner un nouvel essor au commerce de la Grande-Bretagne, n'avaient pas hésité, l'année précédente, à perfectionner leur outillage pour augmenter la production de leurs manufactures. Les frais généraux de leurs entreprises s'étaient donc considérablement élevés et, pour y faire face, jusqu'au moment où se produirait l'activité commerciale dont ils escomptaient les bénéfices, ils avaient jeté sur le marché une grande quantité de papiers (1). Or, la participation de l'Angleterre à la guerre contre la France ayant entraîné l'interdiction de l'exportation des grains ainsi que de la plupart des marchandises, il en était résulté une forte dépréciation des produits manufacturés et une diminution sensible du crédit. De là une crise commerciale terrible qui avait entraîné des faillites nombreuses s'élevant à 20 millions de livres sterling; d'autre part, 50,000 ouvriers étaient sans travail, et le cours du papier-monnaie continuait à baisser.

Pour toutes ces raisons, le parti de l'opposition devenait de plus en plus fort (2) et le gouvernement avait hâte d'enrayer ses progrès en donnant quelque satisfaction à l'opinion publique. La prise de Dunkerque, au

---

(1) Cet état critique des affaires en Angleterre est exposé clairement dans certaines brochures parues à Londres en 1793 et dont il existe des exemplaires au British Museum. Voici celles que nous avons pu consulter :

1° Comments on the proposed war with France, on the state of parties (by a lover of peace) ;

2° War with France or who pays the reckoning in an appeal to the people of England. Elle porte la devise suivante : Repentance may come to late ;

3° A speech in which the question of a war with France is stated and examined (by a lover of his country) ;

4° Thoughts on the causes of the present failure.

(2) *Archives du Ministère des affaires étrangères*, Paris (Correspondance du 1er mars au 21 septembre 1793, Angleterre).

profit de l'Angleterre, paraissait remplir l'objet désiré,
puisque la Grande-Bretagne se dédommagerait ainsi des
charges que la guerre lui imposait, tout en prêtant son
concours à la coalition « en vue d'assurer la sécurité des
Pays-Bas autrichiens, résultat dont dépendait d'ailleurs
la tranquillité de l'Europe et le salut de la Hollande,
puissance dont les intérêts étaient intimement liés à ceux
de la Grande-Bretagne (1). »

Quant à l'Autriche, elle doit, en principe, obtenir des
compensations soit en France, soit en Allemagne, soit
même au détriment de ces deux pays. Mais, comprenant
que l'échange des Pays-Bas contre la Bavière pourrait
contrarier l'Angleterre, elle se résigne plus ou moins
sincèrement à acquérir seulement les Pays-Bas, à la
condition que ceux-ci seront très fortement protégés par
une barrière insurmontable : « Votre Cour veut et toute
l'Europe a intérêt de vouloir, écrit Mercy à Auckland, le
5 juin 1793 (2), qu'une barrière insurmontable mette la
Belgique et l'Allemagne à couvert des incursions françaises : pour que cette barrière soit telle, il faut que l'on
puisse la soutenir après l'avoir formée ; cela suppose
trois choses :

« 1° Étendue territoriale qui ne soit pas une simple
lisière ;

« 2° Destruction des moyens d'attaquer de la part de
l'ennemi ;

« 3° Possession assez productive pour la puissance
qui aura à la défendre et qui, sans cela, ne pourrait suffire à la dépense de tous les genres attachée à ce soin.

« Vous conviendrez, milord, que sans ces trois conditions l'objet sera manqué : une barrière faible sera une

---

(1) Whitehall, 16 avril. *Papiers* du colonel Murray. War-Office,
registre 48. British Army on the continent.
(2) Volume 49. Foreign-Office.

source éternelle de guerres ; en dix ans elle sera ren-
versée. Ces peu de mots pourraient être la matière d'un
très long mémoire, mais le meilleur de tous les mémoires
ce sont les profondes lumières de votre ministère et les
vôtres propres ; rien à coup sûr ne pourra leur échapper
sur cette importante matière. »

D'autre part le démembrement de la Pologne excite
les convoitises de François II. Celui-ci considère que,
même s'il réussissait à échanger la Bavière contre les
Pays-Bas, il n'en résulterait pas pour l'Autriche « une
égalité à tous égards parfaite d'avantages et d'acquisitions avec la Russie et la Prusse (1). » Aussi prévient-il
l'impératrice de Russie qu'il se déterminera à chercher
en Pologne, à l'exemple de ces deux cours, les acquisitions qui, de justice et de droit, lui compètent ; et que
ce parti, faute de mieux, pourrait devenir indispensable.
C'est alors sur l'Angleterre qu'il s'appuiera pour faire
échec à la Russie et à la Prusse (2).

Cette dernière puissance, qui voulait avant tout
agrandir son territoire du côté de la Pologne, avait
conclu avec la Russie, dès le mois d'avril 1793, « un
traité des limites » qui lui donnait toute la partie de la
Pologne comprise dans « le cordon prussien ». Dès lors
la Prusse, dont les désirs étaient ainsi satisfaits, n'avait
plus coopéré qu'avec mollesse à l'entreprise des coalisés,
car elle songeait surtout à entrer en possession des pro-
vinces qui lui avaient été concédées et n'avait nul souci
de concourir au démembrement de la France pour le
compte de l'Autriche (3).

---

(1) Voir *L'Europe et la Révolution française* de M. Sorel (tome II,
page 440). On y trouvera un exposé circonstancié de la situation
diplomatique en août 1793.

(2) *Ibid.*

(3) Elgin à lord Grenville, 17 mai. Foreign-Office, volume 50.
Bruxelles et Ostende.

On alla même jusqu'à dire qu'elle aurait volontiers signé une paix avec la France (1), tout en encourageant l'Autriche à s'engager à fond sur le théâtre du Nord, afin d'avoir les mains plus libres en Pologne. Naturellement les autres puissances coalisées, pour qui les avantages à retirer de la campagne restent encore problématiques, blâment l'attitude de la Prusse (2), et reprochent à celle-ci : 1º de n'avoir pas conduit le siège de Mayence avec une énergie suffisante; 2º d'avoir voulu contrarier les opérations dans le Nord en réclamant à Cobourg un contingent de 8,000 hommes que celui-ci avait promis, dans une circonstance qui sera précisée ultérieurement.

« Les Prussiens, écrit lord Auckland à lord Grenville, ont montré plus d'activité en vue du démembrement de la Pologne que dans la guerre contre la France (3). »

La Hollande compte également retirer un avantage territorial de sa participation à la guerre contre la France. Dès le mois de juillet le Pensionnaire demande la réunion d'un congrès qui fixera les indemnités que chaque puissance recevra à la fin de la guerre. « La Prusse et la Russie, dit-il, ont déjà reçu une part de la Pologne ; l'Empereur, le roi de Sardaigne et le roi d'Espagne prendront une partie de la France ; l'Angleterre pillera les colonies, et ruinera le commerce de la France, mais la République seule n'aura rien. En conséquence,

---

(1) Lettre adressée à lord Grenville, d'Amsterdam, 16 août. Foreign-Office, volume 50. Holland. William Elliot.

(2) « Un personnage des plus importants, très amalgamé avec la prospérité prussienne, très attaché au Roi, m'a avoué que le moment pour prendre la Pologne n'était pas favorable à cause de l'ombrage que cela donnait aux autres puissances dans un moment où l'union était si nécessaire et que les lacérations arbitraires ne paraissent pas non plus convenir à l'humeur des nations, mais il ajouta que si on ne l'avait pas fait, il y aurait des soulèvements dans la Prusse même. » Kinckel à lord Auckland, 16 avril. Registre 47. Foreign-Office.

(3) Mai 1793. Foreign-Office. Volume 48. Holland. Lord Auckland.

il exprime le vœu que l'Empereur abandonne Lille et
Liefhenkouck ainsi que tout le pays qui avait été cédé
aux États-Généraux en 1715, et qu'on leur a pris si
injustement par la suite (1), sinon la Hollande « refusera
les subsides et même tout secours de guerre (2) ».

Les émigrés ne sont pas davantage satisfaits de l'attitude générale des puissances : car ils avaient pensé tout
d'abord que la guerre serait faite « tout uniment pour
leurs beaux yeux, que tout serait remis sur l'ancien pied
et que pas un pouce ne serait enlevé à leur patrie (3) ».
C'est pourquoi la prise de Condé au nom de François II
les a rendus fort mécontents. « Les émigrés français ne
manquent pas, dit un *Bulletin* de Bruxelles (4) du
15 juillet, de faire entrevoir ouvertement leur étonnement, et on peut dire leur mécontentement, de ce que
cette ville de Condé a été prise au nom de l'empereur et
roi François II et non pas au nom de Louis XVIII, et ils
ne présagent pas la meilleure perspective pour eux de
cete démarche inattendue de la part de l'Empereur. Le
baron de Breteuil fut importuné toute la journée du

---

(1) He should engage the Emperor to give up the forts of Lille and
Liefhenkouck and the whole of the country which had been ceded to
the states generaux by the treaty of 1715 and afterwards so injustly
taken from them. He said that this was nceessary for the safety of the
country which trad at present no barrier against Austria and that it was
contrary both to the interests of the Maritim Powers, and to their
etablished politics, to render the Emperor wholly independant in the
Netherlands. In stating this proposition the Pensionary introduced to
much desultory invective again the Austrian Cabinet, and dwelt so
much on the perfidy of their conduct in the Conventions of Reichen-
bach and the Hague..... » Hague, 12 juillet. Lord Spencer à lord
Grenville. (Foreign-Office, volume 49. Holland.)

(2) *Bulletin de Bruxelles*, 12 juillet. (Foreign-Office. Volume 49.
Holland.)

(3) *Ibid*. 12 mai. Registre 48. (Foreign-Office. Holland.)

(4) *Ibid*.

vendredi de tous les émigrés notoires venus pour lui en marquer leur étonnement, et le baron se rendit chez le Ministre, M. de Metternich et chez M. de Mercy d'Argenteau, mais il ne put recevoir d'autre explication que cette démarche était conforme aux ordres de Sa Majesté l'Empereur et aux désirs des puissances alliées, et on lui assura d'avance que Valenciennes et toutes les places frontières seront également prises sur le nom de ce même souverain. Enfin l'étonnement est devenu plus grand quand ils virent avant-hier partir par ordre du gouvernement le baron de Bartenstein et M. de Limpens, dit le Rosier, pour Condé, le premier comme commissaire général de Sa Majesté l'Empereur dans les pays conquis, et le second comme gouverneur général des finances..... »

La prise de Valenciennes, au nom de François II, accrut encore leur mécontentement et ils refusèrent d'assister à un bal offert par le Ministre autrichien pour célébrer cette nouvelle conquête (1).

Il découle de toutes ces considérations que le but de la guerre avait été curieusement modifié par la diplomatie depuis le moment où les monarques européens avaient laissé croire qu'ils embrassaient sincèrement la cause de la Maison de France. Le sort de Marie-Antoinette préoccupe fort peu maintenant les chancelleries, qui usent de tous les artifices pour retirer de l'aventure quelque avantage territorial, et les discussions qu'on vient de lire permettent de pénétrer leurs desseins respectifs. De sorte que le choix du plan de campagne sera

-----

(1) « The Emigrantscontinue to be very unguarded in their language; and under prétence of mourning for the late infortunate king of France, refused assisting on sunday evening at a Ball given by the Minister in honour of the capture of Valenciennes..... » Elgin à lord Grenville, Bruxelles, 6 août. Foreign-Office. Volume 21. Bruxelles et Ostende.

considérablement influencé par ce conflit des appétits, puisque Cobourg devait tenir compte de tous ces désirs qui se trouvaient plus ou moins en opposition avec les exigences de la situation militaire. C'est là ce qui explique, sans l'excuser cependant, la solution bizarre qu'il adopta pour triompher de la résistance des armées de la Révolution.

Le plan d'opérations des alliés.

D'après un plan qui avait été fixé par Cobourg le 5 mai, la principale armée des coalisés, forte d'environ 50,000 hommes, devait se diriger sur Dunkerque, dès que Condé et Valenciennes auraient capitulé. Cette opération serait conduite avec une telle célérité, grâce au puissant matériel d'artillerie dont on comptait pouvoir disposer, que la ville serait probablement prise vers la fin d'août. Cela fait, on se porterait sur Lille dont le siège pourrait être continué pendant l'hiver.

En lui transmettant ce projet, Cobourg faisait au duc d'York la déclaration suivante : « Votre Altesse Royale voudra bien, en conséquence, recevoir ma parole la plus sacrée que, d'après la certitude où je dois être qu'Elle concourra dans l'époque convenue avec toutes les forces déterminées aux opérations projetées dans le mémoire ci-joint, je me prêterai de la meilleure volonté à l'entreprise sur Dunkerque, soit en y marchant en personne, soit en lui donnant de mon armée les renforts nécessaires (1). »

Mais la tournure prise par les événements, et en particulier la longue résistance de Valenciennes, amenaient le généralissime des troupes coalisées à modifier ses

---

(1) War-Office, volume 46. British Army on the Continent. Original Correspondence.

prévisions, dès le 1er juillet, tout en respectant cependant l'idée générale qui avait inspiré le plan du 5 mai (1). Il restait convenu que, Valenciennes étant pris, on se contenterait d'observer Lille, pendant que durerait le siège de Dunkerque, mais il était indispensable, avant d'entreprendre ce siège, de franchir l'Escaut pour attaquer l'armée du camp de César et la battre, à moins que celle-ci ne se retirât d'elle-même du côté de Crèvecœur ou de Péronne. Les forces des armées combinées seraient alors réparties comme il suit :

Au siège de Dunkerque..............	20,000	hommes.
A l'armée d'observation de Menin à Ypres.........................	18,000	—
En observation devant Lille..........	15,000	—
Devant Orchies et Marchiennes........	7,000	—
Dans Condé et Valenciennes, comme garnisons......................	6,000	—
A l'armée principale, entre Valenciennes et Houdaing.....................	33,000	—
A Bettignies, Charleroi et Namur......	13,000	—
A Trèves et Luxembourg.............	18,000	—
TOTAL..............	130,000	hommes (2).

« Comme S. A. R. Mgr le duc d'York, écrivait Hohenlohe, a déjà donné à connaître qu'Elle souhaiterait

---

(1) Ces considérations sont contenues dans les trois documents suivants, dont nous ne donnons ici qu'une analyse : 1º Quelles sont les opérations qui, d'après les principes et uniquement dans les rapports militaires, pourraient être entreprises après la conquête de Valenciennes et de Condé? 2º Dispositions générales pour l'attaque de l'armée ennemie. Tous deux sont signés par le prince de Hohenlohe en l'absence du prince de Cobourg; ils sont datés de Hérin, 1er juillet. Le troisième est une note signée de Cobourg; elle fait suite aux deux précédents. (War-Office. Original Correspondence. British Army on the Continent, volume 46.)

(2) L'estimation des forces coalisées réunies sur le théâtre du Nord a

avoir 15,000 hommes de nos troupes pour le siège de
Dunkerque et de Bergues », les divers contingents
seront employés comme l'indique le tableau ci-dessous :

Au siège proprement dit de Dunkerque :
    Impériaux.. 8,000
    Anglo-Hanovriens........................... 8,000
    Hessois.. 4,000

A l'armée d'observation de Menin à Ypres :
    Impériaux.. 7,000
    Anglo-Hanovriens........................... 7,000
    Hessois.. 4,000

15,000 Hollandais observeront Lille et 7,000 Prussiens resteront à
Marchiennes et Orchies.

Hohenlohe présumait d'ailleurs, au moment où il établissait ces prévisions, que Mayence ne tarderait pas à
succomber ; « par suite, écrivait-il, les opérations en
Flandre pourront être exécutées en toute sécurité, et l'on
pourra poursuivre et terminer la campagne avec avantage et supériorité. Il ne reste plus qu'un calcul à faire
d'avance, c'est si l'on aura suffisamment d'artillerie et de
munitions pour deux ou trois sièges ».

Quant au mode d'emploi de l'armée principale, voici
comment Cobourg le conçoit : « Pendant le temps donc,
écrit ce général, que les troupes impériales et anglo-
hanovriennes seront occupées à faire le siège de Dunkerque, le gros des troupes impériales qu'on suppose

---

été faite sur le même document par le prince de Hohenlohe. Voici les
chiffres qu'il a adoptés :

    Anglo-Hanovriens........................... 15,000
    Hessois.. 8,000
    Prussiens... 7,000
    Hollandais....................................... 15,000
    Impériaux.. 85,000
             TOTAL.................. 130,000

placé, *au nombre de 30,000 hommes*, entre Houdaing et Valenciennes, tâcherait de mettre à profit le reste de la campagne autant que le succès de ces entreprises le permettrait, et d'assiéger ou Maubeuge ou le Quesnoy, ou ces deux places successivement. Le plus ou moins de résistance que fera l'ennemi dans Valenciennes, l'issue plus ou moins heureuse de la bataille qu'on se propose de livrer à l'ennemi et l'effet que feront sur lui ces événements successifs, peuvent seuls déterminer jusqu'où l'on peut pousser ces opérations avant l'entrée de l'hiver, et si des circonstances heureuses ne permettront peut-être pas de faire davantage.

« Au moins le zèle du général en chef de l'armée ne lui laissera manquer aucune occasion de forcer l'ennemi à la paix par les opérations les plus vigoureuses et les plus rapides. Il serait absolument à désirer que la terrible étendue d'une frontière qui se prolonge depuis Bâle jusqu'à Ostende, dépourvue comme elle l'est de tout moyen de défense, permît de concentrer davantage les différents corps détachés de l'immense armée impériale. Par cette indispensable division des forces, cette grande quantité de troupes est, d'après les circonstances locales, partout insuffisante et reste exposée, de la part de l'ennemi, à de fâcheuses et continuelles diversions, tandis que sur cette ligne, il est appuyé sur ses innombrables forteresses. »

Le 12 juillet, le colonel Murray transmettait ces propositions à Dundas, de la part du duc d'York, afin qu'elles fussent soumises à l'approbation du roi Georges. Prévoyant qu'elles seraient acceptées, Murray faisait remarquer à son gouvernement qu'il fallait songer immédiatement à l'envoi du matériel de siège dont il donnait la composition sur deux états (1) joints à

---

(1) Le premier de ces deux états, dressé par le major Congreeve, con-

l'envoi. C'est à Nieuport qu'il convenait, d'après lui, de débarquer ce matériel ; « cependant le mieux serait, écrivait-il, de le décharger sur des bateaux qui pourraient, de là, suivre le canal de Dunkerque ». Et il déclarait en terminant « qu'une fois Bergues pris, si la saison n'était pas trop avancée, York s'emparerait de Saint-Venant, afin d'établir ses quartiers d'hiver, le front couvert par Dunkerque, Bergues, Cassel et Saint-Venant, la droite à la mer, la gauche à la Lys (navigable) avec de bonnes communications en arrière ».

Le roi d'Angleterre ayant approuvé ce plan (1), il semble que l'on devait mettre celui-ci à exécution aussitôt après la chute de Valenciennes et de Mayence.

Cependant Cobourg éprouvait le besoin de réunir à son quartier général d'Hérin, le 3 août, les généraux en chefs des différents contingents afin d'étudier en conférence ce qu'il convenait d'entreprendre pour terminer la campagne. Le généralissime autrichien, dont les intentions s'étaient modifiées, désirait en effet que l'opération sur Dunkerque fût retardée et que le gros des forces alliées fût maintenant employé à mettre le siège devant Maubeuge. Il était donc nécessaire d'amener le duc d'York à renoncer à son projet. Mais celui-ci s'en tenant énergiquement au plan convenu, opposa un refus

---

cernait le matériel d'artillerie ; le deuxième, établi par le colonel Moncreeff, avait trait au matériel du génie. Congreeve demandait, entre autres, 80 canons de 24 livres et 30 mortiers de 10 *inchs,* qui devaient permettre le tir direct ou par ricochet. « Cela n'a pas d'inconvénients, disait-il, malgré leur poids, puisqu'on a la bonne fortune de pouvoir tout transporter par eau. »

(1) De Londres (Whitehall), on écrit le 19 juillet à Dundas que le plan est approuvé, à moins d'événements imprévus. Le duc de Richmond s'occupe de faire préparer la flottille de transports du matériel ; on espère qu'il n'y aura pas de retard ; cependant, il y a des difficultés, entre autres le manque d'artilleurs, à moins que deux compagnies attendues d'Irlande n'arrivent à temps.

formel à toutes les sollicitations; le document ci-dessous en fournit la preuve :

Protocole de la conférence tenue à Hérin ce 3 août 1793 (1).

1° Son Altesse Royale le duc d'York est prié de vouloir bien déclarer ses intentions sur les opérations ultérieures.

Son Altesse Royale déclare que, selon les ordres qu'elle a reçus, elle doit attaquer Dunkerque; qu'elle souhaite que l'armée ennemie soit attaquée incessamment par les forces combinées.

Qu'alors Son Altesse Royale compte se porter avec les troupes anglo-hanovriennes et hessoises sur Dunkerque.

Elle demande à avoir 15,000 Impériaux pour l'entreprise sur Dunkerque.

2° Quelles forces seront employées pour donner la bataille?

Son Altesse Royale destine pour Marchiennes et Orchies le corps de troupes hanovriennes, pour autant qu'il faut pour compléter 5,000 hommes d'infanterie et 1000 chevaux.

Comment le reste des troupes sera-t-il disposé?

Les troupes impériales actuellement postées à Marchiennes y resteront.

Si l'on renforcera en attendant les postes de la droite, comme Marchiennes, Orchies, etc. ?

Son Éminence le lieutenant général Knobelsdorf se renforcera, tirant à elle les troupes qu'elle a dans Orchies.

Le corps de troupes hollandaises restera dans sa position actuelle. Les détails ultérieurs pour la marche et la bataille seront faits.

3° Quel jour l'armée commencera le mouvement pour l'attaque de l'ennemi?

Du 5 au 6 du courant.

4° Arrangements après la bataille.

Les corps de troupes combinées destinés pour Dunkerque prendront la route de cette ville.

---

(1) Volume 46. British Army on the Continent. War-Office, Original Correspondence.

L'armée impériale continuera ses opérations sur le Quesnoy et Maubeuge.

Le corps d'armée hollandais passera la Lys et remplacera le corps de troupes prussiennes. Son Éminence le lieutenant général de Knobelsdorf se rapprochera de l'aile droite de l'armée impériale.

Le duc d'York pouvait d'autant moins céder aux instances de Cobourg, qu'il venait de recevoir de son gouvernement une lettre dans laquelle, après l'avoir félicité à l'occasion de la prise de Valenciennes, on lui déclarait que l'opération contre Dunkerque était de plus en plus urgente. La place devait être prise au nom de Sa Majesté britannique, sauf à échanger plus tard cette ville, si l'empereur François II le désirait, contre d'autres cessions territoriales à déterminer ultérieurement (1).

L'entêtement de York était donc justifié par les instructions qu'on lui avait envoyées, et Cobourg dut subir la loi de l'Angleterre, puisqu'en opposant un « non possumus » il eût risqué de disloquer complètement la coalition. En fait, on décida que, après avoir battu ou contraint à la retraite l'armée du camp de César, 40,000 hommes sous York se porteraient sur Dunkerque, tandis que Cobourg, avec les 30,000 hommes qui constituaient son armée principale, assiégerait le Quesnoy ou Maubeuge, suivant que l'attaque dirigée contre le gros des

---

(1) Londres-Whitehall, 1ᵉʳ août, volume 48. (British army on the Continents-Drafts-War-Office. Original Correspondence.) Le paragraphe concernant l'abandon éventuel de Dunkerque est ainsi rédigé :

« I mean the expectation of His Majesty, that if our arms are successfull in the reduction of Dunkirch, the surrender must be taken by the Duke of York in the name of His Britannic Majesty. It is just that by the progress of the campaign, we should participate in that indemnification which the belligerant Powers have just reason to expect, and, although the possession may be taken in the name of His Majesty, it does not exclude any future arrangements for putting that place in the possession of the Emperor if the events of the war should afford to His Majesty a sufficient indemnification in other quarters of the world...... »

troupes françaises, aux ordres de Kilmaine, serait plus ou moins heureuse.

Cette combinaison à été jugée unanimement avec la plus grande sévérité. Les historiens anglais eux-mêmes lui ont adressé les critiques les plus vives. Un historien impartial, déclare Alison, doit constater en gémissant que les intérêts britanniques se sont trouvés en opposition avec le but de la guerre, car l'opération sur Dunkerque eut pour effet de retarder de vingt ans la conclusion glorieuse de la paix. La postérité a le droit de déplorer cette erreur. Celle-ci eut, en effet, pour conséquence une lutte de vingt années qui occasionna de nombreux revers, augmenta la dette de 600 millions et coûta la vie à des millions de braves gens (1).

« Les haines nationales, écrit Gay-Vernon (2), sont donc bien aveugles et bien impérieuses, puisqu'un intérêt aussi médiocre que la conquête de Dunkerque décida les coalisés à se désunir et à s'arrêter sur la route de Paris. »

De son côté, Jomini traite ce plan de « conception bizarre, digne tout au plus d'un lord de l'Amirauté. » Envisageant la situation stratégique, il estime que les alliés avaient à choisir entre deux solutions, suivant qu'ils se décideraient à faire une guerre d'invasion ou bien une guerre méthodique.

D'après lui, la prise de Condé, de Valenciennes et de Mayence procurait aux alliés une base d'opérations sur laquelle ils pouvaient s'appuyer pour pratiquer une guerre d'invasion menée énergiquement et efficacement avec leur 280,000 hommes répartis entre Bâle et Lille. Après avoir pris la précaution de masquer les places françaises, en laissant 40,000 à 50,000 hommes sur

---

(1) Reproduit par Cichart. *Histoire de l'armée hanovrienne*, page 236.
(2) *Mémoires*, page 237.

chacun de leurs flancs, ils pouvaient conduire en quinze marches 180,000 hommes sous Paris afin d'en chasser la Convention. « Ce but essentiel de la guerre une fois atteint, il importait de traiter avec la nation sur des principes convenables à son repos, à sa dignité et à l'intérêt général de l'Europe. Mais pour obtenir un semblable résultat, il fallait d'autres ministres que les Thugut et les Bischofswerder, d'autres généraux que ceux de la coalition (1). »

Si les coalisés préféraient, au contraire, continuer leurs opérations divergentes sur la Picardie et l'Alsace, et s'amuser encore à des sièges, il y avait lieu de penser qu'ils attaqueraient tout d'abord Maubeuge et Philippeville pour lier leurs communications avec Namur et la Meuse (2). « Un grand capitaine, déclare Jomini, n'eût point balancé à donner la préférence au système d'invasion qui, exécuté rapidement, devait assurer d'immenses résultats dans la situation où se trouvait alors la France. » Cette situation permettait en effet à l'ennemi de tout oser. La description que nous avons faite de la crise politique traversée par la France et de l'état alarmant dans lequel se trouvait alors notre armée du Nord et des Ardennes le prouve surabondamment.

De même que les historiens anglais ont reproché à

____

(1) Jomini, *Histoire des guerres de la Révolution*, tome IV, page 24.

(2) Cette opinion a été également exprimée, dès 1813, sous la forme suivante dans la *Zeitschrift :*

« La conquête de Maubeuge et de Philippeville promettait de grands avantages ; une fois au pouvoir des alliés, ces places auraient couvert la Sambre et la Meuse, alors que Condé et Valenciennes eussent permis de tenir la ligne de l'Escaut ; un corps de 45,000 hommes réparti de Marchiennes à Furnes eût protégé la Lys et la Scarpe. Sarrelouis une fois pris, l'Empire et les Pays-Bas eussent été complètement couverts, les quartiers d'hiver assurés et l'on se fût trouvé dans des conditions excellentes pour commencer la campagne de 1794. » *Neue militärische Zeitschrift*. 3ᵉ volume. Année 1813. 2ᵉ brochure, page 6.

York de s'être séparé de Cobourg, de même ce dernier a été critiqué par l'archiduc Charles pour n'avoir pas participé avec toutes ses forces disponibles à l'opération dirigée contre Dunkerque.

« Puisque l'entreprise sur Dunkerque était inévitable, écrit-il (1), il eût été préférable que Cobourg s'y portât avec toutes ses forces. Dunkerque, ainsi attaqué par une force considérable, n'eût pas résisté assez longtemps pour laisser aux Français le temps d'agir impunément sur la ligne de communication des Autrichiens. »

Ce concert de critiques acerbes, qui seront justifiées d'ailleurs par les événements, fait bien ressortir toutes les défectuosités de la combinaison des alliés. Il semble que, dans l'espèce, ceux-ci aient eu la pire des inspirations, et que rien ne puisse justifier leur erreur stratégique.

Plan français. — On connaît les raisons qui avaient jusqu'alors déterminé l'armée du Nord à rester immobile, soit à l'intérieur, soit à proximité des places de la frontière, soit enfin dans le camp fortifié dit *de César* ou *de Paillencourt*. On a vu également que la prise de Valenciennes avait aggravé la situation de nos troupes. Pour se soustraire aux nouveaux dangers qui le menaçaient, Kilmaine (2) avait exprimé, dès le 30 juillet, l'intention d'abandonner le camp de César et de se replier derrière les sources de l'Escaut, car il craignait que l'ennemi ne prononçât un mouvement offensif par le Quesnoi et le Catelet sur Paris. Cependant, avant de

---

(1) *Ausgewählte Schriften*, page 167. 4e volume. Wilhelm Braunwiller. Wien and Leipzig.

(2) Charles-Edouard Saül Jennings Kilmaine, né le 19 octobre 1751 à Dublin (Irlande); entré au service dans le régiment Royal (dragons) en 1774; adjudant dans les Volontaires étrangers de la Marine (devenus Volontaires étrangers de Lauzun) en septembre 1778; sous-

prendre une résolution définitive, le général en chef se décidait à exécuter personnellement, le 3 août, une reconnaissance à la fois tactique et topographique. A cet effet, il convoquait, à 4 h. 30 du matin, entre Cambrai et Estournel, toute la cavalerie de réserve du général Antoine, plus le 25ᵉ régiment de cavalerie prélevé sur la garnison de Cambrai ; puis, avec ces 2,500 cavaliers environ, il se portait, par Solesmes, sur les hauteurs de Saint-Martin-les-Bermerins « pour de là découvrir si l'ennemi faisait quelques mouvements sur le Quesnoi ou sur Paillencourt (1). »

Les renseignemeuts qu'il recueillit au cours de cette reconnaissance ne déterminèrent pas Kilmaine à modifier son dispositif ; ils le confirmèrent seulement dans son opinion première qui était de se replier, en cas de nécessité, derrière les sources de l'Escaut et d'occuper de préférence la position Hennecourt—le Castelet (2). Ce cas de nécessité lui semblait d'ailleurs fort incertain, car il tenait maintenant pour plus probable que l'offensive de l'ennemi serait dirigée contre Lille ou Maubeuge, ou même contre ces deux places à la fois.

---

lieutenant de hussards dans ce corps le 1ᵉʳ avril 1780 ; passé avec son grade au régiment de Lauzun (ensuite 6ᵉ hussards) le 14 septembre 1783 ; lieutenant en second le 25 octobre 1786 ; capitaine, le 24 mai 1788 ; lieutenant-colonel le 23 novembre 1792 ; colonel le 26 janvier 1793 ; général de brigade à l'armée de la Moselle le 8 mars 1793 ; général de division à l'armée du Nord le 15 mai 1793 ; commandant en chef provisoire des armées du Nord et des Ardennes réunies le 4 juillet 1793 ; suspendu de ses fonctions le 4 août 1793 ; nommé au commandement de l'armée des Alpes et d'Italie le 13 juin 1795 ; commandant la cavalerie de l'armée d'Angleterre le 23 décembre 1797 ; général en chef par intérim de cette armée le 25 mars 1798 ; décédé à Paris, étant en congé, le 11 décembre 1799.

Son nom est inscrit au côté Nord de l'arc de triomphe de l'Étoile.

(1) Kilmaine à Bouchotte. Cambrai, 4 août. A. H. G. *Documents annexes.*

(2) Voir la carte nº 2.

Comme on le voit, cette conclusion est puérile, puisque, si les circonstances l'exigent, on se bornera à reporter les forces du camp de César à une étape environ plus au Sud, sur une bonne position, et c'est en cela que consistera toute la manœuvre. Mais, du 4 au 7 août, le général en chef envisage d'autres éventualités; il est désormais certain que Lille sera attaqué; l'essentiel est que cette ville ne soit pas prise et c'est à cette tâche qu'il faut s'appliquer aussitôt : « Voici le moment des grands efforts, écrit-il le 7 (1); l'ennemi cherchera à s'emparer de Lille et de Landau; la prise de ces deux places le rendrait maître de la campagne l'année prochaine; je veillerai à ce que ses desseins échouent contre Lille ; mais il est bien vrai que cette ville n'est point approvisionnée; le citoyen Châles, Représentant du peuple, est parti hier avec le régisseur des vivres pour prendre les moyens les plus prompts pour cet objet..... » L'attaque du camp de César projetée par l'ennemi pour le 7 août n'est donc plus considérée comme probable par Kilmaine au moment même où elle va se produire. Il s'ensuit que la retraite sur la position Hennecourt—le Catelet, à laquelle il avait songé, ne se réalisera pas, l'exécution de cette manœuvre n'ayant pas été entamée en temps utile.

On peut se demander maintenant si le gouvernement, et en particulier le Ministre de la guerre ont exercé sur l'esprit du général en chef quelque pression ou s'ils ont indiqué à ce dernier quelques directives capables de troubler sa clairvoyance ou d'influencer ses décisions.

En transmettant au Comité de Salut public, le 1ᵉʳ août (2), les lettres de Kilmaine qui annonçaient la

---

(1) Kilmaine à Bouchotte, 7 août. A. H. G. Documents annexes.

(2) Bouchotte au Comité de Salut public, 1ᵉʳ août. A. G. Documents annexes.

capitulation de Valenciennes, Bouchotte attribue à
« l'infâme trahison de Dumouriez » notre situation
déplorable sur le théâtre du Nord, puis il ajoute :

« La position du camp de César est inattaquable ;
mais elle ne couvre pas une grande étendue de frontière et si les ennemis voulaient percer la grande trouée
entre le Quesnoi et Cambrai, il faudrait peut-être occuper une nouvelle position entre Hennecourt et le Catelet,
et examiner si celle que le général Kilmaine propose
remplira l'objet projeté. J'attendrai, citoyens, votre
détermination pour répondre à ces deux lettres. » Puis,
il écrivit à Kilmaine pour lui adresser des encouragements et des conseils vagues : « l'essentiel est de pénétrer
les desseins de l'ennemi pour ne pas faire de faux mouvements. Il faut de bons espions et un service bien
régulier dans les avant-postes ; la position occupée à
Hecq protège la forêt de Mormal, et les grandes mesures
dont s'occupent les Représentants du peuple en ce
moment, lui procureront des hommes, des chevaux et
des subsistances ; il y a lieu d'employer de bons chefs
de bataillon en attendant que la promotion des officiers
généraux soit faite. Les renforts de l'armée de la Moselle
vont arriver et enfin, ajoute-t-il pour conclure, le mieux
serait encore d'imiter Turenne..... »

Ce conseil, d'ailleurs excellent en soi, est exprimé sans
détour et compromet fort peu, il faut bien le reconnaître,
la responsabilité de celui qui le donne : « D'après toutes
les connaissances que vous avez des forces, de la situation et des dispositions de l'ennemi, déclare Bouchotte,
vous pouvez en quelque sorte deviner ce qu'ils ont
aujourd'hui le plus d'intérêt à faire. C'est ainsi que
Turenne n'était jamais trompé par toutes les fausses
démonstrations d'un ennemi adroit.

« Donnez-moi souvent des nouvelles et ne négligez
rien pour arrêter les progrès de nos ennemis. Vous
m'avez rassuré sur la position de Lille et j'espère que

votre zèle et votre patriotisme ne se ralentiront point dans les circonstances critiques où se trouve la République par les suites de l'infâme trahison de Dumouriez (1). »

Mais l'opinion du Ministre se modifie quelque peu par la suite ; le 4 août (2), il paraît certain à Bouchotte que l'ennemi se portera sur Maubeuge (3).

Dès lors, il conseille à Kilmaine de diriger 4,000 hommes sur le camp de Maubeuge, de n'abandonner le camp de César qu'en le disputant pied à pied et d'accoutumer les troupes à se retrancher partout.

Après avoir lu le compte rendu de la reconnaissance faite par Kilmaine le 3, il admet avec ce dernier (4) « que l'ennemi se porte sur Maubeuge et Lille, il faut donc éviter de faux mouvements, ne pas décourager les troupes en leur faisant soupçonner l'intention de se replier sur Hennecourt ». Enfin, le 8, alors qu'il ignore encore l'affaire du camp de César, Bouchotte écrit à Kilmaine que « Lille et Landau sont les deux points les plus intéressants pour l'ennemi (5) ».

Le Ministre de la guerre a donc joué, dans l'espèce, un rôle peu intéressant. Son indécision s'ajoutant à celle de Kilmaine, a simplement contribué au maintien du *statu quo*.

Le Comité de Salut public, qui comptait dans ses

---

(1) Bouchotte à Kilmaine, de Paris, 1er août. A. H. G. Documents annexes.

(2) Lettre de Bouchotte à Kilmaine, 4 août. A. H. G. Documents annexes.

(3) Il est probable que cette hypothèse inexacte a été adoptée par Bouchotte parce qu'elle fut émise par Carnot dans une lettre que celui-ci adressait le 2 août au Comité de Salut public. Cette lettre de Carnot a été publiée par Charavay, tome II, page 437.

(4) Lettre de Bouchotte à Kilmaine, 6 août. A. H. G. Documents annexes.

(5) Bouchotte à Kilmaine, 8 août. A. H. G. Documents annexes.

attributions celle d'élaborer les plans de campagne, ne sut pas davantage adresser à Kilmaine une instruction nette pour le tirer d'embarras.

Dans une lettre du 2 août (1), Carnot écrivait au Comité que le projet très probable des alliés était d'enlever tout simplement la première ligne de nos places de guerre pour couvrir la Belgique. « Il faut, déclarait-il, que nous périssions tous plutôt que de souffrir cet opprobre. » Mais cette volonté de résister ne constituait pas une combinaison que le Comité pût adopter et faire sienne. Seul l'adjudant général Vernon (2), avait adressé le 1er août au Comité de Salut public un Mémoire (3) qui, en outre d'un projet de réformes organiques, contenait l'exposé d'un plan d'ensemble dont voici la substance : l'armée du Nord, renforcée par celle des Ardennes, grossie auparavant de la cavalerie de la Moselle, maintiendrait de front les forces alliées, tandis que Houchard, à la tête de 40,000 hommes d'infanterie prélevés sur l'armée de la Moselle et d'une partie de l'armée du Rhin, agirait sur le flanc gauche de l'ennemi. Pendant ce temps, l'armée du Rhin et les 20,000 hommes restant de l'armée de la Moselle garderaient la

---

(1) Carnot au Comité de Salut public. Charavay, tome II, page 437.

(2) Simon-François de Gay de Vernon, né le 24 novembre 1760 à Saint-Léonard (Haute-Vienne). Élève à l'École de Mézières le 1er janvier 1780 ; lieutenant en second le 1er janvier 1772, en premier le 26 juin 1785 ; capitaine le 1er avril 1791 ; adjudant général chef de bataillon le 14 janvier 1793 ; chef de brigade le 30 avril 1793, suspendu quelques temps plus tard ; professeur à l'école Polytechnique en 1798, puis commandant en second de l'École, il fut fait comte de l'Empire le 18 mai 1811 et retraité le 17 avril 1812 ; commandant la 75e cohorte (île de Walcheren) le 1er mai 1812 ; colonel à l'état-major du 5e corps en 1813 ; commandant de Torgau ; prisonnier de guerre le 10 janvier 1814 ; retraité le 1er août 1815 ; maréchal de camp honoraire le 10 novembre 1817 ; mort à Paris le 3 octobre 1822.

(3) *In extenso* aux documents annexes.

défensive et couvriraient les départements du Rhin et de
la Moselle, ainsi que les revers des Vosges.

Ce projet de manœuvres, qui embrasse quatre théâtres
d'opérations, vaut qu'on s'y arrête, puisqu'il nous met,
pour la première fois, en présence d'une combinaison
d'armées. Par là il relève de la partie la plus délicate de
l'art militaire et constitue une manifestation intéressante
de haute stratégie à une époque où les sujets de
ce genre n'ont pas encore été sérieusement étudiés.
Il contient, en effet, la proposition de ne pas respecter
le compartimentage de nos forces spécialisées sur les
différents théâtres d'opérations et de transporter une
partie de celles-ci sur un point particulièrement important, dans le but d'y frapper un coup décisif, grâce à une
manœuvre combinée de deux groupes de forces. C'est
là, sans aucun doute, une idée vraiment artistique, et qui
dépasse de beaucoup toutes celles qui ont été émises
antérieurement : mais, sous cette apparence très sédui-
sante *a priori*, elle cache certains vices qui lui enlèvent
toute valeur pratique. En effet, l'art de la guerre n'a que
faire des plus belles conceptions si celles-ci n'ont pas été
élaborées en tenant compte, avec exactitude et précision,
des facteurs qui régissent leur application. Or, il est clair
que les conditions de temps et d'espace qui dominent
tout problème de stratégie ont été tellement négligées
par Gay-Vernon que son plan s'évanouit, comme une
œuvre d'imagination construite dans la nue, dès qu'on
fait entrer ces conditions en ligne de compte. Car, à ce
moment, l'armée du Rhin tenait les lignes de Wissembourg, l'armée de la Moselle était sur la Sarre, vers
Sarrebrück, la division des Vosges au camp d'Hornbach.
Or, de Sarrebrück à Valenciennes, il y a plus de 300 kilomètres; d'autre part, si l'on envisage la qualité du
commandement et des troupes, le mauvais état des communications, la difficulté de transmettre les ordres, et
surtout les lacunes de l'organisation — auxquelles Vernon

fait d'ailleurs allusion, à propos de la question des ravitaillements — il n'est pas exagéré d'affirmer que l'action de l'armée de la Moselle, dans le flanc de Cobourg, ne pouvait se faire sentir avant le 20 août. Comment donc admettre que les armées alliées, enhardies par leurs récents succès, resteraient inertes en face de l'armée du Nord, ou que celle-ci pourrait réussir à les maintenir de front jusqu'à l'achèvement de la manœuvre projetée ?

Le plan de Vernon, quoique original, n'a donc pas les qualités d'une combinaison judicieusement mûrie, et le Comité de Salut public ne paraît pas l'avoir pris au sérieux, car il n'envoya aucune directive à Kilmaine. De sorte que notre commandement supérieur va subir la volonté de l'ennemi en se laissant surprendre complètement par l'offensive des alliés. Ceci condamne d'autant plus nos stratèges que les alliés faisaient preuve, de leur côté, d'une faiblesse réelle dans la conception et qu'ils montreront une lenteur excessive dans l'exécution. Un maître de la guerre, tel Bonaparte, n'eût pas manqué d'exploiter avantageusement ces lourdes fautes de l'adversaire ; mais, à cette époque, le jeune Corse méditait encore tandis que nos généraux, par trop improvisés, ne pouvaient appliquer immédiatement les principes d'un art dont ils ignoraient les secrets.

CHAPITRE V.

L'affaire du camp de César (Carte n° 2).

Le camp de César. — Les dispositions prises en vue de l'attaque : 1° mesures de
sûreté ; 2° articulation des troupes chargées de la manœuvre. — Exécution de
la manœuvre : 1° journée du 7 août ; 2° journée du 8 août.

Le camp de César. — De la combinaison stratégique
adoptée par les alliés, il résulte que l'armée du camp de
César doit subir tout d'abord le choc de la plus forte
masse des troupes alliées. Or, à la date du 6 août,
l'effectif des troupes françaises groupées dans ce camp,
sous le commandement direct et provisoire de Kilmaine,
s'élève à 35,157 hommes (1) disposés comme l'indique

---

(1) La situation du 6 août (A. H. G.) à laquelle ce chiffre est
emprunté contient des renseignements intéressants sur l'état de
l'armée. On y voit que sur un effectif de 51,654 hommes, il y a
12,077 indisponibles, dont 4,168 sont détachés pour la plupart en
Vendée. Le chiffre des malades à l'hôpital atteint 17 p. 100 de
l'effectif total ; un grand nombre d'entre eux sont atteints de maladies vénériennes. On compte 4,499 cavaliers, dont 2,029 forment
la cavalerie de réserve sous le commandement du général Antoine ;
le reste est rattaché soit aux flanqueurs de gauche (740 hommes), soit
à l'avant-garde (439 hommes) soit enfin aux flanqueurs de droite (1241).
La cavalerie est moins éprouvée que l'infanterie, car elle a tout au
plus un homme malade sur 25 : il est vrai que cette arme fait usage du
cantonnement, alors que les fantassins sont campés ou bivouaqués.
La force de l'avant-garde qui comprend la plus grande partie des
troupes légères atteint le 1/4 de l'ensemble, celle des flanc-gardes à
peine le 1/6. Il ne reste plus de la division des Ardennes que la brigade des 45° et 47° sous le général Leclaire. La 1/2 brigade du 47° est
au pont de Rade sur la Sensée, celle du 45° est campée près de la

la carte n° 2. Les travaux d'organisation défensive, ordonnés par Custine en juin, ont été poursuivis depuis lors avec une telle activité que la position est maintenant transformée en un vaste camp retranché.

« Notre gauche, écrit Gay-Vernon (1), s'étendait le long des marais de la Censée et du canal de communication avec la Scarpe. De ce côté, on avait retranché et armé d'artillerie les hauteurs d'Oisy et les postes de Pallué et d'Arleux; le village d'Aubigny-au-Bac fermait le débouché qui vient de Douai. La droite se retournait sur Cambrai et bordait la rive gauche de l'Escaut; au-dessous de cette place on traça huit emplacements pour les batteries de gros calibre, dont les tirs allongés et à ricochets devaient défendre les approches du fleuve; la cavalerie se cantonna dans les villages de Cantain, Marcoing et Crèvecœur et se disposa de manière à pouvoir déboucher rapidement dans la plaine de Solesmes. »

Les derrières de la position avaient été également renforcés par des travaux importants de fortification de campagne : ainsi la lisière sud du bois de Bourlon était pourvue d'abatis ou d'épaulements de batterie très judicieusement disposés; une forte redoute battait l'intervalle entre ce bois et le village de Marquion que deux flèches garantissaient également contre une attaque venue de l'Est.

De la sorte, le camp de Paillencourt ou de César appuyait sa droite à l'Escaut, sa gauche à Aubigny-au-

---

redoute de César et les 2e et 3e bataillons des Ardennes, sous le général Desroques, sont au camp du Tilloy.

Une brigade comprenant le 3e de l'Aube, le 2e du 104e, le 3e de l'Yonne, puis le 1er de la réserve, le 1er du 78e et le 25e de la réserve est campée à Fontaine-Notre-Dame, sous les ordres du général Romanet.

(1) *Loc. cit.*, page 177.

Bac ; son front était couvert par la Censée dont les ponts étaient gardés par des détachements et protégés par des redoutes ; il en était de même des points de passage sur l'Escaut entre Bouchain et Cambrai.

Voici d'ailleurs d'après d'Arnaudin (1) quel était l'état d'avancement de ces travaux lorsque les alliés pénétrèrent dans le camp le 8 août :

« Indépendamment des ouvrages qui protégeaient leur droite du côté d'Iwuy, Thun-Saint-Martin, Thun-l'Évêque, Esward et leur front à Féchain, Fressies, Aubigny-au-Bac, Pallué et Arleux, le bois de Bourlon qui les couvrait au-dessus de Cambrai était renforcé de tout ce que l'art des fortifications de campagne peut offrir de ressources...

« Les batteries étaient à peu près terminées et n'avaient jamais été armées. Elles n'étaient soutenues que par deux petits camps, l'un entre Fontaine-Notre-Dame et le bois, et l'autre en avant du même bois près de Bourlon. Ces deux camps, qui méritent à peine ce nom, ne contenaient pas ensemble 1200 hommes. Tout le bois, depuis Bourlon jusqu'à l'angle le plus voisin de Fontaine-Notre-Dame, était ceinturé d'un double rang d'abatis extrêmement bien disposés. Les saillants de la côte dans tout ce développement, et même au delà passé le village jusqu'à l'Escaut, étaient occupés par des batteries aussi judicieusement placées que soigneusement exécutées. Elles étaient même toutes terminées, à cela près que le projet que l'on avait eu de les palissader n'était pas encore mis à exécution. La plupart des palissades étaient déjà rassemblées sur les lieux. Enfin, cette partie continuait à être soutenue, à quelques centaines de toises en deçà de la chaussée d'Arras, par une très grande redoute ayant la forme d'une étoile capable

(1) *Loc. cit.*

de contenir 800 ou 900 hommes. Cette redoute avait sept pointes disposées pour recevoir chacune une pièce de canon. Elle devait aussi être palissadée. Quelques palissades étaient déjà transportées sur les lieux. Les deux faces de la gorge restaient encore à achever. »

Les dispositions prises en vue de l'attaque. — L'opération projetée par les coalisés présentait donc quelques difficultés. Les ouvrages de campagne qui, concurremment avec les obstacles ou les points d'appui naturels, protégeaient la petite armée française, laissaient supposer que celle-ci avait l'intention de s'y défendre énergiquement et qu'une simple attaque de front pourrait exiger des sacrifices excessifs. Dans ces conditions, le prince de Cobourg résolut de recourir à une manœuvre, dont l'idée maîtresse était la suivante :

Menacer l'ennemi sur ses derrières afin de l'amener à prélever sur son front un détachement destiné à faire face à cette menace, puis profiter de cet affaiblissement du front pour y lancer l'attaque principale (nous dirions décisive).

Mais avant de réunir les troupes de bataille, on prit les précautions d'usage, — exagérées d'ailleurs, — pour les garder contre toute surprise. A cet effet, les détachements ci-dessous reçurent les missions suivantes (1) :

---

(1) Les dispositions ou mouvements de l'armée alliée ont été déterminés à l'aide des sources suivantes : Witzleben, Prince Frédéric Josias de Cobourg. Tome II, Berlin 1859.

Ditfurth. Die Hessen in den Feldzügen von 1793, etc. *Loc. cit.*, tome I.

Sichart. Geschichte der königlich-hannoverschen armee, etc. *Loc. cit.*, tome IV.

D'Arnaudin. Mémoires, A. H. G.

1° MESURES DE SURETÉ.

a) Le 5 août : 3 compagnies de chasseurs à pied de Leloup, venues de Famars, relèvent 4 compagnies croates envoyées à Haspres. Ces chasseurs à pied, établis à Hornaing, détachent des postes à la lisière du bois au sud d'Hasnon, à Saint-Jean-d'Hordaing, Sainte-Calixte et Fenain.

b) Le 6 août, 4,000 fantassins et 1000 cavaliers hanovriens et 2 escadrons de chevau-légers de Karackzay viennent du camp de Famars camper sous Marchiennes.

c) Le même jour, 3,000 fantassins et 1000 cavaliers hanovriens se rendent du camp de Famars à Orchies, pour y relever un détachement prussien qui rentre à Cysoing. Les deux groupes *b*) et *c*) sont placés sous le commandement du général comte de Walmoden, qui dispose, en outre de ces 8 bataillons et 18 escadrons, de la 1re division d'artillerie lourde hanovrienne.

L'ensemble de ces trois détachements est destiné à remplacer, dans leur mission d'observation des places de Lille et de Douai, les postes prussiens fournis jusqu'alors par le corps de Knobelsdorf, lequel se prépare à quitter le théâtre d'opérations du Nord.

d) 2 bataillons de Starazzai........)
    2 bataillons d'Antoine-Esterhazy. } sont laissés à Denaing.
    6 escadrons de Kaiser-hussards..)
    2 bataillons de Wenzel-Colloredo. |
    4 escadrons de Kaiser-hussards.. | sont maintenus à Douchy.

Ces deux partis sont commandés par le général Fabry.

e) 2 bataillons de Calemberg.
    2 bataillons de Brechainville.
    2 escadrons de Saxe-hussards aux ordres du lieutenant général Erbach viennent s'installer vers Hordaing pour observer Bouchain.

f) Le corps hessois, venu de Villers-Pol (8 bataillons et 6 escadrons, sous de Butlar) établit son camp sur la hauteur entre Saint-Pithon et Romerie, face à Solesmes, afin de protéger le flanc gauche contre les sorties éventuelles de la garnison du Quesnoy (1).

g) Ce corps hessois est relevé le même jour, 6 août, à Villers-Pol, par le détachement ci-dessous, placé sous le commandement du lieutenant général d'Alton :

2 bataillons Michel-Wallis, sous le général major Werkheim ;

2 bataillons Wartensleben, sous le général-major Happoncourt ;

Et 6 escadrons de Zeckswitz.

Ce détachement est chargé, comme le précédent, d'observer le Quesnoy et la forêt de Mormal ; ils doivent se relier entre eux et, de plus, le corps hessois, a l'ordre de se tenir en liaison avec Saint-Aubert, où doit venir la première colonne d'attaque.

Cette couverture vraiment luxueuse absorbe à elle seule 18,000 fantassins et 5,000 cavaliers répartis sur un front d'environ 45 kilomètres, depuis Orchies à Villers-Pol, en passant par Hordaing. Il est clair que ce dispositif purement linéaire a l'inconvénient d'être faible partout ; dans l'espèce, cependant, les alliés n'auront pas à le constater, puisque nous n'étions pas en état de prendre l'offensive ni de gêner la manœuvre des coalisés par quelque contre-attaque habilement dirigée.

2° ARTICULATION DES TROUPES CHARGÉES DE LA MANŒUVRE.

Les troupes destinées à l'exécution de la manœuvre

---

(1) Le reste des troupes hessoises c'est-à-dire le régiment de dragons Prince-Frédéric, les bataillons de grenadiers d'Eschwège et de Wurmb et le bataillon de chasseurs marchaient avec la colonne de gauche aux ordres du duc d'York.

proprement dite, qui devait avoir lieu le 7 août, furent réparties de la façon suivante :

a) Une première colonne, ou colonne de gauche, sous le commandement du duc d'York, assisté du général Kray, devait se former dans l'après-midi du *6 août* par la réunion vers Saint-Aubert :

1° De la colonne autrichienne de Benjowski, venue de Querenain par Sommaing et Saulzoir ;

2° De la colonne des Anglo-Hanovriens, venue de Saultain par Sepmeries, Vendegies et Haussy.

Le 6 au soir, ce rassemblement est effectué ; le quartier général du duc d'York est installé à Villers-en-Cauchie et les troupes sont campées sur deux lignes, la première ayant sa droite vers Avesnes-le-Sec, sa gauche vers Avesnes-le-Gobert ; la deuxième, sa droite vers Villers-en Cauchie, sa gauche vers Saint-Aubert (1). L'ensemble de ces troupes comprend :

16 bataillons d'infanterie ;

26 escadrons ;

12 compagnies d'infanterie légère ;

2 compagnies d'ouvriers, avec des pionniers et des pontonniers ;

6 compagnies de chasseurs tyroliens réparties dans les villages de Saint-Aubert et Avesnes-le-Gobert

pour couvrir le camp.

Cette colonne est celle qui doit faire, le lendemain 7, un grand mouvement tournant par Crèvecœur et attaquer le flanc droit ou même les derrières de la position du camp de César (1).

b) Une deuxième colonne, sous le commandement du lieutenant général Colloredo, doit partir de son camp devant Hérin le 7 au matin, passer par Saulzoir et se

---

(1) Voir la carte n° 2 pour tout ce qui concerne l'affaire du camp de César.

former en bataille à hauteur de Naves, en dirigeant sa droite sur Thun-Saint-Martin ; dans cette situation, elle pourra soutenir soit la colonne de droite, soit la colonne de gauche. Sa composition est la suivante :

Avant-garde :

Sous le général-major de Borow.
 (6 escadrons de Barco-hussards.
 (1 bataillon de Grainty-chasseurs.

Sous le lieutenant général Serzy..
 (2 bataillons de Jordis...) sous le général-major Ternezy.
 (2 bataillons de Muray...)
 (2 bataillons de Stein....) sous le général-major Hultein.
 (2 bataillons de Colloredo.)

Sous le général-major prince de Lothringen....
 (6 escadrons de Cobourg.
 (2 escadrons de Royal-Allemand.
 (6 escadrons de Nassau.

c) Une troisième colonne ou colonne de droite, commandée par Clerfayt quittera son camp d'Hérin, le 7 à la pointe du jour, pour se diriger sur Haspres et de là se fractionner en deux parties, dont l'une cherchera à passer l'Escaut à Hordaing, l'autre à Iwuy. Cette troisième colonne comprendra :

1° La brigade des grenadiers du prince Charles d'Augsbourg, sous le lieutenant général Alvinzy ;

2° La brigade des grenadiers du prince Guillaume d'Augsbourg, sous le lieutenant général Kinsky ;

3° 16 escadrons de cavalerie ;

4° 6 compagnies de chasseurs.

d) Dispositions communes aux trois colonnes :

Comme chaque colonne rencontrera sur son itinéraire des cours d'eaux importants, chacune d'elles est pourvue de six pontons avec quatre ponts flottants dont deux grands et deux petits.

L'artillerie de la réserve a été partagée en trois divisions affectées respectivement à chaque colonne.

Toutes les troupes seront munies de quatre jours de pain.

e) Une démonstration sera dirigée le 7 sur Aubigny-

au-Bac par les troupes placées en couverture vers
Denaing et Douchy, sous le commandement supérieur
du général Fabry, lesquelles comprenaient, comme on
sait, 6 bataillons et 10 escadrons. Ceux-ci formeront
deux colonnes, dont l'une passera par Fressain et l'autre
par Beugnicourt. Le but à atteindre est simplement
d'attirer l'attention des Français sur cette face de leur
position, et, pour bien indiquer que cette diversion ne
doit pas être poussée à fond, il est convenu que les
camps resteront tendus.

De sorte que la manœuvre conçue par les alliés est en
somme la suivante : 25,000 hommes environ sous
York attaqueront le 7 la position du camp de César,
entre Cambrai et le bois de Bourlon, et attireront sur
eux la majeure partie des forces adverses, pendant que
16,000 hommes, formant deux colonnes, chercheront à
franchir l'Escaut entre Hordaing et Cambrai.

Une faible démonstration, dirigée sur Aubigny-au-
Bac contribuera à tromper les républicains sur la direction de l'attaque principale : un tiers environ de l'armée
coalisée agissante couvre cette opération.

EXÉCUTION DE LA MANŒUVRE.

1° *Journée du 7 août.* — a) *Colonne de gauche.* —
Le 7, au soleil levant, la fraction aux ordres du duc
d'York se met en marche en une seule colonne et se
dirige sur Crèvecœur en suivant l'itinéraire indiqué sur
la carte n° 2. Vers 6 h. 30 du matin, au moment où sa
tête arrive à hauteur et au sud de Wambaix, un corps de
cavalerie française, accompagné d'une batterie d'artillerie légère, apparaît sur la hauteur, entre Awoin et
Niergny. Aussitôt le duc d'York lui oppose une division
de dragons de la Tour, soutenue par un détachement
d'infanterie anglaise et par quelques pièces de position :
les deux partis échangent quelques boulets, puis les

Français se replient sur Fontaine-Notre-Dame, tandis que la colonne anglaise, reprenant son mouvement en avant, franchit l'Escaut aux deux villages de Masnières et de Crèvecœur et établit son bivouac, vers 6 h. 30, au sud de Masnières sur deux lignes, face à ce village ; le quartier général s'installe partie à Masnières, partie à Bonavy ; un fort détachement mixte est envoyé à Rumillies pour couvrir le camp par des avant-postes et observer Cambrai.

Les troupes d'York n'avaient donc fait dans cette journée qu'une marche d'environ 20 kilomètres à travers champs ; il est vrai que ce jour-là la chaleur avait été tellement forte qu'elle occasionna un certain nombre de décès dans les rangs des Autrichiens (1).

b) Deuxième colonne. — La colonne de Colloredo s'ébranle dès l'aube, passe la Selle à Saulzoir, chasse nos postes de Riew et de Naves, s'empare de Thun-Saint-Martin et, poursuivant énergiquement son succès, se saisit du pont de Thun-l'Évêque, réussit même à installer dans ce village trois compagnies de chasseurs, mais le reste de la colonne ne peut passer sur la rive gauche de l'Escaut par suite de la fatigue des troupes ; d'autre part, la nuit est arrivée et la plaine est inondée, les Français ayant ouvert les écluses.

---

(1) The troops had been 11 hours upon their march when they reached Masnières and the heat was extrême ; it was consequently impossible to proceed any further and a camp was taken upon the adjoining heights. Vol. 46, (War Office, Original corr.) Dans la soirée du 7 un épisode sans importance troubla seul la tranquillité du bivouac. Le 15ᵉ régiment de dragons légers revenant des environs de Marcoing, où il avait conduit des chevaux à l'abreuvoir, vit un escadron français du 16ᵉ régiment de cavalerie qui se dirigeait sur Villers-Ploich. Au moment où le 23ᵉ régiment se disposait à charger cet escadron un détachement parti du bivouac de Masnières l'assaillait déjà, le bousculait et lui faisait une trentaine de prisonniers.

c) Troisième colonne. — La colonne de Clerfayt, partie au point du jour, franchit la Selle à Haspres, puis se fractionne en deux parties ; la première, sous Alvinzi attaque Hordaing dont les défenseurs (deux bataillons et un escadron) sont soutenus par la garnison de Bouchain. A la fin de la journée, le village est pris, mais les ponts ont été coupés et pour les mêmes raisons que ci-dessus, l'Escaut ne peut-être franchi. L'autre fraction sous Clerfayt s'empare d'Iwuy dont elle ne peut déboucher ; pendant la nuit, on prépare l'installation d'un pont qui servira le lendemain.

Le 7 au soir, le front de la position française n'est donc pas sérieusement endommagé, et la menace que le duc d'York avait projeté de faire tout d'abord sur le flanc droit ou les derrières n'a pas été réalisée. Mais que se passait-il pendant ce temps du côté français ?

Le 6 août, le général en chef a envoyé toute la cavalerie du général Antoine, accompagnée d'une batterie légère, d'abord entre Caulcry et Maurois (S.-E. de Cambrai), puis vis-à-vis Riew, d'où elle a pu assister à l'installation du camp de la colonne d'York ; vers 11 heures du soir, les régiments sont rentrés dans leurs cantonnements et se sont reformés en bataille le 7 à 3 heures du matin, la gauche à la chaussée du Cateau, la droite au village d'Estournelles, toujours suivis par la même batterie, celle qui envoya quelques boulets à la colonne d'York vers 6 h. 30 du matin ; cela fait, notre cavalerie s'est repliée aussitôt, tout en prévenant le général en chef du mouvement de l'ennemi (1). Ce fut donc seulement vers 7 heures du matin que Kilmaine eut connaissance de la manœuvre dirigée contre lui. Le représentant Delbrel qui se trouvait alors à Cambrai

---

(1) Registre des ordres journaliers, tome VIII. A. H. G.

dépeint ainsi l'impression que cette nouvelle produisit au quartier général (1) :

« Depuis 7 heures du matin jusqu'au moment où nous sortîmes de Cambrai, les rapports se succédaient rapidement et toujours devenaient plus alarmants. Dans ces moments difficiles nous avisâmes de suite aux moyens de mettre la place de Cambrai à l'abri d'un coup de main. Nous appelâmes le commissaire-ordonnateur et les chefs de toutes les administrations militaires ; nous nous concertâmes avec le général en chef et nous assurâmes la défense de la place par une garnison très forte et un approvisionnement complet en tous genres, avec un excédent de 2,000 sacs de farine. Après avoir réglé ce qui était relatif aux approvisionnements, nous appelâmes autour de nous des commissaires de la Société populaire, et, d'après les renseignements qu'ils nous fournirent, nous prîmes un arrêté par lequel nous destituâmes et remplaçâmes plusieurs membres de la municipalité et du district qui nous étaient dénoncés comme suspects ou du moins comme trop faibles, dans ces moments de péril, pour tenir les rênes de l'administration.

« Il était déjà 2 heures après midi. Il y avait sept heures que nous avions reçu la première nouvelle de l'attaque faite par les ennemis ; il y avait sept heures que tous nos avant-postes étaient aux prises et que le canon ronflait autour de nous, et, pendant tout ce temps, mes collègues et moi délibérions avec calme pour assurer la défense de la place déjà presque cernée. Après y avoir pourvu, nous dûmes nous occuper de ce qui nous restait à faire, tant pour les autres places que pour l'armée. Nous étions quatre représentants du peuple à Cambrai. Il fut convenu qu'un de nous irait au

---

(1) Notes historiques de Delbrel. Bibliothèque nationale.

camp de Lille, l'autre au camp de Maubeuge, et que les deux autres suivaient l'armée. Je fus particulièrement désigné pour être de ces derniers, comme étant le plus ancien en mission et plus que les autres au courant de ce qui était relatif à l'administration.

« C'est donc vers les 3 heures après midi que nous sortîmes de Cambrai avec le général Kilmaine, que je ne quittai pas un instant. Je parcourus avec lui les avant-postes pendant tout le reste de la journée. »

Bien qu'il fût très disposé à ordonner la retraite au retour de cette reconnaissance, Kilmaine, obéissant en cela aux usages de l'époque, ne voulut rien décider avant d'avoir pris l'avis d'un conseil de guerre. A cet effet, il réunit, dans la soirée du 7, les principaux officiers ainsi que les représentants du peuple et les commissaires de la Convention Marin et Cellier.

Au cours des discussions que suscitèrent les difficultés de la situation, on présenta des solutions très différentes ; les uns voulaient qu'on résistât sur place, d'autres qu'on prît une position entre Péronne et Saint-Quentin. Enfin Gay-Vernon, exprimant en cela l'opinion du général en chef, rallia tous les suffrages en proposant de porter l'armée derrière la Scarpe, entre Douai et Arras.

« Par cette marche, disait cet officier (1), nous nous attacherons aux places de la Flandre maritime ; nous aurons Lille derrière nous et là, comme dans le camp de César, nous serons protégés par deux places fortes et par un bon cours d'eau. Nous abandonnerons, il est vrai, un riche pays aux courses des coalisés, mais en revanche nous nous plaçons dès le premier jour sur le flanc de leur ligne d'opération. »

En conséquence, les ordres suivants étaient rédigés

____

(1) *Loc. cit.*, page 222.

dans la soirée du 7 et envoyés aussitôt aux différentes unités (1) :

Tous les camps seront levés sur-le-champ et les équipages mis en route, aussitôt chargés, pour être dirigés par la grande route d'Arras au moins jusqu'au village de Vis-en-Artois ; cependant les équipages des flanqueurs de gauche ne se mettront en marche que si l'ennemi se présente avec des forces supérieures, et dans ce cas, ils gagneront le village de Fresnes par Vitry ou Brébières ; ceux de l'avant-garde se rendront sur les hauteurs de Noyelle-sous-Bellonne ; ceux de la cavalerie et le parc d'artillerie sur les hauteurs de Mouchy-Boiry ; ils seront escortés par des piquets de 25 hommes fournis par chaque régiment de cavalerie.

Enfin, il est ordonné au commissaire Petitjean de faire évacuer de Cambrai, sur Arras et Bapaume, le trésor, la poste, l'ambulance et en général toutes les autres voitures et équipages de l'administration. « Je m'empresse de vous prévenir, ajoute des Brulys, qu'il ne faut rien diriger sur Péronne. L'ennemi se porte de ce côté, et il en coupera bientôt la communication (2). »

Quant au mouvement de retraite des troupes, qui doit faire suite à celui des équipages, il est ainsi réglé :

La division du Nord (corps de bataille), sous le commandement du général Davaine (3), passera le Pont-

---

(1) Registre d'ordres, tome III et de correspondance, tome VIII. A. H. G. 1793.

(2) Voir aux documents annexes les ordres qui règlent l'exécution de ce mouvement général de retraite.

(3) Jean-Baptiste Davaine, né le 15 juin 1733 à Roulers (Belgique) ; entré comme volontaire dans le régiment d'Egmont (dragons) après le siège de Berg-op-Zoom (1747) ; brigadier à 16 ans, maréchal des logis à 19 ; retiré après la guerre de Sept Ans et devenu inspecteur en chef des haras de Flandres ; prend part à la révolution de Belgique en 1789 et commande les volontaires qui s'emparent de Gand ; chargé en octobre par les représentants du peuple de lever le 1er régiment de dragons, il

aux-Gaules sur la Cogueule et se formera en bataille sur les hauteurs, la droite vers Mouchy, la gauche vers Boiry-Notre-Dame. La demi-brigade du 45e au camp de César, se réunira, en cas de nécessité, à la demi-brigade du 47e au Pont-Rade, et de là toutes deux se replieront sur l'avant-garde vers Aubancheuil-au-Bac. De même, l'infanterie des flanqueurs de droite rappellera ses postes et se retira sur Aubancheuil-au-Bac. Les flanqueurs de gauche, s'ils sont contraints de reculer, gagneront les hauteurs de Noyelle-sous-Bellonne ; s'ils sont poursuivis par des forces très supérieures, ils passeront la Scarpe et prendront une position jusqu'à nouvel ordre.

La cavalerie des flanqueurs de droite (1200 cavaliers environ) rejoindra le corps de cavalerie du général Antoine, lequel sera rendu le 8, à 3 heures du matin, la droite à Sains-lès-Marquion, la gauche à Bourlon.

Les 2e et 3e bataillons des Ardennes, campés au Tilloy, sous Desroques, seront réunis à la brigade Romanet, à Fontaine-Notre-Dame. Cette infanterie formera, avec la cavalerie ci-dessus et 12 pièces d'artillerie légère, l'arrière-garde proprement dite.

Le parc d'artillerie enverra deux pièces dans la redoute de Marquion et deux dans celle de Bourlon.

Le 4e bataillon de la Marne et le 4e de l'Oise (venus

---

est nommé colonel de ce régiment en décembre ; fait la campagne contre les Autrichiens et se réfugie en France lors du retour de ces derniers en Belgique ; sert dans la garde nationale de Melun ; venu à Paris, combat à la journée du 10 août 1792 avec son ami Santerre et est nommé inspecteur général des chevaux de la nation en septembre suivant ; maréchal de camp au service de la nouvelle république de Belgique en février 1793 ; général de brigade employé à l'armée du Nord le 7 mars 1793 ; général de division le 30 juillet ; suspendu de ses fonctions et mis en état d'arrestation par arrêté du représentant du peuple Duquesnoy en date du 7 brumaire an II ; condamné à mort le 16 ventôse an II et guillotiné le lendemain.

de l'armée des Ardennes) se rendront sur-le-champ à Bouchain.

Le quartier général sera installé, le 8 au soir, à Sailly-en-Ostrevent, proche l'Écluse.

Cela revient à dire que l'armée du camp de César, pivotant sur son aile gauche, constituée par l'avant-garde et les flanqueurs de gauche, fera face au sud-sud-est, les derrières de la position étant appuyés à la Scarpe, les ailes aux places d'Arras et de Douai. A tout prix, les flanqueurs de gauche et l'avant-garde devront conserver la communication avec Douai, en se maintenant dans leurs postes de Pallué, l'Écluse, etc.

Kilmaine passait la nuit du 7 au 8 au bivouac de Fontaine-Notre-Dame, en compagnie du représentant Delbrel et le 8, dès la pointe du jour, ces divers ordres étaient en voie d'exécution. Par suite le mouvement offensif, projeté par les alliés, pour la journée du 8 août, allait donner dans le vide.

2° *Journée du 8 août.* — Le 8, vers 3 h. 30 du matin, la colonne d'York poursuit sa marche dans le dispositif suivant :

1° Une première colonne se dirige sur Cantain ; elle comprend :

    8 escadrons du régiment de la Tour ;

    8 compagnies de chasseurs à pied ;

    2 bataillons du régiment de Hohenlohe ;

    Les pionniers et pontonniers autrichiens ;

    Le tiers de la réserve d'artillerie ;

    Les pontons.

Le prince de Cobourg accompagne cette colonne.

2° Une deuxième colonne se dirige sur Anneux dans l'ordre suivant :

    2 escadrons de Barco-hussards ;

    2 escadrons de dragons légers anglais ;

    2 compagnies de chasseurs ;

2 escadrons de cavalerie hanovrienne ;

2 escadrons de cavalerie hessoise ;

2 bataillons hessois ;

7 bataillons hanovriens ;

Un tiers de la réserve d'artillerie.

3° Une troisième colonne prend comme point de direction la hauteur entre Anneux et Graincourt ; elle est ainsi constituée :

4 escadrons de dragons légers anglais ;

8 escadrons de dragons anglais plus pesamment armés ;

2 compagnies de chasseurs à pied ;

2 compagnies d'ouvriers ;

7 bataillons d'infanterie anglais ;

Le reste de l'artillerie de la réserve.

Les deuxième et troisième colonnes qui comprennent uniquement des troupes anglaises ou à la solde de l'Angleterre, sont placées sous le commandement supérieur du duc d'York.

Le but du mouvement était d'attaquer les hauteurs de Bourlon où l'on savait que « l'ennemi s'était soigneusement retranché (1) ». Mais lorsque les colonnes arrivèrent à portée de leur destination, on découvrit que ce poste avait été évacué pendant la nuit, ce qui ne permit plus de douter de la retraite générale du gros de l'armée républicaine. « Il ne s'agissait donc plus que de faire en sorte de l'atteindre (1). »

Cobourg paraît s'être désintéressé de la poursuite, car il installa son quartier général à Marcoing et se borna à faire camper ses troupes sur les hauteurs au nord de ce village. York, au contraire, ne renonça pas à la lutte. Au moment où ses troupes commençaient à franchir la chaussée de Cambrai à Bapaume, il apprend qu'un fort parti de cavalerie française s'avance

---

(1) D'Arnaudin. (*Loc. cit.*)

au-devant de lui : aussitôt il fait face à cette menace avec ses escadrons plus nombreux que ceux de Kilmaine, lequel, pour cette raison, n'accepte pas le combat et se replie. Après quoi York fait immédiatement occuper Fontaine-Notre-Dame par un piquet de cavalerie hanovrienne, soutenu par un détachement de chasseurs à pied, tandis qu'une autre fraction de cette même cavalerie observe la direction de Bapaume. Comprenant alors que l'ennemi cherche à se dérober et qu'il convient de le harceler le plus possible pendant sa retraite, York réunit rapidement un corps mixte, composé de toute la cavalerie des deux colonnes, moins quatre escadrons — au total un peu plus de 2,000 hommes — d'un détachement de chasseurs à pied et de quelques pièces d'artillerie, et s'élance à leur tête dans la direction de Marquion. Mais Kilmaine avait déjà dépassé ce village avec son arrière-garde, la redoute était abandonnée, le pont de l'Agache très endommagé et Marquion en flammes. La charge d'York allait donc devenir inutile, lorsque par suite d'un de ces hasards si fréquents à la guerre, il se produisit un épisode intéressant.

Deux bataillons des flanqueurs de droite, traînant à leur suite une pièce de 12, se trompèrent de direction après avoir évacué Thun-l'Évêque et se dirigèrent sur Marquion au lieu de se replier sur Aubancheuil-au-Bac. Au moment où ils entraient dans Marquion, les cavaliers d'York débouchaient et s'emparaient de la pièce de 12. Ces bataillons se trouvaient donc dans une situation critique, puisqu'ils devaient franchir l'Agache, alors que le pont était en partie rompu. Heureusement, notre cavalerie d'arrière-garde arriva à leur secours. A la nouvelle du danger que courait cette infanterie, Kilmaine avait, en effet, pris les dispositions suivantes (1) :

---

(1) Delbrel. (*Loc. cit.*)

« Le général Kilmaine mit une partie de notre cavalerie avec l'artillerie légère en bataille et en réserve à droite et à gauche de la grande route. Avec le reste, nous volâmes au secours de nos deux bataillons. Le général Kilmaine et moi chargeâmes plusieurs fois, à la tête de notre cavalerie, celle de l'ennemi ; tout ce qui se trouva devant nous fut renversé et nous dégageâmes les deux bataillons.

« Aussitôt qu'ils me virent paraître, ils s'écrièrent :

« Sais-tu, Représentant, qu'il était temps d'arriver !
« Nous avions déjà usé toutes nos cartouches. »

« Dans ce choc, qui fut court, mais impétueux, nous tuâmes ou nous prîmes environ cent hommes (1). De notre côté, nous n'eûmes qu'un ou deux hommes blessés.

« Le 2ᵉ régiment de dragons, ci-devant Condé, formait la tête de notre colonne et se conduisit avec beaucoup de valeur. C'était un torrent auquel rien ne résistait. Tous les autres régiments montrèrent aussi le plus grand courage.

« Après avoir délivré et fait défiler nos deux bataillons, nous nous mîmes à même de faire notre retraite. Dans ce moment, plusieurs régiments de cavalerie ennemie marchèrent sur nous, faisant mine de nous charger en flanc ; mais aussitôt la cavalerie que le général Kilmaine avait mise en réserve volait par escadrons ou par régiments au-devant de celle qui paraissait vouloir nous attaquer. Par cette manœuvre, toute la cavalerie ennemie et la nôtre furent un instant en mouvement. En voyant ces régiments, ces escadrons courir les uns contre les autres, on eût dit qu'ils allaient

____

(1) Remarquons en passant que Jomini s'est servi de ces notes historiques de Delbrel pour rédiger cette partie de son Histoire des guerres de la Révolution. On retrouve, pages 31 et 32, livre IV des phrases extraites en entier de ces mémoires.

s'écraser. Joignez à cela, de notre côté, le feu d'environ 30 pièces d'artillerie légère. Il semblait que tout allait être foudroyé, mais, dans le fait, ce ne fut qu'une petite guerre. Ce spectacle était si imposant que je m'arrêtai pendant quelques minutes au milieu de ce mouvement pour le contempler. J'ai vu dans cette affaire quelques hommes du dépôt des hussards noirs, montés sur de mauvais chevaux sans selle, sans arme, charger à coups de bâtons, faire des prisonniers et amener des chevaux. »

Le succès tactique de ce retour offensif de Kilmaine contre une cavalerie supérieure et audacieuse doit être attribué surtout aux obstacles particulièrement gênants que York rencontra en cette circonstance. En effet, par suite de la rupture partielle du pont sur l'Agache, les cavaliers anglais ne pouvaient franchir le défilé qu'un par un ; ils étaient, en outre, fort incommodés par la chaleur et par les flammes qui partaient des maisons incendiées ; l'élan de la poursuite était donc brisé. York avait bien eu l'idée de faire filer une partie de sa cavalerie par Sains-lès-Marquion, mais le passage était étroit, le terrain marécageux sur une assez grande étendue et l'effet de surprise y était impossible ; enfin, la mise en bataille ne pouvait être exécutée que par fractions successives. L'avantage du terrain était donc vraiment acquis à la cavalerie française, et cela explique le caractère de cette rencontre dont Delbrel nous fait une peinture si saisissante. Ainsi la poursuite était sans effet et la cavalerie d'York rejoignait le gros des deux colonnes qui venait d'établir son camp entre Graincourt et Bourlon, face à Cambrai.

Au total, cette affaire nous coûtait 3 pièces, 150 prisonniers, quelques déserteurs et un petit nombre de tués ; de son côté, l'ennemi perdait 60 tués et 90 prisonniers.

Pendant ce temps, les colonnes de Clerfayt et de Col-

loredo franchissaient l'Escaut, la première sur un pont
de bateaux qu'elle avait jeté à Iwuy, la deuxième sur
le pont de Thun-l'Évêque; après quoi, n'ayant rencontré
aucune résistance, elles s'étaient réunies et avaient
dressé leurs tentes, entre Cuvilliers et Thun-l'Évêque.
Huit de leurs escadrons, envoyés à la poursuite des
républicains, avaient rejoint le duc d'York à Marquion.

De l'ensemble de ces faits, il résulte que le gros de
l'armée du camp de César, précédée de ses bagages,
devait et pouvait opérer sa marche rétrograde en toute
tranquillité. Soudain, cependant, une panique se produisit dans les bataillons de l'avant-garde, provoquant
un sauve-qui-peut quasi général, que Delbrel dépeint
ainsi :

« Pendant que nous étions aux mains avec l'ennemi,
le corps d'armée principal, c'est-à-dire l'infanterie, le
parc et les bagages, filaient paisiblement vers Arras et
étaient pour ainsi dire à l'abri de toute insulte et de
tout danger. Cependant quelques lâches ou quelques
traîtres y répandirent une fausse alarme et par des cris
de sauve qui peut! jetèrent la terreur et le désordre
parmi quelques bataillons qui s'enfuirent et arrivèrent
en déroute aux portes d'Arras sans avoir vu l'ennemi.
C'est le seul accident fâcheux que nous ayons éprouvé
dans notre marche. Il fut le résultat du complot que
nous avions découvert quelques jours auparavant et que
nous avions voulu déjouer par la proclamation dont j'ai
déjà parlé. Ce qu'il y a de remarquable, c'est que les
cris de sauve qui peut! ne se firent entendre que dans
quelques bataillons de l'avant-garde qui étaient les plus
éloignés de l'ennemi, tandis qu'à l'arrière-garde, où
j'étais avec mes collègues, les troupes, quoique sans

____

(1) Notes historiques, *loc. cit.*

cesse harcelées par l'ennemi, exécutèrent leur retraite dans le plus grand ordre, marchant au pas ordinaire et présentant un front menaçant à l'ennemi chaque fois qu'il nous serrait de trop près. »

Cette panique n'eut pourtant aucune conséquence grave, car, dans la soirée du 8, l'armée du camp de César était réunie (1) dans ses camps de Biache et de Monchy-le-Preux; sa droite s'appuyait à Arras, sa gauche à Douai, le quartier général s'établissait à Gavrelle. Dans cette position qu'elle allait occuper solidement, sans avoir été battue, cette armée se trouvait en aussi bonne posture qu'à Paillencourt pour s'opposer, dans la mesure du possible, aux entreprises ultérieures des coalisés.

L'opération, si bien conçue par Cobourg, avait donc piteusement échoué, et pour causes. La manœuvre imaginée par les coalisés reposait, en effet, sur la combinaison de deux attaques, dont l'une, excentrique et dirigée sur les derrières de la position française, devait se produire la première, afin de permettre la réussite de l'autre. Dans ce but, on avait bien songé à donner aux troupes de cette attaque excentrique une certaine avance, mais les calculs, à l'aide desquels on avait fixé les heures de départ des troupes, avaient été mal faits. La colonne d'York, qui aurait dû se trouver à pied-d'œuvre dans la matinée du 7, pour menacer la position, avait été contrariée dans sa marche par une chaleur excessive ; elle s'était laissée intimider par une vaine menace de cavalerie et s'était arrêtée dans la soirée du 7 à 8 kilomètres du bois de Bourlon, après avoir exécuté péniblement une étape de 20 kilomètres environ à travers champs.

---

(1) Sauf l'artillerie qui avait fui jusque sous les murs d'Arras et les équipages dont une partie avait poussé jusqu'aux environs d'Amiens.

D'autre part, sa marche circulaire exécutée en plein jour
autour de Cambrai n'avait pas échappé aux investiga-
tions des Français, qui purent discerner aisément le but
de la manœuvre tentée par les alliés.

Si, au contraire, York était parti de Villers-en-Cauchie le 6 au soir, vers minuit, il eût dissimulé la plus
grande partie de sa marche, supprimé les inconvénients
provenant de la chaleur et pris, sur les colonnes de
droite, une avance qui lui eût permis de lancer son
attaque avant celles de Clerfayt et de Colloredo, conformément aux dispositions du plan convenu. Cette dernière
condition était d'autant plus nécessaire que le mouvement offensif dirigé sur le front Hordaing—Thun-
l'Évêque ne pouvait que difficilement réussir à accrocher
l'armée du camp de César, à cause de la nature du terrain.

Les fautes commises dans l'application par les coalisés ont donc fait échouer complètement une opération
cependant bien conçue, tant il est vrai que l'art de la
guerre est avant tout un art d'exécution. Les critiques
sont d'ailleurs unanimes à blâmer le duc d'York et à
féliciter Kilmaine en cette occasion. Jomini entre autres
déclare (1) que « cette retraite fit honneur à Kilmaine
et fut un des services les plus signalés rendus à la
République. » Il n'apparaît pas cependant, très nettement, que le choix de la direction donnée à cette
retraite appartienne en propre à Kilmaine, car dans son
compte rendu au ministre (2), ce général n'insiste pas
sur les avantages de sa manœuvre au même degré
que s'il l'eût conçue lui-même, et nous en attribue-
rions plus volontiers le mérite à Gay-Vernon. Quoi

____

(1) *Loc. cit.*, tome IV, page 33.
(2) Voir la lettre 9e de Kilmaine à Bouchotte le 9 août, publiée dans
les mémoires de Gay-Vernon, page 335.

qu'il en soit, le général en chef conserve tout au moins
la gloire d'avoir ordonné cette retraite et de l'avoir
menée à bien (1).

---

(1) Les ordres donnés par Kilmaine en vue de la retraite, ne furent
certainement pas exécutés avec une rigoureuse ponctualité. Le colonel
Leclaire dans ses mémoires (page 77. Librairie Chapelot, 1904) montre
en effet combien fut grande la confusion qui régna à ce moment,
puisque ses troupes furent par deux fois prises par une colonne ennemie.
Mais ce sont là des incidents fréquents à la guerre, on pourrait même
dire inévitables, de sorte que le jugement de Jomini n'est pas infirmé
par ces faits.

CHAPITRE VI.

L'armée dite du camp de César s'installe au camp de Biache et York se sépare de Cobourg.

Stationnement des troupes françaises (carte n° 2) : 1° du 9 au 10 août ; 2° à partir du 11 août. — La séparation d'York et de Cobourg (carte n° 3). — York constitue l'armée destinée à l'attaque de Dunkerque ; il établit son camp le 16 août vers Tourcoing.

Les alliés consacrèrent au repos la journée du 9 août et restèrent sur les emplacements occupés par eux, dans la soirée du 8, à l'ouest et près de la place de Cambrai qu'ils avaient vainement sommée de se rendre (1).

De son côté, l'armée de Kilmaine s'installait comme il suit :

1° *Stationnement du 9 au 10 août*. — L'ordre ci-dessous, rédigé le 9 au quartier général à Vitry, indique la position de chacune des fractions principales :

Du 9 août au quartier général de Vitry.

Disposition de l'armée. — Les flanqueurs de droite occuperont les villages de Saint-Laurent, Athies, Fampoux, Petit-Fampoux, Feuchy

---

(1) On trouvera dans la *Défense nationale* de MM. Foucart et Finot (tome I, page 634) à la fois le texte des lettres adressées par le général de Borow au général Declaye et au conseil général de la commune, et celui de la fière réponse que le gouverneur fit à cette sommation demeurée sans effet. Loin de se laisser intimider, la ville ferma ses portes et se prépara à résister énergiquement : on brûla même les maisons qui avaient été construites sur les glacis à moins de 250 toises des remparts. La place ne fut d'ailleurs pas assiégée et ces préparatifs de défense furent superflus, bien que la présence de quelques patrouilles ou reconnaissances ennemies dirigées vers la ville eût pu fait croire à Declaye, dans la journée du 9, que l'investissement était imminent.

et Rœux ; le quartier général de cette division à Fampoux ; ces villages sont placés le long de la rivière de Scarpe.

Les flanqueurs de gauche occuperont leur même position.

L'avant-garde occupera les hauteurs de Noyelle où sera le quartier général.

L'armée campera en arrière de la Scarpe au-dessus et entre les villages de Biache et de Plouvain.

Les régiments de cavalerie camperont ; ceux qui n'ont pas d'effets de campement cantonneront aux villages de Biache sur la Scarpe, de Fresnes sur la chaussée de Douay et de Mauville proche Fresnes.

Les distributions se feront à Plouvain pour le camp et la réserve.

Le quartier général du général Antoine à Fresnes.

Celui de l'armée du Nord à Rœux.

Celui de l'armée des Ardennes à Biache.

Ce dispositif est la conséquence des événements de la veille. Dans la crainte d'une poursuite active, on s'est empressé de transporter sur la rive gauche de la Scarpe le gros de l'armée et de l'installer sur une forte position défensive ; mais l'avant-garde et la cavalerie sont ainsi rejetées trop à l'Est et les flanqueurs de droite ne tiennent plus la chaussée d'Arras à Cambrai, qui constitue cependant l'axe probable du mouvement offensif des coalisés. Mais, ceux-ci n'ayant pas poussé plus avant, l'état-major s'empresse de rectifier cette faute le 10 en modifiant ainsi l'ordre précédent :

STATIONNEMENT DU 10 AOUT.

Au général Hédouville (1) *(commandant l'avant-garde).*

Conformément à l'ordre du général en chef, l'avant-garde lèvera demain son camp, partira de ses cantonnements, excepté une demi-brigade qui restera à la disposition du général Collaud. Elle se rendra savoir :

Six bataillons au camp de Monchy-le-Preux, elle occupera les postes de Guemmape, de Wancourt et abbaye du Vivier par des troupes légères

---

(1) Registre de correspondance du chef de l'état-major général de l'armée du Nord, tome III, A. H. G.

de cavalerie et d'infanterie ; ceux de Monchy et de Boiry-Notre-Dame par des troupes légères et de l'infanterie et ceux de Sailly et de Hamblain par des troupes à cheval et de l'infanterie.

A cet effet, il sera attaché à l'avant-garde le 4ᵉ régiment de hussards, le 6ᵉ régiment de chasseurs et un régiment de cavalerie.

Le régiment de cavalerie sera rendu demain à Hamblain et aura l'ordre de prendre ceux du général Hédouville dont le quartier général est fixé à Monchy par le général en chef, à moins que le général Hédouville ne trouve plus utile de l'établir, ce dont il l'informera dès qu'il aura pris possession de ces postes.

Le 4ᵉ régiment de hussards est placé à Monchy-Preux, le 6ᵉ de chasseurs à Pelve.

D'autre part, il est prescrit au général Queyssat (1), commandant les *flanqueurs de droite*, d'occuper seulement Tilloy, Feuchy, Fampoux et Rœux (2) ; trois bataillons formant une réserve à la disposition du général en chef doivent se tenir prêts à marcher (3).

A partir de ce moment, l'avant-garde est à cheval sur la route d'Arras à Cambrai et couvre exactement le nou-

---

(1) Gabriel Queyssat, né le 1ᵉʳ février 1743 à Castillon (Gironde) ; enseigne au corps des grenadiers de France le 21 juin 1759 ; lieutenant en second le 10 décembre 1760 ; lieutenant en premier le 1ᵉʳ février 1763 ; réformé avec son corps en 1771, il entre comme lieutenant aux grenadiers royaux de la province de la Guyenne ; capitaine, puis capitaine aide-major en 1773 ; réformé en décembre 1775 ; reçoit, le 7 avril 1780, l'ordre de s'embarquer avec M. de Rochambeau, sur la frégate commandée par La Pérouse en 1781 ; embarqué pour rejoindre La Fayette en Amérique en 1782 ; fait prisonnier le 20 février 1783 ; capitaine de la compagnie de chasseurs de la garde parisienne soldée le 6 novembre 1789 ; chef du 14ᵉ bataillon d'infanterie légère le 3 août 1791 ; général de brigade le 15 mai 1793, employé à l'armée des Ardennes ; suspendu le 30 juillet 1793 ; mis à la retraite le 5 pluviôse an III ; nommé chevalier de la Légion d'honneur le 16 octobre 1830, par Louis-Philippe, aux côtés duquel il avait combattu à Jemmapes.

(2) Registre de correspondance, tome III, 9 août 1793.

(3) Des ordres ultérieurs mettent à la disposition de Queyssat, le 14ᵉ bataillon d'infanterie légère, et la 18ᵉ compagnie d'artillerie légère.

veau front de l'armée, dont la droite s'appuie à la place d'Arras.

Les flanqueurs de gauche, renforcés par une demi-brigade prélevée sur l'avant-garde, tiennent le front Pallué—Courcelettes jalonné par le canal de grande communication ; quelques postes sont installés sur la rive droite ; le général Colaud est à Arleux, ainsi que la plus forte partie de ses troupes ; les postes de Pallué (2 bataillons et 2 pièces) et de l'Écluse (1 bataillon et 2 pièces) sont solidement tenus ; les écluses sont lâchées depuis l'Écluse et Pallué jusqu'à Férin, pour « faire le versement des eaux sur Douai ». Les postes et les patrouilles de la rive droite sont au contact de l'ennemi ; des coups de feu sont fréquemment échangés.

La cavalerie de réserve, aux ordres du général Antoine, est cantonnée, savoir : le 18ᵉ régiment, avec les bagages de toute la cavalerie, à Biache, sur la rive gauche de la Scarpe ; le 7ᵉ régiment, avec l'artillerie légère, à Hamblain-le-Pré ; le 20ᵉ régiment, à Pelve ; les 6ᵉ et 23ᵉ régiments, à Sailly-en-Ostrevent.

Le quartier général est au château d'Hamblain, et le bataillon de Molière vient à Hamblain à la disposition du général Antoine.

Le gros de l'armée reste campé sur les hauteurs de Plouvain et Biache. Seule, la demi-brigade du 78ᵉ, dont les équipages se sont sauvés à Amiens, et qui, par conséquent, n'a plus ses effets de campement, est autorisée à cantonner provisoirement à Plouvain et Pelve : le chef d'état-major vient d'aviser le commandant d'Amiens de faire diriger sur le camp toutes les voitures qui se sont enfuies jusque sous les murs de cette place, lors de la panique du 8 août.

Le quartier général de l'armée est à Vitry, où le général Houchard arrivait dans la soirée du 10 août pour y prendre le commandement en chef de l'armée du Nord et des Ardennes en remplacement de Kilmaine.

Dans cette position, l'armée avait ses deux flancs solidement appuyés aux places d'Arras et de Douai ; son front était bien couvert par la Scarpe, de sorte qu'elle se trouvait en bonne posture pour résister à une nouvelle attaque.

La séparation d'York et de Cobourg (carte n° 3). — Comprenant que le plan d'opérations arrêté à Hérin était encore plus défectueux depuis que l'armée du camp de César, évitant la bataille, s'était repliée dans une position très solide et aussi menaçante que celle de Paillencourt, Cobourg essaya vainement de décider le duc d'York à ne pas commencer son mouvement sur Dunkerque avant quinze jours : on profiterait ainsi de la concentration présente des armées combinées pour s'emparer de Cambrai. Mais cette fois encore York se montrait inflexible et quittait, dès le 10 août, le camp de Bourlon avec ses propres troupes, pour se diriger sur Orchies où devait avoir lieu la concentration des divers corps destinés à l'expédition de la Flandre maritime.

Dès ce moment, les défauts de la combinaison stratégique des coalisés devenaient tangibles. Dunkerque était, en effet, situé à l'extrême droite du front d'opérations si démesurément étendu par les belligérants, de sorte que l'armée du duc d'York allait être obligée de marcher directement du Sud au Nord pendant plusieurs jours, en laissant à quelques kilomètres sur son flanc gauche la ligne des places ou des camps français. Les conditions tactiques de ce long mouvement exigeaient donc des mesures d'exécution spéciales qui ne manquent pas d'intérêt.

Le 10 août, le corps du duc d'York se met en mouvement par sa droite en deux colonnes (1).

« Celle de droite qui était toute composée d'Hanovriens,

____

(1) D'Arnaudin. (*Loc. cit.*)

et de Hessois était disposée dans l'ordre suivant : 4 escadrons de dragons légers hanovriens et 1 bataillon de chasseurs de la garde hanovrienne formaient l'avant-garde.

« Marchaient ensuite deux escadrons du 7e régiment hanovrien et l'infanterie hanovrienne.

« Toute l'artillerie de la réserve était partagée entre les brigades. Suivaient les équipages appartenant à cette colonne.

« L'arrière-garde était ainsi composée :

    2 bataillons d'infanterie hessoise ;

    3 escadrons de la même nation ;

    L'artillerie légère hanovrienne ;

    2 escadrons de dragons hessois.

« L'avant-garde de cette colonne se forma près de Fontaine-Notre-Dame, ayant le village à sa droite. Là se trouva un officier d'état-major qui conduisait toute la colonne à Fressies où elle passa la Censée. Elle se rendit de là en avant de Fressain où elle occupa le camp qui avait été marqué pour elle.

« La colonne de gauche était disposée de la manière suivante :

« L'avant-garde, aux ordres du lieutenant général Erskine, marchait dans l'ordre ci-après :

    Les pionniers ;

    8 escadrons de dragons légers anglais ;

    1 bataillon de la garde anglaise ;

    6 pièces de 6 ;

    2 obusiers de la réserve ;

    Les pontons autrichiens.

« Marchait ensuite le corps de bataille ainsi qu'il suit :

    Le régiment anglais de cavalerie dit les Bleus ;

    Le régiment anglais dit Royal ;

    La brigade des gardes à pied ;

    6 pièces de 6 longues ;

    Tous les équipages de cette colonne.

« Arrière-garde :

1 bataillon des flanqueurs des gardes ;

2 pièces de 6 longues ;

2 obusiers ;

1 escadron des Gris ;

2 escadrons d'Inniskilling.

« Cette colonne fut jointe pendant sa marche par l'autre escadron des Gris qui, le matin, avait eu ordre de conduire des prisonniers français à Paillencourt. Elle passa la Censée à Aubigny-au-Bac et vint de là occuper le camp qui lui était préparé.

« Ici l'armée du duc d'York se trouvait environnée de tous les côtés par des places fortes ennemies, ce qui exigeait un redoublement d'attention dans l'emplacement du camp et dans la distribution des postes environnants.

« Voici de quelles manières les choses furent disposées :

« La colonne anglaise campa en première ligne, la droite vers Auberchicourt et la gauche vers Montchicourt. A 400 pas en arrière, la colonne hanovrienne et hessoise formait la seconde ligne.

« L'arrière-garde de cette colonne occupait une position sur la hauteur d'Azincourt, faisant face à Bouchain. On plaça un escadron à Marq-en-Ostrevent pour couvrir l'arrière-garde, un escadron à Fressain qui devait communiquer par sa droite à Beugnicourt et par sa gauche à Marq-en-Ostrevent. A Villers-au-Tertre étaient 2 escadrons qui devaient communiquer par leur gauche avec Beugnicourt où ils laissèrent un détachement de 50 hommes.

« On mit aussi 1 bataillon à Villers-au-Tertre d'où il fut détaché environ 200 hommes à Erchin.

« A Lewarde, on plaça 1 bataillon hanovrien et 4 escadrons qui devaient communiquer par leur gauche avec Erchin. Il devait de plus en être détaché 1 compagnie et 1 escadron pour occuper la maison dite le Marest, située sur la droite, en observant de conserver une chaîne de postes de cet endroit à Lewarde.

« La seconde ligne fournit de plus deux grand'gardes de 60 hommes chacune pour couvrir les flancs.

« Le quartier général était à Monchicourt. On ne fit que passer la nuit dans cette position. »

On remarquera que les dispositions prises, tant pour la marche du 10 que pour le stationnement du 10 au 11, sont à peu près conformes à celles qui seraient adoptées de nos jours.

Comme l'armée doit défiler entre Bouchain et Cambrai d'une part, le camp de Biache et Douai de l'autre, il convient de diminuer la profondeur des colonnes ; cela est d'autant plus indispensable que la Censée, rivière profonde et marécageuse, ne peut être franchie que sur les deux ponts d'Aubigny et de Fressies. On forme donc deux colonnes qui se flanquent réciproquement et possèdent chacune une arrière-garde et une avant-garde particulières. Ces précautions de sûreté sont ainsi justifiées, puisque la position de l'ennemi est telle que son attaque peut se produire dans une direction quelconque.

Pendant le stationnement, le gros des troupes est couvert par un réseau de détachements mixtes de cavalerie et d'infanterie poussés jusqu'à une distance de 5 kilomètres environ. Ces détachements occupent des points d'appui et ne manquent pas de se relier par des postes intermédiaires ou par des patrouilles ; enfin, les directions les plus dangereuses d'Arleux et de Bouchain sont particulièrement gardées par des fractions importantes, telles que l'avant-garde de la colonne de droite et l'arrière-garde de la colonne de gauche. Quant au quartier général, il est installé dans un village qui marque le centre de la zone de stationnement.

Le 11 au matin, l'armée continue sa marche sur Orchies.

On ne forme, ce jour-là, qu'une seule colonne, « en

suivant l'ordre dans lequel on avait campé. L'arrière-garde (1), écrit d'Arnaudin, était formée des corps détachés la veille dans les différents postes énumérés ci-dessus. Ils marchaient dans l'ordre suivant :

« Le bataillon flanqueur de l'infanterie de ligne ;

« Le bataillon flanqueur des gardes ;

« L'escadron qui avait passé la nuit à Fressain ;

« Les deux escadrons qui avaient passé à Villers-au-Tertre.

« Ces corps ne devaient quitter leurs postes respectifs que quand toute la colonne aurait défilé. »

Le dispositif adopté pour la marche du 11 est donc très différent de celui de la veille et pour causes. En effet, les conditions tactiques de l'opération sont toutes nouvelles ; on ne dispose que d'une seule route bordée de bois impraticables ; le débouché sur la rive gauche de la Scarpe est assuré par les détachements qui ont été placés à Marchiennes et Orchies dès le 6 août ; enfin, on se protège contre toute tentative qui pourrait venir du Sud-Sud-Ouest par un détachement habilement constitué à l'aide des avant-postes de la veille, lesquels ne se déplaceront pas avant que le gros des troupes ne soit hors d'atteinte.

York constitue l'armée destinée à l'attaque de Dun-kerque. — A l'issue de la marche du 11 août, York établissait son camp à l'ouest d'Orchies et le mouvement vers le Nord était suspendu jusqu'au 15 août. Cette période de stationnement était d'ailleurs consacrée à la réunion et à l'organisation des forces destinées à l'expédition dirigée sur la West-Flandre.

Le 12, les renforts attendus arrivaient au camp d'Orchies, savoir :

---

(1) Mémoires d'Arnaudin (*suite*).

1° Le corps hessois (8 bataillons et 6 escadrons), commandé par le lieutenant général de Buttlar : ce détachement, relevé à Pithon le 10 par le corps autrichien du général Heuthen, couchait ce même soir vers Douchy ; le 11, il franchissait l'Escaut à Denain et campait sur le champ de bataille de 1712, face à Escaudain ; enfin, le 12, il atteignait Orchies, où il rejoignait le corps d'York ;

2° Un corps autrichien d'environ 10,000 hommes d'infanterie et 1000 cavaliers, sous le commandement du feld-maréchal Alvinzi.

De sorte que les troupes mises à la disposition d'York, en vue de l'entreprise à tenter contre Dunkerque, se dénombraient ainsi :

a) Contingent anglais, sous les généraux Abercombry et Erskine :

> 6 bataillons, 23 escadrons = 5,200 fantassins, 1300 cavaliers ;

b) Contingent hanovrien, sous les généraux Freytag et Walmoden :

> 17 bataillons, 15 escadrons = 9,000 fantassins, 1600 cavaliers ;

c) Contingent autrichien, sous le général Alvinzy :

> 12 bataillons, 8 escadrons, 17 compagnies (1) = 10,000 fantassins, 1000 cavaliers ;

---

(1) La composition détaillée du détachement autrichien fourni par Cobourg au duc d'York était la suivante :

> 2 bataillons Colloredo.
> 2 bataillons Venzel-Colloredo.
> 2 bataillons de Jordis.
> 2 bataillons de Stuart.
> 2 bataillons de Brentano.
> 2 bataillons de Starray.
> 9 compagnies de Laudon vert.
> 6 compagnies de chasseurs O'Donnel.
> 2 compagnies de tireurs tyroliens.
> 6 escadrons de chevau-légers Karackzay.
> 2 escadrons de hussards Blankenstein.

Vienne. KK. Arch.

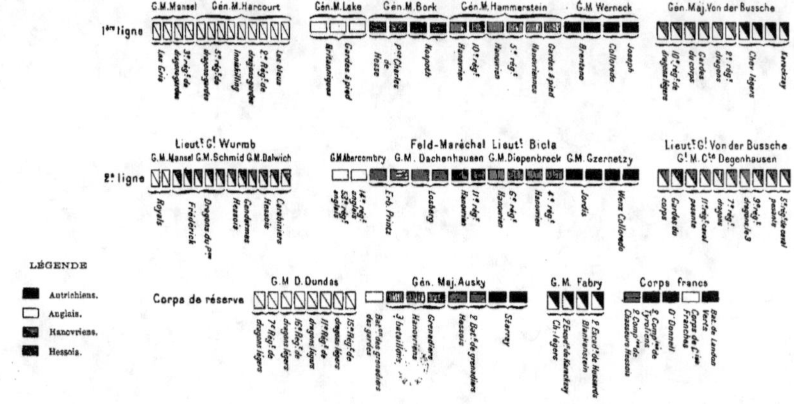

ORDRE DE BATAILLE
de l'armée combinée Anglaise, Autrichienne, Hanovrienne et Hessoise, commandée par S. A. R. Mgr. le Duc d'York
pour l'expédition de Dunkerque en 1793.

1re ligne

Lieut! G! Sir W. Erskine
G.M.Mansel   Gén. M. Harcourt
Les Gris
37e Rég.t de dragons-gardes
37e Rég.t de dragons-gardes
Inniskilling
2e Rég.t de dragons-gardes
Les bleus

Cén. M. Lake
Brittaniques

Lieut! G! Butler
Gén. M. Bork   Cén. M. Hammerstein
Gardes à pied de Hesse
1re Charles de Hesse
Keyloth
10e Rég.t Hanovrien
5e Rég.t Hanovrien
Hanovriens

F M d'Alton
G. M. Werneck
Gardes à pied
Brentano
Collorado

L.G Cte de Walmoden
Gén. Maj. Von der Bussche
10e Rég.t de dragons légers
Gardes du corps
2e Rég.t dragons
Cher légers
Kinezzey
Joseph

2e ligne

Lieut! G! Wurmb
G.M.Mansel G.M.Schmid G.M.Dalwich
Royal
Frédérick
Dragons du 1er
Hessois
Gendarmes Hessois
Carabiniers

G.M.Abercromby   G.M. Dachenhausen   G.M.Diepenbrock   G.M. Gzernetzy
14e Rég.t anglais
53e Rég.t anglais
Erb. Printz
Leasberg
11e Rég.t Hanovrien
8e Rég.t Hanovrien
4e Rég.t Hanovrien
Jordis
Wenz Collorado

Lieut! G! Von der Bussche
G! M. Cte Degenhausen
Gardes du corps
11e Rég.t canal pesante
7e Rég.t dragons
9e Rég.t dragons le 3
5e Rég.t canal pesante

LÉGENDE
Autrichiens.
Anglais.
Hanovriens.
Hessois.

Corps de réserve

G. M D. Dundas
7e Rég.t de dragons légers
15e Rég.t de dragons légers
11e Rég.t de dragons légers
15e Rég.t de dragons légers

Gén. Maj. Ausky
Bat.on des grenadiers des gardes
Grenadiers Hanovriens
3 bataillons,
2e Bat. de grenadiers Hessois
Starray

G. M. Fabry
Chi-légers

Corps francs
2e Escad.on de Husaards Blankenstein
7e Escad.on de Kinackzey
D'Donnell
1re Comp.ie de Tyroliens
2 Comp.ie de Chasseurs Hessois
Bat. de Landau Verts
Corps des C.ies Franches

d) Contingent hessois, sous le général de Buttlar :

11 bataillons, 11 escadrons = 5,500 fantassins, 1500 cavaliers.

Soit : 46 bataillons, 58 escadrons, d'un effectif total de 29,700 fantassins et 5,400 cavaliers, c'est-à-dire 35,000 hommes environ, sans compter l'artillerie et les personnels des services spéciaux.

Enfin, les gros bagages, qui avaient séjourné à *Saint-Amand*, pendant que se déroulait l'opération du camp de César, rejoignaient également les troupes, dans la soirée du 11 août, au camp d'Orchies.

Le 13 et le 14, le corps expéditionnaire ainsi constitué s'organisait sans être inquiété sérieusement par nos troupes, car les quelques affaires de postes qui eurent lieu n'offrent aucun intérêt (1). Le tableau ci-joint indique l'ordre de bataille qui fut alors adopté.

Le 15 au matin, cette petite armée se mettait en marche sous le commandement supérieur d'York et se dirigeait en deux colonnes sur Baisieux par les itinéraires ci-dessous :

1° Pour la colonne de gauche, formée des troupes de la première ligne, par Nomain, Bachy et Cysoing;

2° Pour la colonne de droite, comprenant les troupes de la deuxième ligne, par Aix, Mouchin et Rume.

Chaque colonne était suivie de ses équipages et d'une partie de l'artillerie de réserve.

La cavalerie, qui était aux deux ailes de chaque ligne pendant le stationnement, formait l'arrière-garde de chacune des colonnes.

Ce dispositif utilise bien, comme on le voit, le réseau

---

(1) On peut signaler cependant l'attaque du poste de la Chapelle par les troupes républicaines qui se replièrent à l'arrivée d'un renfort ennemi composé du bataillon de grenadiers de Wurmb et d'une batterie à cheval hanovrienne.

routier et ces mesures de sûreté peuvent être tenues pour suffisantes, puisque le corps prussien de Knobelsdorf occupait la région de Cysoing depuis plus d'un mois.

Dans la soirée du 15, le camp était installé à Baisieux sur deux lignes, en arrière de celui des Prussiens, dont la gauche était appuyée à Cysoing, et la droite dirigée vers Villers.

York établit son camp le 16 août vers Tourcoing. — Le 16, à 5 heures du matin, l'armée s'ébranlait de nouveau par sa droite, sur deux colonnes, pour venir camper au nord de Tourcoing, dans les conditions indiquées par d'Arnaudin :

« La première, qui était formée de la première ligne, traversa Sailly, Lannois, Roubaix et Tourcoing et vint occuper le camp qui lui était préparé en arrière de ce bourg.

« La réserve formait l'avant-garde de cette colonne.

« La première colonne avait ainsi à traverser des postes encore occupés par les Français. Ces derniers se retiraient à mesure que les alliés se présentaient et faisaient leur retraite en gagnant l'autre côté de la Marque pour joindre le camp de la Madelaine.

« La seconde colonne, formée de la seconde ligne, passa par Toufflers, Leers, Watrelos et Tourcoing pour venir occuper le camp désigné. Tous les équipages suivaient la seconde colonne et se trouvaient ainsi à couvert par la première.

« A l'époque de cette marche, le commandement de tous les avant-postes fut confié au général-major Fabry. En conséquence, il dut avoir immédiatement sous ses ordres tous les corps destinés à être employés à ce genre de service. En voici l'énumération :

« Le bataillon d'Odonnel ;

« Le bataillon des Laudon verts ;

« Les bataillons de grenadiers hanovriens ;

« Les chasseurs tyroliens ;

« Les chasseurs hessois ;

« Le corps de Loyal-émigrants, nouvellement arrivé ;

« Les quatre escadrons de dragons légers hano-vriens ;

« Deux escadrons des hussards de Blanckenstein ;

« Deux escadrons des dragons de Karackzay.

« Pendant la marche, le général Fabry eut soin d'observer les postes que les ennemis occupaient encore à Hem, Lamponpont, Croix et Mouveaux. Deux bataillons d'infanterie avaient ordre de le soutenir au besoin et de prendre ses instructions à cet effet.

« Il était en outre chargé d'assurer le camp que l'on devait occuper de l'autre côté de Tourcoing. Chacune des deux lignes campa l'une à droite et l'autre à gauche du grand chemin, ayant Tourcoing en avant. La cavalerie de chaque ligne était placée en arrière de l'infanterie. »

Il faut constater que les précautions spéciales qui furent prises en vue de l'exécution de cette marche du 16 répondaient bien aux exigences de la situation tactique. Il s'agissait, en effet, de défiler à 3 kilomètres environ de la ligne des postes ennemis, et à 10 kilomètres de la place de Lille et du camp de la Madelaine, qui contenaient ensemble plus de 30,000 hommes.

York a formé seulement deux colonnes, parce que la nature du terrain et le réseau routier ne permettent pas de les multiplier davantage ; mais les équipages marchent tous avec la colonne qui est la plus éloignée de la direction dangereuse. Une avant-garde solide a été constituée à l'aide du corps de réserve (1), tandis que les troupes légères ont été placées sur le flanc

---

(1) On trouvera la composition détaillée de ce *corps de réserve*, devenu *avant-garde*, sur le tableau hors texte.

gauche, où elles doivent fournir un service de flanc-garde tellement important qu'on les renforce à l'aide de deux bataillons, l'un hanovrien, l'autre hessois ; enfin, ces flanqueurs fourniront naturellement les avant-postes chargés de la sécurité du camp qui sera installé au nord-est de Tourcoing, face à Lille. Le mode de fonctionnement de cette flanc-garde prouve bien du reste que, dès cette époque, on savait procurer au gros des troupes la sûreté dont il a besoin, en employant des procédés tactiques analogues à ceux qui sont préconisés de nos jours. Qu'on en juge plutôt (1).

L'avant-garde part deux heures avant le gros, à 3 heures du matin, pour occuper tous les chemins venant de Hem, Lamponpont, Croix, etc., tandis que le colonel de Prüschenck, à la tête de deux bataillons de Colloredo, du bataillon de chasseurs hessois et d'un détachement de dragons hanovriens vient tenir Lannoy et Roubaix. Vers 9 heures du matin, Prüschenck repousse une attaque française dirigée sur Roubaix, grâce à l'intervention des chasseurs hessois venus par Croix dans le flanc droit des républicains ; ces derniers se retirent aussitôt sur Marcq. Après quoi le détachement de Prüschenck reste en position jusqu'à ce que la colonne de gauche ait dépassé Roubaix et devient, à partir de ce moment, l'arrière-garde de la colonne de gauche dont il suit le mouvement. Mais Lannoy et Roubaix sont à peine évacués par Prüschenck, que des détachements français importants s'avancent rapidement et occupent Roubaix avec un bataillon et de l'artillerie dont les projectiles inquiètent la colonne de droite, qui, étant plus longue que celle de gauche, n'a pas encore dépassé Watreloos. Aussitôt le duc d'York prescrit au

____

(1) Tous ces détails de la marche du 16 août sont empruntés à Dit-fürth. *Loc. cit.*

colonel de Prüschenck de réoccuper Roubaix en lui pro-
mettant de le renforcer par un bataillon et trois obusiers. Comme ce soutien tarde trop à venir, Prüschenck
brusque l'attaque de la façon suivante : une compagnie
de chasseurs hessois sous le capitaine Ochs, avec une
fraction du bataillon Colloredo, est chargée de tourner
Roubaix par le Nord, en cherchant à pénétrer dans la
ville par la porte de Mouveaux, pendant que le reste du
détachement se dirigera sur la porte de Watreloos.
L'avant-garde de cette dernière fraction (200 hommes
environ sous le commandement du capitaine de
Thrimmel) entre d'emblée dans Roubaix au moment
même où le capitaine Ochs force la porte de Mouveaux.
Nos troupes, se voyant prises à revers, se replient sur
Croix, abandonnant leurs morts et leurs blessés.

A la suite de cette affaire, Prüschenck restait dans
Roubaix les 16 et 17 août, couvrant ainsi dans cette
direction le camp de Tourcoing (1), que l'armée d'York
ne devait pas quitter avant le 18 au matin, pour continuer sa marche sur Dunkerque.

Dans la soirée du 16 août, la division des forces et la
divergence des efforts, contre lesquelles Cobourg s'était
si vivement élevé, étaient donc réalisées. Celui-ci, ne
disposant plus que de 35,000 hommes environ, allait
poursuivre de son côté l'exécution de son plan du

---

(1) Ditfürth critique vivement l'emplacement choisi par l'état-major
du duc d'York pour l'installation du camp aux abords de Tourcoing.
« On avait installé ce camp, écrit-il au pied d'une hauteur, sur un terrain coupé de jardins, de prairies encloses et de fossés pleins d'eau,
de sorte que les bataillons durent construire à grand'peine des moyens
de communication, et l'on peut dire que la moindre alerte eût provoqué un grand désordre et occasionné très probablement au moins la
perte des bagages. Heureusement ajoute-t-il, la garnison de Lille,
quoique fort nombreuse ne fit aucune entreprise contre le camp de
Tourcoing. » (Tome Ier, page 76.)

3 juillet et mettre le siège devant le Quesnoy. Mais, avant d'étudier les opérations ultérieures de ces deux corps d'York et de Cobourg, il convient de revenir à l'armée française, que nous avons laissée le 10 août au camp de Biache. Les motifs qui ont permis aux alliés de séparer impunément leurs forces en deux parts égales apparaîtront ainsi plus clairement.

CHAPITRE VII.

Houchard prend le commandement de l'armée du Nord et des Ardennes.

Biographie de Houchard; traits généraux de son caractère et de sa personnalité; sa prise de commandement; ses hésitations. — Intervention du Gouvernement dans le choix d'un nouveau plan d'opérations.

Houchard, nommé au commandement de l'armée du Nord et des Ardennes par décret du 1er août, arrivait à Vitry dans la soirée du 9, et prenait possession de son commandement le 10 août. En ce jour, anniversaire de la proclamation de la République, les troupes étaient en fête et prêtaient un serment solennel, ainsi formulé : « Nous jurons de vivre libres ou de mourir ; de maintenir la liberté, l'égalité, l'unité et l'indivisibilité de la République et de défendre de toutes nos forces la constitution qui sera acceptée par la nation française. » L'instant où ce serment devait être prononcé était annoncé par des salves d'artillerie aux différentes unités rassemblées sur les fronts de bandière.

L'enthousiasme provoqué par cette cérémonie paraît avoir été assez vif, surtout au camp de Carignan, où les représentants du peuple avaient accordé, sur l'invitation des chefs, une somme de vingt sols à chaque sous-officier et soldat pour boire au salut de la République. « Je ne vous dissimulerai pas, déclare le représentant Perrin (1), que cet article n'a pas peu contribué à

---

(1) Voir aux documents annexes la lettre de Perrin ainsi que le discours prononcé à cette fête par le curé d'Yvoi-Carignan. Le lyrisme débordant auquel ce prêtre s'abandonne ne manquera pas d'intéresser le lecteur.

rendre la fête agréable aux soldats. » Cependant celui qui venait exercer l'autorité suprême ne pouvait s'associer franchement à l'allégresse générale, car il sentait peser lourdement le fardeau d'une responsabilité écrasante qu'il n'avait point recherchée. Écœuré par les calomnies de toutes sortes qui avaient éclaboussé son honneur de soldat et terni l'éclat d'un passé pur et sans tache, Houchard avait, comme on sait, demandé au ministre qu'on ne lui imposât pas la fonction de général d'armée. Cependant, en bon militaire, il avait obéi d'abord aux ordres de la Convention et s'était mis aussitôt en route.

La destinée plaçait ainsi sur le chemin de l'échafaud ce patriote sincère, qui ne possédait ni la fermeté de caractère ni les qualités de commandement nécessaires pour dominer les événements tragiques dont il allait être le jouet, puis la victime.

1° *Biographie de Houchard* (1). — Jean-Nicolas Houchard avait six pieds de haut, des manières âpres, l'œil terrible, l'allure fière et sauvage, le visage défiguré par trois estafilades et par une plaie d'arme à feu, la bouche déplacée et remontant vers l'oreille gauche, la lèvre supérieure fendue en deux, la joue droite sillonnée de deux balafres parallèles... Il était d'origine germanique ; ses aïeux avaient francisé leur nom, dont la forme primitive est Huschard. Il naquit à Forbach (le 24 janvier 1738) et passa sa jeunesse à Sarrebourg, où son père exerçait un emploi dans l'administration des subsistances militaires... Enrôlé au régiment de Royal-Allemand-cavalerie (4 novembre 1755) ; sous-lieutenant de grenadiers, puis cornette aux volontaires de Hainaut, il prit part aux six campagnes de la guerre

---

(1) M. Chuquet a fait (tome XI, pages 96 et suivantes, *loc. cit.*) un portrait magistral de Houchard. La biographie que nous donnons ici est empruntée en entier à cette peinture.

de Hanovre et reçut, à Sondershausen, un coup de feu à
la cuisse et à Minden, outre une contusion à la jambe,
trois coups de sabre sur la tête. Sous-lieutenant aux
dragons de la légion 'de Lorraine (24 avril 1763), il se
distingua de nouveau par son intrépidité dans l'expédition de Corse. Il avait eu la mâchoire fracassée par un
coup de fauconnier et s'était fait panser lorsque les
ennemis attaquèrent le village où se trouvait l'ambulance ; il sortit de son lit et le chef emmailloté, rejoignit
son peloton, qu'il anima de son exemple. Promu premier lieutenant (20 août 1770), puis lieutenant avec
rang de capitaine au 3e régiment de dragons, alors
Bourbon-dragons (8 avril 1779), nommé chevalier de
Saint-Louis (19 août 1781), il avait épousé la fille du
notaire de Sarrebourg, Catherine Henriet, et songeait à
demander sa retraite et à vivre désormais sur son bien.
La Révolution éclata. Houchard était en garnison à
Ardres, dans le Pas-de-Calais. « Il n'y a pas moyen,
marquait-il à sa femme, de quitter dans des moments
où la patrie est en danger ; il faut que tout Français la
défende de son pouvoir. » Pourvu d'une compagnie
(le 15 septembre 1791), il fut envoyé à l'armée du Rhin.
Custine, qui possédait la faïencerie de Niderviller, près
de Sarrebourg, avait noué, depuis trente ans, avec
Houchard des relations de voisinage et d'amitié ; il le
choisit pour aide de camp (15 octobre 1791). Nommé
colonel du 2e régiment de chasseurs à cheval en 1792,
Houchard s'éleva en six mois jusqu'aux premiers
grades : général de brigade le 1er décembre 1792 et de
division le 8 mars suivant, il obtint, le 29 avril 1793, le
commandement de l'armée de la Moselle.

Traits généraux de son caractère et de sa personnalité.
— Soldat dans toute l'acception du terme, car il était à
la fois brave, franc, loyal, vigoureux et actif, Houchard
avait un goût véritable pour la carrière des armes, où il

s'était montré un excellent instructeur, préoccupé surtout de maintenir, en toutes circonstances, parmi ses
subordonnés, une discipline exacte et rigoureuse. Mais
son intelligence naturelle n'avait été développée ni par
l'éducation, ni par l'instruction, et l'activité de son
esprit ne s'était jamais appliquée qu'aux menus détails
du service. Aussi tous ceux qui le virent à l'œuvre (1)
ont-ils exprimé l'opinion que les qualités de son caractère et sa culture intellectuelle ne le désignaient nullement pour exercer le commandement en chef d'une
armée. Houchard avait d'ailleurs conscience de sa
propre faiblesse, et il avouait qu'il ne pourrait rien
faire s'il n'était entouré et secondé par un état-major
dont la capacité fut notoire.

On avait dit avec raison de ce général qu'il n'aimait ni
les nobles ni les rois, et que, comblé de faveurs par le
régime nouveau, il s'efforcerait toujours de s'en montrer digne et de prouver sa reconnaissance. Cependant,
à la fin de juillet 1793, ses opinions étaient devenues
suspectes; on reprochait alors à cet ancien commandant
de l'armée de la Moselle, ses relations avec Custine et
sa retraite précipitée après qu'il eut marché trop tardivement au secours de Mayence. On l'accusait même
« d'avoir plongé son épée dans le sein d'un soldat coupable d'avoir volé un chou sur le territoire ennemi (2) »,
et les représentants du peuple avaient prêté l'oreille à
ces sottes calomnies colportées par quelques volontaires
mécontents.

De sorte que le nouveau chef de l'armée du Nord,
doutant de lui-même et sentant qu'il perdait la confiance

---

(1) Voir à ce sujet les appréciations de Custine, Xavier Audouin.
Lacoste, Guyardin, Delbrel et Legrand, pages 99 et suivantes du tome II
de M. Chuquet.

(2) Voir aux documents annexes les lettres de Lacoste et Guyardin,
4 et 6 août. A. H. G. Armée de la Moselle.

du gouvernement révolutionnaire, prenait son commandement dans des conditions lamentables au double point de vue technique et politique.

Le choix des pouvoirs publics n'était donc pas justifié, car pour ceux-là, du moins, qui dénient toute vertu propre à l'improvisation et croient seulement à l'efficacité du labeur patient et méthodique, il est certain, *a priori*, que Houchard, malgré son zèle patriotique et son désir de bien commander, ne pouvait tirer de lui-même ce que la nature et le travail personnel n'y avaient pas au préalable déposé et développé (1).

En fait, dans la conception, son esprit tâtonnera, hésitera ; en face des responsabilités, celui qui devait

---

(1) Gay Vernon, qui fut le collaborateur immédiat et le conseiller fort écouté de Houchard, a porté sur son chef le jugement suivant :

« Houchard était fils de ses œuvres. A cette époque, personne n'était encore parvenu si rapidement et n'était monté si haut que lui. Officier de fortune dans le régiment Bourbon-dragons, la Révolution l'avait pris au grade de capitaine, et, dans l'intervalle de moins de deux ans l'avait fait général en chef. Les troupes le suivaient avec confiance, parce qu'il montrait cette vigueur de corps qui rend un sabre si léger à manier, ce courage de tête et de cœur qui ne faillit jamais et cette hardiesse naturelle qui rend un chef si brillant aux yeux de ses subordonnés ; en toute rencontre, ses actions ne démentaient pas ses paroles, tant soit peu fanfaronnes. Les soldats aimaient sa rudesse, sa jactance, sa pauvreté républicaine, ses habitudes guerrières et jusqu'à la profonde et longue balafre qui sillonnait son visage. Houchard possédait à un degré très élevé les qualités d'un général d'avant-garde ; mais le poids d'un commandement en chef excédait sa capacité ; dès les premiers jours il en parut anéanti. Arrivé trop vite et trop haut, il se troubla ; ses facultés l'abandonnèrent ; et, lorsque toute force et toute décision devaient venir de lui, il chercha parmi ceux qui l'entouraient des conseils et des appuis. Les officiers qui avaient vu Houchard à l'armée du Rhin connaissaient sa bravoure, son désintéressement et sa loyauté ; on savait son dévouement illimité au gouvernement conventionnel ; car il croyait que jamais ses services ne pourraient égaler les bienfaits qu'il en avait reçus. » (Mémoires, *loc. cit.*, page **228**.)

ordonner, demandera des conseils ou des ordres. Dans l'action, la crainte du vertige l'obligera à quitter la cime trop haute où le hasard des circonstances avait marqué sa place, et nous le verrons rechercher dans une tâche plus modeste l'occasion d'employer ses véritables aptitudes. C'est ainsi qu'à Hondtschoote, ce chef d'armée se conduisit comme un commandant de division.

De cette constatation, il se dégage, au point de vue du choix des généraux, une leçon de choses dont la portée dépasse de beaucoup la personnalité de Houchard et dont les enseignements appellent les méditations de tous.

Sa prise de commandement. — Dès son arrivée à Vitry, Houchard s'occupa de constituer son état-major ; la mesure était urgente, car les représentants Niou et Billaud-Varennes avaient fait arrêter, dans la nuit du 9 au 10, Des Brulys, chef d'état-major de Kilmaine, l'adjudant général Chérin et quelques adjoints à l'état-major (1). Naturellement son choix se porta sur ceux de ses camarades qu'il avait connus au cours de sa carrière

---

(1) En outre, ces deux représentants avaient apposé les scellés sur les registres d'ordre et de correspondance, saisis dans une cuisine où le bureau de l'état-major était installé. Houchard fit du reste réclamer ces papiers à Billaud-Varennes mais celui-ci refusa de les rendre et les envoya au Comité de Salut public, afin que l'on sût, disait-il avec quelle coupable négligence on servait à l'armée du Nord. « En vain l'adjudant général Gay Vernon fit observer que dans un bourg et dans un premier moment d'installation, on se logeait comme on pouvait et non pas comme on voulait ; que le bureau avait été établi dans une cuisine, parce que cette cuisine avait paru la seule pièce assez grande dans la maison qu'occupait le chef d'état-major ; que, d'ailleurs, deux sentinelles en gardaient les portes et que deux officiers couchaient dans l'intérieur. Billaud-Varennes fut inflexible et les registres de l'état-major firent le voyage de Paris. » (Mémoires de Gay Vernon, page 230.)

ou qui avaient été ses collaborateurs aux armées du Rhin ou de la Moselle. C'est pourquoi il demanda au Ministre de la guerre de faire venir à l'armée du Nord les officiers ci-dessous désignés :

1° Comme chef d'état-major, le général Berthelmy, alors employé à l'armée de la Moselle (1) ;

2° « Pour instruire le soldat en lui faisant aimer ses devoirs, lui seul étant capable de donner en six semaines à l'armée du Nord une instruction suffisante pour qu'elle puisse tenir en plaine », le général de division Schauenbourg, également en fonction à l'armée de la Moselle (2) ;

3° Le général de brigade d'Omerschwiller, « parce qu'il était un officier du plus grand mérite pour le service d'avant-garde et les coups de main ». Cet officier servait également à l'armée de la Moselle ;

4° Le général Kilmaine ; « j'en ai le besoin le plus

---

(1) Étienne-Ambroise Berthelmy (son acte de naissance porte Berthellemy), né le 24 septembre 1764 à Vauvillers (Haute-Saône), était, à la Révolution, sous-ingénieur des ponts et chaussées à Tulle ; capitaine de grenadiers au 1er bataillon de la Corrèze en 1791 ; adjoint aux adjudants généraux de l'armée du Rhin en 1792 ; adjudant général chef de bataillon le 29 avril 1793 ; adjudant général chef de brigade le 15 juillet 1793 ; général de brigade le 30 juillet 1793 et employé comme chef de l'état-major de l'armée du Nord ; suspendu le 22 septembre 1793 par le Conseil exécutif mis en état d'arrestation et emprisonné à l'Abbaye jusqu'au 9 thermidor an II ; réintégré dans son grade à la nouvelle organisation des états-majors le 25 prairial an III et désigné pour l'armée des Pyrénées-Occidentales, il refuse de rejoindre pour raisons de santé ; il est cependant maintenu dans ses fonctions le 10 brumaire an IV ; entre temps il s'est retiré à Tulle ; rentré dans le service des ponts et chaussées, il abandonne complètement l'état militaire ; fait partie du conseil des Cinq-Cents en l'an VI ; reste à l'écart sous l'Empire ; chevalier de Saint-Louis le 19 juillet 1814 ; admis au traitement de réforme le 20 août 1814 ; mort à Paris en 1841.

(2) M. le capitaine Colin a publié une étude complète sur le général Schauenbourg intitulée « *Tactique et discipline dans les armées de la Révolution*. (Librairie Chapelot, 1902.)

pressant, écrivait Houchard ; il connaît bien la frontière et a la confiance des troupes ; je le chargerai de l'avant-garde » ;

5° Enfin il est indispensable, mandait-il à Bouchotte, que les généraux et adjudants généraux demeurés à Paris soient invités à rejoindre l'armée « *afin de remédier au si grand délabrement des états-majors* (1) ».

D'autre part, le nouveau commandant en chef s'efforçait de rétablir l'ordre et la discipline parmi les troupes du camp de Biache ; les ordres journaliers du 10 au 18 août contiennent, à ce double point de vue, des prescriptions nombreuses dont on peut retenir les suivantes :

Les absences des officiers et des soldats qui quittent trop souvent leurs postes sont réglementées ;

Les conducteurs de charrois qui pillent les fourrages, et les soldats qui se portent à des excès vis-à-vis de leurs concitoyens sont menacés de la rigueur des lois ;

Le droit de réquisition est retiré aux officiers, à cause des abus qui ont été constatés ;

L'établissement des feuilles de prêt et le payement de la solde sont soumis à certaines formes administratives ;

Les femmes, qui sont en surnombre à la suite de l'armée, doivent être barbouillées de noir, promenées dans le camp, et chassées ;

Les généraux, qui ne veillent pas à la conservation des armes, se mettent dans le cas d'être punis ;

La gendarmerie s'emparera de tous les chevaux qui seront trouvés dans les champs où il y a des blés, de l'avoine ou autres productions de la terre ;

La distribution de l'avoine sera faite désormais sur le vu de bons réguliers ;

---

(1) Desbrulys ayant été arrêté dans la nuit du 9 au 10, et Berthelmy n'ayant pris ses fonctions que le 14, les fonctions de chef d'état-major de l'armée du Nord furent exercées, pendant ce temps, à titre intérimaire, par l'adjudant général Thüring.

L'approche des camps est interdite à tous ceux qui ne possèdent pas un laisser-passer, etc...

Houchard expose en outre au ministre que « l'ignorance des officiers a produit de grands maux » lors de la retraite du 8 août. Il espère bien, néanmoins, se tirer de ce « labyrinthe affreux », grâce à l'activité qui y sera portée, mais c'est à la condition qu'on l'aidera dans cette tâche en lui donnant le plus de secours possible, « surtout en cavalerie ». Ainsi les deux régiments de carabiniers qui sont sans utilité à l'armée de la Moselle, dans un pays couvert et coupé, lui rendraient les plus grands services. Qu'on organise rapidement les dépôts de cavalerie, écrit-il, et qu'on envoie assez de troupes à cheval pour tenir tête à cette cavalerie énorme des alliés qui étonne l'infanterie de l'armée du Nord et paralyse ses mouvements, tout en masquant complètement ceux des coalisés. Qu'un corps de gardes nationaux en réquisition soit armé et rassemblé sur la Somme, entre Saint-Quentin et Origny, par exemple, pour couvrir Paris, puisque la marche rapide de l'ennemi n'a pas permis d'occuper en temps utile la position située aux sources de l'Escaut ; sinon un corps de cavalerie alliée pourrait semer la dévastation et alarmer les populations de plus de vingt départements et jusqu'aux portes de Paris.

Enfin, il faut que les places de Douai, Saint-Omer et Lille soient approvisionnées le plus rapidement possible en poudres, blés et avoines et qu'elles soient en mesure de satisfaire à la fois à leurs besoins respectifs et à ceux de l'armée (1).

Ses hésitations. — En exprimant ces desiderata au Ministre de la guerre, aux représentants du peuple ou

----

(1) Les lettres dans lesquelles ces desiderata sont exprimés ont été reproduites aux documents annexes, dans l'ordre chronologique.

au Comité de Salut public, le nouveau commandant en chef comprenait bien que toutes ces lacunes organiques ne pouvaient pas être comblées immédiatement. Or, l'ennemi était là, tout près, victorieux et menaçant. Où porterait-il ses coups désormais ?

Houchard ne réussit pas à discerner les desseins de ses adversaires : « les ennemis font des mouvements de toutes parts », écrit-il, et son peu de confiance dans le succès confine au désespoir. Considérant tout d'abord que l'effort des coalisés se portera soit sur la forêt de Mormal, soit sur Lille, il estime que les troupes déjà placées en ces points sauront bien défendre leurs postes. Cependant le voisinage d'York et de Cobourg ne cesse pas d'être inquiétant.

Le 11 août, Houchard craint que les places du Quesnoy et de Landrecies ne soient attaquées, et comme il ne peut renforcer lui-même le corps d'Ihler, à Hecq, il ordonne au général Wisch, commandant la 2e division des Ardennes au camp d'Yvoi-Carignan, d'envoyer 3,000 hommes de ses propres troupes à Maubeuge, où ils seront à la disposition du général Gudin.

Celui-ci se concertera avec Ihler pour défendre cette partie de la frontière.

Le 12, la marche du duc d'York vers le Nord permet de supposer que la communication entre Douai et Lille est menacée ; aussitôt Houchard envoie Romanet (1) occuper

---

(1) Joseph Romanet, chevalier du Caillaud, né le 4 décembre 1748 à Limoges (Haute-Vienne) ; soldat au régiment de Périgord (infanterie) le 1er mai 1764 ; sous-lieutenant le 18 août 1766 ; lieutenant le 17 août 1770 ; lieutenant de la compagnie Colonelle le 17 juillet 1774 ; passé par incorporation au régiment de La Marche (devenu Conti, puis 81e d'infanterie) le 26 avril 1775 ; capitaine en second le 24 juin 1780 ; chevalier de Saint-Louis le 5 octobre 1788 ; capitaine commandant le 22 juin 1789 ; lieutenant-colonel du 45e régiment d'infanterie le 2 juin 1792 ; nommé provisoirement colonel par le général en chef Dampierre le 7 avril 1793 ; général de brigade à l'armée du Nord le 15 mai

« *la charmante position de Mons-en-Pevel* » avec mission de maintenir cette communication et de couvrir le passage de la Deule (1).

Intervention du gouvernement dans le choix d'un nouveau plan d'opérations. — Tandis que l'esprit du général en chef hésitait entre ces diverses hypothèses, le gouvernement intervenait comme il suit dans le choix d'un nouvel objectif. Dès le 11 août, « sur la communication de vues importantes présentées par Carnot au sujet de la situation de l'armée du Nord, le Comité de Salut public arrêtait que celui-ci se rendrait sur-le-champ à cette armée pour conférer avec le général Houchard. Carnot partirait avec un courrier qui rapporterait dans le plus bref délai au Comité les résultats de cette conférence (2) ».

Aussitôt arrivé à Vitry, Carnot se présentait au quartier général avec le représentant Letourneur. « Sa commission était expresse, écrit ce dernier le 16 août (3), et il partit avant-hier soir pour se rendre au Comité de

---

1793 ; suspendu de ses fonctions le 15 septembre 1793 ; réintégré dans son grade et employé à l'armée de l'Intérieur le 13 juin 1795 ; employé dans le département d'Eure-et-Loir le 14 septembre 1795 ; suspendu de nouveau et autorisé à prendre sa retraite le 19 octobre 1795 ; membre de la Légion d'honneur le 4 février 1810, officier le 12 octobre 1814 ; mort à Paris le 11 décembre 1829.

(1) Cette brigade comprenait 300 dragons et neuf bataillons savoir :

Le 1er de l'Aube, le 1er du 104e, le 3e de l'Yonne ;

Le 1er de la réserve, le 3e du 78e, le 25e de la réserve ;

Le 1er de Seine-et-Oise, le 1er du 72e, le 3e de Seine-et-Oise.

Elle quittait le camp de Biache le 13 dans l'après-midi, couchait au camp de Sin (près Douai) et repartait le 14 à la pointe du jour pour venir s'installer sur la susdite position qui devait être mise en état de défense.

On avait rattaché à cette brigade deux pièces de 8 et deux obusiers.

(2) Charavay. Correspondance de Carnot, tome II, page 451.

(3) Charavay. Correspondance de Carnot, tome II, page 452.

Salut public. Si le Comité a adopté les mesures qu'il a proposées au général et que Vernon et le général avaient de leur côté arrêtées et qui se sont trouvées parfaitement semblables, *nous ne tarderons pas à voir la Belgique.* »

Voici d'ailleurs, d'après les instructions adressées par Houchard le 13 août à Barthel et à Jourdan (1), en quoi consistait cette combinaison qui provoquait l'enthousiasme de Letourneur.

Le plan est de s'emparer de Furnes, de Nieuport et de brûler le port d'Ostende ; après quoi, ayant ainsi « produit une diversion fort intéressante, le corps expéditionnaire se retirera, non sans avoir ramassé le plus possible de butin ».

A cet effet, Barthel fera filer secrètement du côté de Ghyvelde et de Cassel toutes les troupes inutiles dans les places ; il formera ainsi deux colonnes : l'une, de 4,000 hommes environ, marchera sur Menin par la rive gauche de la Lys; l'autre, de 12,000 hommes au moins, sera commandée par Barthel lui-même qui l'emploiera suivant un projet d'opérations à débattre, le 15, entre lui, Béru et Jourdan au camp de la Madelaine.

Béru, l'adjudant général Dupont et le général Jourdan attaqueront, pendant ce temps, les troupes anglaises et hollandaises campées « en avant de la communication de Lille et Douai », c'est-à-dire au nord-est de Lille, afin que celles-ci ne puissent s'opposer à l'opération tentée contre Ostende par Barthel. Béru et Dupont disposeront à cet effet chacun d'une colonne constituée à l'aide des troupes stationnées au camp de la Madelaine. Quant à Jourdan, il aura sous ses ordres un corps de 8,000 hommes dont on fera connaître plus loin

---

(1) Ces instructions sont reproduites *in extenso* aux documents annexes. Elles révèlent l'état d'âme de Houchard qui, craignant les responsabilités, rechercha, avant d'agir, l'approbation des représentants en mission.

la composition et les mouvements ; en outre, Jourdan est autorisé à déplacer quelque peu, pour servir ses projets, les troupes placées au camp de Mons-en-Pevel sous le commandement du général Romanet.

On reconnaît aisément, dans l'économie de ce plan, la part énorme qui est due à l'influence de Carnot, lequel n'avait pas cessé, depuis le mois d'avril précédent, de préconiser une expédition de ce genre.

Bien que la première offensive dirigée vers la Flandre maritime eût échoué assez piteusement en mai 1793, ce représentant du peuple n'avait pas abandonné son idée favorite ; déjà, vers la fin de juillet, il avait fait décider qu'une nouvelle opération serait tentée contre Furnes en partant de Lille. Aussi, lorsque la capitulation de Valenciennes vint en interdire l'exécution, Carnot ne dissimula ni ses regrets ni son dépit. « Si l'on eût marché sur Ostende quand je le voulais, écrivait-il alors à Lesage-Senault (1), l'état des choses serait bien différent. »

Dès son retour à Paris, Carnot n'avait donc pas manqué d'exposer au Comité de Salut public tous les avantages que nous procurerait cette tentative, et il n'avait pas eu de peine à faire adopter son idée, dans un moment où personne ne savait quel parti prendre. Quant aux espérances que l'on faisait reposer sur le succès de cette diversion, soi-disant intéressante, elles paraissent peu justifiées. Comment en effet admirer cette manœuvre qui a pour objet l'incendie de quelques navires ou le pillage de deux ou trois villes, alors que, depuis cette époque, un maître de l'art de la guerre a pratiqué une stratégie différente, mais combien plus exacte ? L'armée du Nord a devant elle une armée ennemie qui se fractionne en deux corps de 35,000 hommes environ ; l'intervalle qui sépare ces deux

---

(1) Charavay. Tome II, page 428.

groupes doit s'augmenter chaque jour. Et voilà que, au lieu de tirer parti de cette faute en attaquant l'une des deux masses, on imagine de causer aux alliés un dommage matériel, en un point où l'on ne courra pas le risque d'avoir à livrer bataille. En quoi le succès d'une telle razzia pouvait-il influencer l'issue de la lutte puisqu'il eût laissé intactes les forces agissantes de l'ennemi ?

Bien mieux si, ne discutant plus le choix de l'objectif, on examine les dispositions qui furent adoptées pour atteindre celui-ci, l'esprit n'est pas davantage satisfait. Cinq colonnes partant de cinq points différents, dispersées sur un front de 90 kilomètres environ, doivent agir en combinaison contre des objectifs tantôt communs, tantôt distincts : le *concert* de tous ces mouvements, si c'est bien un *concert*, doit être réglé par des conseils de guerre qui seront tenus le 15 en présence des représentants du peuple. N'est-il pas évident que ce champ d'action était trop vaste et la dispersion des colonnes trop grande pour que l'exécution fût conforme à la conception ? Il faut donc regretter qu'on ait ainsi consacré cinq jours à la préparation d'un plan dont l'objet essentiel était en somme de *faire une niche* à l'ennemi. De telles lenteurs et de tels projets laissaient aux coalisés toute facilité pour agir à leur guise et ils ne manquèrent pas d'user largement de cette liberté.

D'autre part, l'analyse de ce projet d'opérations prouve que le sens et la nature des mouvements des alliés ont échappé jusqu'au 16 août à la perspicacité du commandement français.

Bouchotte n'a d'ailleurs pas été plus clairvoyant. « Les nouvelles que vous me donnez des ennemis, écrit-il le 16 août à Houchard (1), prouvent que l'on a bien fait de soutenir Lille et Douai et que leur mouvement sur

---

(1) Cette lettre est reproduite *in extenso* aux documents annexes.

Cambrai n'avait pour objet que de nous faire dégarnir nos ailes ; heureusement que nous *serons en force partout*..... J'attends avec impatience des nouvelles de l'exécution du projet contenu dans vos lettres à Barthel et Jourdan ; j'espère qu'il aura bien réussi. Cette diversion n'aura pu que produire un bon effet. »

Cependant, à la date du 17 août, Houchard montrant enfin plus de discernement, écrivait au Ministre de la guerre (1) que, Barthel n'ayant pas assez de forces disponibles, le plan de Carnot devait être abandonné. Le projet offensif en vue duquel les trois généraux Barthel, Béru et Jourdan avaient dû se concerter se réduirait, dès lors, à des coups de main, s'il était possible de les exécuter ». Il s'agit maintenant, au dire du commandant en chef de l'armée du Nord, *de contenir la majeure partie des forces alliées que l'Angleterre a vraisemblablement attirées sur la Flandre maritime dans le but de s'emparer de Dunkerque.* Houchard espère d'ailleurs que « si les renforts de l'armée de la Moselle arrivent promptement », il lui sera possible de faire échouer cette tentative.

De sorte que le général en chef, renonçant à l'expédition d'Ostende, est résolu désormais à attendre que la venue de nouvelles troupes lui permette de prendre l'offensive dans la Flandre maritime. Jusqu'à ce moment, il conservera une attitude passive.

Cependant une rencontre se produisait dès le 18, parce que l'armée hollandaise, prononçant un mouvement offensif dans un but que nous indiquerons au chapitre suivant, se heurtait aux reconnaissances que Jourdan et Béru lançaient ce jour-là. Quoi qu'il en soit, nous devons constater que la période du 13 au 17 août fut vainement employée à la préparation d'une opération qui, en fin de compte, ne fut pas exécutée.

---

(1) Cette lettre est reproduite *in extenso* aux documents annexes.

CHAPITRE VIII.

L'affaire de Linselles, 18 août 1793 (carte n° 3).

Jourdan conduit à Lille une division de nouvelle formation. — L'affaire de
Linselles : York marche le 18 de Tourcoing sur Menin. — Intervention du contingent hollandais; exécution de l'opération. — Conclusions.

*Jourdan conduit à Lille une division de nouvelle for-
mation.* — On sait que Houchard avait ordonné, dès le
13 août, en vue de l'exécution du projet inspiré par
Carnot, la constitution d'une nouvelle division qui
devait être conduite par Jourdan, jusque sous les murs
de Lille, où elle manœuvrerait conformément aux instructions du général Béru.

D'après les ordres du général en chef (1), cette grosse
unité se composa :

1° Du reste de la division des Ardennes (2) :

  5° des Vosges 10° Seine-et-Oise

  45° rég.   47° rég.

  10° de Paris 2° de la Vienne

2° De la 1/2 brigade du 19° :

  1ᵉʳ de St-Denis

  1ᵉʳ du 19°

  6° de Paris.

3° D'une compagnie d'artillerie légère de 2 pièces de
12, de 2 pièces de 8 et de 2 obusiers.

4° Du 12ᵉ régiment de chasseurs.

Le 14, ces troupes venaient camper sur les hauteurs

---

(1) Registre de correspondance, tome III, A. H. G.

(2) Le 12 août le 2° bataillon des Ardennes était venu tenir garnison
à Péronne et le 3° bataillon des Ardennes à Saint-Quentin.

de Mons-en-Pévèle; le 15 elles installaient leurs tentes entre Templemars et Séclin, protégées par une grand'garde de 20 cavaliers et 50 fantassins postée à Grand-Ennetières (1).

Le 16, la division séjournait sur cette position, et le 6e régiment de cavalerie se rendait du camp de Biache au faubourg de la Madelaine, pour y prendre les ordres du général Béru.

Le 17, le camp de Séclin était levé et les troupes de Jourdan se dirigeaient sur Lille (2), le 12e chasseurs à cheval et le 4e bataillon de l'Aisne formant l'arrière-garde.

Ce même jour, on mettait à la disposition de Jourdan les unités désignées ci-dessous en *italique* et prélevées sur les troupes du camp de Biache, où la présence d'une avant-garde sur la rive droite de la Scarpe était devenue moins nécessaire depuis la séparation d'York et de Cobourg. Dans la nuit du 17 au 18, tout l'ensemble était installé dans les conditions suivantes :

---

(1) L'ordre d'avant-postes contenait la prescription suivante : « de jour, le détachement de cavalerie se tiendra en avant de celui d'infanterie et la nuit se retirera derrière ».

(2) L'ordre de mouvement était ainsi conçu : Registre $\frac{1a}{38}$. 16 août 1793.

Au corps composant la division des Ardennes.

L'armée lèvera le camp demain matin.

La générale sera battue à 4 heures, l'assemblée à 5 heures et le rappel à 5 h. 30. La colonne sera mise en mouvement à 6 heures.

Au signal de la générale on détendra les tentes, on chargera les voitures.

Les équipages seront assemblés à 5 heures à la gauche du camp. Ils partiront de suite pour marcher sur Lille. Ils s'arrêteront à l'entrée du faubourg des Malades où ils attendront des ordres.

Les campements partiront à 5 heures et seront conduits par le lieutenant-colonel du 47e régiment. Ils se dirigeront sur Lille et s'arrêteront à l'entrée du faubourg des Malades jusqu'à ce que l'adjoint Latasche vienne les prendre pour tracer le camp.

Les trois demi-brigades d'infanterie campent sous les murs de Lille, au faubourg des Malades (1); elles sont couvertes vers le sud et le sud-est par : le 12e chasseurs à cheval cantonné au faubourg Notre-Dame de Lille, le *4e hussards* à Séclin, le *3e bataillon franc* à Ronchin, le *15e bataillon* d'infanterie légère à Lezenne, le *4e bataillon* de l'Aisne à Thumesnil, le *3e bataillon* de l'Oise à Fache, d'où il détache 200 hommes à Lesquin, lesquels se couvrent eux-mêmes par une grand'garde ; un escadron du 4e hussards est adjoint au détachement de Lesquin.

Dans la matinée du 18 août, on exécute les mouvements suivants :

a) La demi-brigade du 45e, 1 escadron du 6e régiment de cavalerie, 2 pièces de 8 et 1 obusier se rendent au faubourg de la Madelaine ;

b) Le 4e bataillon de l'Aisne vient se mettre à la disposition du chef de brigade Meunier, commandant à Pont-à-Marq ;

c) Le 6e régiment de cavalerie se rend à Wambrechy près Marquette ;

d) Le 12e chasseurs, une demi-compagnie d'artillerie légère, 200 hommes prélevés sur le 3e bataillon franc, 200 hommes appartenant au 15e bataillon d'infanterie légère sont réunis le 18, à 5 h. 30 du matin, à la gauche du camp du faubourg des Malades, où ils se tiennent, ainsi que la demi-brigade du 19e, prêts à marcher sous les ordres du général Desroques, chargé d'une mission spéciale ;

e) Une demi-brigade prélevée sur les flanqueurs de

____

(1) Le 17 août on se mit en marche et ce corps fut camper sous les murs de Lille, sur le glacis entre le faubourg des Malades et celui de Notre-Dame. Je fis le soir une reconnaissance en avant de nos avant-postes qui occupaient les villages d'Hellemmes, Lezenne, Lesquin, etc. (Mémoires du colonel Leclaire, page 80.)

droite du camp de Biache, et comprenant le 2ᵉ bataillon
de la Meurthe, le 1ᵉʳ du 56ᵉ et le 3ᵉ de la Meurthe, franchit le canal de Lille à Douai au pont d'Auby et se rend
le plus vite possible à Lille, où elle sera aux ordres de
Jourdan ;

f) La demi-brigade du 47ᵉ est invitée à se tenir prête
à marcher ; elle devra coucher tout habillée et s'assem-
blera au premier coup de baguette ; le parc d'artillerie
restera attelé.

D'autre part, le général Houchard renforce le camp
de Mons-en-Pévèle en y envoyant, le 18, une demi-
brigade d'infanterie composée du 1ᵉʳ bataillon de la
Marne, du 2ᵉ du 45ᵉ régiment et du 3ᵉ de la Marne ; ce
mouvement étant urgent, la demi-brigade quittera les
flanqueurs de droite, dont elle faisait partie, sans
attendre ses effets de campement qui seront transportés
à Mons-en-Pévèle, par les soins du commissaire ordonnateur.

Le 1ᵉʳ bataillon de Molière et 2 pièces de 8 rejoin-
dront également les troupes placées sous le commandement du général Romanet.

Les vides produits au camp de Biache par ces divers
renforcements sont en partis comblés de la façon suivante (1) :

Le 19ᵉ chasseurs à cheval vient d'Arras à Mouchy-
Preux ;

Les cuirassiers se rendent d'Arras à Vitry ;

Le 17ᵉ de cavalerie vient d'Arras à Brébières ;

Le 6ᵉ bataillon de l'Yonne se rend de Péronne à
Arras ;

Le 6ᵉ bataillon du Calvados vient de Péronne au camp
de Biache ;

---

(1) On trouvera aux documents annexes le texte de tous ces ordres
de mouvement.

Le 5e régiment de hussards, ci-devant Lauzun, se rend à Pallué, aux flanqueurs de gauche, sous les ordres du général Collaud.

Il résulte de ces divers mouvements, ordonnés depuis le 11 août jusqu'au 18 inclus, que peu à peu le tiers environ des troupes réunies au camp de Biache s'est déversé vers le nord, pour ainsi dire goutte à goutte, au fur et à mesure de la marche d'York sur Dunkerque.

25 bataillons, venus pour la plupart des flanqueurs de droite, de l'avant-garde, ou de la division du Nord, c'est-à-dire des groupements qu'on pouvait affaiblir avec le moins d'inconvénients, ont été poussés à Mons-en-Pévèle ou sous les murs de Lille ; les trois régiments de cavalerie, qui les ont accompagnés, ont été remplacés nombre pour nombre à la réserve de cavalerie ou aux flanqueurs de droite. Quant aux flanqueurs de gauche, qui sont restés au contact de l'ennemi, on a eu soin de ne pas les affaiblir ; le général Collaud a même reçu un nouveau régiment de cavalerie.

Telle était la répartition des troupes républicaines dans la région comprise entre Arras, Douai et Lille au moment où la rencontre de Linselles se produisait dans les conditions qu'on va lire.

L'affaire de Linselles, 18 août 1793. — Dans la journée du 17, Béru et Jourdan avaient adopté une combinaison dont l'objet est ainsi défini par ce général dans une lettre qu'il adressait, le 19, à Houchard (1) : « Avant-hier, 17 du courant, j'avais projeté, avec le général Béru, une forte reconnaissance sur Roubaix, qui devait avoir lieu le 18, dans la matinée. » En conséquence, le général Desroques, avec le détachement

---

(1) Cette lettre est reproduite *in extenso* aux documents annexes.

dont on connaît la composition (1), devait se diriger
sur Roubaix en même temps que les troupes républicaines, qui occupaient Wasquehal, sous les ordres
de Béru. Pendant que cette double attaque se produirait, nos postes de Bondues et Mouveaux, préalablement
renforcés par les soins de Béru, inquiéteraient l'ennemi
sur Tourcoing.

Or, par suite d'une coïncidence fortuite, il arriva que
les alliés eurent l'idée d'attaquer nos postes au même
moment, si bien que notre offensive, devancée par celle
des coalisés, se transforma en une simple manœuvre
défensive.

York marche le 18 août de Tourcoing sur Menin. —
Le 18 août, au matin, l'armée du duc d'York, poursuivant sa marche sur Dunkerque, quittait son camp de
Tourcoing, où nous l'avons laissée le 17, et se mettait en
mouvement pour se porter sur Menin dans le même
ordre de marche que le 16 août (2). « La première
colonne, celle de gauche, conduite par le major
Proaska, passa par Roncq pour se rendre sur la Lys
entre Bousbeck et Menin, où elle traversa la rivière sur
un pont qui avait été construit à cet effet. La seconde
colonne, celle de droite, conduite par le major Hogrew,
prit sa direction par Neuville et Halluin. Elle traversa
Menin et vint occuper le camp qui lui était désigné.

« Les corps de cavalerie et d'infanterie placés à Roubaix devaient former l'arrière-garde de la première
colonne. Le lieutenant général Alvinzi, ayant sous lui le
général-major Fabry, avait été chargé du soin de couvrir la marche de cette colonne avec des troupes légères
placées dans les postes nécessaires ; et, en général, on

____

(1) Page 201, détachement *d.*
(2) Relation d'Arnaudin, manuscrit page 183.

avait recommandé aux chefs de prendre toutes les précautions qui sont indispensables dans une marche faite
sous les yeux de l'ennemi. » D'après Ditfürth (1), le
service de sûreté fut organisé de la façon suivante :
Comme les républicains étaient solidement installés à
Werwick français, Blaton et Linselles, on renforça le
détachement de Prüschenck, qui, maintenu à Roubaix
les 16 et 17 août, y avait fourni les avant-postes face à
Lille, couvrant dans cette direction le camp de Tourcoing. Ce détachement, qui comprenait, comme on sait,
deux bataillons de Colloredo, le bataillon de chasseurs
hessois et un détachement de dragons hanovriens, fut
augmenté d'un bataillon de gardes anglaises et de deux
escadrons de dragons anglais ; ce sont ces quatre bataillons et ces trois escadrons qui devaient former l'extrême arrière-garde de la première colonne.

Le reste de l'avant-garde, employé en entier à une
mission de flanc-garde, occupa tous les chemins qui
conduisaient à Werwick, Blaton, Linselles et Lille ;
une batterie à cheval hanovrienne fut même placée sur
la hauteur de Bousbecq. La nature du terrain, très
coupé dans cette région, rendit la mise en route fort
laborieuse. York, prévoyant d'ailleurs ces difficultés,
et s'attendant à être attaqué pendant cette marche, qui
devait être exécutée pour ainsi dire à portée de canon
de l'ennemi, ne comptait pas faire dans cette journée
plus de 10 kilomètres. Ses dispositions tactiques, analogues à celles qu'il avait adoptées pour la marche
du 16, répondaient aux exigences d'une situation semblable ; il serait donc superflu de les discuter une fois
encore.

Il en résultait, toutefois, que la reconnaissance projetée par Jourdan et Béru se fût heurtée aux déta-

____

(1) Die Hessen in den Feldzügen von 1793 etc., tome I, page 77.

chements de flanc-garde ou d'arrière-garde d'York, si l'intervention du corps hollandais n'était venue donner aux opérations de ce jour une physionomie toute différente.

Intervention du contingent hollandais. — Le contingent hollandais, fort de 10,000 hommes environ, était campé face au Sud entre Menin et Wevelghem (1), la droite appuyée à la place de Menin, le front bordé par le cours de la Lys. Menin était occupé par le régiment de Darmstadt et les détachements ci-dessous étaient placés comme il suit :

A Werwick, le 1er régiment de Waldeck, les grenadiers de Buseq et les émigrés français ;

A Halluin, le régiment de Darmstadt ;

A Roncq, 500 chasseurs et hussards ;

A Mouscron, le régiment Rauchwyck ;

A Watrelos, le régiment Stochar (badois) ;

A Lannoy, le corps d'Anspach.

De Lannoy, les Hollandais se reliaient au camp prussien de Cysoing, qui avait poussé ses postes jusqu'à Willem.

Dans cette situation, le prince d'Orange avait à couvrir la West-Flandre, conjointement avec quelques troupes légères autrichiennes placées au nord de Menin, vers Ypres. Jusqu'à ce moment (17 août), il avait disputé aux Français, depuis le commencement de juillet, avec des alternatives de succès et de revers, les points d'appui de Comines, de Roncq, de Tourcoing et de Roubaix. Cependant, le 17 août, les républicains res-

---

(1) L'emplacement occupé par les Hollandais est représenté par un croquis dont l'original a été retrouvé aux archives des cartes du ministère de la guerre (division L, subdivision II, n° 475). Ce croquis paraît être de l'époque et porte la signature du sous-lieutenant d'artillerie hollandaise I. H. Koch.

taient encore maîtres de Mouveaux, de Linselles et de
Blaton. Le prince d'Orange conçut alors le projet de
s'emparer de ces points d'appui pour les raisons qu'il
expose ainsi dans une relation officielle du combat de
Linselles et de Blaton qu'il adressa le 19 aux États-
Généraux de Hollande (1) :

« Hauts et Puissants Seigneurs,

« Par les diverses lettres que j'ai eu l'honneur de
faire parvenir à Vos Hautes Puissances, elles auront vu
comment nos troupes sont continuellement inquiétées
par les avant-postes ennemis ; et, quoique ces affaires se
soient toujours terminées à notre avantage, elles ne laissent pas de harasser beaucoup nos troupes et de leur
faire perdre successivement bien du monde. Dans la
vue donc de prévenir autant que possible et d'empêcher
ces escarmouches journalières, je résolus, de concert
avec le lieutenant-colonel Gomez et le colonel Scholer,
au service impérial et prussien, de profiter de la circonstance favorable où je me trouvais par la présence
de l'armée aux ordres du duc d'York ; plan que j'avais
formé avec son agrément et avec l'assurance de sa part
qu'en cas de besoin il me ferait secourir par ses
troupes. En conséquence, je suis parti hier avec deux
colonnes..... »

L'idée maîtresse qui a inspiré ce projet d'attaque n'a
pas été approuvée par tous les historiens. On a dit que,
le corps hollandais étant chargé d'observer la garnison de
Lille et de la contenir, le prince d'Orange avait commis
une maladresse en incitant cette garnison à abandonner
son attitude défensive, maladresse d'autant plus grave
que, l'effectif des Hollandais étant peu élevé, les Français ne manqueraient pas de revenir à la charge après le
départ du duc d'York.

---

(1) A. H. G. Correspondance.

Il nous semble, au contraire, que la position relative de l'armée d'York et du corps hollandais par rapport à la place de Lille, le 18 août, devait déterminer le prince d'Orange à faire choix de cette journée pour « se donner de l'air » et infliger à nos troupes un échec qui, en les rendant plus timides, procurerait à son camp de Menin une tranquillité plus complète. Les chances de succès de cette opération étaient fort augmentées, en effet, par le voisinage de l'armée du duc d'York, puisque le prince d'Orange pouvait compter sur l'appui de cette armée, dans le cas où son attaque à but limité prendrait les proportions d'une véritable bataille. D'autre part, l'offensive des Hollandais servait les intentions du duc d'York en couvrant le flanc gauche de son armée, pendant que celle-ci défilerait à proximité de la place de Lille et à la barbe, pour ainsi dire, des avant-postes français. En prenant de concert la décision qui devait amener les combats de Linselles et de Blaton, York et le prince d'Orange faisaient donc preuve d'habileté, puisqu'ils exploitaient ainsi, de la façon la plus heureuse, une situation momentanée, mais tactiquement favorable à tous les deux.

D'ailleurs, ceux qui se sont bornés à interpréter les faits, sans connaître le véritable but poursuivi par les Hollandais, ont parfaitement saisi tous les avantages réciproques que les deux corps devaient tirer de cette opération. Pour d'Arnaudin (1), ces avantages étaient « de donner le change à l'ennemi, de le tromper sur le fait de l'objet où pouvait tendre l'opération du moment, et en même temps d'assurer la marche du duc d'York, dont la gauche prêtait le flanc aux postes ci-dessus mentionnés ».

De son côté, Harry Calvert, qui se place au point de

---

(1) *Mémoires, loc. cit.*

vue anglais, déclare que cette offensive avait pour objet
« de couvrir la marche d'York (1) ». Tout ceci justifie
amplement cette opération des coalisés dont nos généraux ne surent d'ailleurs pas discerner la portée, car ils
crurent que dans cette circonstance les alliés avaient pris
pour objectif la place de Lille.

Exécution de l'opération. — Les dispositions prises
par le prince d'Orange en vue de l'attaque des postes
précédemment désignés étaient les suivantes :

1° Une colonne principale, conduite par le prince
d'Orange en personne, devait quitter le camp de Menin
à 4 h. 30 du matin et se diriger sur Linselles par Menin,
Halluin et Vinay.

Elle comprenait 5 escadrons, 5 bataillons, les volontaires du capitaine Mathieu qui formaient l'avant-garde
et 2 obusiers plus 2 canons de 12 ;

2° Une colonne secondaire, composée de deux fractions venues l'une de Werwick, l'autre du camp de Menin
par Bousbeck, devait se trouver le 18 à 5 heures sur
les hauteurs du moulin à vent près de Blaton, pour
« forcer ce poste ». La composition du détachement était
de 5 bataillons, 3 escadrons, 3 obusiers et 2 canons de
12 livres (2) ;

---

(1) In order to cover the march. Journal de Calvert, page 105.
Murray écrivant à Dundas le 19 août approuve également l'opération du
prince d'Orange : « The hereditary Prince of Orange made an attack
the same day (18 août) upon the french posts of Mouveaux, Blaton and
Linselles. This was in some degree advantageous to the operations of
His Royal Highness, as it served to cover his march, and to keep the
ennemy in a state of uncertainity in regard to his designs... » Vol. 46,
British army on the continent. (War-Office, original correspondence).

(2) La colonne partant de Werwick comprenait le 1er bataillon du
1er régiment de Waldeck, et le 1er escadron de Saint-Gravener, une
compagnie des troupes légères de Bion et les chasseurs de Byland, le
tout aux ordres du général major de Drachstädt.

La colonne partant du camp de Menin se composait des bataillons de

3° Un détachement constitué à l'aide de chasseurs et de hussards prélevés sur le poste installé à Roncq, devait se porter, sous le commandement du comte de Byland, sur la hauteur de Blancfour pour « tâcher de couper l'ennemi de Linselles » ;

4° Le général-major de Gensau partant de Tourcoing avec 4 bataillons devait attaquer le poste de Mouveaux ;

5° Le colonel de Horn occupait Roubaix avec un bataillon de Waldeck et une fraction du régiment de Wandwyck.

Tout d'abord l'opération réussit au mieux du désir des alliés. La colonne principale s'empara facilement du village de Linselles ; après une canonnade assez vive mais peu efficace, qui dura trois quarts d'heure environ, un bataillon hollandais attaqua de front, tandis qu'un autre bataillon tournait Linselles par le Nord. Les troupes françaises se repliaient sur Wambrechies par Bondues, poursuivies jusque-là par une fraction du détachement de Byland, qui entra même un instant dans ce village. De son côté, la colonne secondaire aux ordres du prince de Waldeck s'emparait de Blaton, « sans y rencontrer beaucoup d'opposition (1) », mais elle n'arrivait pas en temps utile pour coopérer à l'attaque de Linselles. Les deux villages de Linselles et de Blaton, une fois pris, étaient aussitôt organisés défensivement par les Hollandais qui rentraient ensuite à Menin, laissant 3 bataillons, 2 escadrons et 4 pièces d'artillerie à Linselles, 2 bataillons, 2 escadrons et 4 pièces d'artillerie à Blaton.

Quant au général-major de Gensau, il attaquait sans succès le poste de Mouveaux et rentrait à Tourcoing.

Au bruit de la canonnade provoquée par ces divers

Nassau-Ossingue, de May et de Schepper et de deux escadrons de dragons de la garde aux ordres du général-major Gravener : la Lys devait être franchie sur des pontons jetés à Bousbeck.

(1) Relation officielle du prince d'Orange, documents annexes.

engagements, York arrêtait un instant ses colonnes qui venaient à peine de dépasser Roncq, puis apprenant qu'il s'agissait de l'attaque projetée par les Hollandais, il faisait reprendre la marche sur Menin.

Le but poursuivi par le prince d'Orange était donc atteint sans difficultés dans la matinée du 18. Mais ce résultat devait être compromis par un vigoureux retour offensif que les Français allaient prononcer dans les conditions que voici.

On a vu que les généraux Béru et Jourdan avaient résolu de lancer, le 18, sur Roubaix, une forte reconnaissance qui devait être exécutée par deux détachements, dont l'un partirait de Wasquehal et l'autre du camp du faubourg des Malades, porte sud de Lille. Au moment où il se disposait à passer à l'exécution, Jourdan était prévenu que l'ennemi attaquait les postes de Mouveaux, Bondues, Linselles et Blaton. Il se rendait aussitôt au quartier général du camp de la Madelaine où il ne rencontrait que l'adjudant général Dupont, Béru se trouvant à ce moment au poste de Mouveaux. Or, en l'absence de son chef, Dupont avait pris l'initiative d'envoyer successivement au secours des points menacés les troupes réunies au camp de la Madelaine ; mais Jourdan, auquel on venait de signaler des mouvements parmi les troupes du camp de Cysoing, craignant que le poste de Pont-à-Marq ne fût attaqué, n'osait pas marcher immédiatement au canon avec toute sa division et se bornait à inviter le général Desroques à presser sa marche sur Roubaix. Cependant, un peu plus tard, à la nouvelle que les postes de Linselles et de Blaton avaient été repoussés sur Wambrechies, Jourdan se dirigeait sur ce dernier village avec la demi-brigade du 45e et le 6e régiment de cavalerie ; chemin faisant, il rencontrait le général Béru et, comme Mouveaux et Bondues n'étaient plus alors menacés, tous deux prenaient la résolution de diriger une attaque convergente sur Blaton et Linselles, en trois colonnes partant, l'une de le Quesnoi, l'autre de Wambrechies, la troisième de Bondues.

La colonne partie de le Quesnoi sous Macdonald, surprenait complètement les deux bataillons de Nassau et de Waldeck qui composaient alors la garnison de Blaton (1). Sur 1000 hommes, cette garnison perdit environ 850 tués, blessés ou prisonniers; 7 pièces de canon furent abandonnées.

Nos troupes entraient de même dans Linselles au pas de charge et à la baïonnette, malgré une canonnade très vive et s'emparaient également de l'artillerie. Il était environ 3 heures de l'après-midi; nous étions victorieux. Malheureusement le désordre se mit dans nos bataillons qui venaient de reprendre Linselles; on se débanda pour entrer dans les maisons qui furent mises au pillage; seule, la demi-brigade du 45e, formée en bataille à l'entrée du village, conserva ses rangs. Les scènes de désordre qui se produisirent alors étaient d'autant plus regrettables, dans l'espèce, que l'ennemi allait tenter un retour offensif.

A la nouvelle que des forces supérieures françaises étaient en train d'attaquer Linselles et Blaton, le prince d'Orange demandait immédiatement du renfort au duc d'York qui envoyait aussitôt, dans cette direction, trois bataillons de gardes anglaises (2) sous le com-

---

(1) Il y avait en outre parmi ces troupes deux compagnies d'émigrés qui portaient la livrée d'Orange avec une croix rouge sur l'habit. Dans la poursuite un grand nombre d'entre eux furent tués, « les soldats de la République n'ayant pas voulu en recevoir aucun prisonnier ». Lettre de Bentabole le 21 août.

(2) Ces trois bataillons étaient :

Un bataillon du 1er régiment à l'effectif de.	378 hommes.
Un bataillon de Coldstream à l'effectif de..	346 —
Un bataillon du 3e régiment à l'effectif de.	398 —
Total.....	1,122 hommes.

Vol. 46, British army on the continent, *loc. cit.*

mandement du général-major Lacke. Au moment où ces bataillons arrivaient en face de Linselles, les Hollandais se repliaient déjà par une autre route, mais Lacke n'hésita pas à les lancer quand même à l'assaut.

« L'ennemi, écrit James Murray dans son compte rendu adressé à Dundas (1), occupait une redoute d'une grandeur et d'une force peu communes sur une hauteur attenant le grand chemin, en front du village de Linselles. Le chemin lui-même était défendu par d'autres fossés et ouvrages fortement palissadés ; des bois et des fossés couvraient ses flancs. Les bataillons se formèrent dans l'instant et s'avancèrent sous un feu très violent avec un ordre et une intrépidité pour lesquels aucun éloge ne saurait être trop grand ; après trois ou quatre décharges, ils se précipitèrent sur les ouvrages ennemis, baïonnette baissée, emportèrent la redoute par assaut et chassèrent l'ennemi à travers le village. Au bout du village, il se rallia sous la protection d'autres troupes et ne cessa pendant quelque temps de faire un feu fort rude ; mais il fut défait de nouveau et si complètement mis en déroute, qu'il ne s'est plus montré en cet endroit. » Cette attaque, qui fait honneur à la bravoure des troupes anglaises, leur coûta 330 hommes et 130 officiers tués ou blessés. Ditfürth estime avec raison que le colonel Lacke montra peu d'habileté dans cette circonstance, puisqu'il se borna à faire une simple attaque de front, dirigée précisément sur la partie du village qui était la mieux fortifiée. Quoi qu'il en soit, ces bataillons de gardes anglaises étaient bientôt soutenus par 2 bataillons du régiment suisse de May, 1 bataillon de Walderen et 2 escadrons de gardes que le prince d'Orange avait fait partir du camp de Menin, peu de temps après qu'il eut demandé l'appui du duc d'York.

---

(1) A. H. G. Correspondance.

Le succès de ce retour offensif exécuté par les troupes du colonel Lacke fut complet parce que, à ce moment, la plupart de nos bataillons étaient occupés à piller le village de Linselles. « Aussi, lorsque l'ennemi parut, écrit Jourdan, et je ne sais par quel hasard, il se répandit une terreur panique parmi nos troupes victorieuses ; elles se débandèrent, enfin ce ne fut point une retraite, ce fut une déroute (1). » Les bataillons du général Béru s'enfuirent jusqu'à Bondues, tandis que Jourdan faisait tête et soutenait la retraite avec la demi-brigade du 45ᵉ : il dirigeait même, à la tombée de la nuit, une nouvelle contre-attaque sur Linselles et réussissait à s'emparer des premières maisons. Mais l'obscurité le décida à se replier définitivement et son mouvement de retraite s'effectua « très en ordre (1) » sur Wambrechies. Malheureusement, dans la déroute provoquée par la panique de Linselles, nous abandonnions à l'ennemi sept pièces de canons « et cela en grande partie par la lâcheté des charretiers qui, pour se sauver plus vite, coupaient les traits (2) ».

En apprenant l'abandon du village de Linselles, la colonne qui s'était emparée de Blaton, venant de le Quesnoi, se retirait dans la direction de ce dernier village, sous prétexte que « la position de Blaton dépendait de celle de Linselles (3). Elle emmenait 7 canons, plusieurs caissons et un certain nombre de prisonniers capturés lors du retour offensif qui avait si complètement réussi.

Pendant que ces faits se déroulaient à Linselles et

---

(1) Rapport de Jourdan à Houchard, 19 août. A. H. G. Documents annexes.

(2) Rapport de Jourdan à Houchard, 19 août. A. H. G. Documents annexes.

(3) Levasseur à la Convention, 19 août. A. H. G. Documents annexes.

Blaton, les autres colonnes orientées sur Tourcoing et
Roubaix en venaient également aux mains.

Dans la matinée du 18, le général-major de Gensau
se portait de Tourcoing, avec 4 bataillons, à l'attaque de
Mouveaux par la grande route, tandis qu'un détachement de quelques centaines d'hommes, sous le colonel
de Plister, passant par le chemin de Haut-Carlier, cher-
chait à tourner le village à l'Est. Nos troupes, solidement
retranchées et encouragées par la présence du général
Béru, restaient maîtresses de la position. Dans l'après-
midi même, ayant reçu quelques renforts, elles attaquaient à leur tour le général-major de Gensau à
Tourcoing, et l'obligeaient à demander des soutiens au
prince d'Orange, qui lui envoyait deux bataillons de
gardes.

Dans cette même matinée, le colonel de Horn, à la
tête du 5e bataillon de Waldeck et d'un bataillon du
régiment de Wandwyck, attaquait avec succès nos postes
installés entre Croix et Roubaix, puis reprenait sa position près de ce dernier village où il était renforcé par le
second bataillon de Waldeck. Vers 4 heures de l'après-
midi, le général Desroques attaquait à son tour, avec
une grande vigueur, le colonel de Horn, qui ripostait
par deux contre-attaques successives à la baïonnette,
lesquelles contraignirent nos troupes à se replier, à la
nuit tombante, jusqu'au village de Croix.

L'acharnement qui avait été apporté de part et
d'autre à la conquête des points d'appui de Linselles
et Blaton détermina le duc d'York à se prémunir, dans
la soirée du 18, contre un nouveau retour offensif des
Français. En conséquence, il ordonna au lieutenant
général de Wurmb de relever, avec 6 bataillons (composant les régiments Erbprince, Prince-Charles et Kospoth), la garde anglaise qui avait repris Linselles, et
promit à celui-ci de le soutenir avec toute l'armée en
cas d'attaque. En outre, vers 9 heures du soir, il ren-

força, à l'aide de 2 bataillons de grenadiers hessois, commandés par le feld-maréchal-lieutenant comte d'Alton, la garnison autrichienne de Werwick autrichien.

La situation tactique, dans la nuit du 18 au 19 et dans la matinée du 19, était particulièrement délicate pour le détachement Wurmb qui arrivait de nuit à Linselles; la portée des reconnaissances était en effet très limitée, alors que le voisinage de l'ennemi rendait dangereuses toutes les routes qui, partant de Linselles, conduisaient dans le secteur compris entre Werwick et Lille; d'autre part, les travaux de défense du village étaient inutilisables puisqu'ils avaient été faits par les Français sur la lisière nord-est. Wurmb prit alors le parti de camper en avant de Linselles, presque en carré, les troupes restant sous les armes, tandis que des patrouilles incessantes parcouraient le secteur à surveiller; il fit, en outre, placer des pièces de bataillon sur toutes les voies d'accès praticables.

Enfin, le 19, le duc d'York envoyait à midi, aux troupes qu'il avait détachées à Linselles et à Werwick, l'ordre de regagner le camp de Menin au son de la musique. Par ces fanfares guerrières on voulait faire entendre que ce mouvement de retraite était librement ordonné par le commandement. De sorte que, dans l'après-midi du 19, nos patrouilles pouvaient circuler dans les rues de ces deux villages, tandis que nos colonnes rentraient à Lille.

Béru était peu satisfait du résultat de la journée, tandis que Macdonald, qui avait évacué Blaton de son plein gré, se considérait comme victorieux. Ce jeune chef raconte ainsi la fin de cet épisode (1) : « Mon pauvre

------

(1) Souvenirs du maréchal Macdonald, page 29. Librairie Plon. Paris, 1892.

général (Béru) était au désespoir ; il vint me voir, je le consolai du mieux que je pus en lui disant que notre succès faisait compensation, et, avant qu'il me quittât, nous apprîmes que l'ennemi s'était retiré de Linselles, ce qui le tranquillisa. Nous fîmes entrer nos prises en triomphe à Lille pour détruire l'impression mauvaise des pertes faites à Linselles. Tout le monde chantait victoire ; mes troupes qui y avaient eu part étaient enivrées, et, pour dire la vérité, je n'étais pas le dernier à en jouir, mais le plus discrètement possible. Mon nom figurait très honorablement dans les relations officielles, ce qui me fit considérer déjà comme un personnage, causa des jalousies et m'attira des inimitiés..... »

Ainsi finit cette affaire de Linselles, dans laquelle les deux partis avaient dépensé beaucoup de bravoure et d'énergie. Les pertes étaient équivalentes ; elles s'élevaient à 1000 tués ou blessés et à 200 prisonniers environ de chaque côté ; les coalisés nous laissaient onze pièces de canon (deux de 12, une de 6, cinq de 3 et trois obusiers), alors que nous leur en abandonnions huit (deux pièces de 8, six canons de campagne). De nombreux actes de valeur individuels ou collectifs s'étaient produits dans nos rangs au cours de cette journée de lutte ; en voici quelques exemples.

a) Le représentant Levasseur, après avoir tenté vainement de rallier les troupes au moment de la panique de Linselles, s'efforçait de sauver une pièce d'artillerie, lorsque des cavaliers anglais vinrent le sommer de se rendre : « un député ne se rend pas », dit-il, puis il s'échappa.

b) Le bataillon du 12ᵉ régiment, faisant partie d'une demi-brigade venue du camp de la Madelaine sur l'ordre de Dupont, se distingua par sa bravoure, lors de l'attaque à la baïonnette qui nous rendit momentanément maîtres de Linselles.

c) Le 2ᵉ bataillon de Paris, appartenant aux troupes extraites du camp de la Madelaine, fut rallié par son chef, le commandant Gratien, au moment de la déroute de Linselles. « Celui-ci fit battre la charge et reprit, malgré les boulets et les balles, les redoutes en avant de Linselles et entra presque à la moitié du village, d'où le bataillon aurait chassé les Anglais s'il eût été secouru, puisqu'il fit le feu contre les ennemis depuis 5 heures, et qu'il ne cessa qu'à la nuit, heure à laquelle il fit une retraite tranquille n'ayant reçu aucun secours (1) ».

d) Le « 10ᵉ bataillon de Paris », dit « les Amis de la Patrie (2) », de la demi-brigade du 45ᵉ amenée à Linselles par Jourdan, s'est battu avec le plus grand acharnement. « Trois fois repoussé et trois fois en avant, il a forcé l'ennemi à lui abandonner son terrain, trois pièces de canon, dont une de 17, deux caissons et les chevaux de trait ; il a dans cette journée perdu beaucoup de monde. » Si cette conduite était exactement rapportée, il faudrait l'admirer, car sur les 557 hommes qui composaient ce bataillon, il y avait les deux tiers de recrues appartenant à la levée faite en mars 1793. Mais comme les pertes relevées par M. Hennet (3) s'élèvent seulement à 1 tué et 4 blessés, il est permis de douter de la véracité de ce compte rendu. Constatons, d'autre part, que deux des pièces de canon dont il est question ci-dessus ont été reprises, quelques instants plus tard, lors du retour offensif exécuté par les gardes anglaises. Enfin, puisque la demi-brigade du 45ᵉ resta continuellement groupée sous les ordres de Jourdan, ne serait-il pas plus juste de conserver à la demi-brigade

---

(1) Arch. hist. de la guerre, reproduit par Hennet « Les Volontaires nationaux », tome I, page 227.

(2) Arch. hist. de la guerre, *loc. cit.* Hennet « les Volontaires nationaux », tome II, page 114.

(3) *Ibid*, page 117.

tout entière le mérite que le rapport accorde exclusivement au 10e bataillon de Paris (1)?

Conclusions. — En résumé, la journée était plutôt
heureuse pour les alliés au point de vue tactique. Le
duc d'York avait réussi à transporter son armée, sans
encombre, sur la rive gauche de la Lys. Quant au
prince d'Orange, il avait atteint à peu près intégralement
son but, malgré l'insuccès de l'attaque de Mouveaux,
car il s'était rendu maître des postes de Linselles et de
Blaton et nous avait infligé un échec important. Enfin,
notre commandement avait laissé échapper l'occasion qui
s'offrait à lui, ce jour-là, d'accrocher au passage l'armée
du duc d'York alors qu'il y avait, sur cette partie de la
frontière, des effectifs suffisants pour permettre l'exécution de cette manœuvre.

En effet, 4,000 hommes se trouvaient alors à Lille ;
20,000 au camp de la Madelaine et dans les cantonnements de la Lys ; 10,000 sous Jourdan au faubourg des
Malades. Il était donc possible, avec ces 35,000 hommes,
sinon de battre, tout au moins de maintenir sur place
l'armée d'York et les Hollandais jusqu'à ce qu'un mouvement offensif dirigé contre une de leurs ailes eût provoqué leur déroute. Comme il y avait 20,000 hommes
au camp de Biache, 5,000 hommes à Mons-en-Pévèle,
10,000 hommes au camp de Sin et à Douai, et 10,000
hommes sous Cassel, rien n'empêchait, en effet, de prélever sur ces divers camps, situés à 40 kilomètres envi-

---

(1) Nous savons également par M. Hennet (Volontaires nationaux) que
le 8e bataillon de Paris, dit « Sainte-Marguerite » a combattu particulièrement à Mouveaux ; il a eu quatre blessés dans cette affaire. Sur
630 hommes présents ce bataillon en comptait à peine 200 de la formation de 1792 ; les hommes en surplus étaient des recrues fournies par
Paris, en grande partie dans les mois de mars et avril 1793, lors de la
levée des 300,000 hommes.

ron de la région de Linselles, des forces capables de frapper le coup décisif sur l'un des flancs de l'armée d'York, tout en laissant une couverture suffisante en face de Cobourg et des Prussiens de Knobelsdorf. Mais, la conception et la bonne exécution de cette combinaison eussent exigé, de la part du général en chef, une grande rapidité dans la décision, et, de la part des troupes, des capacités manœuvrières de premier ordre. Or, à cette époque, où tout était improvisé dans notre système militaire, les opérations de cette nature, qui seront plus tard si artistiquement conçues par Bonaparte, et si brillamment exécutées par son armée, étaient peut-être irréalisables. Au surplus, la disposition en cordon des divers camps, dans lesquels l'armée du Nord était disséminée, indique clairement que des plans d'une pareille envergure ne pouvaient germer dans l'esprit de ceux qui avaient alors la charge de diriger les opérations. Sinon, ils auraient sans doute évité d'adopter *a priori* un dispositif stratégique purement linéaire qui contrariait toute action en masses, puisqu'il rendait la concentration des forces au point important très longue et très laborieuse. Du reste, aucun des deux commandements opposés ne recherchait une bataille décisive, car la destruction des forces de l'adversaire n'était pas alors considérée comme le premier objectif de la stratégie. On peut donc tenir pour certain que la rencontre du 18 se serait bornée à une simple et brève affaire de postes sans conséquence, si le voisinage de camps importants n'avait pas permis, aux chefs des deux partis, de venir y puiser, comme dans un réservoir, des forces nouvelles qui se contre-attaquèrent successivement. Par suite de cette circonstance tactique particulière, l'ensemble de l'opération eut une grande analogie avec ces assauts d'escrime, dans lesquels l'humeur d'abord conciliante des deux adversaires, s'échauffant peu à peu au jeu des parades et des ripostes, provoque finalement une phase brillante, où tous deux se dépensent sans compter. Mais il faut bien remarquer que, si cette passe d'armes dura aussi longtemps, ce fut précisément parce que l'arrivée successive de troupes fraîches, accourues sur le théâtre de la lutte, permit de soutenir les unités qui avaient précédemment combattu.

CHAPITRE IX.

L'investissement partiel de Bergues et de Dunkerque
(carte nº 4).

York constitue une armée de siège et une armée d'observation. — La surprise tactique d'Oost-Capelle. — L'armée de siège arrive sous les murs de Dunkerque le 23 août.

York constitue une armée de siège et une armée d'observation. — York consacra la journée du 19 à l'organisation de ses forces en vue de l'investissement de Dunkerque. Il mit sous les ordres du feld-maréchal hanovrien Freytag un corps d'observation, chargé de protéger cette entreprise et composé comme il suit :

1º Toute l'armée hanovrienne, soit 15 bataillons, 16 escadrons et 3 divisions d'artillerie (1) ;

2º 10 escadrons de cavalerie anglaise (2) ;

3º 5 escadrons de dragons hessois ;

4º 3 bataillons et 2 escadrons autrichiens (3) ;

5º 1 bataillon d'émigrés.

C'était là une masse de 33 escadrons et 19 bataillons, appartenant à cinq nationalités différentes, et dont l'effectif total s'élevait à 16,000 hommes environ.

Cette armée d'observation partait de Menin, le 19 à 1 heure de l'après-midi, traversait Ypres et venait

---

(1) Voir page 34 la composition détaillée de cette armée hanovrienne.

(2) Savoir : deux escadrons royaux, deux du 2ᵉ régiment de dragons de la garde, deux escadrons du 3ᵉ de ces régiments, deux des Gris et deux d'Inniskiling.

(3) Savoir : deux bataillons de Brentano, un bataillon de Landon vert, deux escadrons de hussards de Blankenstein.

s'établir vers Poperinghe où elle bivouaquait jusqu'au 21 ; son extrême avant-garde était poussée à Rousbrugghe (1).

Le reste des troupes, environ 19,000 hommes, formait *l'armée de siège proprement dite* sous les ordres directs du duc d'York. Celle-ci levait son camp, sous Menin, le 20 août à 5 heures du matin et venait camper dans la soirée vers Boesynghe ; l'avant-garde (2) prenait une position de flanc sur la rive droite du ruisseau d'Elverdinghe, la droite à ce village.

Marche du 21. — Le 21 août, la marche était reprise dans les conditions suivantes (3) :

---

(1) En faisant partir l'armée d'observation dans l'après-midi du 19, York avait permis aux deux fractions, dites de siège et d'observation, d'utiliser successivement et sans se gêner mutuellement la grande chaussée de Menin à Ypres.

(2) L'avant-garde comprenait :

2 compagnies de chasseurs tyroliens et 2 compagnies de chasseurs hessois.

1 escadron de Karackzay. 2 bataillons de grenadiers hessois.

2 escadrons de gardes britanniques, 2 escadrons légers anglais.

Le corps de bataille était rangé sur deux lignes ainsi constituées :

1re ligne ....
- 4 escadrons de Karackzay.
- 2 bataillons de Joseph Colloredo.
- 2 bataillons de Wenz Colloredo.
- 2 bataillons de Kospoth.
- 2 bataillons du prince Charles de Hesse.
- 2 bataillons des gardes britanniques.
- 2 escadrons des Bleus.
- 2 escadrons des dragons légers.

2e ligne ....
- 5 escadrons de dragons hessois.
- 2 bataillons de Jordis.
- 2 bataillons de Losberg.
- 2 bataillons du Prince héréditaire.
- 1 bataillon du 53e régiment anglais.
- 1 bataillon du 14e régiment anglais.
- 2 escadrons du 15e régiment de dragons légers.

(3) Mémoires d'Arnaudin.

« L'armée de siège eut ordre de partir le 21 de son camp en avant de Boesynghe pour venir occuper une nouvelle position entre Furnes et Adinckerke. La marche se fit en trois colonnes. La première, composée de la première ligne, occupant la gauche du dernier camp, se mit en mouvement à la suite de la réserve (devenue l'avant-garde), qui avait débouché à 4 heures du matin. Elle passa par Oesten, Oostvleteren, Elsendamme où elle gagna la chaussée d'Hoghestade qui la conduisit à Furnes. La réserve était conduite par le lieutenant Rombergh, officier de l'état-major autrichien, et la première ligne formant le corps de la colonne par le lieutenant Buday, officier du même état-major.

« La seconde colonne, composée de la deuxième ligne de l'armée, se mit pareillement en mouvement à 5 heures du matin. Elle dirigea sa marche par Zuutschote et Noordschote où elle passa le canal sur un pont de pontons qui y était préparé. On avait fait partir à cet effet, à 4 heures du matin, quatre pontons appartenant à l'armée anglaise. Cette colonne traversa Loo et longea le canal du même nom jusques à Furnes.

« Elle était conduite par le lieutenant Mierzewy, officier de l'état-major autrichien.

« L'artillerie et les équipages de l'armée formaient la troisième colonne qui passa par Luxerne, Steenstracte, Merkhem, Dixmude et Pervyse où elle gagna la chaussée qui conduit à Furnes.

« Merkhem était le lieu de rassemblement pour les équipages. Ceux de la première ligne marchaient en tête; ils débouchèrent par Luxerne et Steenstracte où ils passèrent le canal. Les équipages de la deuxième ligne le passèrent à Boesynghe pour se former derrière ceux de la première. Quant à ceux de la réserve (avant-garde de la veille), ils ne partirent qu'à 6 heures du matin et passèrent par Elverdinghe, Boesynghe et Luxerne pour prendre la queue de la colonne (1). »

Dans la soirée, l'*armée de siège* campait la gauche au canal de Furnes à Dunkerque, la droite dirigée vers l'abbaye des Dunes.

De son côté, l'armée d'observation se mettait en mouvement le même jour dans les conditions suivantes (2) :

« Le corps d'armée aux ordres du feld-maréchal Freytag se partagea en trois colonnes le 21 de très grand matin.

« La première colonne, celle de gauche, commandée par le feld-maréchal Freytag lui-même traversa Poperinghe, Proven et Roussbrughe et vint attaquer le poste des Français à Oost-Capelle en le prenant de front, tandis que la deuxième colonne devait le prendre par sa gauche ; cette dernière avait, à cet effet, dirigé sa marche par Crombecke et Stavele où est un pont sur la petite rivière de l'Yser. Mais le poste était déjà enlevé, les Français mis en déroute, et plusieurs pièces de canon prises avant que cette seconde colonne eût commencé à déboucher. Quant à la troisième, commandée par le général Valmoden, elle était partie avant les deux précédentes ; elle avait dirigé sa marche par Crombecke et Stavele pour se porter sur Hondtschoote. A l'approche des alliés, les Français, qui n'étaient qu'en très petit nombre dans ce poste, l'abandonnèrent. Des coupures très profondes et fort multipliées qu'ils avaient eu soin d'exécuter à travers toutes les issues, à la première connaissance qu'ils eurent du mouvement des Hano-

---

(1) Cette troisième colonne était escortée par le régiment des gendarmes, par le régiment de carabiniers hessois et par le régiment d'infanterie Erbprince : elle n'arriva à Furnes qu'à une heure du matin. Le régiment des gendarmes vint ensuite tenir garnison à Nieuport où il resta jusqu'au 31 août.

(2) Mémoires d'Arnaudin.

vriens, leur facilitèrent les moyens de retraite ; le pays, extrêmement coupé de haies et de fossés, ne permettant pas d'avancer autrement que par les chemins.

« La seconde colonne, qui était arrivée trop tard à l'attaque d'Oost-Capelle, alla joindre le corps aux ordres du général Walmoden à Hondtschoote.

« Le feld-maréchal Freytag passa la nuit à Oost-Capelle avec son corps d'armée. »

Le dispositif adopté par York, pour l'exécution de cette marche du 21, est à beaucoup d'égards comparable à celui que le maréchal Davout adopta lorsqu'il eut à conduire son corps d'armée, en 1809, de Ratisbonne à Abensberg, et tous deux pourraient être classiques au même titre. Dans l'espèce, l'armée d'observation a servi de flanc-garde à l'armée de siège, et la colonne encombrante des équipages a été habilement rejetée à l'Est du canal de Loo. Mais, comme les républicains n'étaient pas en état de prendre l'offensive contre les colonnes d'York et de Freytag, la journée fut simplement marquée par la surprise d'Oost-Capelle, laquelle n'eut pas une importance tactique suffisante pour retenir l'attention des écrivains militaires. Néanmoins, cette affaire mérite d'être connue et nous nous y arrêterons un instant.

La surprise tactique d'Oost-Capelle. — Le système défensif qui nous avait conduits à disséminer nos forces en un cordon démesurément long était appliqué intégralement dans la zone frontière où le duc d'York venait de transporter ses forces (1).

Les camps ou places de Gyvelde, Bergues, Cassel et Bailleul étaient couverts, dans la direction de l'Est,

---

(1) Voir au chapitre Ier la répartition des troupes républicaines dans cette partie de la frontière.

par des postes qui occupaient de préférence des villages ou des points d'appui naturels. Ainsi, Oost-Capelle était tenu par le 5e bataillon de la Somme et par le 5e bataillon de Saône-et-Loire, Rexpoède par le 1er bataillon de l'Orne. Ces trois bataillons, qui formaient une demi-brigade de 1350 hommes environ, sous les ordres du chef de brigade Fromentin (1), devaient subir, dans la matinée du 21, le choc de la colonne de gauche de l'armée d'observation.

Le général Fabry, qui commandait l'avant-garde de la susdite colonne, avait pris les dispositions suivantes pour contraindre à la retraite ceux de nos postes qui tenaient la rive gauche de l'Yser.

Une pointe d'avant-garde, commandée par le colonel de Prüschenk et comprenant :

1 compagnie de chasseurs hessois (capitaine Ochs) ;
2 compagnies de Grün-Laudon ;
1 bataillon de grenadiers hanovriens ;
400 dragons hanovriens ;
2 pièces d'artillerie,

devait tourner notre ligne par l'Ouest, tandis que le reste de l'avant-garde l'attaquerait de front (2).

A cet effet, Prüschenk, parti à minuit, passe par Haringhe, franchit l'Yser à 2 heures du matin, sur un pont de planches et de fagots recouvert de paille, et se dispose à prendre le chemin de Bambecke à Oost-Capelle sans avoir éveillé l'attention de l'ennemi. Mais ce chemin est défoncé et impraticable à l'artillerie. Aussitôt quelques travailleurs se mettent à le réparer,

---

(1) A la date du 1er août l'effectif de ces trois bataillons était le suivant :

5e de la Somme...................... 350 hommes.
5e de Saône-et-Loire.................. 632 —
1er de l'Orne........................ 379 —

(2) Ditfurth. Tome I, page 82.

tandis que le détachement se forme en ligne à droite et
à gauche du chemin, et que la compagnie Ochs, profitant du brouillard pour masquer son mouvement, se
dirige au Nord sur la sortie nord-ouest d'Oost-Capelle.
Il était alors 1 heure du matin. A ce moment un officier
français, de garde près le canal de Roussbrughe, signalait
l'approche de l'ennemi par la route de Bambecke.
Aussitôt on bat la générale pour rassembler tant bien
que mal les compagnies, qui ouvrent un feu désordonné,
car la surprise est complète. Nos soldats sortent des
tentes, affolés par le bruit de la fusillade et du canon;
pour comble d'infortune, au milieu de ce désarroi,
la compagnie d'Ochs, dont la manœuvre a complètement réussi, se rue, en poussant de grands cris, sur un
camp de 60 tentes environ, placé à la sortie nord-
ouest du village, près de la route de Bergues. Alors la
panique devient générale; les volontaires s'enfuient
vers le Nord, jetant pour la plupart leurs armes et leurs
fourniments. Notre artillerie se dirige sur Bergues, mais
les chasseurs d'Ochs réussissent à couper la retraite à
trois de nos pièces dont ils s'emparent à la suite d'une
mêlée où nos artilleurs montrent cependant la plus
grande bravoure; après quoi Ochs, poursuivant sa
route dans la direction de Rexpoëde, nous prend encore
trois caissons et une voiture de poudre. De son côté,
Prüschenck voyant le succès des chasseurs hessois,
pénètre dans Oost-Capelle, où il fait prisonnier une cinquantaine d'hommes et s'empare d'un canon.

Le général Fabry, qui était également entré dans
Oost-Capelle à la tête du gros de l'avant-garde chargé
de l'attaque de front, donnait l'ordre à Prüschenck de
poursuivre l'ennemi jusqu'à Rexpoëde où le 1er bataillon
de l'Orne, augmenté des fuyards que Fromentin avait
péniblement ralliés, accueillait les poursuivants par des
feux d'artillerie et d'infanterie. Prüschenck prenait
aussitôt ses dispositions en vue de l'attaque du village;

tout d'abord, il ripostait à notre artillerie à l'aide des deux canons de 3 livres qu'il avait amenés et d'une batterie à cheval hanovrienne, qui était venue l'appuyer ; cela fait, il déployait son infanterie à droite et à gauche de la route et chargeait la compagnie d'Ochs de tourner le village par la droite ; la compagnie von Thümmel devait couvrir le flanc gauche, tandis que le bataillon de grenadiers hanovriens s'avancerait par la chaussée. De même qu'à Oost-Capelle, le succès du mouvement exécuté par le capitaine Ochs obligeait Fromentin, mortellement blessé, à évacuer Rexpoëde et à se replier sur Bergues, laissant quatre pièces de canon aux mains de l'ennemi ; les dragons hanovriens, poursuivant nos troupes en retraite, s'emparaient encore de trois canons et faisaient un certain nombre de prisonniers.

Cette affaire nous coûtait au total 11 pièces, 7 caissons, 150 tués ou blessés et environ 150 prisonniers ; les alliés ne perdaient qu'une vingtaine de morts ou de blessés (1).

Journée du 22 août. — Le 22 au matin, le feld-maréchal Freytag conduisait la colonne d'Oost-Capelle sur les hauteurs de Socx et Quact-Ypre où elle s'installait face à Wormhout, couverte vers le Sud par une avant-garde placée à Bischar (2). Le même jour, la colonne

---

(1) Barthel et les Représentants du peuple étaient indignés de la conduite des soldats et surtout de celle des officiers au cours de cette affaire. « La plupart de ces lâches se sont enfuis à Rexpoëde, écrit Barthel, et se sont laissés forcer et enlever sans tirer un coup de fusil ou de canon. » Il ne faut pas s'en prendre au soldat, déclare Duquesnoi, le soldat en général est bon et brave, et s'il était bien conduit il irait bien ; aussi ce Représentant demande qu'un châtiment exemplaire soit infligé aux coupables.

(2) Cette colonne se couvrait vers le Sud-Est par une chaîne de postes qui passait par Proven, Bambecke, Wilder. Le bataillon de chas-

Walmoden venait d'Hondtschoote au pont de Bentis-
Müllen où elle se fractionnait en cinq détachements qui
se répartissaient sur un demi-cercle ayant Bergues
pour centre ; ces détachements occupaient les emplacements indiqués sur la carte nº 4, face à la ville de Bergues, qui était ainsi isolée de la région située à l'est du
canal de Bergues à Furnes. Ce même jour, Walmoden
sommait le général Carrion (1), commandant à Bergues
de rendre la place ; pour toute réponse, celui-ci déclarait « que les républicains et lui étaient tout disposés à
montrer l'exemple du véritable héroïsme ».

Le général Carrion s'exagérait d'ailleurs les dangers
courus par la place ; elle ne renfermait, il est vrai, que
3,700 quintaux de blé, mais les autres approvisionnements étaient suffisants pour quatre mois, et comme

---

seurs hessois était à Bambecke avec 80 chevau-légers autrichiens et
124 dragons hanovriens ; un détachement pourvu, d'une pièce d'artillerie, tenait le pont de pierre de Crustade.

(1) Martin-Jean-François de Carrion de Loscondes, né le 9 mars 1762
à Gand ; dragon au régiment Mestre-de-Camp, du 14 mars 1769 au
17 mai 1784 ; soldat, puis sergent au régiment de Champagne, du
18 janvier 1785 au 28 septembre 1788 ; procureur et commandant de
la garde nationale de Carvin en 1789 ; capitaine au 1er bataillon du
Pas-de-Calais le 25 septembre 1791 ; lieutenant-colonel en second, puis
en premier les 4 février et 16 septembre 1792 ; commandant du 3e bataillon de la réserve, chef de brigade le 8 novembre 1792 ; général de
brigade, désigné pour l'armée des côtes de Cherbourg, le 15 mai 1793 ;
n'ayant pas été mis en route, est maintenu à l'armée du Nord le 2 août
1793 bien qu'il ait demandé un emploi à l'armée d'Italie ; les Représentants du peuple le signalent en septembre comme ci-devant noble et
demandent sa suspension qui est approuvée par Saint-Just et Carnot le
30 de ce mois ; entre temps, Carrion avait envoyé sa démission. Emprisonné sous la Terreur et relâché le 9 thermidor an II ; devenu successivement commissaire du Directoire exécutif près la municipalité de
Carvin, maire d'Oignies, adjudant-major de la 2e légion des gardes
nationales du Pas-de-Calais, il n'obtint jamais, malgré ses nombreuses
demandes, d'être remis en activité.

l'investissement ne devait pas être complet, le ravitaillement de Bergues restait possible.

Freytag avait donc réussi à placer, dès le 22 au soir, son armée d'observation sur la position qu'il lui avait plu de choisir.

Barthel avait eu, il est vrai, la velléité d'empêcher que la communication de Bergues à Cassel ne soit interceptée. A la nouvelle de la prise d'Oost-Capelle, il avait, en effet, dirigé sur ce point une brigade prélevée sur les troupes du camp de Cassel; celle-ci, commandée par l'adjudant général Ernouf (1) était arrivée trop tard pour rétablir les affaires et s'était repliée dans la soirée du 21, après avoir laissé un détachement à Wormhout. Le 22, vers 4 heures de l'après-midi, Ernouf avait attaqué l'avant-garde de Freytag installée à Bischar, mais nos troupes avaient gagné à grand'peine un peu de

---

(1) Jean-Augustin Ernouf, chevalier puis baron, né à Alençon le 29 août 1753; lieutenant au 1er bataillon de l'Orne le 24 septembre 1791; capitaine le 22 mai 1792; adjudant général, chef de bataillon, le 30 juillet 1793; général de brigade le 20 septembre 1793, employé comme chef d'état-major de l'armée du Nord; général de division le 22 brumaire an II; suspendu de ses fonctions le 15 nivôse an II; réintégré dans son grade à l'armée de la Moselle le 1er germinal an II et employé comme chef de l'état-major de cette armée; mêmes fonctions à l'armée de Sambre-et-Meuse le 16 messidor suivant; autorisé à se retirer pour raisons de santé le 4e complémentaire an IV; directeur du dépôt de la guerre le 26 fructidor an V; nommé chef de l'état-major de l'armée de Mayence, sur la demande de Jourdan, le 25 vendémiaire an VII; mêmes fonctions à l'armée du Danube; inspecteur général de l'infanterie de l'armée d'Italie en l'an VIII; de l'armée de l'Ouest en l'an IX; non compris sur le tableau des officiers généraux du 8 germinal an IX; réformé le 1er prairial an IX; inscrit sur la liste des généraux de division composant l'état-major général de l'armée par arrêté consulaire du 23 prairial an IX; inspecteur d'infanterie le 5 thermidor an IX; nommé capitaine général de la Guadeloupe le 17 ventôse an XI; passé à la marine le 9 fructidor an XI; fait prisonnier par les Anglais le 5 février 1810; rentré en France et mis à la disposition du Ministre de la guerre le 27 avril 1811; échangé définitive-

terrain, lorsque la nuit vint mettre fin au combat. Ernouf dut se replier sur Wormhout.

Il eût évidemment appartenu à Jourdan, que nous avons laissé le 18 à Lille, à la tête de cette belle division qui fut à peine engagée dans l'affaire de Linselles, de s'opposer à la marche de Freytag. Jourdan songea bien à intervenir, mais il déplaça ses troupes avec une telle lenteur qu'elles arrivèrent trop tard à Cassel.

Le 19 au soir, il avait conduit sa division à Armentières ; « de là, j'observerai, écrivait-il, les mouvements de l'ennemi et je me porterai au besoin sur Cassel (1) ». Le 20 et le 21, le mouvement était suspendu et la zone de stationnement de la division était faiblement allongée dans la direction de Bailleul, où la brigade Leclaire (2) (45ᵉ et 47ᵉ demi-brigades), le 8ᵉ bataillon franc, le 15ᵉ léger et le 4ᵉ hussards venaient cantonner. Le 22, la division se concentrait autour de Bailleul, de Métrenne à Crebbe, et le 23 elle s'avançait jusqu'à Cassel ; une avant-garde (3), aux ordres du général Desroques,

---

ment le 11 septembre suivant ; mis en état d'arrestation, étant accusé d'abus de pouvoir et de concussion dans l'administration de la Guadeloupe, et de trahison dans la reddition de cette île aux Anglais ; par décret du 18 juillet 1811 bénéficie d'un non-lieu ; par ordonnance royale du 25 juillet 1814, mis à la demi-solde ; nommé inspecteur général de l'infanterie le 3 janvier 1815 ; commande le 1ᵉʳ corps de l'armée du duc d'Angoulême au retour de l'île d'Elbe ; destitué par Napoléon le 26 avril 1815 ; réintégré par ordonnance du 1ᵉʳ août 1815 ; commandant la 3ᵉ division militaire le 24 janvier 1816 ; inspecteur général de l'infanterie le 18 août 1816 ; député de la Moselle en 1817 ; retraité le 21 juillet 1818.

(1) A. H. G., correspondance. Documents annexes.

(2) Mémoires de Leclaire, page 80.

(3) Cette avant-garde comprenait :

La demi-brigade du 1ᵉʳ bataillon du 56ᵉ, le 15ᵉ bataillon d'infanterie légère ;

Le 3ᵉ bataillon franc, le 12ᵉ de chasseurs à cheval ;

Le 4ᵉ hussards, de l'artillerie légère et six pièces de position.

s'installait à 5 kilomètres environ au nord de Cassel sur la route de Wormhout. Or, à ce moment, Freytag avait réalisé son programme et York était également arrivé sous les murs de Dunkerque, sans avoir rencontré une résistance sérieuse.

L'armée de siège arrive sous les murs de Dunkerque. — Dans la soirée du 21 août, alors que l'armée de siège atteignait Furnes dans le but d'investir Dunkerque, les abords de cette dernière place n'étaient protégés que par un détachement d'environ 3,000 fantassins et 600 cavaliers (1), installé à Ghyvelde, sous le commandement du général O'Méara. Comme le bataillon républicain qui tenait le village d'Hondtschoote s'était replié sur Ghyvelde au moment où les alliés s'emparèrent de Rexpoède, O'Méara craignit d'être tourné par sa droite et décida d'abandonner son camp dès le 22 pour se rapprocher de Dunkerque.

Ce mouvement de repli devait déterminer le duc d'York à prononcer ce même jour une attaque qui, primitivement, n'entrait pas dans ses vues, car il avait tout d'abord l'intention de maintenir son camp à l'ouest de Furnes, jusqu'à ce qu'une flotte anglaise lui eût amené de l'artillerie de siège ; il comptait également organiser à Furnes un dépôt de matériel et un vaste magasin d'approvisionnements de toutes sortes. Un poste-vigie, installé dans la plus haute tour de l'église de Furnes, devait lui annoncer l'arrivée de cette flotte impatiemment attendue, tout en observant la place de Dunkerque. Or, dans la matinée du 22, ce poste constatait que les troupes du camp de Ghyvelde s'agitaient et que « même elles paraissaient se battre entre elles, ce qui n'était pas invraisemblable, déclare Ditfürth, puisqu'il s'agissait

____

(1) Voir au chapitre 1er la composition détaillée de ce détachement qui disposait de 16 canons de bataillon et de deux pièces de position.

de troupes françaises ». Désirant mettre cette circonstance à profit et brusquer quelque peu les événements, pour ne pas laisser le temps d'améliorer les moyens de défense de Dunkerque, York ordonna de reprendre aussitôt le mouvement en avant (1). « Toute l'armée de siège se mit donc en marche, dans l'ordre qui suit, Son Altesse Royale étant à la tête (2) :

« Première ligne.

« Le corps de réserve ;
    2 bataillons de Starray ;
    2 bataillons de grenadiers hessois ;
    2 bataillons de flanqueurs anglais ;
    2 escadrons de Karackzay ;
    2 escadrons du 16e régiment de dragons légers.

« Seconde ligne.

2 bataillons de Jordis ;
2 bataillons de Losberg ;
2 bataillons du prince héréditaire de Heisse ;
1 bataillon du 14e régiment d'infanterie anglaise ;
1 bataillon du 53e régiment d'infanterie anglaise.

« Cette colonne (3), ayant en tête la réserve qui en constituait l'avant-garde, partit à 3 heures de l'après-midi, elle fila le long du canal de Dunkerque à Furnes, qu'elle laissait à sa droite. La colonne immédiatement à la droite de celle-ci prenait sa direction par la chaussée de la Panne, qu'elle quitta au premier chemin à gauche pour se porter sur Dunkerque.

----

(1) Ditfurth. Loc. cit., page 93.
(2) Mémoires d'Arnaudin.
(3) Il est évident que cette colonne comprenait toutes les troupes formant cette première et cette seconde ligne dont le détail est ci-dessus.

« Cette colonne marchait dans l'ordre suivant :

2 bataillons de Joseph Colloredo ;

2 bataillons de Wenz Colloredo ;

2 bataillons de Kospoth ;

2 bataillons du Prince-Charles ;

3 bataillons des gardes britanniques.

« Cette colonne, qui avait une plus grande tournée à faire, était partie à 2 heures du soir. Le général-major Werneck la commandait.

« Une troisième colonne, toute composée de cavalerie, dirigea sa marche le long de la chaussée de la Panne pour gagner l'Estran et observer cette plage immense par où l'ennemi aurait pu envoyer tourner l'armée des alliés, en y faisant marcher les troupes dont le mouvement se serait trouvé masqué par les dunes.

« Cette colonne, commandée par le général-major Dunda, était ainsi ordonnée :

2 escadrons du 2ᵉ régiment de dragons légers ;

2 escadrons du 15ᵉ régiment de dragons légers,

2 escadrons des Bleus ;

3 escadrons des carabiniers hessois.

« A mesure que les deux colonnes de la gauche avançaient, les avant-postes des Français se repliaient, et lorsqu'elles eurent dépassé la hauteur d'Adinckerque, l'ennemi commença à tirer de la batterie située à la gauche de son corps où il y avait deux pièces de position et aussi de celle qui suivait immédiatement la précédente, à la gauche du village, où il y avait deux pièces de bataillon. Les trois autres batteries du camp n'étaient point armées. La canonnade des Français, à laquelle répondait celle des alliés, dura jusqu'à 11 heures du soir.

« Les républicains qui avaient mis bas leurs tentes pendant la matinée et fait filer leurs équipages, profitèrent du reste de la nuit pour faire leur retraite en arrière de Lefferinckoucke où ils se trouvaient couverts par une redoute armés de quatre pièces de fer de gros calibre qui enfilait la chaussée du grand canal. »

Dans la nuit du 22 au 23, toute l'armée du duc d'York bivouaquait, savoir : les deux colonnes de gauche à Adinckerque et environs, la colonne de cavalerie vers les dernières maisons de la chaussée de la Panne, du côté de l'Estran.

Le 23, de très bonne heure, la marche en avant était reprise ; les deux colonnes de gauche se dirigeaient sur la redoute de Lefferinckoucke en suivant la chaussée, tandis que la colonne de cavalerie longeait l'Estran, et prenait comme point de direction le corps de garde de Lefferinckoucke, qu'elle trouvait abandonné, ainsi que celui de Zuydcoote. Mais le feu de nos chaloupes-canonnières, qui étaient venues mouiller à hauteur de Lefferinckouke, gênait tellement les escadrons ennemis que ceux-ci rétrogradaient et rejoignaient les colonnes de gauche, après avoir franchi le canal de Furnes au pont de Zuydcoote. Pendant ce temps, les deux colonnes de gauche s'avançaient sous le feu de nos pièces qui tiraient du fort de Lefferinckouke ; ce feu d'artillerie dura jusque vers 11 heures du matin. A ce moment, nos troupes, abandonnant le fort et les quatre canons qu'il contenait, se repliaient dans le faubourg de Rosendal qui leur offrait les moyens de faire une énergique résistance en se défendant pied à pied, car dans cette partie, le sol était couvert de bosquets, de haies, et coupé de fossés, qui formaient la clôture des maisons de campagne appartenant aux plus riches négociants de Dunkerque. La lutte des tirailleurs, qui se disputaient ces enclos ou ces jardins, se prolongea jusqu'à la nuit et coûta aux alliés une cinquantaine d'hommes. Cependant, à l'issue de la journée, les avant-postes d'York n'étaient plus qu'à 300 toises du pied des glacis, à couvert dans des maisons ou derrière des abris naturels. Le duc, voulant tirer le meilleur parti de ce succès, adressait, dans l'après-midi du 23, au commandant de Dunkerque et à la municipalité une double sommation, à laquelle il fut ainsi répondu par le général O'Méara :

« Investi de la confiance de la République française, j'ai reçu votre sommation de rendre une ville importante ; j'y répondrai en vous assurant que je saurai la défendre avec les braves républicains que j'ai ici l'honneur de commander. »

D'autre part, le conseil général permanent de la ville prenait la délibération suivante :

« Lecture faite de la lettre du général anglais, a été arrêté par le conseil général de la commune de ne pas répondre, motivé sur ce que la réponse, faite par le général O'Méara, s'accorde avec les sentiments des citoyens de cette commune. »

Cette attitude si énergique et si assurée pouvait donner à penser que la place avait la volonté et les moyens d'opposer une vive résistance. C'est pourquoi York résolut de faire le siège de la ville.

En conséquence, il établit l'armée de siège sur deux lignes, entre Teteghem et le canal de Furnes. A l'aile gauche, trois bataillons de gardes anglaises et un escadron de dragons anglais détachés à Teteghem fournissent quelques postes et des patrouilles qui sont poussés jusque vers Coudekerque et Notre-Dame-des-Neiges, d'où ils assurent la liaison avec l'extrême droite de Freytag, à Bentis-Meullen ; l'aile droite de l'armée de siège est couverte par un bataillon de Starray et par un escadron de carabiniers hessois, qui s'installent dans les dunes.

L'emplacement, sur lequel York installa le gros de ses troupes, était à la fois couvert de broussailles ou de haies et coupé de canaux ou de fossés plein d'eau. Faute d'outils, on dut faire le nettoyage du sol le sabre à la main, ce qui demanda beaucoup de peines ; enfin, chose plus grave, on allait manquer d'eau potable (1).

D'autre part, l'assiégeant ne disposait pas d'une artillerie suffisante pour hâter le dénouement, car il n'avait amené que des pièces de campagne, huit canons anglais de 12 livres et quelques mortiers de 6 et 8 pouces. En outre, la flotte qui devait apporter le matériel de siège proprement dit n'était pas encore arrivée, malgré toutes les précautions que le duc d'York avait prises dans le but d'éviter tout retard.

En effet, on sait que, le 12 juillet, Murray avait transmis à Dundas les listes du matériel d'artillerie et du génie, à réunir et à transporter en vue du siège de Dunkerque. Dès que Valenciennes eut capitulé, la correspondance échangée à ce sujet entre le chef d'état-major d'York et le ministre anglais (2) était devenue plus active; il fallait, écrivait Murray le 29 juillet et le 6 août, que l'artillerie et les approvisionnements fussent rendus à Nieuport le 20 août au plus tard puisque, selon toute probabilité, l'armée d'York arriverait devant Dunkerque entre le 20 et le 22 août. Cependant la flottille de transports n'atteignait les côtes de France que le 27 (3); deux bateaux entraient ce jour-là à Nieuport et

---

(1) Le 24 août Murray écrit à Dundas du camp près de Dunkerque que : « la digue est ouverte entre Bergues et Dunkerque; l'inondation progresse. On manquera probablement d'eau potable. Aussi le duc d'York demande-t-il qu'on lui envoie 100 muids pour le transport de l'eau. On a engagé 2,500 paysans des flandres autrichiennes pour aider aux travaux préparatoires du siège ». (*Archives anglaises*, vol. 47, *loc. cit.*).

(2) Archives anglaises. War-Office, original correspondence, vol 46. British army on the Continent. « It is now desirable that the artillery and stores commanded, should be at Nieuport by the 20th of August at furthest... » 29 juillet.

(3) Murray à Dundas. Lefferinckouke 28 août, *loc. cit.* « Nothing of consequence has occurred since I had last the honour of writing to you, excepting the arrival of the transports yesterday, two of which got in to Nieuport and the others in to Ostend. Every preparation has

les autres à Ostende, où l'on s'empressait de les
décharger. D'après les mesures prises, les pièces et le
matériel de siège devaient être rassemblés au dépôt de
Zuydcoote, pour être ensuite convoyés jusqu'aux tranchées et l'on estimait qu'il faudrait dix à douze jours
pour effectuer tout ce transbordement. Ce n'est donc pas
avant le 6 septembre environ que York pourrait disposer des moyens d'action qui lui étaient nécessaires.

Une autre circonstance, plus gênante que toutes les
autres pour les assaillants, allait encore permettre aux
Dunkerquois de prolonger la résistance.

Grâce à une organisation particulière du régime des
eaux, les défenseurs avaient pu inonder toute la zone
comprise entre Dunkerque et Bergues et la rendre absolument impraticable, de sorte que le corps d'investissement eût été obligé d'envelopper à la fois ces deux
places, sur un périmètre d'une vingtaine de kilomètres,
pour couper leurs communications avec la France par
l'ouest. D'où la nécessité d'employer à ce siège une telle
quantité de troupes que les armées d'York et de
Cobourg réunies eussent à peine suffi à cette tâche. Le
défaut d'entente des puissances n'ayant pas permis cette
concentration des forces coalisées, le duc d'York se
voyait contraint de laisser aux défenseurs de Dunkerque
la faculté de recevoir par l'ouest des ravitaillements ou

------

been made and measures are now telling for their being unloaded
with all possible expedition, and for the artillery and stores to be con-
veyed to the depot which is established at « Suttes Cottes ». This and
their conveyance in to the trenches will be necessarly a work of some
time, I speak without any accurate knowdlege, but I think it will
require 10 or 12 days... ».

(1) Le 31 août Murray écrit à Dundas (*loc. cit.*) que 20 pièces de
canon sont arrivées au dépôt, avec beaucoup de munitions. A Nieuport et Ostende il y a 36 pièces de 24 livres. 24 mortiers, et le détachement de Royal artillery et d'artificiers.

des renforts, alors que le retard de la flotte empêchait de mener rapidement les opérations.

Pour toutes ces raisons, il arriva que la tentative dirigée contre Dunkerque traîna en longueur, tellement que l'armée du Nord put intervenir, et sauver cette place qui cependant n'était pas en état de résister à une attaque brusquée, ainsi que nous le montrerons ultérieurement.

CHAPITRE X.

Cobourg investit le Quesnoy (carte n° 5).

Emplacements des troupes adverses dans la zone comprise entre Cambrai, Maubeuge et Longwy. — Les troupes françaises qui avaient la garde de la frontière, au sud de la ligne Cambrai—Maubeuge, étaient les suivantes :

1° La division Ihler, 5,000 hommes environ, à Hecq et dans la forêt de Mormal ;

2° La division de Maubeuge, aux ordres du général Tourville, comprenant trois groupes, savoir : 3,256 hommes formant la garnison proprement dite de Maubeuge, 6,275 hommes campés en dehors et près de cette ville, 4,689 hommes répartis dans des postes entre Baschamps et Jeumont ; soit au total 14,218 hommes (1) ;

3° La 2e division de l'armée des Ardennes, commandée par le général Wisch, d'un effectif de 24,000 hommes, si l'on en excepte les dépôts encore inutilisables. Cette division est éparpillée entre Philippeville et Montmédy ; le camp de Carignan et la garnison de Givet sont les seuls groupes supérieurs à 5,000 hommes ; à Montmédy et Rocroy, il y a un peu plus de 1000 hommes ; les gar-

---

(1) Se reporter au chapitre 1er pour connaître la composition détaillée de ces différentes grosses unités.

nisons de Mézières, Sedan et Philippeville sont respectivement de 2,384, 3,626 et 2,284 hommes ;

En face de ce cordon, les alliés en avaient disposé un autre qui était ainsi constitué :

1° 13 bataillons et 20 escadrons, commandés par le feld-maréchal Latour, sont dispersés depuis Villers-Pol jusqu'à Charleroi ; leur camp principal est à Bettignies : dans cette situation, ils observent le Quesnoy, Maubeuge et Philippeville ;

2° 25,000 Autrichiens, sous le prince de Hohenlohe, sont répartis en trois corps : le 1er à Namur, le 2e à Luxembourg, le 3e à Trèves ;

3° D'autre part, Cobourg qui était resté avec 33,000 hommes environ au camp de César, après le départ du duc d'York, avait réparti ses troupes, dès le 11 août, comme il suit (1) :

1° 11 bataillons et 28 escadrons, formant le corps principal sous les ordres de Clerfayt, s'installaient à Hérin ; huit de ces escadrons occupaient Denain ;

2° Deux détachements forts, l'un de 6 bataillons et 10 escadrons sous le comte Colloredo, l'autre de 4 bataillons et 8 escadrons sous le feld-maréchal Lilien étaient placés : le premier à Saulzoir, le deuxième à Saint-Pithon, dans le but d'observer Bouchain et Cambrai et d'intercepter les communications de ces places avec le Quesnoy ;

3° 9 bataillons et 11 escadrons, sous les ordres du général Wenkheim, étaient campés vers Villers-Pol d'où ils observaient le Quesnoy ;

4° 7 bataillons et 6 escadrons, sous le comte Erbach à Houdaing, assuraient la liaison avec le camp de Bettignies.

C'est là, on le voit, un dispositif d'attente qui ne sera

______

(1) K. K. Kriegs Archiv. Vienne.

pas modifié tant que Cobourg n'aura pas fait choix d'un nouveau plan offensif.

Le corps principal à Hérin est ainsi couvert dans toutes les directions dangereuses par des fractions dont la force et l'éloignement sont suffisants pour procurer au commandement le temps et l'espace dont il peut avoir besoin, en cas d'attaque.

Les intentions du commandement français à la suite de la capitulation de Valenciennes. — A la nouvelle de la capitulation de Valenciennes, le commandement français qui, en cette partie de la frontière, était resté dans une quiétude relative, conçut de vives alarmes.

Le général Wisch, admettant *a priori* que l'ennemi investirait aussitôt Maubeuge, échafaudait sur cette donnée des hypothèses vagues dont il s'autorisait pour demander des renforts et faire surseoir, par les représentants du peuple, au départ des troupes que l'armée des Ardennes devait envoyer à celle du Nord (1). « Si un corps de 12,000 ou 15,000 hommes, déclarait-il au Ministre le 15 août, veut percer par la trouée de Carignan, je n'ai point d'autre moyen que de me jeter dans le camp retranché de Sedan et abandonner le reste. » Heureusement pour Wisch et probablement aussi pour notre frontière, l'ennemi n'avait pas l'intention de frapper de ce côté quelque coup décisif, et tout se borna dans cette région à quelques coups de main et à des querelles de postes (2) sans importance, cela jusqu'au moment où la bataille d'Hondtschoote fut livrée.

______

(1) Voir les lettres adressées par le général Wisch au Ministre de la guerre les 2 et 15 août de Carignan. (Documents annexes.)

(2) On trouvera aux documents annexes des détails sur les petites opérations tentées par les commandants des places de Philippeville, Bouillon et Givet, et sur l'affaire des postes de Villers (proche le camp de Carignan) où nos troupes surprises s'enfuirent terrorisées (20 août).

A Maubeuge, l'inquiétude n'était pas moindre : on pensait que la place serait prochainement investie et l'on se préparait à faire une belle résistance.

Les denrées et les bestiaux des alentours étaient ramenés dans la ville, et l'on prenait des précautions pour déjouer un complot présumé qui aurait eu pour objet d'incendier les magasins et d'assassiner les vrais patriotes. C'était le général Chapuis de Tourville, officier de l'ancien régime, qui exerçait le commandement supérieur ; on se plaisait généralement à lui reconnaître de l'activité et de l'énergie dans l'accomplissement de ses devoirs ; mais il avait protesté contre le départ de Custine et averti Bouchotte que les « ci-devant remplacés par des ignorants iraient peut-être porter chez les alliés leurs connaissances et leur ressentiment ». Son origine et son attitude l'avaient donc rendu suspect (1) et le Ministre l'avait compris dans son grand « travail d'épuration ». Suspendu de ses fonctions le 6 août, Tourville adressait à sa belle division l'ordre d'adieux ci-dessous :

« Le Pouvoir exécutif a cru devoir me suspendre de mes fonctions et m'enjoindre de m'éloigner de vous ; je dois l'exemple, j'obéis sans murmurer, mais il m'en coûte infiniment de quitter une aussi brave division, de laquelle je n'ai eu qu'à me louer pour la discipline, le zèle et l'émulation de s'instruire : j'en ai rendu compte au Ministre et au général en chef. Je vous exhorte à continuer dans cet excellent principe et la victoire couronnera vos travaux ; recevez mes adieux et croyez que je serai toujours avec vous d'esprit et de cœur. »

Gudin, qui succédait à Tourville, était alors âgé de 59 ans. Officier de l'ancien régime, lui aussi, il n'avait

---

(1) On pourra lire aux documents annexes une dénonciation adressée par le notable Lambert, le 2 août, de Maubeuge au Ministre de la guerre.

accepté cette fonction qu'à titre intérimaire « ne se reconnaissant pas, disait-il, l'aptitude physique et l'activité intellectuelle suffisantes pour cette lourde tâche »; d'ailleurs, il n'allait pas tarder à devenir suspect à son tour et, dès le 27 août, il suppliait encore le Ministre de la guerre de lui retirer son commandement, tant les accusations dont il était l'objet l'avaient découragé.

Quoi qu'il en soit du sort de Gudin, nous nous bornerons à constater que ce général avait simplement l'intention de défendre la ville forte de Maubeuge contre les entreprises des alliés et que, dans cette partie de la frontière, comme à Sedan d'ailleurs, on ne songeait pas à prendre l'offensive ou à tenir la campagne.

Cobourg se décide à investir le Quesnoy. — Cobourg avait maintenu son armée immobile jusqu'au 17 août sur les emplacements qu'elle occupait autour de Hérin. Le choix d'un nouvel objectif stratégique le laissait indécis, hésitant ; car le plan précédemment arrêté aux conférences de Hérin avait cessé de plaire aux diplomates qui conviaient maintenant le généralissime à tenter des opérations plus hardies, en vue d'obtenir un résultat politique immédiat et important.

Les lignes principales de ce nouveau système de guerre ont été tracées par le comte de Mercy, et il est intéressant de connaître les considérations qui ont guidé dans cette circonstance le ministre autrichien (1). Celui-ci estime maintenant qu'il faut renoncer à attaquer le

---

(1) Vivenot, tome III, lettre de Mercy à Thugut, n° 146.

Voir également aux archives anglaises une lettre de Milord Elgin à lord Grenville (Bruxelles 12 août) qui contient l'exposé et la discussion de ce nouveau plan. Vol. 21, Bruxelles et Ostende. Foreign-Office.

On sait que Mercy avait été adjoint à Cobourg dès le mois de mai pour la direction des affaires politiques et que tous deux devaient se concerter quand les circonstances l'exigeraient. La leçon sévère qu'il

Quesnoy, Maubeuge et même Dunkerque pour s'emparer de Cambrai.

Cette dernière ville est, en effet, la forteresse la plus rapprochée de Paris ; tout le pays qui la sépare de la capitale est « ouvert », et dès qu'elle aura été prise, on pourra lancer sur Paris un corps dont l'effectif sera déterminé « militairement ». L'approche de cette troupe, agissant en partisans, provoquera la panique et l'affolement parmi les Parisiens et empêchera vraisemblablement que les régicides osent toucher à la reine Marie-Antoinette, qui venait d'être transférée à la Conciergerie, par décret du 1er août, pour être traduite devant le tribunal révolutionnaire. Si, au lieu de cette tentative énergique, qui pourrait au besoin être exécutée par l'armée principale, on s'en tenait aux dispositions prises à Hérin, les inconvénients qui en résulteraient paraissaient multiples. La contremarche que ferait l'armée, pour se rendre du camp de César au Quesnoy ou à Maubeuge, serait exploitée dans l'opinion française comme une retraite et l'armée du camp de Biache pourrait se reconstituer ; la Convention nationale aurait le temps d'établir un camp devant Paris et la possibilité de mettre à exécution ses projets contre les insurgés de Vendée, de Bretagne et d'ailleurs.

D'autre part, l'empereur d'Autriche poussait vivement Cobourg à attaquer vigoureusement les troupes républicaines :

« Je crois, lui écrivait-il le 17 août (1) qu'il est dans la guerre présente de notre intérêt le plus évident de chercher et de ne négliger aucune occasion pour engager avec les ennemis des actions générales et décisives qui

------

avait reçue, lors de ses pourparlers avec Dumouriez, obligeait donc Cobourg à tenir le plus grand compte des désirs exprimés par son nouvel *ad latus*.

(1) Vivenot, tome III, lettre n° 110.

seules peuvent produire de grands effets, pendant que la perte qu'on pourra y essuyer en hommes ne sera pas beaucoup plus considérable que celles qu'occasionnent les petits combats et les affaires de postes multipliées qui, de plus, ont l'inconvénient d'aguerrir peu à peu ces bandes désordonnées qui composent actuellement l'armée française ; dans tous les cas, je ne puis assez vous rappeler qu'il est de l'intérêt le plus essentiel de mon service de pousser les opérations avec la plus grande énergie et de presser l'exécution des projets une fois arrêtés. Il vaudrait peut-être mieux de donner quelquefois quelque chose au hasard que de nous faire soupçonner d'irrésolution et de lenteur, et je vous confierai qu'il y a (*sic*) parmi nos alliés qui ne sont pas éloignés de nous en accuser..... »

Mais le généralissime de la coalition estimait que, pour se conformer à ces nouvelles instructions, le concours d'York lui était absolument indispensable. Il avait donc renouvelé ses instances auprès du jeune duc qui n'avait rien voulu entendre, pour ne pas désobéir aux ordres de son gouvernement, dont les résolutions étaient inspirées par les considérations politiques que l'on connaît.

L'armée impériale se trouvait ainsi réduite à 33,000 hommes environ. Cobourg jugea que ce n'était pas là un effectif suffisant pour assiéger Cambrai ou Maubeuge et qu'une attaque dirigée contre les troupes françaises, campées vers Biache, serait une opération fort risquée (1). Il prit, en conséquence la résolution de mettre le siège devant le Quesnoy, afin de ne pas rester complètement inactif aussi longtemps que la diplomatie ne réussirait pas à faire converger tous les efforts des puissances coalisées. Or, il était indispensable de

---

(1) *Prinz Josias von Cobourg Saalfeld*, par Witzleben, tome 2, page **270.**

chasser les républicains de la forêt de Mormal avant de
commencer l'investissement proprement dit du Quesnoy.
Cette forêt constituait, en effet, un couvert d'où nos
troupes auraient pu inquiéter continuellement le corps
de siège, avec d'autant plus de succès que, selon d'Arnaudin (1), « l'expérience avait démontré que la protection des bois donnait dans ce temps-là aux Français un
avantage qui les mettait presque de niveau avec les
troupes les plus instruites et les mieux aguerries ».

Cobourg s'empare de la forêt de Mormal. — L'ordre
général (2), donné dès le 15 août en vue de cette
attaque qui devait être exécutée le 17, contient les prescriptions suivantes :

1° Le camp de Bettignies restera tout entier en position ;

2° De Houdain, un détachement commandé par le
feld-maréchal lieutenant Erbach et le général-major
Hoditz, se dirigera sur Pont-sur-Sambre ; il comprendra :
1 compagnie de chasseurs, 1 division d'Esclavons (2 compagnies), 2 bataillons Archiduc-Charles, 2 escadrons de
carabiniers chevau-légers, 1 escadron de hussards de
Saxe ;

3° De Villerspol partiront également pour marcher
sur la forêt, sous les ordres du général-major comte
Bellegarde : 22 compagnies d'infanterie et 4 escadrons (3) ;

4° De Pithon, le feld-maréchal lieutenant Lilien et le
général major Cobourg pousseront sur Croix, 7 compagnies et 4 escadrons (4).

____

(1) Mémoires ; *loc. cit.*
(2) K. K. Kriegs Archiv. Vienne.
(3) Soit : 4 compagnies de Servien, 6 d'O'Donnell, 6 de Mahony,
2 de Wartensleben, 2 de Michel Wallis, 2 de Spleny, 2 escadrons de
hussards Barco, 2 escadrons de uhlans.
(4) Soit : 2 compagnies de Stein, 2 de Murray, 1 de Mahony, 2 de

Le prince de Hohenlohe fit, le 16, une reconnaissance de la position française, à la suite de laquelle le plan d'attaque ci-dessous fut définitivement arrêté pour le 17 août :

Le détachement Erbach se dirigera de Houdain sur Pont-sur-Sambre ;

Le détachement de Bellegarde, chargé de l'attaque de front, marchera de Villers-Pol sur Gomenegnies et Jolimetz ;

Le détachement Lilien fera une démonstration par Croix contre les camps d'Hecq et de Preux ;

Enfin, de Villers-Pol, le général Wenkheim marchera sur Poix et Englefontaine (1).

D'après ce que l'on sait de la position occupée par les troupes françaises, on voit que ces différentes colonnes allaient se heurter aux avant-postes de la division de Maubeuge, aux détachements chargés de la défense de la forêt et à la division Ihler.

La lisière nord-ouest de la forêt de Mormal avait d'ailleurs été organisée défensivement ; toutes les avenues avaient été barrées par des coupures et par des abatis. Au carrefour de la Taperie, on avait construit une redoute ouverte à la gorge ; le village de Villereaux avait été mis en état de défense. Cependant, la résistance des républicains devait être de courte durée car l'ennemi, grâce à sa supériorité numérique, pouvait lancer une attaque vigoureuse à la fois sur les flancs de cette position et sur son front qui mesurait environ 12 kilomètres.

Le 17, dès la pointe du jour, 2 compagnies du corps franc d'Odonnel s'emparaient de Villereaux. Au même

---

tirailleurs de la frontière ; 2 escadrons de Lobkovitz, 2 escadrons de Barco. Ces deux derniers escadrons étaient prélevés sur le détachement stationné à Saulzoir.

(1) K. K. Kriegs Archiv. Vienne.

moment, les têtes des colonnes autrichiennes se présentaient devant les redoutes de Jolimetz, de la Maison-Blanche et de la Maison-Rouge, que des détachements de cavalerie et d'artillerie à cheval s'efforçaient de prendre de flanc ou à revers. La surprise fut complète ; nos troupes (1), qui occupaient ces postes sous le commandement du général Colomb, avaient cependant pris les armes à 2 heures du matin, mais les reconnaissances qui d'ordinaire partaient immédiatement ne furent lancées qu'à 3 heures du matin et rendirent compte qu'il n'y avait rien de nouveau. Néanmoins, à 4 heures, les hostilités commençaient dans les conditions qu'indique le rapport ci-dessous, rédigé par un officier du 1er bataillon de la Sarthe, et adressé au commissaire national Viget pour justifier la conduite tenue par ce bataillon dans cette circonstance (2).

« A 4 heures l'ennemi commence l'attaque par un coup de feu au-dessus des redoutes de la Maison-Rouge : aussitôt les quatre premières compagnies du bataillon de la Sarthe, les chasseurs de Durieux, ceux de Gévaudan se jetèrent dans les redoutes au pied desquelles était déjà l'ennemi. Le feu fut vif de part et d'autre, celui de l'ennemi, dont la force était supérieure, croisait dans les redoutes et prenait à revers les Français ; bientôt les redoutes de la gauche furent cernées par l'ennemi qui s'était embusqué dans les haies. Celle du grand chemin, dès lors, ne put tenir, n'ayant ses flancs gardés sur la gauche que par les redoutes déjà prises et, sur la droite, par une compagnie embusquée dans le bois et qui venait d'être forcée. Il fut impossible aux troupes de la Maison-Rouge de se reployer sur les redoutes de Jolymetz, les

---

(1) C'est-à-dire le 1er bataillon de la Sarthe, les restes du 2e régiment et des 2e et 4e bataillons belges, la compagnie des chasseurs de Durieux, celle de Girard, et les chasseurs de Gévaudan.

(2) A. H. G. Correspondance.

routes en étaient déjà coupées par l'ennemi qui attaque tous les postes de la forêt au même instant. Les Belges et les quatre dernières compagnies du bataillon de la Sarthe qui défendaient les postes de Jolymetz opposèrent en vain le courage et l'opiniâtreté des vrais républicains aux forces majeures que l'ennemi y avait portées, tandis que ses tirailleurs attaquaient de front les redoutes. La cavalerie, conduite par des paysans à travers les vergers, les prit en flanc, soutenue d'obusiers et de pièces de 3. Les nôtres devinrent inutiles par la mauvaise disposition des ouvrages. Après une défensive infructueuse, on songea à la retraite, qui se fit en désordre jusqu'à Loquignol, où se trouva enfin le général Colomb. »

Ce général qui avait le commandement de tous les avant-postes placés dans la forêt, s'était installé à Loquignol où l'on devait lui adresser, par une ordonnance, tous les comptes rendus ou renseignements intéressants. Les relations entre les postes et le commandant des avant-postes avaient probablement été mal établies, car Colomb ne fut informé de cette attaque qu'à 5 heures du matin environ, par un brigadier de hussards très pressé qui se présenta à ce moment au général et lui dit : « Général, je viens de mon pur mouvement vous prévenir que tous les postes avancés sont forcés, sont au pouvoir des ennemis, nos troupes sont éparses dans la forêt. » Aussitôt le général se rendait au carrefour de la Taperie, où il trouvait de nombreux fantassins fuyant, venant au travers de la forêt. A partir de ce moment, les faits se déroulèrent ainsi que l'indique le rapport ci-dessous adressé par Colomb au président de la Convention, le 21 août (1) : « Je ralliai, écrit-il, et fis rallier le plus grand nombre de ces troupes que nous pûmes.....

« Je garnis sans perte de temps la redoute de ce

---

(1) A. H. G. Correspondance.

carrefour (la Taperie). J'en disposai sur les flancs, dans le bois de droite et de gauche, sur les lisières de toutes les avenues qui pouvaient conduire à ce carrefour. J'établis en même temps un poste pour couvrir la chaussée et le village de Loquignol, pour en empêcher le passage aux ennemis, qui auraient pu y passer sans cette mesure pour se rendre au carrefour du Calvaire. Ces dispositions faites, je me croyais inexpugnable dans ce poste. Je fais partir des ordonnances pour avertir les postes de la Grande-Carrière, Sorbara, Berlaimont. Les ennemis attaquent le poste du carrefour de la Taperie. Il est aussitôt abandonné par les troupes sans observer la résistance opiniâtre que je leur avais si expressément ordonnée. Aucun moyen ne pouvant les arrêter, étant sans moyens de défense, je fais ma retraite sur le carrefour du Calvaire. Avant je ramassai encore le plus d'hommes que je pus pour faire escorter l'artillerie et ne pas la laisser au pouvoir des ennemis, ce qui fut fait. L'ordre de la retraite étant exécuté sur le carrefour du Calvaire j'y fis de nouvelles dispositions. Je les fis remarquer à tous comme imposantes; elles l'étaient effectivement, et je dis que ceux qui donneraient de nouveau l'exemple odieux de la fuite, je les ferais sabrer et tirer dessus. J'envoyai une ordonnance au général Ihler et lui fis dire que les postes avancés ayant été forcés, la redoute du carrefour de la Taperie, aussitôt abandonnée qu'attaquée, j'avais été obligé par la fuite des troupes de me rendre au carrefour du Calvaire, que mes dispositions et le local me faisaient espérer de conserver ce poste si les troupes tenaient; qu'il pouvait être tranquille.

« Ce poste est attaqué et abandonné comme les autres. Ayant alors beaucoup d'ordonnances, ceux des postes avancés m'ayant joint, je leur donnai ordre de courir sur les fuyards, de les arrêter de force si besoin était. J'ai vu que plusieurs de ces ordonnances ont fait le simulacre de tirer dessus, de manière que quand cette petite portion de cavalerie en arrêtait un certain nombre, un plus grand fuyait derrière ceux-là. Enfin tous ces moyens et tous les autres possibles ayant été employés sans succès, la retraite au carrefour de Raucourt étant indispensable, j'ai été forcé de la faire faire où je suis resté jusqu'à 2 heures 1/2 du soir, parce que les ennemis ne nous y ont pas attaqués. Car il y a lieu de croire qu'on n'eût pas plus défendu ce poste que les autres, malgré les dispositions, la terreur étant à son comble.

« Ayant reçu l'ordre de sortir de la forêt, je me suis dirigé sur le pont d'Achette, où j'ai joint une partie des troupes de la forêt qui s'y étaient rendues sans ordres et celles du général Ihler qui, toutes, étaient de l'autre côté de la Sambre. »

En somme, les efforts du général Colomb, pour faire tête aux ennemis aux carrefours de la Taperie et du Calvaire, demeurèrent inutiles, et cette retraite présente tous les caractères d'une fuite désordonnée.

La poursuite de l'ennemi ayant cessé vers 2 heures de l'après-midi, le passage de tous les détachements français sur la rive droite de la Sambre put avoir lieu sans difficultés au pont d'Achette : mais la forêt était évacuée et l'on peut dire que l'attaque de front avait complètement réussi.

Qu'étaient devenues pendant ce temps les attaques dirigées sur les ailes ? Le général Ihler, qui se trouvait au camp d'Hecq, apprenait à 5 heures du matin que les avant-postes de la forêt étaient forcés, et qu'une colonne *considérable* de cavalerie et d'infanterie se portait sur le Cateau (1). Devant cette attaque *environnante* (2), Ihler, estimant qu'il était trop tard pour se porter au secours des avant-postes de la forêt, résolut de renforcer

---

(1) C'était la colonne de Lilien.

(2) Terme employé par Ihler dans son rapport. A. H. G. Documents annexes.

la garnison de Landrecies avec les six bataillons qu'il avait sous la main, savoir : la demi-brigade du 17ᵉ et celle du 43ᵉ; puis avec le reste de sa division il se repliait de là sur Maroilles où il recueillait les débris des troupes aux ordres du général Colomb et venait passer la nuit à Avesnes; mais auparavant il avait laissé à Maroilles le 1ᵉʳ bataillon de la Vendée (1), 25 hommes du 6ᵉ hussards et 87 hommes de la compagnie de chasseurs Durieux, pour assurer la communication entre Landrecies et Avesnes : il avait également placé un poste de 200 hommes à Marbaye pour couvrir les réquisitions de denrées destinées au ravitaillement de Landrecies. Le lendemain matin 18, Ihler quittait Avesnes avec sa division si considérablement réduite et venait renforcer la garnison de Maubeuge.

De son côté, la colonne de gauche des coalisés, qui s'avançait sur Pont-sur-Sambre, s'y heurtait aux postes que Gudin avait établis dans cette partie du cours de la Sambre. Les postes d'Hautmont, Pantinies, Baschamps, Aulnois, Berlaimont étaient attaqués simultanément; mais Gudin, plus heureux ou plus habile qu'Ihler, réussissait à secourir ces postes en temps utile à l'aide de renforts qu'il prélevait sur la garnison de Maubeuge, si bien que les troupes d'Erbach ne pouvaient passer sur la rive droite de la rivière.

Gudin vante beaucoup la valeur et le sang-froid (2) « avec lesquels se sont comportées les troupes qui ont été employées à cette défense; chaque soldat semblait se multiplier, et en un mot, elles ont fait tout ce qu'on pouvait attendre de soldats républicains.

..... « Les bataillons qui se sont trouvés à ces différentes attaques sont : celui des Hautes-Alpes, commandé par le citoyen Meyer; ce bataillon, qui a montré le plus grand

____

(1) Appartenant à la garnison du Quesnoy.
(2) Rapport de Gudin. A. H. G. Correspondance. Documents annexes.

courage, est un de ceux qui ont le plus souffert ; le
bataillon de la Nièvre ; le 1er du 18e régiment ; les compagnies de grenadiers du 18e régiment et du 1er bataillon
du Loiret ; le 22e bataillon de fédérés ; le 5e de l'Yonne
et deux compagnies de chasseurs du Hainaut ; tous en
général et en particulier méritent les plus grands éloges.

« Le citoyen Seyssel, chef de brigade du 60e régiment,
qui commandait toutes ces troupes, a déployé beaucoup
de talents militaires, de sang-froid et de bravoure, et
n'a cessé un instant de donner les ordres nécessaires
pour résister aux différentes attaques de l'ennemi. »
Cependant, en apprenant l'évacuation de la forêt de
Mormal, Gudin faisait retirer, dans la matinée du 18, les
postes d'Aulnois, Baschamps et Pantinies qui auraient
pu être coupés, et il se contentait de tenir les hauteurs
de Saint-Rémi-Malbâti et d'Hautmont : « J'espère que
nous nous y maintiendrons, mandait-il au Ministre, vu
le renfort du général Ihler (1). »

Donc, le 18 au matin, la forêt de Mormal était au pouvoir de l'ennemi ; le corps de couverture commandé par
Ihler s'était réfugié partie dans Landrecies, partie dans
Maubeuge, et ces deux places se préparaient à subir un
siège qu'elles considéraient comme imminent. « Je crois
pouvoir vous assurer, citoyen Ministre, écrivait Gudin
le 21 août, d'après la position de notre camp et la valeur
des troupes que j'ai l'honneur de commander, que nous
arrêterons assez de temps l'ennemi pour donner à la
nation (2) le temps de se lever et de chasser de son territoire les hordes d'esclaves qui l'infestent. »

L'investissement proprement dit du Quesnoy. —

---

(1) L'ensemble des pertes françaises dans cette journée du 17 s'éleva
environ à 400 tués ou blessés et 250 prisonniers.
(2) Correspondance. A. H. G. Documents annexes.

Cependant Cobourg, poursuivant l'exécution de son plan, donnait pour la journée du 18 août les ordres suivants (1) :

Les troupes qui ont marché le 17 restent sur leurs emplacements ;

Le général-major Schneider vient de Houdaing à Villerspol avec 2 bataillons et 2 escadrons et demi ;

Le général-major Wenkheim amène de Villerspol 3 bataillons et 10 escadrons qui établissent leur camp entre Ruesne et Bermerain ;

Le reste du détachement de Saint-Pithon vient à Neuville ;

L'aile gauche de Colloredo est maintenue à Saulzoir ; l'aile droite s'avance vers Haussy et détache un poste à Solesmes pour observer la route du Cateau ;

Lilien qui a poussé jusque vers Croix, le 17, est chargé d'observer Landrecies ;

6 bataillons et 6 escadrons renforcent le détachement de Denain ;

Clairfayt vient à Douchy avec 5 bataillons et 18 escadrons ;

L'ordre est donné de préparer l'installation du quartier général dans les trois villages de Bermerain, Saint-Martin et Wendegies ;

On établira à Jallain un magasin pour 15,000 hommes, à Quercnaing pour 25,000, et le magasin général sera placé sur les glacis de Valenciennes ;

Clairfayt commandera le corps de siège et s'installera à Villerspol.

Ces différentes dispositions avaient pour effet de renforcer très sensiblement le corps de couverture chargé de surveiller le camp de Biache, dont Cobourg pouvait redouter les entreprises. En outre, on esquissait ainsi

----

(1) K. K. Kriegs Archiv. Vienne.

les mouvements à exécuter dans le but d'investir le Quesnoy.

Le 19, Cobourg, comprenant que ses projets ne seraient pas contrariés par l'offensive des Français, prenait définitivement ses dispositions en vue du siège proprement dit. Lorsqu'elles furent complètement mises à exécution, les troupes impériales furent placées comme il suit :

A. *Troupes de couverture :*

1° A Marchiennes, Orchies et Cysoing, 14 escadrons, 7 bataillons et 4 compagnies (Beaulieu commande à Cysoing et Kray à Marchiennes) ;

2° A Denain, sous les généraux Otto et Auersperg, 10 escadrons, 4 bataillons et 4 compagnies ;

3° A Douchy, 2 escadrons, 2 bataillons et 1 compagnie, sous le même commandement ;

4° A Saulzoir, 10 escadrons, 4 bataillons, 3 compagnie sous Benjowski ;

5° Vers Solesmes aux avant-postes, 18 escadrons, 8 compagnies, sous Bellegarde.

B. *Une armée d'observation*, aux ordres de Colloredo, dont le quartier général est à Saleisches, est ainsi disposée :

1° 6 bataillons sous Wenkheim sont à Englefontaine ;

2° 3 bataillons, 6 compagnies et 2 escadrons, sous le colonel du Jardin, surveillent la forêt de Mormal ;

Le général Erbach, dont le quartier général est à Englefontaine, a le commandement de ces deux détachements (1° et 2°) ;

3° 16 escadrons, sous le général prince de Lorraine, sont à Poix ;

4° 4 bataillons et 8 escadrons, sous le général Riesch, sont à Vertaing.

Les deux fractions (3° et 4°) sont aux ordres de Lilien, qui est cantonné à Escarmaing.

C. Le *corps de siège*, comprenant 10 escadrons, 15 bataillons et 12 compagnies, est commandé par Clairfayt, qui a fixé son quartier général à Villerspol (1).

Le détachement prussien de Knobelsdorf quitte le théâtre d'opérations du Nord. — Cette répartition des troupes montre que ce ne sont plus les Prussiens qui sont placés en couverture entre Marchiennes et Cysoing (2).

La cause en est que le général Knobelsdorf avait levé son camp le 23 août et quitté le théâtre d'opérations du Nord pour les raisons suivantes.

Lors des premiers arrangements conclus entre les

---

(1) Tous ces renseignements sont extraits d'une situation générale qui existe aux K. K. Kriegs Archiv. de Vienne, et sur laquelle la composition détaillée de chacun des groupes de bataillons, escadrons et compagnies figure *in extenso*. On y trouve en outre la répartition des autres troupes impériales, dont voici un résumé.

A Bettignie, sous La Tour, il y a 10 escadrons, 7 bataillons, 4 compagnies.

Dans les postes de Charleroi, dépendant de Bettignie, 6 escadrons et 2 bataillons.

Dans les postes de Namur, sous Bruglach, 6 escadrons, 5 compagnies, 3 bataillons.

Dans les postes de Luxembourg, sous Schröder, 10 escadrons, 8 bataillons, 2 compagnies.

A l'armée du duc d'York : 8 escadrons, 12 bataillons, 17 compagnies sous Alvinzy, d'Alton et Biela.

Dans les garnisons :

A Bruxelles sous Diesbach	2 bataillons.
A Condé sous Rüschel	3 bataillons.
A Valenciennes sous Lilien ...	1 escadron, 5 bataillons.
A Namur sous Mikoviny......	2 bataillons.
A Luxembourg sous Schröder.	1 escadron et 7 bataillons.

Soit un total général de : 144 escadrons, 105 bataillons et 69 compagnies qui composent les troupes autrichiennes. Witzleben évalue à 128,000 hommes (tome II, page 280) l'effectif des armées coalisées opérant sur le théâtre d'opération du Nord et des Ardennes.

(2) Voir la situation stratégique. Chapitre Ier.

diverses puissances coalisées, Cobourg, avec l'approbation de l'Empereur, avait promis d'envoyer au blocus
de Mayence 15,000 hommes qui lui seraient rendus dès
que cette ville serait prise (1). Or, Cobourg n'avait détaché tout d'abord à Mayence que 8,000 hommes, sous les
ordres de Kalkreuth, si bien que, dès les premiers
jours de mai, le roi de Prusse, poussé par les considérations diplomatiques que l'on connaît (2), menaçait de
ne pas poursuivre l'opération dirigée contre Mayence si
on ne lui fournissait pas le complément de 7,000 Autrichiens qui lui avait été promis. Cobourg, voulant éviter
la dissémination des forces des coalisés employées
dans le Nord, faisait offrir un renfort de 6,000
hommes, provenant du duché de Darmstadt, au roi de
Prusse, qui les refusait sous prétexte qu'on lui avait
promis des Autrichiens. Le motif était vraiment spécieux et montrait clairement que, dans l'espèce, les
considérations politiques l'emportaient, dans l'esprit du
roi, sur les exigences purement militaires. Dans ces conditions, l'entente devenait difficile, et finalement le roi
de Prusse ordonnait, le 2 août, au général Knobelsdorf
de rejoindre l'armée prussienne avec ses 7,000 hommes.
Le départ de ce général était cependant retardé jus-

---

(1) Cette promesse du général en chef autrichien était la conséquence
du plan primitif d'après lequel l'armée impériale ne devait pas franchir
la Meuse avant que les Prussiens ne se fussent emparés de Mayence. A
ce moment, on ne pensait pas en effet que Miranda abandonnerait aussitôt sa position près de Maestricht. Mais depuis lors, ces prévisions
ne s'étaient pas réalisées, car Cobourg avait pu attaquer les forteresses
françaises avant même que le siège de Mayence ne fût entamé. Il est
donc évident que le roi de Prusse n'avait plus aucune raison pour
exiger l'exécution intégrale de cette promesse. Voir Foreign Office,
vol. 21. Bruxelles et Ostende. Lettre d'Elgin à lord Grenville, 5 mai.

(2) Voir la situation diplomatique. Chapitre IV.

qu'au 23, grâce aux instances de Cobourg, et par rapport aux Autrichiens qui accompagnaient le duc d'York (1).

Il était, par suite, devenu nécessaire de confier à d'autres troupes la mission de couverture dont le corps prussien était chargé. A cet effet, on faisait un prélèvement à la fois sur l'armée hollandaise et sur l'armée autrichienne ; 5,000 impériaux, sous Beaulieu venaient relever les troupes de Knobelsdorf et 3,000 Hollandais se joignaient à eux pour occuper de concert le front jalonné par Marchiennes, Orchies, Cysoing et Bouvines. Ce détachement de 3,000 Hollandais était placé sous les ordres du frère du prince d'Orange ; il comprenait 6 escadrons et 6 bataillons (2). Le reste de l'armée hollandaise campée sous Menin (3) ne comptait plus dès lors que 8 escadrons et 14 bataillons (environ 7,000 hommes), que le prince d'Orange avait ainsi disposés à

---

(1) Knobelsdorf avait également consenti à différer son départ jusqu'à l'arrivée des troupes qui devaient occuper sa position.

(2) Voici la composition détaillée de ce détachement :

Le 1er escadron d'Orange-Frise, 2 escadrons du Tuyle, 3 escadrons de Hesse-Philippstadt, le bataillon de grenadiers de Baseck, celui de Rechteren et celui de Teugnagel, le bataillon de Dopoff, le bataillon de Gumoens et le bataillon de Walderen.

(3) Les troupes hollandaises se livraient à de nombreux excès et rançonnaient de toutes façons les environs de Menin. Le procès-verbal de la séance du Collège, du 19 août 1793 porte la mention suivante :

« Nous avons l'honneur de porter à la connaissance de M. le commissaire civil Blumenthal, que les troupes alliées, campées des deux côtés de la chaussée d'Ypres à Menin, se conduisent de manière à inspirer de la terreur aux habitants de la campagne qui les avoisinent, au point qu'il nous est revenu que la plupart desdits habitants se tiennent renfermés chez eux et sont obligés de voir enlever de sang-froid une partie de leur moisson. Nous prions, en conséquence, M. le commissaire civil de Blumenthal de prêter son ministère à ce que pareils excès soient efficacement et promptement réprimés. »

Arch. comm. de Menin, n° 680, folio 147. Extrait de l'histoire de Menin. *Loc. cit.*

la date du 23. Il avait appuyé sa gauche à Menin, couvert son front par la Lys et protégé sa droite par des avant-postes placés à Wervick, Commines et Messines. Par là, il était relié aux postes fournis par la garnison d'Ypres ; le duc d'York s'était d'ailleurs chargé de couvrir toute la partie de la Flandre maritime située au nord de cette ville (1).

L'armée de Cobourg était désormais fixée autour du Quesnoy jusqu'à ce que cette place lui ouvrît ses portes, de gré ou de force (2). Nous n'exposerons pas ici les péripéties de ce siège qui offrent peu d'intérêt et il nous suffira de rappeler que, le temps nécessaire au rassemblement du matériel de siège ayant retardé l'établissement de la première parallèle, celle-ci fut ouverte seulement dans la nuit du 28 au 29 août, à 300 toises du corps de place. Le 2 septembre, Clerfayt, qui avait vainement sommé la ville de se rendre, commença un bombardement qui dura jusqu'au 11 septembre, date de la capitulation. Or, à ce moment, la bataille d'Hondtschoote était gagnée par nos troupes depuis trois jours.

Fin de la première partie. — En résumé, la première partie de cette étude montre que, dans la période du 1er au 23 août, les coalisés ont pu conduire les opérations à leur gré, sans que l'armée du Nord ait réussi à contrarier leurs desseins. Les mouvements qu'ils ont exécutés ont eu pour effet de repousser, du camp de César au camp de Biache (8 août), la portion la plus importante de

---

(1) Les villes d'Ypres, Condé et Valenciennes sont occupées par des garnisons autrichiennes dont l'effectif ne dépasse pas 3,000 hommes ; Ypres contient 2 bataillons, Condé 3 bataillons, Valenciennes 5 bataillons et 1 escadron.

(2) M. Chuquet a consacré un chapitre à cet épisode. (Hondtschoote, chapitre X, page 270) le lecteur voudra bien s'y reporter.

l'armée du Nord. Après quoi les coalisés, jusqu'alors réunis sous le commandement supérieur de Cobourg, se sont fractionnés en deux parties : la première, comprenant environ 35,000 hommes sous le duc d'York, est venue mettre le siège devant Dunkerque (le 23 août) avec 19,000 hommes constituant l'armée de siège proprement dite, tandis que Freytag, à la tête de 16,000 hommes, s'est posté en observation aux alentours de Bergues.

Pendant ce temps, Cobourg, qui ne dispose plus que de 33,000 hommes, a hésité à prendre comme objectif Cambrai ou Maubeuge ; finalement, il s'est décidé à assiéger le Quesnoy : dans ce but, il a contraint nos postes, le 17, à abandonner la forêt de Mormal, et dès le 19, il a investi la place et couvert le corps de siège à l'aide des détachements qui ont été énumérés précédemment.

Les deux fractions essentielles des forces coalisées sont donc occupées, à partir de ce moment, à faire le siège régulier de ces deux places de Dunkerque et du Quesnoy où elles sont maintenant immobilisées pour un temps très long.

Par suite, on peut affirmer que les alliés ont mal profité de la liberté que l'armée du Nord leur a laissée, puisque leurs forces, qui formaient une masse imposante lors de la prise de Valenciennes (30 juillet), sont maintenant coupées en deux et figées en deux points distants de 150 kilomètres.

Du côté français, le commandement n'a pas, au cours de cette période, montré plus d'habileté que celui des alliés. Kilmaine, après avoir le 8 août échappé heureusement à l'étreinte des coalisés, a replié la fraction principale de son armée du camp de César au camp de Biache. Houchard, qui lui a succédé le 10 août, a songé un instant, sous l'influence de Carnot, à diriger une expédition sur Furnes et Ostende. Mais quelques difficultés d'exécution l'ont fait renoncer à ce projet et l'affaire de Linselles (18 août) n'a été qu'une rencontre sans importance. A partir de ce moment, le commandant de l'armée du Nord a enfin discerné la portée du mouvement que le duc d'York a entamé depuis huit jours dans le but de s'emparer de Dunkerque. Dès lors, son attention se portera particulièrement sur le secteur nord de notre frontière, et l'idée maîtresse de sa stratégie sera désormais d'empêcher que cette place ne tombe au pouvoir des ennemis. Les divers projets qu'il concevra et les différents mouvements qu'il ordonnera, en vue de leur exécution, feront l'objet de la deuxième partie de cette étude. On constatera alors les difficultés considérables auxquelles le général en chef devait se heurter lorsque, contraint par les circonstances à rechercher la bataille à l'extrémité nord de son théâtre d'opérations, il voulut enfin y constituer une forte « masse agissante », alors qu'une doctrine funeste et les lacunes d'une organisation militaire par trop improvisée avaient entraîné la dispersion de nos forces en un immense cordon trop mince et trop distendu.

IIᵉ PARTIE

L'offensive des Français.

TITRE III.

LA RÉORGANISATION DE L'ARMÉE DU NORD ET DES ARDENNES

CHAPITRE XI.

L'armée du Nord reçoit des renforts.

9,000 hommes prélevés sur l'armée de la Moselle arrivent à Arras vers le 20 août. — Le Comité de Salut public ordonne qu'un nouveau renfort de 30,000 hommes soit dirigé sur le théâtre du Nord. — Un conflit s'élève entre les représentants en mission et les délégués du Comité de Salut public. — La marche des renforts. — Conclusions. — Un mot sur l'établissement du camp intermédiaire.

9,000 hommes prélevés sur l'armée de la Moselle arrivent à Arras vers le 20 août. — On a vu (1) que, par décret du 23 juillet, la Convention avait ordonné de prélever 10,000 fantassins et 1500 cavaliers sur l'armée de la Moselle pour renforcer l'armée du Camp de César. En exécution de cet ordre, le général de Hédouville, chef d'état-major de l'armée de la Moselle, fit partir de Metz, à destination de Péronne, les unités indiquées dans le tableau ci-après :

---

(1) Page 71, chapitre II.

ARMÉE
de la **Moselle**.

ÉTAT des troupes extraites de l'armée de la Moselle, partie de Metz pour Péronne.

Savoir :		Hommes d'infanterie.	Cavaliers.	Canons.	Caissons.
2 AOUT.					
1 compagnie de grenadiers du 81ᵉ	61				
2ᵉ bataillon de gendarmerie.	353	1604	»	»	»
1ᵉʳ bataillon du 89ᵉ	526				
1ᵉʳ bataillon du 102ᵉ	664				
3 AOUT.					
2ᵉ compagnie de grenadiers du 90ᵉ	43				
3ᵉ bataillon de grenadiers..	590	1769	»	»	»
5ᵉ bataillon de grenadiers..	405				
8ᵉ bataillon de la Meurthe..	731				
8ᵉ régiment de cavalerie		»	36!	»	»
4 AOUT.					
6 compagnies de grenadiers.	335				
1ᵉʳ bataillon de la Haute-Marne	749	1656	»	»	»
Du bataillon du 90ᵉ	572				
Plus		»	»	2	2
5 AOUT.					
Reste du 90ᵉ	278				
Reste de la Meurthe	31	1172	»	»	»
1ᵉʳ bataillon du 62ᵉ	863				
17ᵉ régiment de cavalerie		»	372	»	»
Plus		»	»	2	2
6 AOUT.					
1ᵉʳ bataillon de gendarmerie.	370	1193	»	»	»
2ᵉ bataillon de la Manche..	823				
Plus		»	»	2	3
7 AOUT.					
1ᵉʳ bataillon de la Vienne...	993	1023	»	»	»
Reste de la Meurthe	30				
TOTAUX		8417	733	6	7

Report...... 8417   733   6   7

Nota. — Il faut ajouter à l'infanterie 213 hommes de la Meurthe qui
ont rejoint à Mars-la-Tour....... 213

8630 — Cette différence en moins
provient de ce que les
Le premier aperçu donné était de .. 9291 — bataillons ont envoyé
leurs éclopés et ma-
Différence en moins dans le départ. 661 — lades aux dépôts.

Aussitôt que ces unités arrivèrent dans la région d'Arras, entre le 15 et le 20 août, Berthelmy les fit diriger
sur Lille, Douai ou sur les cantonnements de la Lys.

De sorte que l'armée du Nord reçut seulement 11,000
fantassins et 1000 cavaliers, savoir : 7,500 fantassins de
l'armée de la Moselle et 2,500 de l'armée des Ardennes (1), 750 cavaliers de la Moselle et 250 des Ardennes,
au lieu des 15,000 fantassins et 3,000 cavaliers que le
décret du 23 juillet avait prescrit de lui envoyer.

*Le Comité de Salut public ordonne qu'un nouveau
renfort de 30,000 hommes soit dirigé sur le théâtre du
Nord.* — A la nouvelle de la capitulation de Valenciennes, la Convention, désireuse de mettre la capitale
à l'abri d'une attaque éventuelle, avait rendu un décret
dont l'article 1er était ainsi libellé :

« Il sera formé un camp entre Paris et l'armée du
Nord. Le Comité de Salut public se concertera avec le
Conseil exécutif pour l'exécution de cette mesure. »

Et le Comité de Salut public, après entente avec le
Conseil exécutif, avait décidé, dans sa séance du 8 août,
que 30,000 hommes, prélevés sur les armées de la Moselle et du Rhin, seraient transférés le plus rapidement
possible sur Péronne et Saint-Quentin ; voici d'ailleurs
le texte de cet arrêté :

---

(1) Chapitre II, page 75.

« Le Comité de Salut public, considérant les progrès rapides dont les ennemis nous menacent depuis la prise de Valenciennes, a arrêté, de concert avec le Conseil exécutif, les mesures suivantes :

« Il sera envoyé sur-le-champ un courrier extraordinaire aux représentants du peuple près les armées de la Moselle et du Rhin et aux citoyens Jeanbon Saint-André et Prieur pour qu'ils exécutent, lors de l'arrêté reçu, la mesure pour laquelle ils ont déjà reçu des ordres tendant à extraire des armées de la Moselle et du Rhin 30,000 hommes d'infanterie qui seront transférés à Péronne et à Saint-Quentin.

« Le ministre de la guerre donnera sur-le-champ les ordres nécessaires pour le transport le plus prompt de ces 30,000 hommes dans le camp intermédiaire décrété par la Convention nationale. Il nommera les ingénieurs et les commissaires des guerres nécessaires pour l'exécution de cette mesure.

« Le Comité de Salut public met 5 millions à la disposition du ministre de la guerre pour les frais de transport en poste. »

Mais, à l'instar de Custine et Kilmaine, Houchard s'était plaint de la faiblesse numérique de son armée et les représentants en mission, comme les commissaires du pouvoir exécutif, n'avaient pas cessé d'appeler l'attention du gouvernement sur la nécessité d'augmenter le nombre des troupes affectées à la défense de la frontière du Nord. Carnot, dès son entrée au Comité, au retour de sa mission auprès de Houchard le 14 août, y avait fait, sur la situation de l'armée du Nord et sur les projets du général en chef, un rapport qui détermina le Comité à modifier la destination de ces 30,000 hommes. A ce moment, du reste, il était évident que Paris n'était plus immédiatement menacé, puisque Cobourg et York avaient pris pour objectif deux places de la frontière et l'on décida, le 16 août, que, au lieu d'immobiliser inutilement ces renforts dans le camp intermédiaire, on les dirigerait sur l'armée du Nord. L'arrêté qui consacrait cette nouvelle affectation était ainsi rédigé :

Extrait du registre des arrêtés du Comité de Salut public de la Convention nationale du 16 août 1793, l'an 2ᵉ de la République française une et indivisible.

« Le Comité de Salut public, après avoir entendu le rapport d'un de ses membres revenant de l'armée du Nord sur la situation de cette armée, sur ses besoins et sur les projets du général en chef, arrête ce qui suit :

« 1° Il sera tiré de suite *trente mille* hommes d'infanterie des armées du Rhin et de la Moselle, pour être réunis à l'armée du Nord ;

« 2° Ces trente mille hommes seront ainsi distribués : huit mille dans la division de Cassel, dix mille à Maubeuge, huit mille sur la communication de Maubeuge à Landrecies le long de la Sambre, et quatre mille près de Ham, où il sera formé un camp intermédiaire dont la droite sera appuyée à cette ville et la gauche à la Fère ;

« 3° Ces derniers quatre mille hommes serviront de noyau à l'armée intermédiaire ; il y sera joint pour la former trente mille hommes de réquisition, auxquels il sera donné tous les moyens possibles de se former aux exercices militaires :

« 4° L'armée du Nord sera aussi renforcée sur-le-champ de six mille hommes de cavalerie, d'anciens corps, y compris les carabiniers ;

« 5° Les six cent soixante chevaux disponibles qui sont à Compiègne partiront sans retard pour se rendre à la même armée ;

« 6° Le ministre de la guerre donnera des ordres pour que la refonte du seizième régiment de chasseurs à cheval et des dragons de la Manche soit exécutée sans aucun retard ;

« 7° Il sera proposé à la Convention nationale de refondre à l'instant tous les corps de chasseurs ci-devant belges, pour en former des corps complets et réguliers ;

« 8° Les places de Saint-Quentin, Péronne, Guise, Ham et Bapaume seront mises à l'abri d'une attaque de vive force ;

« 9° Il sera formé, sans perdre un instant, des approvisionnements immenses en vivres et fourrages, dans toutes les villes de la frontière du Nord, principalement à Lille, Douai, Maubeuge, Cambrai, Bouchain, Saint-Omer, Bergues et Dunkerque ;

« 10° L'amalgame des troupes de ligne avec les gardes nationales s'exécutera sans aucun retard ; s'il se trouvait quelques difficultés locales ou imprévues par la loi, elles seront levées définitivement par le général en chef, sous l'approbation des représentants du peuple ; cet amalgame se fera par compagnie et non par bataillon ;

« 11° Les tribunaux militaires seront organisés sans aucun délai; les représentants du peuple près les armées sont autorisés et invités eux-mêmes à faire cette organisation, si elle n'est pas terminée par le Conseil exécutif provisoire, et si les tribunaux ne sont pas en activité le vingt-cinq de ce mois. »

Cet arrêté était plein de promesses; vingt-six mille fantassins et six mille cavaliers devaient rejoindre aussitôt l'armée du Nord, tandis que quatre mille fantassins déjà aguerris et trente mille hommes de réquisition viendraient dans le camp intermédiaire, où l'on s'empresserait de les instruire militairement.

Il y avait là de quoi satisfaire tous les désirs de Houchard, si ces mesures avaient pu être réalisées dans un délai très court. Mais on verra, en étudiant la marche de ces renforts, que ceux-ci n'arriveront pas sur le théâtre du Nord avant les derniers jours du mois d'août. D'autre part, leur effectif sera très inférieur à celui qui avait été fixé par le Comité de Salut public.

Un conflit s'élève entre les représentants en mission et les délégués du Comité de Salut public. — Dès le 8 août, Jeanbon Saint-André et Prieur avaient réuni, à Bitche, une conférence dans laquelle on avait discuté sérieusement la question de l'envoi dans le Nord d'une certaine quantité de troupes à prélever sur les armées du Rhin et de la Moselle (1), *pour prévenir les suites de la capitulation de Valenciennes.*

Les délégués du Comité de Salut public auraient désiré qu'un corps de 30,000 hommes, extrait de l'armée de la Moselle, « s'avançât militairement sur le Nord (2) » et fût tout d'abord dirigé sur Cambrai ; mais les généraux déclarèrent qu'ils pouvaient se dessaisir de 12,000 hommes à peine, savoir : 7,200 de l'armée du Rhin et 4,000 de l'armée de la Moselle. Jeanbon et Prieur, vexés de n'avoir pu les rallier à leur idée, se plaignirent au Comité de l'attitude des généraux.

« Il semble, écrivaient-ils, le 9 août (3), que le système d'inaction qu'ils (les généraux) paraissent avoir adopté perdra infailliblement la chose publique : il ne convient ni au caractère de la nation, ni à ses besoins, ni à sa situation ; à la vérité nous devons vous dire que ce n'est pas seulement par des considérations générales que les chefs de nos armées ont combattu nos vues ; des sentiments particuliers se mêlent aux raisons qu'ils donnent de leur résistance et la produisent peut-être. La proposition d'exclure les nobles du commandement faite par des sociétés populaires et portée même à la Convention nationale leur a donné des craintes qu'ils font sonner bien haut ; ils se disent dépouillés par là de toute confiance et exposés à voir retomber sur eux le mauvais

---

(1) Voir aux documents annexes le procès-verbal de cette conférence.

(2) Jeanbon et Prieur au Comité de Salut public, de Bitche, 9 août. A. H. G.

(3) Au Comité de Salut public, de Bitche. A. H. G.

succès de leurs opérations et à être soupçonnés quand même ils seraient vainqueurs. Cette idée a surtout fait impression sur Beauharnais qui vous a écrit pour demander sa démission. »

Mais à ce moment, les représentants en mission à l'armée de la Moselle reçurent notification de l'arrêté du Comité de Salut public, daté du 8, aux termes duquel les renforts devaient être dirigés sur Péronne. Comprenant qu'il importait avant tout de hâter le départ « des secours que demandaient la défense intérieure de la République et la sûreté d'une ville qui renfermait la représentation nationale (1) » ils mirent en route du 15 au 18 août pour Péronne, et non pour Cambrai, les unités suivantes :

		Hommes.
De Metz...	Le 3ᵉ bataillon de la Haute-Marne à l'effectif de..	1004
—	Le 3ᵉ bataillon de l'Eure........ —	970
—	Le 6ᵉ bataillon de l'Oise........ —	963
De Longwy.	Le 1ᵉʳ bataillon du 49ᵉ régiment d'infanterie................ —	983
De l'armée (vers Sarrebruck).	Le 2ᵉ bataillon du 22ᵉ régiment d'infanterie... —	859
—	Le 1ᵉʳ bataillon de Popincourt... —	1263
—	Le 4ᵉ bataillon de Seine-et-Oise . —	862
—	Le 2ᵉ bataillon du 13ᵉ des fédérés. —	878
—	Le 3ᵉ bataillon des fédérés des 83 départements............. —	1273
—	Le 1ᵉʳ bataillon du 74ᵉ régiment d'infanterie................ —	831
	Total...........	9886

Comme les relais de voitures qui auraient dû transporter ces troupes n'étaient pas prêts, on décidait de les faire partir à pied pour éviter tout retard, et les repré-

____

(1) Richard, Ehrmann et Soubrany au Comité de Salut public, de Sarrebruck, 13 août. A. H. G.

sentants Ehrmann, Richard et Soubrany s'excusaient ainsi auprès du Comité de n'avoir pas obéi aux ordres de Jeanbon Saint-André et de Prieur. « Vous êtes placés au centre de tous les rapports politiques et militaires ; c'est à vous de juger les lieux où les renforts sont les plus urgents et nous ne pourrions, sans compromettre la chose publique, envoyer à Cambrai les troupes que vous avez jugées nécessaires à Péronne pour s'opposer à l'envahissement du territoire de la République (1). »

De son côté, l'armée du Rhin (division du Haut-Rhin et division du Bas-Rhin) mettait en route les unités ci-dessous :

1° Du camp de Wissembourg, le 14, pour Bitche et de là pour Metz, la brigade du 36ᵉ, commandée par le chef de brigade Férette ; elle était ainsi composée :

> 1ᵉʳ bataillon du 36ᵉ régiment d'infanterie ;
> 2ᵉ bataillon du Haut-Rhin ;
> 11ᵉ bataillon des Vosges ;
> 2ᵉ bataillon du 36ᵉ régiment d'infanterie ;
> 6ᵉ bataillon du Jura ;
> 5ᵉ bataillon du Var.

2° De la division du Haut-Rhin, ces 3 bataillons :

> 6ᵉ bataillon du Haut-Rhin ;
> 5ᵉ bataillon du Haut-Rhin ;
> 7ᵉ bataillon du Doubs.

3° La brigade du 67ᵉ qui devait être rendue le 12 à Bitche pour être de là dirigée sur Metz. Sa composition était la suivante :

> 1ᵉʳ bataillon du 67ᵉ régiment d'infanterie ;
> 2ᵉ bataillon des Vosges ;
> 4ᵉ bataillon de la Gironde ;
> 2ᵉ bataillon du 67ᵉ régiment d'infanterie ;
> 7ᵉ bataillon du Jura (2) ;
> 2ᵉ bataillon de Seine-et-Oise.

---

(1) Les représentants du peuple près l'armée de la Moselle au Comité de Salut public, de Sarrebruck, 15 août. A. H. G., correspondance.

(2) Les lettres de Joliclerc, qui était caporal à la 4ᵉ compagnie de ce

C'était là, au total, 11,000 hommes environ qui devaient d'abord arriver à Metz.

La marche des renforts. — En apprenant que les renforts étaient transportés en poste de Metz à Soissons, le Ministre de la guerre prévenait Houchard qu'il lui appartenait de régler le mouvement de ces troupes, suivant la position occupée par l'ennemi.

« J'apprends à l'instant, lui écrivait-il le 20 août (1), que les troupes sont dirigées sur Soissons au moyen des transports et je prescris au citoyen Dumas de s'y rendre sur-le-champ pour opérer la répartition dont il s'agit. Je lui enjoins toutefois de ne mettre aucune colonne en marche sans avoir reçu vos ordres. Il est indispensable que vous l'informiez incontinent, par un courrier extraor-

---

bataillon, nous donnent quelques renseignements sur ce mouvement des renforts. Le 17 août ce volontaire écrit de Metz à sa mère : « Nous sommes en route depuis le 11 de ce mois que nous partîmes des environs de Landau où nous étions de l'avant-garde du Rhin. Nous arrivâmes, hier soir en cette ville, bien fatigués, rapport aux maux que l'on a endurés et que l'on endure tous les jours. Nous sommes parvenus ici sans entrer dans une maison depuis Landau éloigné de Metz de 40 lieues. Pendant tout ce temps, dans toute la route, il ne m'est pas entré de vin ni d'eau-de-vie dans le corps ; ainsi jugez si j'avais bien de la force. Je me suis toujours contenté du pain et de la viande que l'on donne aux soldats..... Nous partons demain à trois heures pour nous rendre à Péronne, distante d'ici de 80 lieues. Ainsi, voilà une petite route que nous faisons..... » (Joliclerc, *loc. cit.*, page 110.)

Le 25 septembre, Joliclerc, qui avait été évacué sur l'hôpital d'Amiens à la suite d'une blessure reçue le 15 septembre, écrivait à son oncle une lettre curieuse dont nous extrayons ce passage relatif à la marche des renforts : « Voici deux mois que nous avons des maux comme des soucis. Nous avons fait une route de 140 lieues depuis Landau à Dunkerque et de cette dernière ville jusqu'à Amiens. J'ai encore fait plus de 60 lieues par les tours et détours. Malgré tout cela, je me porte à merveille ; j'ai un appétit d'enragé, je mange la portion comme une fraise..... » (*Loc. cit.*, page 123.)

(1) A. H. G., correspondance. Bouchotte à Houchard.

dinaire, des dispositions que vous croirez devoir adopter en conciliant, autant qu'il vous sera possible, les mesures renfermées dans l'arrêté du Comité avec les positions que peuvent occuper les ennemis. Je vous recommande, citoyen général, d'apporter sur cet objet toute l'attention que son importance exige et de faire faire toute diligence au courrier, pour ne pas occasionner d'encombrement à Soissons par la prochaine et successive arrivée des troupes. La cavalerie sera dirigée sur Péronne et je vous prie de l'en retirer sans délai pour la porter où vous le jugerez nécessaire. »

Le même jour, le Ministre ordonnait à l'adjudant général Dumas de se rendre, « de la manière la plus brève », à Soissons pour y faire la répartition des renforts, conformément aux prescriptions de l'arrêté du 16 août du Comité, en adoptant les lignes d'étapes ci-dessous (1) :

De Soissons sur Maubeuge par Laon, Marles, Vervins, Hirson, Avesnes ;

De Soissons sur Pont-sur-Sambre par Laon, Marles, Vervins, Hirson, Avesnes.

De Soissons sur la Fère par Laon ;

De Soissons sur Cassel par Noyon, Ham, Péronne, Bapaume, Arras, Béthune, Aire, Saint-Omer.

Mais, il demeure entendu que ces dispositions sont subordonnées aux instructions ultérieures que Houchard adressera à Dumas d'après la position de l'ennemi. « L'indication des routes que je viens de vous donner, déclare Bouchotte, sera annulée si elle ne s'accorde pas avec le plan du général (2). » A partir de ce moment donc, les termes de l'arrêté du Comité de Salut public en date du 16 août ne sont plus considérés comme for-

____

(1) Bouchotte au général Dumas. A. H. G., correspondance.
(2) Bouchotte à Dumas, Paris, 20 août. A. H. G., correspondance.

mels, et le commandant en chef de l'armée du Nord
est laissé libre, par le Ministre, de disposer à son gré
des renforts qui arriveront à Soissons. Cette mesure était
des plus sages, car les mouvements des alliés ayant
pour effet de modifier journellement la situation stratégique, celle qui se produirait à la fin d'août pouvait
être très différente des précédentes : il eût donc été mal-
habile de maintenir « quand même » des dispositions
basées sur des conditions inactuelles. Il suit de là que
la correspondance, échangée entre Berthelmy et Dumas
ou ses adjoints, nous fournira dès lors tous les renseignements sur la destination donnée aux diverses unités
désignées pour renforcer les effectifs de l'armée du
Nord.

En arrivant à Mézières le 21, Dumas trouva les autorités de la ville complètement ignorantes du mouvement
des 30,000 hommes. Ayant alors rencontré le représentant Perrin (1), il accompagna celui-ci à Sedan, puis à
Verdun le 22 : c'est là que Dumas reçut la lettre de
Bouchotte lui prescrivant de se diriger aussitôt sur
Soissons. La municipalité de cette ville était fort embar-
rassée lorsque le délégué du Ministre se présenta à elle
le 24, à 10 heures du matin (2), car la brigade du
36e régiment (4,500 hommes) était déjà arrivée (3).
N'ayant reçu aucune instruction de Houchard, Dumas
s'en tenait à celles de Bouchotte, et faisait partir cette

---

(1) A. H. G., correspondance. Dumas à Bouchotte, de Soissons,
24 août.

(2) Pendant ce temps Bouchotte, craignant que Dumas ne pût se
trouver assez tôt à Soissons, avait désigné, le 23 août, le citoyen
Mazuel, chef d'escadron, pour suppléer Dumas ou pour lui être adjoint.
Bouchotte à Mazuel, de Paris, 23 août. A. H. G.

(3) Dumas à Bouchotte, 24 août, de Soissons. A. H. G.

Le 24, il se produisit à Soissons un incident regrettable : les représentants du peuple à l'armée de la Moselle ayant décidé que les hommes
venus en poste de Metz à Soissons, sans repos, recevraient dans cette

brigade le 25 pour la Fère, où elle devait former le noyau du camp intermédiaire entre cette ville et Ham. Le même jour, il dirigeait sur Maubeuge le 1er bataillon du 74e régiment et le 2e bataillon du 13e des fédérés (1700 hommes environ). Ces troupes parties, le délégué du ministre posait en principe qu'il ne garderait jamais plus de 3,000 hommes à Soissons, et que les mouvements seraient réglés de manière à laisser vide chaque gîte d'étapes un jour sur deux, pour faciliter le ravitaillement par les fournisseurs (1); l'artillerie et les équipages, qui avançaient plus lentement, rejoindraient plus tard leurs bataillons. Enfin, le 26, Dumas se rendait à Gavrelle pour y prendre les ordres de Houchard; comme celui-ci était absent (2), Dumas, Berthelmy et le représentant Châles arrêtèrent en conférence les dispositions suivantes (3) :

26 août 1793.

Dispositions arrêtées entre les citoyens Dumas, adjudant général, et Berthelmy, général de brigade, chef d'état-major, d'après les projets arrêtés par le général Houchard pour la répartition des troupes venant de la Moselle et du Rhin.

« Des 30,000 hommes d'infanterie, 10,000 seront dirigés sur Maubeuge par la route portée sur les instructions du citoyen Dumas ; tout le restant sera dirigé sur Arras.

---

ville quinze sols de gratification par journée d'étapes, les « soldats demandèrent à être payés avant de quitter Soissons et murmurèrent beaucoup. Pour empêcher la fermentation dans la troupe », Dumas invita le payeur du district à solder la gratification promise, ce qui retarda le départ de quelques heures.

(1) A. H. G., correspondance. Dumas aux représentants à Sedan, de Soissons, 24 août.

(2) Houchard s'était alors transporté à Lille et à Cassel pour préparer une opération qui sera exposée ultérieurement.

(3) A. H. G., correspondance.

« Des 6,000 hommes de cavalerie, 2,000 seront dirigés sur Maubeuge, savoir : 600 hommes de cavalerie légère et 1400 de grosse cavalerie. Le citoyen Dumas écrira au ministre pour apprendre quelle route doit tenir la cavalerie, afin qu'on puisse envoyer quelqu'un sur la route et éviter des pas inutiles aux 2,000 hommes à diriger sur Maubeuge.

« Le citoyen Trigny, adjudant général envoyé à Soissons, se concertera pour ces dispositions avec le citoyen Dumas.

« Le citoyen Dumas est invité à aviser tous les moyens les plus expéditifs pour faire arriver l'artillerie de bataillon. On ne pourrait faire grand usage de l'infanterie sans cela, parce que le parc de l'armée est totalement dépourvu de pièces de 4 et que déjà quinze bataillons en manquent à l'armée. Il écrira pour cela au ministre et fera toutes réquisitions aux corps administratifs.

« A Gavrelle, le 26 août, an II de la République.

« BERTHELMY ».

Ainsi on élude peu à peu les prescriptions formulées par le Comité de Salut public dans son arrêté du 16 : 2,000 cavaliers et 10,000 fantassins viendront à Maubeuge et le reste des renforts sera dirigé sur Arras. Berthelmy renforce de la sorte la droite et le centre de l'armée du Nord, et ne songe plus ni à la division de Cassel, ni à la communication entre Maubeuge et Landrecies. — D'autre part, pour presser l'arrivée de l'artillerie des bataillons, le chef d'état-major détache à Verdun, Sedan et tous autres lieux qu'il jugera convenables, le citoyen Montmary, adjoint aux adjudants généraux de l'armée du Nord : celui-ci devra rechercher toutes les pièces de canon de campagne amenées par le premier renfort venu de la Moselle — en exécution du décret du 23 juillet — et toutes les pièces de 4 et de 8 inutilisées dans les places ; il requerra également

les chevaux nécessaires pour les atteler. Sur ce nombre,
24 pièces seront amenées à Maubeuge pour être affectées
aux 10,000 hommes de renfort qui vont y arriver; le
reste sera dirigé sur Arras ainsi que tous les canons de
bataillon qui n'ont pu suivre les colonnes de secours
actuellement en route. De même, l'adjudant général Trigny (1) doit faire le nécessaire pour que les 2,000 cavaliers destinés à Maubeuge n'aillent pas jusqu'à Péronne,
afin de leur éviter « ainsi des pas inutiles ».

Le 28, à la suite de l'affaire de Tourcoing, dont on lira
plus loin l'exposé, et en vue de l'exécution d'un plan
offensif ébauché par le conseil de guerre tenu à Lille le
26, la destination des renforts était encore une fois modifiée. « Il est devenu plus pressant, écrivait Berthelmy
à Dumas, de diriger les premières troupes sur Arras
d'abord, les dernières seules devant marcher sur Maubeuge. » Quant à la 36e brigade, qui était venue le 26 à
la Fère pour y former le noyau de l'armée intermédiaire,
elle devra « passer vite à Arras ». « Nous sommes bien
pressés de ces renforts, ajoutait le chef d'état-major,
ne négligez pas les moyens de faire arriver vite les
canons (2) ». — Finalement, à la suite de toutes ces
instructions parfois contradictoires, les divers bataillons
recevaient les destinations indiquées par les deux tableaux
ci-après, qui contiennent le détail des étapes successives que ces unités durent parcourir pour se rendre de
Soissons ou la Fère à Maubeuge ou Arras (3).

---

(1) Berthelmy avait tout d'abord chargé l'adjudant général Trigny de
se rendre par Avesnes au-devant des colonnes de renfort dont on lui
avait annoncé la venue par un itinéraire qui longeait la frontière. En
apprenant que tous les bataillons étaient dirigés sur Soissons, le chef
d'état-major avait simplement ordonné à Trigny de se rendre lui aussi
à Soissons. Berthelmy à Trigny, de Gavrelle, 27 août. A. H. G., correspondance.

(2) Berthelmy à Dumas, 28 août. A. H. G., correspondance.

(3) A. H. G., correspondance.

Nº 14,394.

DIRECTION
sur
MAUBEUGE.

ÉTAT DES BATAILLONS tirés des armées du Rhin et de la Moselle pour renforcer celle du Nord, conformément à l'arrêté du Comité de Salut public en date du 16 août, dirigés depuis Soissons sur Maubeuge d'après les ordres du général Houchard.

NOMS DES BATAILLONS.	DATES de leur arrivée A SOISSONS.	JOURS de DÉPART.	LIEUX ET DATES DE LEUR PASSAGE ET DE LEUR ARRIVÉE A LEUR DESTINATION.
1er bataillon du 74e régiment d'infanterie..	23 août 1793.	25 août 1793. 4 h. du soir.	Le 26 à Laon, le 27 à Marles, le 28 à Vervins, le 29 à Avesnes et le 30 à Maubeuge.
2e bataillon du 13e des fédérés.........			
3e bataillon des 83 départements..	23 août 1793.	26 août 1793. 2 h. du matin.	Le 26 à Laon, le 27 à Marles, le 28 à Vervins, le 29 à Avesnes et le 30 à Maubeuge.
6e bataillon de l'Oise.................			
3e bataillon de la Haute-Marne.........	25 août 1793.	27 août 1793. 10 h. du soir.	Le 28 à Laon, le 29 à Marles, le 30 à Vervins, le 31 à Avesnes et le 1er septembre à Maubeuge.
3e bataillon de l'Eure.................	26 août 1793.		

No 14,395.
—
DIRECTION
sur
ARRAS.

ÉTAT DES BATAILLONS tirés des armées du Rhin et de la Moselle, pour renforcer celle du Nord, conformément à l'arrêté du Comité de Salut public en date du 16 août 1793, dirigés depuis Soissons sur Arras d'après les ordres du général Houchard.

NOMS DES BATAILLONS.	DATES de leur arrivée à Soissons.	JOURS de DÉPART.	LIEUX ET DATES DE LEUR PASSAGE ET DE LEUR ARRIVÉE à leur destination.
1er bataillon du 36e régiment d'infanterie.. 2e bataillon du Haut-Rhin............. 2 compagnies du 11e bataillon des Vosges.	24 août 1793.	25 août 1793. 4 h. du soir.	Le 26 à la Fère, et en sont partis le 28 pour Saint-Quentin, d'où le 29 à Péronne, le 30 à Bapaume et le 31 à Arras.
7 compagnies du 11e bataillon des Vosges. 2e bataillon du 36e régiment d'infanterie. 5 compagnies du 6e bataillon du Jura....	25 août 1793.	26 août 1793. 2 h. du matin.	Le 26 à la Fère, et en sont partis le 28 pour Saint-Quentin, d'où le 29 à Péronne, le 30 à Bapaume et le 31 à Arras.
4e bataillon du Var............. 6e bataillon du Haut-Rhin............. 3 compagnies du 6e bataillon du Jura....	25 août 1793.	26 août 1793. 10 h. du soir.	Le 27 à Chauny, le 28 à Ham, le 29 à Péronne, les 30 et 31 à Bapaume et le 1er septembre à Arras.
1er bataillon du 49e régiment d'infanterie.. Les 2 dernières compagnies du 4e bataillon du Var. 5e bataillon du Haut-Rhin.............	26 août 1793.	27 août 1793. 10 h. du soir.	Le 28 à Chauny, le 29 à Ham, le 30 à Péronne, les 31 et 1er septembre à Bapaume et le 2 à Arras.
1er bataillon du 67e régiment d'infanterie.. 2e bataillon des Vosges............. 4e bataillon de la Gironde............. 2e bataillon du 67e régiment d'infanterie.. 7e bataillon du Jura............. 8e bataillon de Seine-et-Oise............	26 août 1793.	28 août 1793. 10 h. du soir.	Le 29 à la Fère, le 30 à Saint-Quentin, le 31 à Péronne, les 1er et 2 septembre à Bapaume, le 3 à Arras.
7e bataillon du Doubs.............	27 août 1793.	29 août 1793. 2 h. du matin.	Le 29 à Chauny, le 30 à Ham, le 31 à Péronne, les 1er et 2 septembre à Bapaume, le 3 à Arras.

Il ressort de ces tableaux que, à la date du 27 août, 6 bataillons venus de l'armée de la Moselle ont été dirigés sur Maubeuge où ils arriveront du 30 août au 1er septembre, et qu'un bataillon de cette même armée, plus 15 bataillons extraits de l'armée du Rhin, sont partis pour Arras où ils seront rendus successivement du 31 août au 3 septembre.

L'ensemble de ces troupes, d'après le citoyen Houet qui a organisé les relais et réglé le mouvement de Metz sur Soissons, s'élève (1) à 20,350 hommes, suivis de 44 canons et des effets de campement (2). Une partie est venue à pied et l'autre en voiture, et, chose curieuse, Dumas qui les a reçues à Soissons, déclare que « les troupes qui viennent à pied sont bien moins fatiguées et en meilleur ordre que celles qui viennent en poste. Cette manière de les faire voyager est extrêmement dispendieuse et destructive; les armes sont mutilées ou perdues et les soldats harassés, et le résultat pour la célérité de la marche se réduit à rien (3) ». Aussi, à partir de Soissons, les bataillons s'en vont-ils à pied sur Maubeuge ou Arras, et l'on se borne à leur fournir les voitures nécessaires au transport de leur matériel et de leurs convalescents.

Comme les envois de Metz furent suspendus dès le 28, il résulte de ce qui précède que l'effectif des renforts réellement parvenus à l'armée du Nord, en vertu de l'arrêté du 16 août, s'est élevé à 20,000 hommes d'infanterie, sur lesquels 17,000 hommes sont arrivés à Arras vers le 3 septembre, et 3,000 à Maubeuge vers le premier jour de ce même mois.

---

(1) Houet à Bouchotte, de Metz, 25 août. A. H. G., correspondance.

(2) Dumas évalue à 860 hommes l'effectif moyen de chaque bataillon. Dumas à Bouchotte, de Soissons, 3 septembre. A. H. G.

(3) Dumas à Bouchotte, de Soissons, 29 août. A. H. G.

La pénurie de cavalerie. — Si le décret du 23 juillet et l'arrêté du 16 août avaient été appliqués intégralement, l'armée du Nord aurait dû être renforcée par 45,000 fantassins (15,000 + 30,000) et 12,000 cavaliers (deux fois 6,000). En réalité, elle ne reçut que 31,000 fantassins (11,000 + 20,000) et 1000 cavaliers. On voit ainsi que, au point de vue de la cavalerie surtout, le déficit était énorme. Les deux régiments de carabiniers (2,000 cavaliers environ), que l'armée de la Moselle avait reçu l'ordre d'envoyer dans le Nord, avaient été retenus, sur la rive droite de la Sarre, par un arrêté des représentants, ainsi conçu :

« *17 août 1793.* — Les représentants du peuple envoyés près l'armée de la Moselle,

« Vu l'ordre du Ministre de la guerre du 13 de ce mois pour faire aller le corps des carabiniers à l'armée du Nord ;

« Considérant que le dénuement presque absolu de cavalerie, où se trouve l'armée de la Moselle, donne aux armées ennemies, qu'elle a en opposition, un avantage considérable par la nombreuse cavalerie dont elles sont pourvues, avantage qui n'a pu être balancé jusqu'à présent que par le courage imperturbable de nos troupes, leur extrême activité et les mouvements continuels que le général leur fait faire pour les opposer à l'ennemi sur tous les points qu'il attaque ;

« Considérant qu'au moment où l'ordre du Ministre est arrivé pour le départ des carabiniers ils étaient aux prises avec l'ennemi, à l'avant-garde, à Saint-Imbert et à Bliescastel, postes importants qui étaient vivement attaqués et où ils ont été envoyés pour soutenir et aider le service de la cavalerie légère dont l'armée n'est pas non plus suffisamment pourvue ;

« Considérant enfin qu'extraire en ce moment de l'armée de la Moselle le corps des carabiniers qui fait plus de la moitié de la cavalerie de ligne qui lui reste, ce serait évidemment, et de l'avis de tous les généraux, compromettre la sûreté de cette frontière,

« Arrêtent qu'il sera sursis au départ des carabiniers jusqu'à ce qu'ils aient fait connaître au Comité de Salut public le danger imminent qu'il y aurait de les tirer de l'armée de la Moselle et jusqu'à ce que le Comité ait statué définitivement.

« Fait à Sarrebruck le 17 août 1793, l'an II de la République française, une et indivisible.

« Signé à l'original H. Richard, Ehrmann et P.-A. Soubrany.

« Pour copie conforme :

« Le Secrétaire de la Commission,

« CAMUS. »

D'autre part, le chef de l'état-major de l'armée de la Moselle écrivait en ces termes le 26 août à Jourdeuil, adjoint de la 5e division, qu'il lui était impossible de se démunir de ses cavaliers : « Le peu de cavalerie qui reste à l'armée de la Moselle a déterminé les représentants du peuple à suspendre le départ des carabiniers ; le général d'armée est obligé dans ce moment de leur faire faire le service des troupes légères. Tous les jours nous avons des affaires de postes entre notre cavalerie et celle de l'ennemi qui est beaucoup plus nombreuse et si la nôtre était encore diminuée, la sûreté de la frontière pourrait être compromise. »

On verra plus loin que Houchard fut très alarmé lorsqu'on lui annonça qu'il ne recevrait aucun renfort de cavalerie, même pas les carabiniers : il ne pouvait plus désormais compter que sur les résultats de l'application de ce décret du 22 juillet qui avait ordonné la levée de 30,000 cavaliers dont 8,770 pour les armées du Nord et des Ardennes (1). Berthelmy prescrivit alors

______

(1) Chapitre II, page 46.

au général de brigade Monard, inspecteur général de la cavalerie, d'appliquer les principes suivants pour opérer cette levée (1).

D'Abbeville et d'Amiens, lieux de rassemblement indiqués, les contingents seront répartis par des officiers désignés à cet effet dans les quatre villes où se trouvaient groupés, par subdivision d'armes, tous les dépôts des régiments déjà existants, savoir :

1° Beauvais, pour les régiments de cavalerie ;
2° Châlons, pour les hussards ;
3° Rethel, pour les chasseurs ;
4° Soissons, pour les dragons.

A mesure qu'ils seront prêts à entrer en campagne, ces hommes seront groupés en détachements (même faibles pour accélérer le mouvement) et envoyés à Péronne, d'où le général Bécourt les dirigera sur leurs corps respectifs à l'armée : l'essentiel est que les chevaux soient sellés et bridés ; l'armement pourra être au besoin fourni au camp.

Mais c'était là une ressource bien précaire, pour la période qui nous occupe du moins, car c'est à peine si, vers le 3 septembre, le général Monard annonçait au chef d'état-major que quelques détachements arriveraient « sous peu de jours ».

Enfin, le 30 août, le Ministre de la guerre ordonnait que les dragons de la Manche « se rendraient incessamment à Arras pour y être incorporés (2) dans les anciens corps de cavalerie, conformément à un arrêté du Comité de Salut public », néanmoins les deux premiers déta-

---

(1) Berthelmy au citoyen Monard, de Gavrelle, 29 août, tome VI, correspondance.

(2) Bouchotte à Berthelmy, 30 août. Sommier Bouchotte, page 27. A. H. G.

chements, forts de 250 hommes chacun, ne devaient arriver dans cette place que le 4 et le 13 septembre.

Conclusions. — Cette étude de la marche des renforts montre combien la volonté de la Convention ou du Comité de Salut public fut peu respectée par les représentants. Du heurt de certains besoins contradictoires et de la diffusion de l'autorité entre des agents également armés, mais dont le point de vue variait avec la fonction, il était résulté une cote mal taillée qui, pour tenir compte de tous les intérêts, les lésait un peu tous et ne satisfaisait personne. C'est ainsi que les prélèvements en infanterie sont diminués d'un tiers, Houchard ne reçoit pas de cavalerie, le noyau de l'armée intermédiaire n'est pas constitué et l'on a des craintes maintenant pour la sécurité des frontières du Rhin et de la Moselle.

En ce qui concerne le transport proprement dit des troupes d'un théâtre d'opérations sur l'autre, on doit approuver l'idée de faire passer tous les bataillons par Metz d'abord pour les diriger ensuite sur un centre unique, où serait faite la répartition définitive. Cette canalisation du mouvement offre quelque analogie avec le système adopté de nos jours pour les ravitaillements en hommes, chevaux ou matériels de toutes sortes, à l'aide des voies de fer ou de terre. Cependant on peut reprocher, à ceux qui ont organisé le mouvement, de n'avoir pas préféré Reims à Soissons, comme centre de répartition. Quant à la rapidité même du déplacement, il ne semble pas, comme l'a constaté Dumas, que le transport des troupes en voiture ait permis de faire une économie de temps appréciable, car, en somme, il a fallu moyennement dix-sept jours pour parcourir les 400 kilomètres environ qui séparent Metz d'Arras; ce qui ramène l'étape quotidienne moyenne à 23 kilomètres.

Quoi qu'il en soit, il faut constater que, par suite de ces divers renforcements, l'effectif de l'armée du Nord

et des Ardennes se trouvait porté, à partir du 3 septembre, à 200,000 hommes environ (175,000 (1)+31,000),
compte tenu des pertes survenues pendant le mois
d'août, à la suite de combats ou de maladies.

Avant d'en finir avec la question du renforcement de
l'armée du Nord, nous devons rappeler que — à la
date du 23 août — la Convention votait la fameuse
loi de la réquisition, plus connue sous le nom de *levée en
masse*. M. le colonel Coutanceau a étudié si complètement et si clairement la teneur et les conséquences de
cette mesure générale (2) qu'il est inutile de traiter ici
cette question. Nous constaterons simplement que cette
loi mettait à la disposition de la patrie tous les céliba-
taires âgés de 18 à 50 ans : c'était là un réservoir de
forces, pour ainsi dire inépuisable, dans lequel on
pourrait puiser, sans compter, en appelant successivement des bans aux armées. On aurait ainsi la ressource
de compenser, par la quantité, l'infériorité technique de
nos troupes improvisées et de réparer, à l'aide de
contingents nouveaux, les pertes occasionnées par les
fatigues de la guerre ou par les combats.

Toutefois il convient de remarquer que les effets de
cette loi ne devaient pas se faire sentir avant plusieurs
mois : les événements militaires que nous étudions ne
seront donc pas influencés par ses conséquences. Cependant, on peut dire que la mesure contribua à relever le
moral des troupes et permit à Bouchotte de stimuler,
dès la fin d'août, la confiance et la volonté du commandement. Car on pouvait imaginer que la masse formidable de toute une nation armée et enthousiaste, entraînant sur son passage les troupes déjà aguerries, allait
bientôt se ruer aux frontières et écraser l'ennemi sous
son poids.

----

(1) Chiffre qui résulte des situations publiées au chapitre Ier.
(2) Campagne de 1794, *loc. cit.*, préface.

Un mot sur l'établissement du camp intermédiaire (carte n° 6). — En exécution du décret du 1er août, le Conseil exécutif provisoire désigna, dès le 4 août, le général de brigade Julienne Belair « pour reconnaître les positions propres à asseoir un camp sur les points de Saint-Quentin, Péronne et les intermédiaires, ainsi que sur les points plus avancés dans l'intérieur (1) ».

Au reçu de cet ordre, Belair se rendait à Péronne, où il constatait que le corps de place avait besoin d'être réparé et qu'il faudrait protéger la ville contre un bombardement « par des retranchements à placer en avant du mont Saint-Quentin (2) ». Puis il échangeait quelques vues, avec le ministre de la guerre, sur les dispositions tactiques à prendre dans le but d'assurer la défense de la partie comprise entre la région de Péronne et la Tiérache (3).

Lorsque, par arrêté du 16 août, le Comité de Salut public eut prescrit de former un camp intermédiaire, dont la gauche devait s'appuyer à Ham et la droite à la Fère, la mission de Belair se trouva limitée au tracé et à la construction d'un camp pour 35,000 hommes dans l'assiette la plus avantageuse que l'on pourrait trouver entre ces deux places. « N'épargnez ni soin ni veille, car vous travaillez pour la patrie (4) », écrivait Bouchotte à Belair qui faisait choix aussitôt de l'emplacement suivant :

La nouvelle ligne de défense appuyant sa gauche à la Somme au-dessus de Ham à Saint-Simon, suivrait le canal de l'Oise à la Somme jusqu'à Jussy, traverserait « à la faveur de grands et puissants abattis » les bois

---

(1) Bouchotte à Belair, 4 août. A. H. G.
(2) Belair à Bouchotte, de Péronne, 12 août
(3) Bouchotte à Belair, 13 août et Belair à Bouchotte, 15 août.
(4) Bouchotte à Belair, 16 août.

de Rumigny et de Liez, pour aboutir à l'Oise vers Travecy (2 kil. N. de la Fère).

Cependant, comme l'arrêté du 16 prescrivait que les places de Saint-Quentin, Péronne, Guise, Ham et Bapaume devaient être mises à l'abri d'une attaque de vive force, Belair modifiait aussitôt le projet précédent pour l'adapter, comme il l'écrivait, à ces exigences nouvelles. A cet effet, il proposait de prolonger la ligne Travecy-Saint-Simon par Tugny jusqu'à Doingt, où elle se relierait au système défensif de Péronne (1).

L'économie de ce projet comportait donc l'organisation d'une ligne de défense qui mesurait plus de 40 kilomètres et il semble que cette longueur était excessive, vu l'urgence et les faibles moyens matériels dont on disposait. Cependant le général Belair imaginait encore de relier cette ligne à Saint-Quentin et même à Guise par une série de redoutes. L'ensemble de ce dispositif serait défendu par une nombreuse artillerie à cheval, et l'effectif de l'armée intermédiaire serait porté à 40,000 hommes au lieu de 30,000. Enfin, Belair, qui se laissait griser par l'enthousiasme que lui inspiraient ses propres conceptions, n'hésitait pas à se proposer lui-même pour le commandement supérieur de la région, dans des termes qu'il faut lire afin de bien apprécier son manque de modestie (2).

« Pour bien faire valoir les forces inertes des retranchements, écrivait-il à Bouchotte le 26 août, il faut faire un savant et bon usage des forces mobiles, des troupes et de l'artillerie.

« Ma défensive sera d'autant meilleure, elle sera d'autant plus efficace que toutes les parties de mon plan seront mieux liées, que toutes elles se feront valoir les

---

(1) Se reporter, pour tout ce qui concerne la topographie de l'établissement du camp intermédiaire, à la carte n° 6.

(2) Belair à Bouchotte, 26 août. A. H. G.

unes par les autres. Connaissant le pays par un examen approfondi, je dois être, plus qu'un général qui viendra d'une autre région prendre le commandement de cette armée quand elle sera organisée, en état de former un plan parfaitement lié dans toutes ses parties... »

Pendant que ces élucubrations, vraiment surprenantes, se succédaient dans la correspondance de Belair, aucun coup de pioche n'avait été donné, et nous sommes arrivés au 26 août. A cette date, on n'a encore rien fait matériellement pour protéger cette partie de notre frontière contre l'invasion. Au dire des représentants du peuple (1) « la place de Péronne ne tiendrait pas deux heures ; la mise en état des fortifications exigerait 10,000 ouvriers travaillant pendant trois mois au moins ; les fossés sont en très mauvais état ; si on voulait les nettoyer, il faudrait évacuer la ville vu le mauvais air que répandrait l'eau croupie ; les portes sont mal gardées, il n'y a ni pont-levis, ni barrière, ni palissade. Saint-Quentin n'est pas en état de soutenir un siège et les coureurs autrichiens sont déjà venus jusqu'à Bohain, pillant et tuant ; la garnison compte à peu près 1500 hommes des trois armes, auxquels on peut ajouter un millier de citoyens... »

Néanmoins, Belair poursuit ses études, mais avec plus de difficultés, car les craintes provoquées au sein des administrations départementales, par les incursions de quelques patrouilles ennemies, l'ont obligé à suspendre ses reconnaissances ; pendant deux jours et deux nuits, il a dû participer aux délibérations de la municipalité de la Fère et répondre à des demandes de troupes. A la fin d'août, son attention se porte sur la Fère. « Citoyen ministre, écrit-il le 30, on travaille à

---

(1) Compte rendu au Comité de Salut public, de Péronne, 23 août, A. H. G.

vous envoyer : 1° un plan de la Fère, tel qu'il est ; 2° un plan tel que la direction du génie le possède et d'après lequel on a donné l'ordre de palissader un chemin couvert qui n'existe pas ; 3° un projet pour mettre la Fère dans un état respectable par des moyens simples et nouveaux, si vous jugiez convenable d'opposer de plus une nouvelle barrière à l'ennemi, indépendamment de celle que je compte élever en avant vers Travecy d'un côté et l'embouchure de la *Serre* de l'autre. Je travaille encore à me mettre en état de vous envoyer au plus tôt le plan de la ligne de défense entre l'Oise et la Somme, ainsi que du camp retranché et la communication à travers la vallée de la Somme pour aller appuyer Péronne, ainsi que celle à travers l'Oise pour se mettre en état de soutenir d'abord cette rivière d'Oise en première ligne et la Serre en seconde... (1) »

Ces propositions nouvelles réussissent cette fois à rassurer le ministre, qui avait probablement douté un instant de l'équilibre mental de son délégué, car on lit dans la marge de cette lettre la note suivante de la main de Bouchotte : « Ses idées me paraissent bien liées ; il ne me dit pas si le camp est tracé. »

L'exécution de l'un quelconque de ces plans successifs ne paraît pas, du reste, devoir être entreprise immédiatement, car on manque d'outils et d'ouvriers. Le 31 août, le capitaine du génie Dejean écrit à Belair que, faute d'outils, les travaux à faire à Péronne n'ont pu être entamés. « J'ai seulement arrêté de presser les moyens indispensables, déclare-t-il, pour mettre la ville à l'abri d'un coup de main : *seule chose à laquelle nous puissions atteindre complètement cette année* (2) ».

Le 3 septembre, on recevait à Péronne, venant de Paris,

---

(1) A. H. G., correspondance, documents annexes.
(2) *Ibidem.*

166 ouvriers et « des brouettes de femmes et d'enfants qui ne tiennent guère plus de la moitié des nôtres; ajoutez à cela, écrit Dejean, qu'il y en a un tiers à réparer et qui ne valent pas les frais de transport ».

En réalité, les premiers travaux de terrassement ne furent commencés, à Péronne, que le 5 septembre. A cette date, l'emplacement du camp intermédiaire n'était, d'ailleurs, pas encore exactement fixé, puisque, le 2 septembre, le ministre réclamait encore des mémoires et des dessins sur ce sujet (1). A cette demande, Belair répondait aussitôt que « suivant sa disposition, le gros des troupes serait baraqué sur la hauteur en avant de Saint-Simon, la gauche appuyée à la Somme, le centre entre Liffontaine et Vendeuil, la droite sur la Fère, avec une réserve à Licz et à la Fère, qu'avec des moyens dont vous recevrez le détail on pourrait mettre dans un état respectable (2) ». Il sollicitait également l'autorisation de commencer à l'instant les abatis destinés à couvrir les villages de Liffontaine, Hinaucourt, Gibercourt et Montacourt, abatis qu'il avait perfectionnés « au point de les rendre inforçables en les mettant à l'abri du canon de l'ennemi ».

Par conséquent, au moment même où les différentes phases de la bataille d'Hondtschoote se déroulaient, le camp intermédiaire n'était qu'à l'état de projet, et l'on avait à peine déterminé la deuxième ligne de défense que l'on considérait, dès le 1er août, comme indispensable à la sécurité de la capitale. Il s'était donc écoulé plus d'un mois depuis que la Convention avait ordonné ces mesures défensives.

A cette date (8 septembre), Belair était promu général

---

(1) Bouchotte à Belair, 2 septembre. A. H. G., correspondance.

(2) Belair à Bouchotte, 4 septembre, de la Fère. A. H. G., correspondance.

de division et Bouchotte lui notifiait, en ces termes, sa nomination et la mission qui lui incombait désormais :

8 septembre 1793, an 1er.

Le Ministre de la guerre, au général Belair.

« Je vous préviens, général, que le Conseil exécutif provisoire vous a nommé général de division avec le pouvoir de commander le camp intermédiaire, la ligne de défense de la Somme et de l'Oise et les troupes qui sont dans les départements de l'Aisne et de la Somme, sous les ordres du général Houchard. Je ne doute pas que vous n'employiez tous vos soins pour répondre à sa confiance. Ainsi, tout en suivant les travaux de défensive que vous avez projetés, vous voudrez bien vous concerter avec le département de l'Aisne pour ramener la défense de ces contrées à un système d'unité et tirer le meilleur parti des moyens. Faites entendre aux administrations que la dispersion des forces jusque dans la moindre commune n'est pas le sûr moyen d'être protégé. Vous aurez aussi à vous concerter avec le département de la Somme et principalement le district de la Somme. Montez vos bureaux ; vous serez tenu à de la correspondance. Je vous enverrai une somme pour dépenses secrètes qui servira à cela et à payer des espions. Je vous observe que, tout en vous concertant avec les administrations, vous avez les pouvoirs qui sont indispensables et que vous devez toujours vous guider sur le plus grand bien des intérêts de la République et non pas sur ce qui conviendrait à tel ou tel département.

« Brune pense qu'il serait avantageux d'établir un camp sur le mont Saint-Quentin, sans examiner si cela convient et si vous en avez les moyens. Persévérez dans vos travaux militaires et patriotiques et songez qu'il n'y eut jamais une si belle occasion de se dévouer que lorsqu'il s'agit d'améliorer le sort de l'espèce humaine, car tel sera l'effet de notre Révolution sur tous les peuples. »

Afin de ne pas sortir du cadre de cette étude, nous terminerons là cette analyse : elle montre que l'emplacement définitif du camp intermédiaire n'était pas encore choisi à la date du 8 septembre et que les troupes, primitivement destinées à former le noyau de l'armée qui devait occuper le susdit camp, avaient reçu une autre destination. Il s'ensuit que toute la période du 1er août au 8 septembre, avait été employée à faire élaborer par Belair une série de projets dont l'ampleur était inconsidérée et dont l'exécution eût exigé des moyens matériels et des ressources en personnel dont on ne disposait pas.

C'est dire que la stratégie des alliés contribua davantage, au salut de la capitale et du gouvernement révolutionnaire, que certains décrets ou arrêtés pris à la hâte pour remédier, trop tardivement, aux lacunes de notre état militaire.

CHAPITRE XII.

La réforme de l'armée du Nord.

Les récriminations des différentes autorités au sujet : 1° des subsistances; 2° de l'artillerie. — L'armée du Nord est divisée en trois corps principaux. — Une division nouvellement constituée, sous les ordres de Landrin, est dirigée sur Cassel. — La valeur professionnelle des officiers et la discipline. — Instruction tactique rédigée par Houchard. — Considérations sur la doctrine du général en chef.

Les récriminations des différentes autorités : 1° au sujet des subsistances. — L'activité déployée par l'armée du Nord, du 1ᵉʳ au 23 août, pour résister tant bien que mal à l'offensive des coalisés, avait mis en lumière les défectuosités organiques déjà signalées au chapitre 11. Tous ceux qui avaient une part de responsabilité dans la préparation et la conduite de la guerre s'étaient plaints amèrement au gouvernement des difficultés de tous ordres qu'ils rencontraient, surtout en ce qui concernait les subsistances et l'augmentation de l'artillerie.

Berthelmy déclare que le manque d'approvisionnements de la place de Douai(1) retient l'armée dans sa position actuelle. Collombel, Delbrel et Letourneur invitent le Ministre à pourvoir, sous sa responsabilité, à l'approvisionnement des places de Douai et de Lille; ils menacent le commissaire ordonnateur en chef Petitjean « de le livrer à la garnison ou de lui brûler la cervelle s'il ne fait pas diligence ». Ces procédés sont d'ailleurs justifiés par la négligence « des corps administratifs qui

______

(1) Berthelmy au Ministre de la guerre, de Gavrelle, 17 août A. H. G.

ne sont pas aussi patriotes et aussi zélés qu'ils devraient l'être (1). »

Le général Ronsin, commissaire du Conseil exécutif, signale dans son rapport (2) que « la loi du maximum est regardée comme une des causes les plus funestes du manque de subsistances dans nos armées ».

Bentabole et Levasseur, qui se sont transportés à Lille (3), dépeignent « l'état de délabrement dans lequel ils ont trouvé cette frontière », et surtout la place de Lille, qui est « à la veille d'être assiégée (4) ».

Bien que la dernière récolte soit très abondante, les représentants du peuple ne sont pas certains de pouvoir satisfaire aux besoins de l'armée, si on ne leur envoie pas une forte somme d'argent.

« Nos arrêtés, notre correspondance, écrivent-ils dans

______

(1) Lettre au Comité de Salut public. A. H. G.

(2) Publié *in extenso* par Charavay. « Correspondance de Carnot », tome III, page 9.

(3) L'importance que les représentants du peuple et le commandement attachent à l'approvisionnement des places de Douai et de Lille ne doit pas surprendre. En effet, à cette époque, le ravitaillement de l'armée agissante ne peut être effectué que par voitures ou par bateaux. Or, faute d'officiers d'état-major compétents et de services bien organisés, on serait dans l'impossibilité de faire parvenir les denrées ou matières à une armée qui se trouverait très éloignée de ses magasins de vivres. Par conséquent, il est indispensable de constituer ces approvisionnements dans des places fortes situées au plus près de la région où doit opérer l'armée, afin de diminuer le plus possible la longueur du trajet à parcourir par les convois. Les places de Lille et de Douai sont celles qui remplissent le mieux ces conditions et c'est pour cela que le commandement et les pouvoirs publics s'efforcent de les transformer en stations-magasins, comme on dirait aujourd'hui.

Lorsque Berthelmy écrit au Ministre que « le manque d'approvisionnements de la place de Douai retient l'armée dans sa position actuelle », il fait comprendre par cette seule phrase le mode de fonctionnement du système d'alimentation et de ravitaillement usité à ce moment.

(4) De Lille, le 15 août, recueil Aulard, tome 5, page 559.

leurs annotations du rapport de Berthelmy, prouvent
notre sollicitude constante sur cet objet, mais nous avons
la douleur de voir que nous restons toujours au-dessous
de nos besoins. L'incurie de certaines administrations
civiles d'une part, l'insatiable avidité des fermiers et
cultivateurs de l'autre, nous opposent des obstacles sans
nombre, mais la principale cause de nos besoins, la
voici. Toutes les administrations militaires et civiles, qui
concourent à l'approvisionnement de nos armées, doivent
considérablement pour d'anciennes fournitures, et quand
nous leur donnons quelque somme pour le service courant et le besoin du moment, ces administrations, au
lieu de les employer à de nouvelles acquisitions, sont
forcées, par les anciens fournisseurs qui les pressent, à
les consommer en majeure partie au payement de l'ar-
riéré... Ce n'est qu'avec de nouveaux fonds que nous
pourrons espérer de mettre notre situation, à l'égard
des subsistances, à l'abri de toute inquiétude. Il faut des
fonds, c'est une économie de les verser à profusion pour
former des magasins immenses ; c'est au moment de la
récolte que la République doit remplir ses greniers.....
Oui, sans doute, il a été commis des dilapidations ; il est
bien difficile, dans le tumulte des combats, de suivre
tous les fils d'une immense comptabilité ; peut-être même
serait-il injuste, au milieu des déplacements et mouvements journaliers, d'exiger d'un comptable une exactitude et une précision mathématiques. Quoi qu'il en soit,
aujourd'hui les circonstances nous font la loi, *il faut la
subir, et le temps de se battre n'est pas d'ailleurs celui de
compter* (1). » Le 20 août, ces représentants prennent un
arrêté aux termes duquel les grains, avoines, fourrages

---

(1) Dans une lettre du 27, les représentants déclarent qu'il leur faut
huit à neuf millions pour l'achat des blés. « Les départements ne pro-
curent rien qu'au poids de l'or et pour agir ils veulent toujours avoir la
main garnie. »

et bestiaux des départements du Nord, du Pas-de-Calais et de l'Aisne seront transportés ou rassemblés sans délais dans les places les plus voisines ou dans les villes de l'intérieur, à l'abri de l'invasion, où ils pourront être mis en réquisition pour les besoins de l'armée. En outre, ils ordonnent que 200,000 sacs de grains, de 200 livres chacun seront réunis sous quinze jours, la moitié sous huitaine, dans les départements du Pas-du-Calais, du Nord, de la Somme, de l'Aisne et des Ardennes. Ces denrées ainsi requises « devront être payées comptant, au prix du maximum, par le payeur de l'armée (1) ».

Enfin, le ministre ayant rappelé à Paris le commissaire Petitjean, dont le zèle et l'honnêteté étaient devenus suspects, les représentants maintiennent celui-ci à son poste jusqu'à l'arrivée de son successeur; leur arrêté est motivé par « le besoin urgent de l'armée et l'ensemble des circonstances difficiles où elle se trouve à la veille et au moment d'un mouvement général ».

2° *Au sujet de l'artillerie.* — En ce qui concerne l'artillerie, on manque à la fois de matériel et de chevaux.

Billaud-Varennes et Niou déplorent la pénurie de poudre, de canons et de chevaux, « alors que, à Paris, il existe tant de sybarites qui emploient une multitude de chevaux à traîner misérablement leur stupide existence (2) ».

De son côté, Berthelmy adresse une demande pressante au ministre de la guerre. « Aidez-nous donc de ce que vous pourrez en pièces de position, lui écrit-il le

---

(1) Des soldats seront mis à la disposition des administrateurs des départements, districts ou municipalités pour le battage des grains. Ces hommes seront pris de préférence parmi ceux qui se trouvent dans les dépôts non armés.

(2) Lettre au Comité de Salut public, 11 août. A. H. G.

23 août (1), mais surtout (envoyez-nous) le plus tôt possible des obusiers, des pièces de 8 et de 4 et beaucoup de caissons et de chevaux pour les atteler. » — « Dans l'état actuel du parc, déclare-t-il par ailleurs, plusieurs pièces qui doivent être attelées de quatre chevaux ne le sont que de deux, et nous ne pourrions réellement marcher que par le beau temps ; un jour ou deux de pluie nous arrêteraient immanquablement. Les chevaux fournis par Winter mangent, mais ne sont guère en état de travailler. »

En attendant que ce matériel d'artillerie lui parvienne, le chef d'état-major parc aux besoins les plus pressants de la façon suivante. Il fait envoyer au camp de la Madelaine 4 canons de bataillon et 2 pièces de 8, avec leurs caissons, pour l'artillerie légère ; puis il donne l'ordre au général Bécourt de diriger, de Péronne sur Gavrelle, toutes les pièces de 4, de 8 et de 12 actuellement sur les remparts ; enfin, il prescrit qu'on lui fasse parvenir de Sedan toutes les pièces de bataille laissées dans cette ville par les bataillons venus de la Moselle ou des Ardennes. Puis il demande que le citoyen Bellemont soit maintenu au parc de l'armée du Nord. « C'est le seul qui paraisse actif, qui soit au courant de sa besogne et des localités ; le général Mérenvue étant arrivé depuis peu et étant infirme. »

Les représentants Letourneur et Delbrel s'associent aux plaintes de Berthelmy et récriminent ainsi contre les ministres (2) :

« Quant aux chevaux de charrois pour l'artillerie, il n'est que trop vrai que ceux de Winter sont les chevaux d'un fripon ; il n'est que trop vrai que nous n'avons pas

----

(1) Rapport de Berthelmy au Ministre de la guerre. A. H. G., documents annexes.

(2) Ces récriminations figurent en marge du rapport de Berthelmy daté du 23 août.

tous ceux qu'il nous faudrait. Indépendamment des 730 demandés ou arrivés pour l'artillerie légère (il s'agit des cinq compagnies de nouvelle formation de Douai), il nous en manque au moins 1200 à 1500. La cavalerie, elle aussi, est absolument dépourvue de chevaux, ajoutent-ils ; une foule de bons soldats languissent dans les dépôts faute d'armes et de chevaux ; ils mangent le pain de la Nation sans pouvoir la servir et ils en gémissent ; en serait-il ainsi si, du moment où les décrets pour l'augmentation de l'artillerie et de la cavalerie ont été rendus, les ministres avaient pris les mesures nécessaires... Existet-il des marchés? Ces marchés ont-ils été remplis ?... Voilà ce qu'il faut demander aux ministres. Prieur et Jeanbon Saint-André ont prélevé des échantillons sur une fourniture de 1200 sabres de gendarmerie et de 3,000 d'infanterie envoyés à Douai; ils vous diront quelle a été leur indignation ; la vôtre sera grande, mais au moins qu'elle ne soit pas vaine (1) ».

---

(1) Les plaintes contre les fournisseurs se succèdent et paraissent toutes justifiées ; en voici une à titre d'exemple qui donnera une idée de la mauvaise foi de ces derniers :

Sedan, ce 24 août 1893, l'an 2ᵉ de la République.

« *Calès et Massieu, représentants du peuple, au Comité de Salut public.*

« Citoyens nos collègues,

« Nous avons fait passer la revue des chevaux que le Ministre a envoyés au 11ᵉ régiment de chasseurs et nous pouvons vous assurer qu'il n'y en a pas un seul sur trois à quatre cents qui soit propre à monter un cavalier de quelque espèce d'arme que ce soit. Ils sont tous très petits, de mauvaise race, très maigres, la plupart sont vieux, enfin il a fallu en réformer les deux tiers qui n'avaient guère plus de quatre pieds, ayant tué quelques-uns qui étaient attaqués de la morve.

« Nous ne saurions assez vous le répéter, si la régie de l'achat des chevaux continue encore quelques mois, la République aura dépensé des sommes immenses et n'aura plus de cavalerie. Il est instant que vous

Il est évident que, pour donner à cette armée du
Nord des qualités offensives réelles, et faire disparaître
toutes les défectuosités organiques qui la paralysaient,
il eût fallu que le pouvoir central fût en mesure de satisfaire à toutes ces demandes de chevaux, de matériel et
d'argent. Mais le ministre de la guerre et le Comité de
Salut public étaient dans l'impossibilité de pourvoir immédiatement à tous ces besoins. Bouchotte se bornait
donc à calmer de son mieux, par des promesses vagues,
les impatiences et les inquiétudes.

« Carrion, commandant à Bergues, écrivait-il le 25 août
à Houchard (1), me mande qu'il manque de vivres.
J'ignore s'il veut exprimer un manque total ou seulement un défaut d'approvisionnement complet. Je pousse
l'administration des subsistances, mais elle me répond
que Petitjean est chargé des achats sous la surveillance
des représentants et que ses agents ne peuvent que recevoir ce qu'on veut leur remettre... L'on s'occupe beaucoup de vous procurer de plus grands renforts de cavalerie ; ne soyez pas étonné si cela ne va pas plus vite : le
fournisseur ne veut que gagner ; il prend ses commodités
pour faire ses livraisons ; il en est peu qui soient d'une
humeur assez bienveillante pour songer à la République
en même temps qu'à leurs affaires. Prenez patience, le
peuple vous aidera ; le Comité de Salut public, le Conseil
exécutif n'ont pas cessé d'avoir confiance en vous. »

Puis il adressait de même des exhortations à Berthelmy : « J'ai donné les ordres les plus précis pour les

---

portiez un œil attentif sur cet objet et que vous preniez des mesures
efficaces pour punir les dilapidateurs qui trompent aussi cruellement la
patrie.

« Les représentants du peuple près
l'armée des Ardennes,

« CALÈS,   MASSIEU. »

(1) A. H. G. Bouchotte à Houchard, 25 août.

subsistances de l'armée (1) et l'approvisionnement des places. Une récolte abondante se présente partout pour faciliter vos mouvements. Il vous parviendra, aussitôt qu'il sera possible, des chevaux et des armes, enfin tout ce qui pourra vous mettre à même de changer votre défensive en offensive très ardente. »

L'armée du Nord est divisée en trois corps principaux. — On sait que, au moment où le général Houchard et son chef d'état-major Berthelmy avaient pris possession de leurs fonctions nouvelles à l'armée du Nord, la répartition du commandement y était très défectueuse.

Les grosses unités n'étaient pas régulièrement constituées, et des bataillons ou des compagnies d'infanterie légère absorbaient inutilement un cadre d'officiers qui n'avait sous ses ordres que des squelettes d'unités. Pour ces raisons, la masse était trop pesante et l'état-major ne pouvait pas lui imprimer facilement un mouvement d'ensemble.

D'autre part, il était indispensable de distinguer, au sein des garnisons ou des camps, qui constituaient le cordon défensif de cette partie de la frontière, celles de ces troupes qui pouvaient être employées à des opérations actives, sans toutefois abandonner définitivement le système linéaire sur lequel reposaient toutes les conceptions stratégiques de cette époque.

C'est pourquoi Berthelmy s'occupa d'améliorer cette organisation mauvaise, dès qu'il eut reçu, au quartier général, les situations qui contenaient la décomposition détaillée des divers régiments, bataillons ou compagnies formant corps. Il a exposé, d'ailleurs, les principes sur lesquels sa réforme était basée, dans une

---

(1) Bouchotte à Berthelmy, 19 août. A. H. G., correspondance.

lettre qu'il adressa, le 22 août, au ministre, et dont voici l'analyse (1).

Les soldats ont un très bon esprit, déclare-t-il, mais on s'est mépris jusqu'à maintenant sur la force de l'armée parce que celle-ci est trop divisée; il semble que partout on se soit attaché à isoler les corps et à éviter de former les masses avec lesquelles on a l'ordre et le succès. Pour que ces masses soient maniables, sans que l'on ait à craindre du désordre, il faut les segmenter en demi-brigades, brigades et divisions, et exercer ces unités à manœuvrer ensemble : il devient alors possible de constituer des corps composés de plusieurs divisions et de les faire agir de concert.

En conséquence, Berthelmy décide de former, avec les troupes agissantes de l'armée du Nord, 13 divisions fortes chacune de 5,000 hommes environ et de les répartir en trois groupes, qui seront placés chacun sous le commandement d'un chef particulier. Cependant, faute de temps, il sera impossible de grouper, suivant un système plus logique et qui utiliserait mieux leurs cadres, les unités d'infanterie légère. Quoi qu'il en soit, lorsque les autres modifications essentielles auront été réalisées, c'est-à-dire dès le 23 août, le commandement de l'armée du Nord sera réparti comme il suit :

Hommes

A. Sous les ordres de Barthel, *un groupe du Nord* comprendra 4 divisions de 12 bataillons chacune, soit.   20,000

De l'infanterie légère et de la cavalerie . .   2,500

Total . .   23,300

Avec ce groupe, Barthel « conservera la défense de

---

(1) Cette lettre a été reproduite aux documents annexes. Elle porte en marge des annotations intéressantes dues à la plume des représentants en mission.

Cassel et de Dunkerque ; en attendant que l'ordre d'agir offensivement lui parvienne, il se gardera de loin et fera, à l'occasion, soit des sorties, soit même des attaques particulières ».

B. Un groupe, dit *corps principal* ou du centre, comprendra :

Hommes.

1° La division Jourdan, soit 12 bataillons, de l'infanterie légère et de la cavalerie, au total.   8,000

2° Les troupes du camp de la Madelaine, composées de 3 divisions réparties soit au camp devant Lille, soit dans les cantonnements qui en dépendent et formant au total, y compris les troupes venues avec le premier renfort de l'armée de la Moselle, les troupes à cheval et les troupes légères 25,000

3° Une division d'infanterie, plus 200 dragons, constituée à l'aide des troupes qui occupent à cette date Mons-en-Pévèle et Pont-à-Marque, soit 5,000

4° La brigade Colaud stationnée vers Arleux et comprenant environ 7,000

5° Une division formée à l'aide des bataillons maintenus jusqu'alors au camp de Biache, soit 5,200

6° Le reste de l'infanterie et de la cavalerie qui avait composé jusqu'alors les flanqueurs de droite, soit. 1200

7° Les troupes de l'avant-garde installées à Monchy-les-Preux et dans les postes environnants 4,500

8° La cavalerie du général Antoine cantonnée à Hamblain-les-Prés et environs, soit . . 3,000
—————
TOTAL GÉNÉRAL . . . 58,900

Berthelmy a le soin de constater que ce corps du

·centre est actuellement très affaibli, car il a été divisé
« pour former presque en entier les deux corps d'armée
de droite et de gauche, l'un vers Maubeuge, l'autre
vers Dunkerque. Mais le corps du centre sera alimenté
et porté à sa force par ce qui arrive de la Moselle et du
Rhin ».

C. Le groupe de « droite », ou *de Maubeuge*, qui
comprendra :

1° La garnison permanente de Maubeuge composée de
la 2ᵉ brigade de la 8ᵉ division ;

2° Les troupes de la défense du camp retranché, savoir : la 6ᵉ division d'infanterie, les chasseurs de Jemmapes, les canonniers des redoutes et 2 escadrons du
12ᵉ dragons ;

3° Les troupes mobiles sous le commandement de
Ihler ; elles seront constituées à l'aide de la 7ᵉ division
d'infanterie, de la 1ʳᵉ brigade de la 8ᵉ division, de l'artillerie légère et de la cavalerie ;

4° Les troupes réfugiées au Quesnoy, qui formeront :

    1. La 2ᵉ demi-brigade de la 9ᵉ division ;
    2. La 2ᵉ brigade de la 9ᵉ division ;
    3. Différents corps d'infanterie.

Les généraux Gudin et Ihler sont chargés d'effectuer
réellement l'amalgame et l'embrigadement de ces unités,
dont l'effectif total s'élève environ à 18,000 hommes.

En additionnant les chiffres trouvés ci-dessus pour
chacun des groupes A, B et C, on voit que l'armée agissante doit compter 100,200 hommes, savoir :

    Groupe de gauche 23,300
    Groupe principal ou du « centre » 58,900
    Groupe de « droite » ou de Maubeuge 18,000

Dans ce nombre, on n'a fait entrer que les unités destinées à la guerre de campagne et non les garnisons proprement dites des places. D'autre part, les bataillons

venus des armées de la Moselle et des Ardennes, en exécution du décret du 23 juillet, y sont également compris. Mais c'est seulement après l'arrivée des 30,000 hommes, attendus des armées du Rhin et de la Moselle, que le corps du centre pourra être porté à l'effectif indiqué par Berthelmy.

Une division nouvellement constituée, sous les ordres de Landrin, est dirigée sur Cassel. — Sans attendre la venue des renforts du Rhin et Moselle, Berthelmy organisait dans le corps principal une nouvelle division, qui prenait le n° 4 : elle était placée sous les ordres du général Landrin (1), secondé par les deux généraux de brigade Drut et Dumesny (2). Les quatre demi-brigades ci-

---

(1) Jean-Noël Landrin, né le 22 mai 1752, à Paris. Liquidateur des rentes, avant d'entrer comme canonnier dans le corps d'artillerie de Saint-Domingue, en 1767 ; sergent en 1770 ; licencié avec le corps en 1774 ; continue à servir dans la milice bourgeoise comme sous-lieutenant ; rentré en France en 1779 ; capitaine de canonniers dans la section des Enfants-Rouges (réunie ensuite au 1er bataillon de Saint-Denis) le 12 septembre 1792 ; chef de bataillon en avril 1793 ; général de division à l'armée du Nord le 30 juillet 1793 ; suspendu de ses fonctions par le représentant du peuple, le 13 septembre 1793, mandé à Paris par le Ministre de la guerre le 17 du même mois et incarcéré aux Écossais ; relevé de sa suspension, par arrêté du Comité de Salut public, le 21 germinal an III ; réintégré comme capitaine à la 54e demi-brigade, par décret de la Convention nationale du 7 fructidor an III ; admis, sur sa demande, au traitement de réforme de général de division, conformément à l'arrêté du Directoire du 7 prairial an V.

(2) Pierre-Joseph-Michel-Salomon Dumesny, né à Angoulême, le 17 janvier 1739 ; lieutenant dans le régiment de Mailly, le 10 octobre 1755 ; capitaine le 5 avril 1762 ; réformé en 1763 ; capitaine commandant, dans la compagnie lieutenante-colonelle, au régiment de Guyenne le 4 août 1770 ; capitaine titulaire le 16 octobre 1771 ; capitaine en second de la compagnie lieutenante-colonelle le 6 juin 1776 ; capitaine commandant de cette compagnie le 30 janvier 1778 ; lieutenant-colonel du 90e régiment le 6 novembre 1791 ; lieutenant-colonel du 54e le 23 mars 1792 ; colonel le 27 mai 1792 ; général de brigade le 15 mai 1793 ;

dessous qui entraient dans la composition de cette
4e division, provenaient les trois premières des flanqueurs de gauche, la quatrième de l'avant-garde.

1re demi-brigade .	1er bataillon d'Indre-et-Loire ; 1er bataillon du 5e régiment d'infanterie ; 2e bataillon d'Indre-et-Loir.
2e demi-brigade..	2e bataillon des volontaires nationaux ; 7e bataillon du Pas-de-Calais ; 17e bataillon des volontaires nationaux.
3e demi-brigade..	1er bataillon de la Haute-Vienne ; 1er bataillon du Nord ; 9e bataillon de Paris.
4e demi-brigade..	1er bataillon de Paris ; 1er bataillon du 83e régiment ; Bataillon de la Butte-des-Moulins.

Cette division, concentrée le 21 août à Pont-Auby, était
aussitôt dirigée sur Cassel, où elle arrivait le 25 août.

En échange des trois demi-brigades qu'on lui a ainsi
retirées, le général Colaud reçoit à Arleux, le 22 août,
aux flanqueurs de gauche, une brigade composée de
bataillons venus de Douai ou de l'armée de la Moselle
(premier renforcement), savoir :

9e bataillon de la réserve ;
2e bataillon du 56e régiment ;
1er bataillon de la Vienne ;
2e bataillon de l'Orne ;
Bataillon du 89e régiment ;
1er bataillon du 62e régiment.

Ces bataillons, qui n'ont ni effets ni ustensiles de campement, devront bivouaquer sans tentes jusqu'à ce qu'ils

---

destitué le 18 septembre 1793 ; mis en état d'arrestation le 25 suivant
et détenu onze mois à l'Abbaye ; réintégré général de division et
employé à l'armée des côtes de Cherbourg le 25 prairial an III ; exerce
ensuite les fonctions de commandant de la 14e division militaire jusqu'au jour de sa mise en réforme, le 5 frimaire an VI. Retraité en
l'an IX.

aient reçu le nécessaire, car, écrit Colaud, les villages ne
peuvent suffire à les cantonner.

La valeur professionnelle des officiers et la discipline.
— Dans la période que nous venons d'étudier, les conditions spéciales qui présidaient alors au choix des officiers avaient provoqué les récriminations des généraux.
La surprise tactique qui avait marqué les débuts des
combats de la forêt de Mormal et d'Oost-Cappel, les
scènes de désordre ou de pillage qui avaient entraîné une
panique complète, surtout à l'affaire de Linselles, justifiaient d'ailleurs les alarmes du commandement. Aussi
Houchard, au risque de se rendre suspect de tiédeur jaco-
bine, se croyait-il obligé de faire connaître au ministre
toute la vérité. « Je vous dis avec la vérité d'un vrai républicain, citoyen ministre (1), *les soldats sont bons*, MAIS LA
LACHETÉ ET L'IGNORANCE CRASSE DES OFFICIERS leur fait connaître la lâcheté, et fuir devant l'ennemi n'est plus rien
pour eux. Nos soldats seraient des patriotes si les officiers qui les commandent savaient leur faire connaître
leur devoir et pratiquer le leur. Je vous dirai la vérité
sans ménagement. Le général Barthel est nul sur tous
les points ; il est respectable par son âge et ses vertus
républicaines, mais le salut de la République est compromis entre ses mains. »

Les représentants du peuple, partageant l'opinion de
Houchard, signalaient également cette situation au
Comité de Salut public.

« Vous voyez partout que nos postes se laissent surprendre (2) ; le général nous observe que cette inexacti-
tude vient de la part des officiers qui, au lieu de veiller,
sont sans cesse dans la ville, et que ceux que le ministre

---

(1) Houchard à Bouchotte, 26 août, de Lille. A. H. G.

(2) Delbrel et Letourneur au Comité de Salut public, de Gavrelle, le
23 août.

nomme sont souvent deux mois et plus sans se rendre à
leurs postes. La plupart sont des intrigants qui, lorsqu'ils
ont obtenu leurs brevets, s'inquiètent fort peu si la machine ira ou non. Les officiers nommés par ancienneté
de grade peuvent être de fort honnêtes gens, mais
seraient hors d'état de commander et souvent timides et
ineptes ; il y a longtemps qu'on vous envoie des observations de ce genre ; pressez-les donc de votre sagesse.
Que la Convention soit sévère envers les officiers et les
commandants lâches, les plus dangereux de tous ;
qu'elle ordonne que tout officier qui n'aura pas surveillé les postes soit fusillé à l'instant, surtout lorsqu'ils
abandonnent les caissons et les canons, comme ils ont
fait lâchement dans cette malheureuse affaire d'Oost-
Cappel. »

Mais le ministre de la guerre reste fidèle à sa doctrine ; il estime que les hommes *prétendus à talents* sont
dangereux, et que le zèle et le patriotisme peuvent
tenir lieu d'habileté professionnelle ; il refuse de mettre
à la disposition de Houchard l'adjudant général Jarry,
fait des réserves en ce qui concerne l'adjudant général
Emonot et adresse au général en chef une déclaration
de principes. « Servez-vous de tous vos moyens, tirez-en
partie du mieux qu'il sera possible, et *songez que la
machine ira beaucoup mieux avec de véritables sans-
culottes qu'avec ces prétendus hommes à talents* qui, ayant
sans cesse la République sur les lèvres, ne l'ont point
dans le cœur et opposent à la chose une force d'inertie,
quand ils ne peuvent pas lui imprimer un mouvement
contraire au sens de la Révolution (1). Ne vous en laissez
pas imposer par le compte qui vous sera rendu de l'état
de l'armée. La masse est bonne ; elle désire combattre.
Voyez-la très souvent, parlez-lui, inspirez-lui de l'au-

______

(1) Bouchotte à Houchard, 19 août. A. H. G.

dace et profitez des heureuses dispositions dans lesquelles vous aurez su la placer. L'amour de la patrie et de la liberté enfante toujours des prodiges ; donnons-en de nouvelles preuves aux tyrans ; de l'énergie, de l'audace ; vous êtes soutenu, le peuple est derrière vous. »

D'autre part, le ministre de la guerre écrit dans le même sens à Berthelmy (1) : « Marquez-moi les noms des officiers d'état-major qui n'ont pas rejoint, afin que je puisse y pourvoir. Ils doivent avoir du zèle et *surtout du patriotisme, qui souvent supplée au talent*, dont le mauvais emploi nous a été jusqu'ici si funeste (2). Allons donc, peut-être un peu moins bien d'abord, mais surtout allons et propageons par des attaques réitérées la terreur qui s'empare de nos ennemis instruits des mesures vigoureuses qui doivent terminer la lutte d'un peuple libre avec les despotes. »

Cette attitude de Bouchotté décidait Houchard à nommer lui-même aux postes les plus importants, sauf à rendre compte au ministre de ces nominations qu'il avait soin de faire approuver préalablement par les représentants. C'est ainsi qu'il remplace Barthel par Jourdan, Jourdan par Leclaire, qu'il envoie Barthel à Saint-Quentin et nomme au grade de général de brigade l'adjudant général Dupont et le chef de brigade Macdonald, vainqueur de Blaton. Les représentants du peuple demandent, du reste, au Comité de Salut public, de ratifier ces désignations, car, d'après eux, c'est au manque de chefs qu'il faut attribuer le peu de succès de nos armes.

« Nous venons d'approuver, écrivent-ils au Comité de

---

(1) Bouchotte à Berthelmy, 19 août. A. H. G.

(2) Ceci est probablement une allusion à la conduite de Dumouriez et à l'attitude de Custine.

Salut public (1), la nomination que vient de faire le général Houchard, des citoyens Dupont et Macdonald aux grades de généraux de brigade. Le premier était chef de brigade adjudant général, dont les talents militaires sont connus et dont le patriotisme raisonné ne paraît point équivoque ; l'autre était chef de brigade commandant le 2e régiment d'infanterie ; il a des talents militaires et a donné des preuves du sang-froid et du courage qui caractérisent les bons généraux dans l'affaire du 18, à Blaton, où nous avons eu un succès complet. L'opinion générale, celle des patriotes connus, s'accorde sur le républicanisme de ces deux citoyens, et nous espérons bien que cette nomination sera confirmée par le Conseil exécutif et que nous n'aurons jamais lieu de nous repentir de l'avoir appuyée.

« D'ailleurs, citoyens nos collègues, il nous faut des généraux, car soyez bien persuadés que si nous n'avons pas de succès sur cette frontière, maintenant que nous sommes en force sur beaucoup de points, c'est le manque de chefs qui en est cause.

« Il faut donc que le Conseil exécutif nomme tant aux places vacantes par les destitutions qu'à celles qui seront nécessitées par l'augmentation des forces, et ne nous dissimulons pas que le Conseil exécutif, qui ne peut pas connaître les individus comme les patriotes qui se trouvent sur les lieux, et qui sont dans le cas de juger de leur conduite morale et militaire, ne mettra point en place des gens plus sûrs que ceux qui lui seront donnés par vos collègues près des armées ; ainsi soyez sûrs, citoyens nos collègues, que nous avons pris tous les renseignements possibles sur la conduite des deux sujets nommés généraux de brigade par le général en chef et

---

(1) Les représentants du peuple au Comité de Salut public, de Lille, 27 août. A. H. G.

que nous n'avons confirmé son choix que lorsque tous les rapports ont été favorables à ces deux citoyens.

« Levasseur, Bentabole. »

Le commandant de l'armée du Nord s'efforce également de rétablir la discipline générale (1) et la régularité dans l'administration en faisant insérer dans les ordres journaliers du 18 au 26 août une série de prescriptions dont voici les plus essentielles (2).

Depuis un certain temps, les corps ont usé sans mesure du droit de réquisition et causé des dégâts qui ont provoqué un grand nombre de réclamations de la part des habitants. Il est ordonné, en conséquence, que ces plaintes seront examinées aussitôt reçues par le conseil d'administration du corps intéressé, puis envoyées au commissaire Petitjean à Gavrelle, lequel devra les retourner dans les vingt-quatre heures avec sa décision motivée. Il est rappelé que le droit de réquisition n'appartient qu'au général en chef et à l'ordonnateur en chef de l'armée.

Les chefs de corps sont invités à faire connaître au chef d'état-major de l'armée, dans le plus court délai,

----

(1) Le manque de discipline a été constaté par les représentants. C'est ainsi que, dans la lettre déjà citée (en tête de ce chapitre), de Collombel, Delbrel et Letourneur, ceux-ci déclarent que l'inaction, la retraite et les trahisons ont démoralisé l'armée et qu'il serait bon, pour ranimer les courages, d'envoyer à l'armée des journaux patriotiques, soit même des *missionnaires de la liberté* pour « réparer le mal qu'ont fait tant d'officiers traîtres à la République ».

D'autre part, dans leur lettre du 11 août, Billaud-Varennes et Niou remarquent que les commissaires de la Convention près les armées sont trop nombreux et pas toujours bien choisis « Quand on livre à des hommes le salut de l'État, écrivent-ils, c'est le compromettre que de les prendre au hasard... Il faut être, pour cette fonction, à la fois *soldat*, *général* et *législateur*, et comme des hommes de cette trempe sont très rares, moins on multiplie les êtres, moins ils sont difficiles à trouver. »

(2) Ces prescriptions sont tirées du registre d'ordres journaliers. Tome VIII. A. H. G.

les noms des officiers absents de leur bataillon avec leur avis sur la légitimité de ces absences — les corvées doivent être accompagnées par un officier — les épaulettes et boutons jaunes des officiers ci-devant de ligne doivent disparaître dans les quinze jours — les commandants des corps feront dresser, sans perdre de temps, les tableaux de jurés d'accusation et de jugement qu'ils remettront sans perdre de temps au commissaire des guerres chargé de la police de leur division ou au commissaire ordonnateur Langeron, au quartier général à Gavrelle, attendu que les commissaires des guerres doivent remettre des expéditions de ces tableaux aux accusateurs militaires, pour servir aux tribunaux qui s'organisent maintenant.

Ce sont là des mesures disciplinaires dont l'importance est secondaire, eu égard aux difficultés que suscite l'ignorance des officiers. Aussi Houchard, pour tirer le meilleur parti des cadres dont il est obligé de se servir, se décide-t-il à rédiger une instruction dans laquelle il expose de son mieux certains principes essentiels d'organisation ou de tactique, en les accompagnant d'un grand nombre de prescriptions de détail.

Voici d'ailleurs la copie textuelle de ce document qui est intéressant à de nombreux points de vue.

Instruction pour l'armée du Nord, par le général Houchard (1).

23 août 1793, an 1er.

L'armée sera organisée par divisions, chaque division sera composée de deux brigades d'infanterie commandées par un général de division et deux généraux de brigade ; s'il n'y a pas assez de généraux de division, ce sera un général de brigade qui commandera la division ; de même que s'il manque un

---

(1) A. H. G., correspondance. Il aurait été aisé de rendre la lecture de ce texte plus facile en le découpant par alinéas ; mais nous avons cru devoir publier ce document très exactement sans modifier sa contexture.

général de brigade il sera remplacé par un chef de brigade qui en remplira les fonctions.

Les généraux de division seront chargés de toutes les fonctions de leurs divisions ; c'est à eux qu'on s'adressera pour tout ce qui aura rapport au service ; toutes les demandes leur seront adressées et apostillées par eux avant de parvenir au général en chef. Ils surveilleront l'instruction et la discipline et l'exécution des ordres donnés.

Les généraux de brigade seront chargés de la surveillance, de l'instruction, de la police des camps, de la discipline et de tout ce qui aura rapport au service ; ils en rendront compte tous les jours au général de leur division et ceux-ci au général en chef. Cette hiérarchie doit être observée dans tous les grades. Le général en chef prévient les généraux de division qu'il ne s'en prendra qu'à eux des moindres négligences qui s'introduiront dans leurs divisions ; il est temps de sortir de cette insouciance dans laquelle il voit l'armée. Il n'y a que l'exacte observation de toutes les parties qui peut conduire à des succès. Il y aura dorénavant 64 hommes par bataillon choisis pour tirailleurs, ces hommes pris parmi les soldats les plus valeureux et les plus adroits pour tirer des coups de fusil ; ce seront toujours ces mêmes hommes qui feront ce genre de service ; s'il vient à manquer un homme d'une compagnie, il sera toujours choisi dans la même compagnie, et sous aucun prétexte ce nombre ne pourra être augmenté ; ces tirailleurs seront commandés par deux officiers expérimentés choisis sur tout le bataillon. Quand on demandera les tirailleurs, ils se porteront à cinquante pas en avant de leurs bataillons et se formeront en deux pelotons pour recevoir les ordres et ils ne pourront sortir de leurs bataillons qu'à la demande du général de leur brigade ; il faut que les tirailleurs soient de la plus grande obéissance au commandement de leurs officiers.

Il y aura toujours une division de l'avant-garde, une division de flanqueurs de droite, une division de flanqueurs de gauche, indépendamment des divisions du corps de bataille.

La cavalerie sera divisée et attachée aux divisions selon les circonstances ; elle sera toujours campée tant que faire se pourra sur les ailes de l'armée ou en seconde ligne selon le terrain. C'est dans cet ordre que l'armée campera ; elle mar-

chera dans le même ordre pour l'infanterie ; si elle marche sur
une colonne en avant, l'armée sera toujours précédée de
l'avant-garde ; dans un pays de plaine, la cavalerie légère aura
la tête de la marche ; dans un pays coupé, ce sera l'infanterie
légère qui ouvrira la marche, ensuite la cavalerie légère. Après
l'avant-garde marcheront les campements, les gardes du camp
et du quartier général.

Les campements seront toujours conduits ; dans les pays
de plaine, marchera la cavalerie de l'armée suivie de l'artillerie légère ; si le pays est coupé et couvert, la cavalerie marchera à la queue de l'infanterie, l'artillerie légère marchera
dans ce cas à la tête de l'infanterie.

La division de flanqueurs de droite marchera à la tête du
corps de bataille. La division de flanqueurs de gauche marchera à la queue du corps de bataille.

Le trésor de l'armée, les équipages du général et de l'état-
major suivront l'infanterie, ensuite marchera le parc d'artillerie, les charrois des tentes, les administrations, l'ambulance,
les équipages et les vivandiers ; la marche sera fermée par
un régiment de cavalerie. Si l'armée marche sur deux colonnes,
la droite en tête et en avant, la division de l'avant-garde sera
divisée en deux et marchera à la tête de chaque colonne,
les divisions de droite marcheront à la colonne de droite et les
divisions de gauche marcheront à la colonne de gauche,
toujours la droite en tête, la cavalerie de l'aile droite marchera
suivant les terrains à la colonne de droite et la cavalerie
de l'aile gauche à la colonne de gauche, ainsi du reste en
observant le même ordre, comme dans la marche sur une seule
colonne en observant de faire marcher le parc, le trésor et tous
les équipages sur la route la plus ferrée. Si on marche sur trois
ou quatre colonnes en avant, le même ordre sera observé ;
l'avant-garde sera divisée en autant de parties qu'il y a de
colonnes, ainsi du reste. Si on fait une marche rétrograde,
le même ordre y sera observé dans l'ordre inverse, c'est-à-dire
la gauche en tête et l'avant-garde fera l'arrière-garde et
les équipages feront l'avant-garde et seront précédés par un
régiment de cavalerie. Si l'armée était obligée de marcher par
son flanc droit, la droite en tête et sur une colonne, elle marcherait dans le même ordre, comme elle marche sur une colonne

en avant, à l'exception que l'avant-garde marcherait sur son flanc gauche, de manière à couvrir toute la marche de la colonne, l'ennemi étant sur le flanc gauche. Si on marchait sur trois ou quatre colonnes par le flanc droit, la colonne de la gauche serait composée de l'avant-garde soutenue par la division des flanqueurs de droite, la seconde colonne de la cavalerie, la troisième de l'infanterie, la quatrième du parc et des équipages couverte sur son flanc droit par des pelotons de cavalerie disposés sur toute la colonne ; on aura toujours l'attention de faire marcher le parc et les équipages sur la route la plus ferrée.

Si l'armée marchait par son flanc gauche, alors toutes les troupes marcheront la gauche en tête, la division de l'avant-garde aurait la colonne de droite, la cavalerie la seconde colonne, l'infanterie la troisième, le parc et les équipages la quatrième colonne avec les précautions déjà annoncées ; cette marche est également soumise à la nature du pays que l'armée a à parcourir ; si le pays était fourré et coupé, ce sera la colonne d'infanterie qui sera la seconde, c'est-à-dire la plus près de l'ennemi ; dans le cas contraire, ce sera toujours la cavalerie.

Dans toutes les marches que fera l'armée dorénavant, l'infanterie marchera toujours par peloton, soit en avant ou en arrière, par un de ses flancs, s'il se trouve un défilé ; les pelotons marcheront par leurs flancs droits, quand la colonne marche la droite en tête ; dans le cas contraire, par les flancs gauches ; aussitôt les défilés passés, les pelotons seront formés pour continuer leur marche ; pour que la marche se fasse avec ordre et précision, il y aura à la tête de chaque colonne d'infanterie un sous-officier qui marchera un pas lent et égal afin de ne pas faire allonger le pas à la queue de la colonne ; la marche en colonne par peloton a le double avantage de raccourcir les colonnes et de marcher avec une plus grande force et front sur un point donné.

Dans les marches, le général de division marchera sur le flanc de la division vis-à-vis du centre du côté des gradés ; les généraux de brigade au centre de leur brigade, de même que les chefs de bataillon au centre de leur bataillon, les capitaines et les lieutenants seront sur les flancs de leurs pelotons,

s'ils sont à cheval ; autrement ils marcheront à la tête de leurs
pelotons, et dans aucun cas les officiers ne doivent marcher
dans les colonnes à cheval ; rien ne fatigue plus le soldat
que de sentir un cheval marcher sur ses talons. Les capitaines
et les lieutenants qui sont montés se feront remplacer par
un sous-officier à la tête de leurs pelotons pour conserver
les distances ; tous les officiers marcheront du côté des guides.
Il y aura des sous-officiers sur les flancs opposés pour empêcher
les soldats de quitter les rangs et les empêcher de s'arrêter en
passant dans les villages. Celui qui marchera à la tête de
la colonne aura l'attention d'arrêter la colonne toutes les
heures pendant cinq minutes, mais jamais dans les villages,
pour ne pas donner occasion aux soldats d'entrer dans les
maisons ; les généraux de division en seront responsables
envers le général en chef.

Les généraux de brigade qui marcheront avec les campements auront la plus grande attention, en arrivant au lieu où le
camp sera tracé, de le faire entourer par des postes avec la
plus stricte défense de laisser sortir du camp, sous quelque prétexte que ce puisse être ; tous les soldats qui seront trouvés
hors du camp seront arrêtés par la gendarmerie nationale et
conduits à la garde du camp de leurs régiments.

On ira à toutes les distributions, en règle, conduits par une
escorte et commandés par un officier et on reviendra dans le
même ordre, les chefs de corps en seront responsables ; les officiers, sous-officiers et soldats qui auront besoin d'aller au quartier général seront munis d'une permission de leurs commandants et visée par le général de division.

Les généraux de division et de brigade resteront au camp
jusqu'à ce que leur division soit campée ; ils auront attention
que les faisceaux d'armes soient bien alignés, que les tentes le
soient aussi, qu'il n'y ait aucun embarras devant le front de
bandière, que les cuisines soient placées derrière le camp ; le
général de division et le général de brigade qui sont de jour,
ordonneront tout de suite que les gardes du camp se retranchent
par un bon épaulement, ils placeront les grand'gardes de
manière à tout voir sans être vu. Si l'on reste plus d'un jour
dans un camp il sera retranché sur-le-champ ; ce sera le citoyen
Coquebert, adjudant général, qui en ordonnera l'exécution.

On fera tous les jours trois appels ; un le matin à neuf heures, le second à deux heures de l'après-midi, le troisième après la retraite ; les appels seront rendus par écrit aux officiers supérieurs de jour de la brigade, celui-ci l'enverra par un ordonnance au général de brigade.

Tous les jours l'officier supérieur de jour de la brigade visitera les faisceaux d'armes pour voir si on ne néglige pas les armes ; ceux qui seront en mauvais état, il punira le capitaine de la compagnie ; une demi-heure avant la retraite, la musique des bataillons se rendra près du drapeau pour faire de la musique jusqu'à la retraite.

On ne battra plus la générale que lorsqu'il y aura une alerte, que les postes seront attaqués, que l'armée se mettra en marche ; les tambours battront trois coups de baguette sur leur caisse en passant dans les rues des compagnies ; pour l'assemblée de même, trois coups de baguette ainsi que pour les drapeaux ; tous les commandants de bataillon seront dorénavant responsables personnellement de la perte de leurs canons, on attachera au charretier de chaque pièce un soldat intrépide avec ordre de contenir par la force les charretiers pour qu'ils ne coupent plus les traits de leurs chevaux et qu'ils restent près des pièces.

Tous les soldats qui seront ivres pendant les combats ou pendant les marches seront déshabillés tout nus et renvoyés comme des hommes indignes de défendre leur patrie ; ceux des troupes à cheval qui seront dans le même cas seront démontés de même et leurs chevaux donnés à d'autres. Tout soldat qui sera trouvé à piller sera puni de mort comme la loi l'ordonne. La cavalerie marchera toujours par quatre dans les marches d'armées. Si elle marche sur les grandes routes, elle marchera sur un seul côté de la route afin de laisser au public la moitié de la route. Si la cavalerie fait une colonne seule et qu'elle marche dans un pays de plaine, elle marchera de même par quatre, mais elle aura à la colonne un escadron formé par division ; la cavalerie fera entourer son camp par des sentinelles pour empêcher les cavaliers de sortir du camp ; ils seront conduits à toutes les distributions par une escorte commandée par un officier et le quartier-maître. Tous les jours il y aura une grand'garde de cinquante maîtres, commandés par un capitaine et un lieutenant ou sous-lieutenant par brigade. Si les circonstances exigent qu'il y ait plus de grand'gardes qu'il n'y a de brigades de cavalerie, il n'y aura pour cela pas plus de cavaliers de commandés, mais on divisera ces grand'gardes en deux; une moitié sera commandée par le capitaine et l'autre moitié par le lieutenant; sur les cinquante chevaux il y aura toujours deux maréchaux des logis, quatre brigadiers et un trompette.

Les grand'gardes seront toujours placées de manière à être à couvert pour qu'elles ne puissent pas être vues par l'ennemi; il ne doit y avoir que les vedettes qui soient vues; si on pouvait encore les placer de manière à tout voir sans être vu, on préférerait cette disposition. Les grand'gardes auront toujours la moitié de leur monde à cheval, l'autre moitié fera manger les chevaux; ils seront toujours attachés aux piquets, de manière à ce qu'ils ne puissent pas se détacher; les cavaliers attacheront les brides aux fontes de pistolets, de manière à ce qu'on puisse les brider avec célérité. On fera boire les chevaux par moitié; ils seront conduits en règle par le maréchal des logis, les chevaux seront bridés pour aller à l'abreuvoir; en arrivant sur l'eau, le maréchal des logis fera mettre pied à terre, fera débrider les chevaux et on ne laissera que le filet pour faire boire; au sortir de l'eau les chevaux seront bridés et reconduits sans galoper à leur poste.

Les officiers de grand'garde, en arrivant sur le terrain, feront l'inspection des armes de leurs gradés; ils visiteront les environs de leurs postes, savoir s'il y a des ravins devant le front ou derrière le front, ainsi que les marais et tous couverts qui avoisinent leurs postes. Si le poste est obligé de se rapprocher la nuit pour changer de position, il faut user des mêmes moyens et précautions; le matin, à la pointe du jour, la grand'garde ira reprendre son poste; de jour, avant de l'occuper il faut faire fouiller par une patrouille tous les lieux couverts, soit : bois, haies, ravins et pour être assuré que l'ennemi ne s'est pas mis en embuscade, pendant la nuit, pour vous surprendre au moment où la grand'garde fera manger ses chevaux, elle restera deux heures à cheval après son arrivée au poste.

On enverra tous les jours un cavalier une heure avant que les nouvelles grand'gardes s'assemblent pour les conduire au

poste. Une heure avant la retraite on enverra un sous-officier
chercher le mot de l'ordre au camp chez l'officier supérieur de
jour.

Lorsque l'officier supérieur ou les généraux de jour feront la
visite des postes, toute la grand'garde montera à cheval et aura
le sabre à la main, le commandant de la grand'garde rendra
compte de ce qu'il y aura de nouveau à son poste, on rendra
les honneurs, aux officiers généraux, qui leur sont dus et il leur
sera rendu compte également. L'officier supérieur de jour se
trouvera tous les jours au rassemblement des gardes, il s'assu-
rera si les officiers supérieurs ont fait leur inspection et si les
cavaliers sont dans une tenue convenable.

Il y aura tous les jours un piquet de commandé de cinquante
maîtres, commandés par le même nombre d'officiers comme
pour la grand'garde sur chaque brigade. La cavalerie de piquet
aura ses chevaux sellés, le porte-manteau, la bride toute prête
et leur fourniment sur le corps prêt à monter à cheval. A la
moindre alerte l'officier supérieur de jour fera monter à cheval
les piquets et les portera à l'appui des postes attaqués. La cavalerie fera boire en règle, chaque compagnie sera conduite par
deux sous-officiers, un à la tête, l'autre à la queue, précédés
par les cavaliers de piquet. On ira aux distributions, en ordre,
les cavaliers seront conduits par un sous-officier par compagnie, et un officier par escadron avec le quartier-maître. Nul
individu ne peut sortir de son camp, avec son cheval, sans la
permission par écrit de son chef et visée par le général de brigade. Une demi-heure avant la retraite les trompettes se rendront près des étendards pour sonner des fanfares jusqu'à la
retraite.

ARTILLERIE.

Il y aura à chaque pièce d'artillerie huit piques d'attachées
pour que les canonniers puissent s'en servir contre la cavalerie
ennemie qui pourrait les assaillir; ces piques seront attachées
aux caissons de manière à ce qu'on les puisse prendre avec
facilité.

Pour le service des avant-postes il y aura tous les jours une
grand'garde d'établie de troupes à cheval et à pied, toujours

déterminée relativement aux forces des cantonnements de manière à ce que les soldats aient trois nuits franches. Il y aura tous les jours un piquet de commandé de troupes à cheval et à pied ; les piquets seront toujours prêts à marcher, ne pourront jamais s'absenter sous aucun prétexte ; le piquet sera toujours assemblé dans un lieu particulier, destiné à cet usage, dans les cantonnements ; pour les troupes à cheval, dans un verger et pour les troupes à pied, dans une grange ; ils ne quitteront jamais leur fourniment. Il y aura, dans chaque cantonnement, une garde de police ; elle fournira toujours une sentinelle sur le clocher du village si de ce point on peut découvrir tout autour.

Il y aura tous les jours un officier supérieur de jour ; il sera chargé de veiller à ce que les patrouilles se fassent avec exactitude ; il fera barricader toutes les issues des cantonnements, tous les soirs, avec des voitures chargées de fumier ; on ôtera les deux roues de la voiture du côté de l'intérieur du cantonnement ; il sera chargé de porter les piquets à l'appui des postes attaqués pour donner le temps aux cantonnements de se mettre en état de défense pour bien recevoir l'ennemi.

Tous les matins, deux heures et demie avant le jour, on battra la diane ; les trompettes sonneront des fanfares ; à ce signal toutes les troupes des cantonnements prendront les armes ; l'infanterie sera portée à la tête du cantonnement, du côté de l'ennemi, dans les vergers où ils resteront ; les troupes à cheval monteront à cheval et se porteront en arrière du cantonnement dans une place propre à se mouvoir ; dès que les troupes seront assemblées ou sortiront, les nouvelles gardes seront portées aux postes qu'ils doivent relever ; ils se placeront à la gauche de la vieille garde et resteront ensemble sous les armes ainsi que toutes les troupes du cantonnement, jusqu'à trois heures du jour. Alors les vieilles gardes rentreront à leurs cantonnements ainsi que les troupes du cantonnement, à l'exception des piquets qui resteront sous les armes une heure plus tard ; après ils se rendront dans la place désignée ; les chevaux du cantonnement seront toujours sellés de jour jusqu'à une heure avant la nuit ; on dessellera ceux qui ne sont pas de service et ils seront sellés à minuit ; les chevaux d'artillerie seront attachés, à la diane, et resteront sous les harnais toute la journée, comme les troupes à cheval; le canon sera placé de manière à battre les avenues par où l'ennemi pourrait arriver.

DES GRAND'GARDES.

Les grand'gardes doivent être placées de manière à ne pas être vues par les ennemis ; elles doivent donc être à couvert par quelques montagnes, bosquets, haies et les vedettes doivent être placées sur des élévations de terrain, de manière à voir tout ce qui peut arriver à eux et passer à porter d'eux. Ce n'est pas la grande quantité de vedettes qui vous gardent, c'est la manière de les placer, afin qu'ils puissent tout voir.

Le talent d'un commandant des avant-postes est de bien se garder, de bien couvrir l'armée sans fatiguer les troupes à ses ordres, ce n'est point la grande quantité de postes et de monde de service qui fait bien garder, c'est la manière de les placer, de les disposer militairement avec peu de monde qui embrasse un grand terrain ; il faut se garder de loin dans les pays ouverts afin de donner le temps au cantonnement de se mettre en état de défense ; si vous vous gardez de près, l'ennemi entrera dans vos cantonnements avec vos avant-postes et souvent la confusion s'y met et on abandonne un poste qu'il est souvent intéressant de garder. Si les ennemis entrent avec vos postes dans votre cantonnement ce ne peut jamais être que de la cavalerie, alors l'infanterie que vous avez avec vous doit rester dans les maisons, faire feu sur la cavalerie ennemie, la chasser hors du cantonnement, mais jamais la poursuivre en plaine, rester dans les vergers, derrière les haies, et combattre, afin de donner le temps à notre cavalerie de se mettre en état de défense ; il faut faire sentir à l'infanterie sa force contre la cavalerie quand elle est dans des maisons et vergers. Si l'on met beaucoup de monde de service, vous n'êtes pas mieux gardés, vous fatiguez vos soldats à les mettre sur les dents, de là les maladies et les maux qu'occasionne un service forcé, à ne pouvoir finir la campagne ; à la nuit il faut changer les postes avancés, les replier plus près du cantonnement ; ceux des troupes à cheval, les placer derrière la grand'garde d'infanterie et ne laisser qu'un petit poste de troupe à cheval, en avant, qui sera toujours à cheval, le sabre à la main, prêt à charger tout ce qui se présentera devant lui ;

cette manière de recevoir l'ennemi l'étonnera et donnera toujours le temps aux postes de se mettre en défense; les feux des avant-postes doivent être cachés dans des trous, afin qu'on ne les voie pas de si loin; ils serviront de point de direction; le poste qui est attaqué doit abandonner son feu s'il ne peut l'éteindre sur-le-champ pour que sa clarté ne les découvre pas; le petit poste qui serait attaqué ne doit jamais se replier sur le grand poste; il faut qu'il se retire soit par la droite ou par la gauche au poste, afin que celui-ci puisse prendre le parti qui lui conviendra le mieux; si l'ennemi qui poursuit le petit poste n'est pas en grand nombre et que le petit poste se soit retiré par un des flancs du poste, celui-ci le chargera en flanc et l'ennemi prendra bientôt la fuite; la moitié du grand poste sera toujours à cheval et deux heures et demie avant le jour, il sera tout à cheval.

Dans un pays de plaine la grand'garde aura la moitié de son monde à cheval de jour et fera manger l'autre moitié et, dans aucun cas, tous les chevaux seront débridés.

Dès que le commandant aura pris poste, son petit poste et vedettes bien placés, et pourvu entièrement à la sûreté de son poste, s'il se trouve dans un pays inconnu, il ira chercher, dans le village le plus prochain, un paysan d'un âge avancé, surtout le chasseur ou forestier du pays ou un boucher; l'officier sortira sa carte et cherchera dessus la place qu'il occupe; il fera les questions suivantes au paysan, s'il y a des marais, s'il y a des ravins, des défilés, des ruisseaux, s'ils sont escarpés, des étangs, des taillis, dans chaque direction de chemin, où ils conduisent, s'ils sont praticables pour le canon, les sentiers qui sont en avant de son poste, s'il y a des vieux chemins peu usités par où l'ennemi pourrait arriver; il mettra le tout par écrit. confrontera bien sa carte avec ce que dira le paysan; il entrera dans le plus grand détail sur les ressources du pays, afin de pouvoir bien instruire les patrouilles; il en rendra compte à son chef et à l'officier supérieur de jour quand il viendra visiter son poste; il instruira ses vedettes sur les cantons qu'ils doivent les plus observer.

Le commandant de la garde avancée examinera scrupuleusement toutes les personnes que ces petits postes et vedettes lui feront passer, savoir : d'où ils viennent, où ils vont, s'ils vont à l'armée, ce qu'ils y vont faire, s'ils ont des passeports, s'ils ont connaissance des ennemis, leur nombre, quelle position ils occupent; où sont placés leurs avant-postes; il marquera tous leurs dires; après toutes ces questions il les renverra ou les gardera avec lui suivant les ordres ou les circonstances; s'ils lui paraissent suspects il les fera conduire au cantonnement, pour être de nouveau interrogés; on confrontera les deux interrogatoires; si on juge à propos de le renvoyer, on le fera honnêtement.

Si la grand'garde est placée à pouvoir voir dans le camp des ennemis, il faut bien remarquer les troupes qui entrent ou sortent afin de pouvoir les compter; il faut faire usage des lunettes, afin de bien voir pour ne pas faire des faux rapports. On arrêtera tout ceux qui passent aux postes avancés; jusqu'aux enfants, on ne laissera rien sortir des villages; tout doit être consigné. C'est ordinairement à la pointe du jour où on peut remarquer ces mouvements; la nuit on l'entend par l'enfoncement des piquets, par les feux; souvent l'ennemi fait entretenir les feux par l'arrière-garde des troupes légères quand il décampe.

Si les ennemis décampent et s'il fait entretenir les feux, ils deviennent plus vifs et plus ardents vers la pointe du jour parce qu'ils n'épargnent pas le bois : ils brûlent tout au lieu que vers le matin les feux sont faibles quand l'ennemi ne bouge pas; il n'y a que l'usage qui peut faire connaître ces ruses.

Les commandants des gardes avancées visiteront, tour à tour, de jour et de nuit les petits postes et vedettes, leur feront répéter leur consigne, verront si chacun est exact à son devoir; la moindre négligence doit être punie.

Les officiers entretiendront leurs hommes sur la manière de se conduire, si l'on était attaqué dans les postes.

Souvent les généraux ennemis viennent faire des reconnaissances, font replier vos vedettes et petits postes pour mieux voir; il faut pour lors que le commandant de la garde avancée se porte en avant pour disputer le terrain avec l'escorte des généraux ennemis; il doit faire tous ses efforts pour empêcher que les ennemis puissent reconnaître votre position; il faut que le commandant de la garde avancée fasse avertir le commandant afin qu'on envoie les piquets à leur appui.

Lorsqu'on amène un trompette ennemi, ou un officier, le brigadier qui va reconnaître leur bandera les yeux afin qu'ils ne voient pas; le commandant de la garde avancée ira au-devant d'eux pour leur demander ce qu'ils désirent; s'ils ont des lettres à remettre on les prendra et on donnera un reçu; si, au contraire, ils insistent pour être conduits au quartier général, le commandant du poste fera demander au général s'il doit les lui envoyer, mais toujours les yeux bandés; souvent il vous arrive des officiers ennemis qui vous ramèneront des prisonniers ennemis qu'ils ont faits, c'est encore une occasion qu'on emploie pour reconnaître votre poste, ceux-là ne doivent pas entrer en dedans de vos vedettes; le brigadier qui aura été nommé pour reconnaître leur fera tourner le visage en dehors et fera avertir le commandant du poste qu'on amène des prisonniers.

Le commandant du poste avancé se transportera sur-le-champ aux vedettes pour recevoir les prisonniers, les comptera et donnera son reçu à l'officier qui les aura amenés et ne permettra pas qu'aucun de vos gens quitte son rang. S'il arrive des déserteurs, le commandant des postes les fera désarmer et les enverra au quartier général où on remettra les armes des déserteurs.

DES PATROUILLES.

Les patrouilles doivent se faire avec intelligence; elles doivent être fréquentes. Il faut les pousser vers l'ennemi pour être toujours instruit et à temps; jamais les heures ne doivent être fixées pour ce genre de service; c'est l'officier supérieur de jour qui détermine le départ s'il juge nécessaire; il les fera croiser. Les patrouilles doivent être fournies par le piquet pour ceux qui vont au loin et jamais par les postes ou grand'gardes. Ceux-ci ne doivent faire que les patrouilles autour de leurs postes pour leur propre sécurité; les petites patrouilles de quatre hommes doivent être faites avec précaution; elles se font malheureusement avec trop de négligence. Voici comme elles doivent se faire :

Je suppose qu'on envoie quatre chasseurs à cheval en patrouille avec un brigadier; on fera précéder un chasseur à vingt-cinq pas en avant qui observera toujours cette distance.

Sur chaque flanc un chasseur à la même distance ; ils marcheront dans cet ordre, regarderont bien autour d'eux ; la nuit ils marcheront bien lentement, s'arrêteront souvent pour écouter ; quand ils seront arrivés au point où ils doivent prendre langue, si c'est dans un village, un chasseur s'approchera de la première maison, demandera le paysan, qu'il amènera au commandant de la patrouille qui l'interrogera s'il n'y a pas d'ennemis au village ; alors le brigadier gardera le paysan avec lui, ira seul chez le maire prendre langue et se fera donner un reçu ; en s'en retournant, il arrêtera souvent pour écouter si on ne le suit pas. Si la patrouille est obligée de passer dans un chemin creux, toute la patrouille n'entrera pas ; on fera passer un homme seul qui aura le pistolet à la main ; il visitera tous les environs, ensuite il avertira la patrouille de passer ; les patrouilles arrêteront tous les gens qu'ils rencontreront, surtout ceux qui vont du côté de l'ennemi. Si on appréhende l'approche de l'ennemi, il faut quelquefois mettre pied à terre pour écouter ; si on entend l'aboiement des chiens, il faut se méfier, c'est un signe qu'il y a des étrangers dans le voisinage ; il faut alors qu'un homme intelligent mette pied à terre, donne son cheval à tenir à son camarade, tâche de se glisser par les jardins à l'endroit d'où part le bruit ; il marchera avec précaution et silence à portée d'une maison ; il demandera le maître, après s'être assuré qu'il n'y a pas d'ennemi ; il l'interrogera sur la quantité et l'espèce de troupes qu'il y a dans le village ou dans les environs ; il remerciera le paysan et se retirera par le même chemin pour aller rendre compte à son commandant. Si une patrouille aperçoit un feu, elle enverra un homme à pied pour s'en approcher, pour reconnaître ce qui est autour du feu. Si ce sont des ennemis ou des pâtres, dans le premier cas il observera leur nombre et se retirera ; dans le second cas, ils approcheront pour prendre des renseignements, se retireront pour aller rendre compte au commandant de la patrouille. Si une patrouille passe dans une forêt, les éclaireurs sur les flancs deviennent inutiles ; il faut les retirer, à moins que la forêt soit bien éclairée ; les éclaireurs qui sont devant arrêteront souvent pour écouter. Si on peut tourner le bois, il faudra le faire pour ne pas risquer de donner dans une embuscade.

Dans les combats, les chasseurs ou les hussards doivent faire la plus grande attention au commandement, observer le plus grand silence et immobilité, avoir un air tranquille et ferme, exécuter les mouvements commandés avec sérénité, se bien tenir dans les rangs et alignements de la troupe ; si on charge, mettre la plus grande valeur, écraser tout ce qui est devant lui, ne point faire de quartier ni prisonnier jusqu'à ce que le combat ne tourne en notre faveur. Si un chasseur ou hussard vient percer au travers une troupe ennemie, il doit se rallier à ses camarades afin de pouvoir recommencer une nouvelle charge, ne jamais abandonner ses officiers : si les chasseurs chargent en fourrageurs, il faut attaquer l'ennemi par ses flancs et par derrière, tirer des coups de pistolets de près, tâcher de donner des coups de sabres aux officiers sur les flancs en serre-file ; s'il a à faire à des tirailleurs ennemis, il tâchera de les couper ; s'ils fuient, il les attaquera à gauche : s'il est en face, il faut pointer ; les hussards ennemis ne peuvent supporter cette manière de les combattre, et il vendra cher sa vie ; tous les jours nous perdons du monde par leur excessive confiance qu'ils ont et le peu de ruse qu'ils mettent lorsqu'ils sont aux tirailleurs.

Si les chefs les instruisaient, ils ne seraient pas souvent victimes de leur courage ; il faut donc que tous les tirailleurs soient bien persuadés que souvent l'ennemi qu'ils poursuivent ne fuit pas toujours par lâcheté, mais par ruse ; un hussard français qui poursuivra un hussard ennemi n'est occupé que de la proie qu'il poursuit ; il ne regarde pas à droite ni à gauche ; c'est ce qu'il ne faut pas négliger, car l'ennemi ne fuit que pour vous attirer dans un piège où il aura de ses camarades placés pour vous couper, vous entourer et vous prendre. Il faut donc, pour éviter ces pièges, être très circonspect en approchant les villages, bois et endroits couverts. Il ne faut pas toujours se livrer à l'impulsion aveugle de son courage, mais y mêler de la ruse et de l'intelligence.

Il est défendu expressément de plier du bois dans les tentes. La compagnie dans laquelle il y aura des bagages sur les voitures autres que les tentes, le capitaine sera suspendu par les représentants du peuple et le chef de bataillon en prison pour un mois.

Il y aura par bataillon un officier de commandé avec une escorte pour surveiller les équipages de chaque bataillon et corps de troupe à cheval et le vaguemestre de chaque régiment ; celui-ci sera subordonné au vaguemestre général de l'armée. Chaque équipage marchera dans le rang de son bataillon ; s'il venait à se casser une voiture en chemin, l'officier du bataillon ferait sur-le-champ sortir la voiture de la colonne pour ne pas arrêter la colonne ; elle sera raccommodée ; si elle ne pouvait pas être raccommodée, l'officier ferait arrêter tous les équipages du bataillon dont est la voiture cassée, la ferait décharger et partagera la charge sur tous les équipages de ce bataillon, prendra rang dans la colonne où elle se trouve sans pouvoir prétendre que la colonne s'arrête pour conserver son rang ; l'officier d'escorte en sera responsable ; le vaguemestre du bataillon fera avertir le vaguemestre général de l'accident qui est survenu. En arrivant au camp, les équipages seront déchargés et les voitures qui portent les tentes seront placées en arrière de la tente du commandant du bataillon sur un rang.

Le vaguemestre veillera à ce que les voitures des tentes ne soient chargées que des effets de campement ; il rendra compte au chef de l'état-major des sacs, ballots, malles, bois qu'on chargera sur ces voitures ; il veillera à ce qu'aucune femme ne monte sur les voitures.

Houchard.

**Service pour la cavalerie à l'armée,
par le général en chef Houchard (1).**

Août 1793, an 1er.

Tous les jours il y aura une Grande Garde de cinquante maitres, commandé par un capitaine et un lieutenant ou sous-lieutenant par brigade ; si les circonstances exigent qu'il y ayent plus d'une Grande Garde de cavalerie, il n'y aura pour cela pas plus de cavaliers de commandé, mais on divisera les

---

(1) L'orthographe de ce document a été absolument respectée : l'original de cette pièce paraît d'ailleurs être en entier écrit de la main de Houchard.

Grandes Gardes en deux, c'est-à-dire vingt-cinq maitre par Grande Garde dont une moitié sera commandé par le capitaine et l'autre moitié par le lieutenant. Sur les 50 chevaux, il y aura toujours deux maréchaux des logis et quatre brigadiers et un trompette.

Les Grandes Gardes seront toujours placés de manière à être à couvert pour qu'elles ne puissent pas être vue par l'ennemi, il ne doit y avoir que les vedettes qui soyent vue, si on pouvait encore les placer de manière à tous voir sans être vu on préfférerait cette disposition.

Les Grandes Gardes auront toujours la moitié de leurs monde à cheval l'autre moitié féra manger les chevaux, les chevaux qui mangent seront toujours attachés aux picquet, de manière à ce qu'ils ne puissent pas se détacher, les cavaliers attacheront les brides aux fontes des pistolets de manière à ce qu'on puissent les brider avec célérité, on fera boire les cheveaux par moitié et seront conduit en règle par le marchal des logis, les cheveaux seront bridée pour aller à la brevoir et arrivant sur l'eau le marchal des logis fera mettre pied à terre, fera débrider les cheveaux et on ne laissera que le fillet pour faire boire, au sortie de l'eau les cheveaux seront bridée et reconduit sans troter ny galopper à leurs poste.

Les officier de Grande Garde en arrivant sur le terrin feront l'inspection des armes de leurs gardes, ils visiteront les environs de leurs postes scavoir si il y a des ravins devant le front ou derrièr le front ainsi que les marais et tous les couvert qui avoisine le poste.

Si le poste est obligér de se raprocher la nuite pour changer de position, il faut user des meme précaution, le matin à la pointe du jour la Grande Garde ira reprendre son poste. De jour avant de l'occuper, il faut faire fouiller par une patrouille tous les lieux couvert, soit de bois, hays, ravins, et pour être assurés que l'ennemie ne se soit pas mis en embuscade pendant la nuite et de tomber sur la Grande Garde au moment ou elle aura fait manger à une moitié de ses cheveaux, elle restera deux heure après son arrivé à son poste à cheval.

On envoyera tous les jour une heure avant que les nouvelles garde se rassemble un cavalier au camp pour chercher la nouvelle garde et la conduire au poste.

Une heure avant la retraite on envoyera un brigadier chercher l'ordre au camp chéz l'officier supérieur de jour.

Lorsque l'officier supérieur de jour fera la visite des postes
tous la Grande Garde montera à cheval et aura le sabre à
la main, le commandant de la Grande Garde rendera compte à
l'officier supérieur de jour de ce qu'il y aura de nouveaux à son
poste.

Si un officier général fait sa visite on lui rendera les honneurs qui lui sont due et il lui sera rendu compte également.

L'officier supérieur de jour se trouvera tous les jour au
rassemblement des Grandes Gardes, ils s'assureront si les officiers des compagnies ont fait leurs inspection et si les cavaliers sont dans une tenu convenable.

L'officier supérieur de jour se fera rendre compte des appels,
il fera la visite des postes de jour et de nuite en cas d'ahlerte, il
rassemblera les picquets et les portera an point d'attacque
pour soutenir les Grandes Gardes.

Il y aura tous les jours un picquet de commandé de
cinquante maitre, commandés par le même nombre d'officiers
comme la Grande Garde, sur chacque brigade de cavalerie, ce
picquet aura ses cheveaux désellés, le portementeau et la bride
tous pret, leurs fourniment sur le corps prèt à monter à cheval.

Il y aura une Garde des Etandars de 12 hommes et un sous-
officiers.

On fera trois apels par jour : deux aux pensement des cheveaux, une troisième un cart d'heure après la retraite, l'apelle
sera porté par écrit à l'officier supérieur de jour.

On fera boire en ordre, chaque compagnies sera conduit par
deux sous-officiers dont un à la tête et l'autre à la queue affin
d'empêcher les galopade, les hommes de picquet seront à la
tête de leurs compagnie.

On ira aux distributions en règle, les cavaliers seront
conduit par les sous-officiers des compagnie et commandé par
le cartier maitre.

Nulle individus ne peut sortir du camp avec son cheval sans
la participation de son chef.

Il y aura une Garde au cartier général de 24 cavaliers sur
tous la cavalerie commandés par un officier, elle n'aura lieu
que quand on la demandera.

Une demy-heure avant la retraite tous les trompettes s'assembleront près des étandarts pour sonner des fanfares jusqu'à la retraite.

Considérations sur la doctrine de Houchard. — Parmi les principes généraux et les prescriptions de détail contenus dans l'*instruction* de Houchard, un grand nombre ont résisté à l'épreuve du temps et des guerres passées, puisque nos règlements les reproduisent encore. D'autres, au contraire, ont été condamnés depuis lors par l'expérience et sont devenus tout à fait surannés. Mais il faut reconnaître que, parmi ces derniers, la plupart avaient leur raison d'être au moment même où le commandant de l'armée du Nord ordonnait leur application. On peut, d'ailleurs, justifier aisément les différences essentielles qui existent entre la doctrine actuelle, exprimée par notre « Règlement sur le service en campagne », et celle que Houchard a formulée, en s'inspirant en partie du règlement provisoire sur le service de l'infanterie en campagne du 5 avril 1792.

En matière d'organisation générale, le commandant de l'armée du Nord n'a rien innové; il s'est borné à remanier la constitution de son armée d'après les principes posés par la loi du 21 février 1793, laquelle prévoit le groupement des unités en demi-brigades, brigades et divisions (1). Ses prescriptions relatives à

____

(1) L'idée de constituer des corps d'armée à l'aide de deux ou même de plusieurs divisions n'est pas encore éclose, bien que l'effectif de l'armée agissante du Nord atteigne environ 100,000 hommes; cependant, comme les groupes des divisions de gauche, du centre et de droite, sont placés respectivement sous les ordres d'un chef particulier, l'organisation de l'armée du Nord s'éloigne fort peu de celle qui fut adoptée plus tard par Napoléon. La force des choses, puisque Houchard ne pouvait commander directement à 13 divisions, avait donc amené celui-ci à faire une répartition du commandement analogue à celle qui fut réalisée, lorsque le volume des armées fut considérablement augmenté.

l'emploi des tirailleurs de bataillons ne sont pas davantage une nouveauté, car sous l'ancien régime et au cours du XVIIIe siècle, l'emploi des tirailleurs, appelés de nos jours des *éclaireurs*, était d'une pratique constante ; il n'y a, du reste, rien de commun entre cette utilisation spéciale des meilleurs tireurs, et la formation dite *des tirailleurs en grande bande*, expression assez vague dont on s'est servi à tort pour caractériser la méthode de combat des troupes républicaines, laquelle a varié aux différentes époques de la Révolution (1).

Le mécanisme de la marche a été peu modifié depuis 1793, en ce qui concerne les prescriptions relatives à l'allure, aux haltes horaires, à la place des gradés et à la discipline de marche. Il est vrai qu'on a substitué, à la formation en colonnes, par peloton, la formation par quatre pour l'infanterie, mais on sait aussi que, depuis une quinzaine d'années, la pratique des marches sur un front plus large a été réintroduite dans notre armée. Cependant, en ce qui concerne le service de sûreté en marche, la doctrine du commandant de l'armée du Nord se distingue des errements actuels, puisque, sous la dénomination d'avant-gardes, de flanqueurs de droite ou de gauche, on a constitué des organes de sûreté, composés de troupes spécialisées et d'un effectif invariable, lesquelles se consacrent exclusivement à ce rôle particulier pendant toute la durée de la campagne. De même le service de sûreté en station est assuré par des avant-postes relativement faibles et peu éloignés des camps ou des cantonnements. Mais toutes ces différences s'expliquent à la fois par les modifications apportées depuis lors au mode de stationnement et par la plus grande puissance de l'armement actuel.

---

(1) Voir « La Tactique et la discipline dans les armées de la Révolution. » (Capitaine Colin.)

En effet, pendant la période révolutionnaire, comme sous l'ancien régime d'ailleurs, les troupes campaient pour ainsi dire toujours, le cantonnement étant réservé aux troupes de cavalerie qui n'en usaient qu'exceptionnellement (1).

Le camp de l'armée était installé sur une position choisie de telle sorte que ses propriétés défensives en fissent, à proprement parler, *une position de combat* sur laquelle le gros des troupes pouvait se mettre rapidement en état de défense. Comme, d'autre part, la portée de but en blanc était seulement de 800 mètres pour le canon et de 300 mètres pour le fusil, on pouvait couvrir ce gros à l'aide d'avant-postes d'un faible effectif et placés tout près de la zone de stationnement; on conçoit

---

(1) On trouvera dans les *Mémoires du maréchal Soult*, tome 1er, page 229, une note relative au mode de stationnement des armées pendant la Révolution et sous l'Empire. Nous en extrayons le passage ci-dessous :

« Autrefois les armées campaient en ordre de bataille, avec des tentes qu'on distribuait : une pour douze hommes et deux par compagnie pour les officiers. On donnait aussi deux chevaux ou mulets de bât par compagnie pour les porter; ainsi il fallait vingt-quatre ou vingt-cinq chevaux pour toutes les tentes d'un bataillon, y compris celles des états-majors. La cavalerie en recevait également et, en outre, elle avait des piquets pour attacher les chevaux. Cet usage était généralement suivi par toutes les puissances de l'Europe. Les Français l'observèrent dans les deux premières campagnes de la guerre de la Révolution, mais ils furent les premiers à l'abandonner. Les pertes réitérées d'effets de campement qu'ils éprouvèrent, les dépenses excessives qu'il eût fallu faire pour les remplacer, l'épuisement des finances et l'embarras que donnait ce surcroît d'équipages, dans les marches des armées considérables que la France tenait sur pied, motivèrent cette suppression, que, par les mêmes motifs, les autres puissances imitèrent successivement, excepté les Anglais, dont les armées sont beaucoup moins fortes.

« Le baraquement, fait avec de la paille et des branchages, fut substitué aux tentes; par ce moyen, les dépenses d'entretien des armées se trouvèrent beaucoup diminuées, et il y eut moins d'équipages à la suite des armées, qui devinrent ainsi plus mobiles..... »

donc qu'un simple piquet pût suffire alors à constituer la réserve d'avant-postes. Si l'on remarque, en outre, qu'il faut peu de place à une grosse unité pour installer son camp, on comprend également qu'un petit nombre de grand'gardes puissent la protéger efficacement. De même, lorsque l'armée se remet en route, on peut, quelle que soit la direction de la marche, par rapport aux emplacements occupés dans le camp par les divers corps, désigner toujours les mêmes unités pour constituer l'avant-garde ou les avant-gardes et les flanc-gardes de droite et de gauche, sans crainte d'imposer des fatigues plus grandes aux unes qu'aux autres. D'où la possibilité d'affecter en permanence les mêmes troupes au service de sûreté pendant la marche.

Mais il est clair qu'il en va tout autrement lorsque les grosses unités stationnent dans une zone dont les dimensions varient entre une et plusieurs dizaines de kilomètres, et lorsque les canons ou les fusils de l'ennemi sont dangereux à quatre ou à deux kilomètres. Il faut alors, pour procurer aux troupes qui se reposent la sécurité nécessaire, faire usage d'avant-postes fortement constitués et disposés suivant des données nouvelles. En outre, il est impossible de confier la mission de couvrir les troupes en marche, d'une façon permanente, à des unités invariablement compartimentées en avant-gardes et flanqueurs de droite ou de gauche, car il arriverait, par exemple, qu'on serait obligé de faire supporter des fatigues excessives à l'avant-garde de la veille pour la remettre en tête de l'armée, lorsque la marche du jour comporterait un changement de direction à droite ou à gauche. De plus, on retarderait ainsi de plusieurs heures, parfois, le mouvement de l'ensemble. Il a donc fallu, à notre époque, abandonner la spécialisation des organes de sûreté, et donner, aux grosses unités, une composition identique qui permît de les considérer comme interchangeables. De la sorte le commandement peut établir son dispositif de marche, pour chaque journée, en tenant compte seulement des conditions tactiques du mouvement, du réseau routier, et de la place des troupes dans la zone de stationnement.

Par conséquent, on doit reconnaître que ces prescriptions, dues à la plume de Houchard, sont parfois judicieuses ; néanmoins, elles ne donnent pas une haute idée de la valeur intellectuelle de celui qui les a conçues et rédigées. La confusion des idées, l'importance exagérée donnée à quelques détails, la faiblesse du style dénotent, en effet, un esprit peu cultivé et peu clair. Par contre, le commandant de l'armée du Nord montre un sens pratique avisé, des qualités réelles d'observation appliquées à des faits de second ordre, ainsi qu'une conscience professionnelle scrupuleuse. Mais c'était là un bagage insuffisant pour compenser des lacunes graves qui ne permettaient pas à Houchard d'exercer convenablement le commandement suprême.

Du reste, cette *instruction* ne devait avoir aucune conséquence, parce qu'il ne suffit pas, pour devenir un excellent officier, d'apprendre par cœur, au cours d'une campagne, les principes de l'art de la guerre résumés en quelques pages. En réalité, les cadres de l'armée du Nord ne seront ni meilleurs ni pires quand ils auront lu ou récité ce factum, car le fossé qui sépare les connaissances théoriques de leur application ne peut être franchi que par une éducation lente et méthodique. La manière dont Houchard conduisit son armée à Hondtschoote nous fournira la meilleure preuve de cette vérité, puisque, pendant cette bataille, ce général improvisé n'appliqua pas sa propre doctrine. A défaut de la leçon des choses, le simple bon sens obligerait d'ailleurs à reconnaître que le *talent militaire* est, au même degré que tous les autres, de l'effort capitalisé.

22

TITRE IV.

LES OPÉRATIONS PROPREMENT DITES

CHAPITRE XIII.

**Les opérations autour de Bergues et de Dunkerque
du 24 août au 5 septembre 1793. (Carte n° 4.)**

Les opérations autour de Bergues. — Le siège de Dunkerque : les dispositions prises par York ; la résistance de la place ; l'intervention de la division Jourdan, devenue à partir du 28 août la division Leclaire ; l'action énergique des représentants du peuple.

L'armée d'observation hanovrienne avait investi partiellement la place de Bergues dès le 23 août. A ce moment Jourdan, dont la division se trouvait alors vers Cassel, à une demi-étape des troupes de Freytag, conçut le projet de repousser le détachement ennemi qui tenait la chaussée de Bergues à Cassel, car on se rappelle que, dans la nuit du 22 au 23, le général hanovrien Fabry avait chassé les postes français d'Eckelsbecke et de Wormhout. L'attaque principale, orientée sur Wormhout, devait coïncider avec un autre mouvement offensif qui était dirigé de Cassel sur Eckelsbecke dans les conditions que Leclaire relate ainsi (1) :

« Pendant que Jourdan et les autres généraux étaient occupés à cette expédition de la reprise de Wormhout, les représentants du peuple Duquesnoy, Billaud-

---

(1) *Mémoires du général Leclaire*, page 82.

Varennes et Moette ou Miot (Niou), sachant que j'étais malade au lit me firent demander avec instance ; je m'y traînai ; ils me parurent un peu inquiets de l'approche de l'ennemi, et Duquesnoy voulait absolument attaquer Eckelsbecke. Je représentai qu'étant 4 heures du soir, nous ne pourrions guère effectuer cette attaque, qui ne pouvait rien produire de bon que vers les 8 heures du soir ; que cela pouvait même contrarier les opérations des autres généraux. Mais Duquesnoy s'emporta, me menaça de la guillotine. Il fut étonné de la fermeté que je mis dans ma conduite et dans mes réponses ; enfin il persista à ce que l'on attaquât. Il fallait rassembler quelques bataillons des environs. Je lui dis que, quoique souffrant et n'ayant rien pris depuis quelques jours, je voulais bien cependant commander cette attaque à condition qu'il y viendrait ; il me dit que oui. Vers les 5 heures, j'avais rassemblé le 56ᵉ bataillon, avec les six bataillons de ma brigade. Je partis, accompagné des trois représentants à la tête de cette colonne ; on marcha lentement, ne connaissant point du tout le pays, ignorant la position, la force de l'ennemi, et même ce que le général Barthel qui commandait faisait exécuter soit sur Wormhout ou ailleurs.

« A 7 heures, étant peu éloigné du village d'Eckelsbecke, dans des chemins étroits, un pays coupé et couvert, je fis prendre un peu sur la droite à une colonne. Je laissai un petit corps de réserve un peu en arrière avec les caissons et les avant-trains, car il n'y avait pas moyen de manier les pièces autrement dans ce terrain. J'attaquai le village en tirailleurs ; il fut emporté dans une demi-heure ; la mousqueterie était vive ; le canon de notre part ronflait vivement. La nuit devint sombre ; le général Jourdan arriva, me demanda ce que diable je faisais là, dit que j'avais pensé mettre la déroute par mon feu dans ses troupes, que cela n'avait pas le sens commun, que j'allais perdre son artillerie ; que 12,000 hommes me tomberaient dessus à l'instant. Tout cela était vrai. J'avais fait toutes ces représentations ; je lui montrai les représentants qui furent étonnés d'entendre Jourdan raisonner ainsi que je l'avais fait, et m'ordonnèrent de songer à la retraite. Dans ce moment, l'ennemi attaquait l'entrée du village vers Bergues. Je m'y portai ; l'ennemi avait déjà enlevé une pièce de 4 ; les canons qui étaient restés sur les avant-trains ne pouvaient tourner, cassèrent leurs flèches et je parvins enfin, à force de me démener, à mettre tout cela en retraite et dans le plus grand ordre. J'étais bien sûr que l'ennemi n'oserait nous suivre. Ce ne fut que vers 10 heures que je quittai l'entrée du village vers Cassel, car il me manquait le 10ᵉ bataillon de Seine-et-Oise, et ce ne fut qu'alors que je sus que le général Jourdan l'avait envoyé à Wormhout au moment où je commençais ma retraite.

« Tant que j'avais resté en action, je ne souffrais pas beaucoup, mais ayant rejoint la tête de la colonne non loin de Cassel, j'étais trempé de sueur comme si l'on m'avait retiré de l'eau ; je tombai de cheval de faiblesse et de douleurs. Des canonniers me remirent à cheval ; j'arrivai heureusement à Cassel où je me mis au lit, après avoir préalablement donné les ordres pour camper ces troupes qui étaient harassées.

« Je puis avoir perdu dans cette belle expédition 60 à 80 hommes tués ou blessés et une pièce de 4 ; on voulait en abandonner encore deux sur la place, dont on avait cassé les flèches ; il fallut faire le diable pour les emmener. Je crois fermement que le château était défendu par des émigrés ; nous avions quelques grenadiers hollandais morts-ivres et tué quelques hommes.

« Le matin (1), ajoute Leclaire, les représentants du

---

(1) Cette attaque d'Eckelsbecke eut lieu dans la soirée du 24 août, et ce fut le 25, au matin, que les représentants félicitèrent Leclaire.

peuple vinrent me voir et me félicitèrent sur ma victoire.
Je crus de bonne foi qu'ils se moquaient de moi; mais je
ne pus jamais persuader à Duquesnoy que j'avais perdu
une pièce de 4. »

Pendant que Leclaire s'emparait ainsi d'Eckelsbecke,
Jourdan prenait également Wormhout avec quelques
bataillons de sa division. L'importance de ces succès
était médiocre, si l'on en croit Leclaire, mais Billaud-
Varennes, Duquesnoy et Niou l'exagérèrent beaucoup.
« Notre opération a fini à souhait, écrivaient-ils à la
Convention (1). Les ennemis attaqués à la fin du jour
avec une ardeur infatigable ont été repoussés et chassés
du château d'Eckelsbecke et de Wormhout. Les troupes
de la République méritent d'autant plus d'éloges dans
cette circonstance que la plus grande partie était fati-
guée d'une marche de neuf lieues et qu'elles avaient à
combattre un ennemi retranché..... La présence des
généraux et la nôtre a produit l'effet qu'on en devait
attendre. Nous devons aussi des éloges au général
Leclaire et à l'adjudant général Manuel qui ont développé beaucoup de connaissances et le plus grand sang-
froid au milieu du feu le plus vif et le plus soutenu à
l'attaque d'Eckelsbecke pendant que la colonne conduite
par le général Jourdan forçait Wormhout.

« Nous n'avons perdu dans cette affaire que 5 ou
6 hommes et une vingtaine de blessés, l'ennemi a
environ 50 morts, beaucoup de blessés; on lui a fait
des prisonniers et on lui a pris des armes dans le
château d'Eckelsbecke. »

Cependant, le 25 août, Fabry, reprenant l'offensive,
nous chassait à son tour de Wormhout et d'Eckelsbecke
en exécutant une triple attaque. La première était conduite contre notre front par le colonel Mylius, la

____

(1) Lettre du 26 août. A. H. G., correspondance.

deuxième contre notre flanc gauche par le prince Adolphe d'Angleterre, tandis que la troisième, dirigée par Prüsckenk, tournait notre droite en passant par Herzeele. Nos troupes se repliaient en abandonnant quelques pièces de canon (1).

Freytag modifiait ensuite la position de son armée, et disposait celle-ci, le 26 août, de la façon suivante.

L'aile droite, sous Walmoden, était installée sur les hauteurs de Quaetipre, face à Bergues, sous la protection des détachements suivants (2) :

1° Le général de Wangenheim occupait la Maison-Blanche avec le 10ᵉ régiment d'infanterie et le 4ᵉ régiment de cavalerie ;

2° Le général d'Hammerstein tenait la ligne de Croix-Rouge à Crochte et de Crochte à Mille-Brugghe avec le 11ᵉ régiment d'infanterie, le 1ᵉʳ bataillon du 4ᵉ d'infanterie, une compagnie de Loyal-Émigrants, le 7ᵉ régiment de cavalerie et deux escadrons hessois.

Le gros de l'armée était campé sur les hauteurs de la rive gauche de l'Yser, à Wilder, où se trouvait le quartier général de Freytag ; il était couvert par les détachements que voici :

1° Le 5ᵉ régiment d'infanterie, le 2ᵉ régiment de cavalerie et 3 escadrons hessois de Crochte à Eckelsbecke ;

2° 2 bataillons Brentano, le 2ᵉ bataillon du régiment de la Garde, le 6ᵉ régiment d'infanterie et les 2ᵉ et 3ᵉ bataillons de grenadiers d'Eckelsbecke à l'Yser ;

3° L'avant-garde, sous Fabry, comprenant le 1ᵉʳ bataillon de grenadiers, 2 compagnies de Laudon-Vert, 3 compagnies de Loyal-Émigrants, les hussards de Blankenstein, 2 escadrons du 7ᵉ régiment de dragons

---

(1) Dithfürth évalue ces pertes à 19 canons, 2 mortiers et 7 drapeaux ; ces chiffres ne sont confirmés nulle part, *loc. cit.*, page 108.

(2) Cichart, *loc cit.*, page 258.

légers et le 6ᵉ régiment de dragons légers anglais, était à Vormhout ;

4° Le colonel de Prüsckenk, avec le bataillon de chasseurs hessois, 2 compagnies de Laudon-Vert, 1 escadron du 5ᵉ dragons occupait Herzeele ;

5° Houtkercke et Watone étaient tenus chacun par 2 compagnies de Laudon-Vert et un détachement de hussards de Blankenstein ;

6° Le colonel de Linsingen, disposant du 1ᵉʳ bataillon du régiment de la Garde, du 1ᵉʳ bataillon du 4ᵉ régiment d'infanterie et de 2 escadrons du 10ᵉ régiment de dragons légers, couvrait l'aile gauche par une chaîne de postes qui s'étendaient jusqu'à Ypres par Roussbrughe, Proven, Poperinghen, Reninghelst et Vlamertinghue.

L'armée d'observation, dispersée sur un front très étendu, était faible partout. Comme nos troupes conservèrent jusqu'à la fin d'août une attitude nettement défensive et se bornèrent à échanger quelques coups de feu avec les avant-postes hanovriens, les inconvénients de ce dispositif ne se firent pas sentir immédiatement.

Lorsqu'on lui signala, dans les premiers jours de septembre, la présence de forts rassemblements français vers Cassel, Freytag envoya, dès le 5, une forte reconnaissance de ce côté « à l'effet d'observer les derrières du camp de Cassel (1) ». Les troupes chargées de cette opération tactique furent divisées en deux colonnes, dirigées sur Arnicke et composées comme il suit (2) :

Le 3ᵉ bataillon de grenadiers, le 2ᵉ bataillon du 5ᵉ régiment d'infanterie, 1 escadron de dragons du prince Frédéric et 1 peloton de hussards de Blankenstein, sous le commandement du général-major de Diepenbroick devaient attaquer Arnicke en partant d'Eckelsbecke et en passant par Ledrenghem. Le 1ᵉʳ bataillon de

---

(1) D'Arnaudin, page 205, *loc. cit.*
(2) Cichart, *loc. cit.*, page 269.

grenadiers et le reste des troupes légères de l'avant-
garde, partant de Vormhout sous les ordres du général
Fabry, avaient pour mission de tourner l'aile droite du
village. La colonne de droite (celle de Diepenbroick)
attaqua avec vigueur et réussit à entrer dans Arnike où
un bataillon du 36e régiment d'infanterie se laissa
surprendre. Quant à la colonne de gauche, elle avait
dû traverser un terrain très coupé et battu par les feux
de l'un de nos postes installé entre Arnicke et Zerme-
zeele ; par suite elle progressa très péniblement et
n'entra dans le village que grâce au succès de la colonne
de droite qui avait contraint nos troupes à se replier en
arrière du front Zermezeele-Arnicke. Les alliés perdaient dans cette affaire environ 200 hommes ; le général-major Fabry était blessé grièvement. Du côté français, il y avait 200 tués ou blessés, 4 officiers et
57 hommes prisonniers. Dès le 5 septembre au soir,
Houchard rendait compte de cette affaire en ces
termes (1) :

« Nos avant-postes ont été attaqués ce matin sur tout
le front. Je présume qu'on voulait nous reconnaître
et prendre des notions sur nos forces et nos dispositions.
L'ennemi a été repoussé partout à l'exception d'un
poste où le 36e régiment ne s'était pas levé aussi matin
qu'il en avait reçu l'ordre. Ce régiment a fait quelques
pertes qui ne sont pas néanmoins très considérables. Je
vais en ce moment faire sentir au chef qu'il aurait dû
être plus vigilant. Parmi les pertes de l'ennemi on
compte un colonel anglais dont la riche dépouille a
passé à nos tirailleurs (1). »

A la suite de cette reconnaissance, Freytag comprenant que sa situation devenait critique, informait immé-

____

(1) Houchard à Bouchotte, 5 septembre, de Cassel, correspondance,
A. H. G.

diatement le duc d'York du danger qui le menaçait (1). Celui-ci lui envoyait aussitôt, comme renfort, le régiment Erbprince commandé par le général-major Cochenhausen ; l'inondation ayant coupé la communication directe entre Dunkerque et Bergues par Teteghem, ce régiment n'arriva que le 7 septembre.

Ce fait prouve que le corps de siège et l'armée d'observation ne pouvaient se prêter secours que difficilement ; les chances de succès d'une attaque dirigée contre York ou contre Freytag étaient donc augmentées d'autant.

Le siège de Dunkerque. — On sait qu'après une vaine tentative d'intimidation, le duc d'York avait disposé ses troupes, le 23 août, sur deux lignes, entre Teteghem et le canal de Furnes, dans le but de s'emparer de Dunkerque par la force.

Cette place était commandée depuis le 2 août 1793 par le général O'Méara, un enfant de Dunkerque (2). « C'était, disaient ses chefs, un bel officier de beaucoup d'espérance, un joli sujet propre à entrer dans l'état-

---

(1) Cichart, *loc. cit.*, page 267.

(2) Thomas O'Méara, comte de Baane, né à Dunkerque, le 4 août 1750 ; sous-lieutenant dans le régiment d'infanterie de Roscomon, 16 avril 1767 ; lieutenant 13 juillet 1771 ; démissionnaire le 22 avril 1774 ; capitaine-major dans les volontaires de Nassau, décembre 1778, capitaine dans le régiment de Nassau-Siegen le 16 août 1779 ; capitaine au bataillon des chasseurs cantabres, le 10 juin 1781 ; chevalier de Saint-Louis, le 12 juillet 1790 ; ayant prêté le serment civique le 6 août 1791, à midi, devant le conseil municipal de Dunkerque ; lieutenant-colonel du 6e bataillon d'infanterie légère le 6 novembre 1791 ; général de brigade à l'armée du Nord, 30 juin 1793 ; gouverneur de Dunkerque, 2 août 1793 ; suspendu, 26 août 1793 ; réintégré, 13 décembre 1795 ; réformé, 23 décembre 1796 ; de nouveau gouverneur de Dunkerque, 1807 ; chevalier de la Légion d'honneur, 24 septembre 1811 ; mis en non-activité, le 2 janvier 1814 ; retraité le 2 mars 1816 ; mort à Orléans, le 19 avril 1819.

major, » et sa réponse à la sommation d'York indi-
quait qu'il était résolu à résister énergiquement. L'état
de siège avait été proclamé, dès le 22, par le conseil
de guerre (1) qui déployait aussitôt la plus grande
activité. Les moyens de défense de la place étaient
précaires; il n'y avait sur les remparts que 80 bouches
à feu de bronze (2) et la garnison comptait seulement

---

(1) Le conseil de guerre se composait du général O'Méara, du commandant de l'artillerie, des chefs des 32ᵉ et 33ᵉ divisions de gendarmes, du commandant du 5ᵉ régiment de chasseurs à cheval, des
chefs des bataillons, de l'ordonnateur de la marine, des commissaires
des guerres et de deux membres de la municipalité, du chef du génie
et de son adjoint.

(*Siège de Dunkerque*, rédigé par l'adjoint du génie Diot. Archives de
la chefferie du génie de Dunkerque.)

Le conseil de guerre ou de défense se distinguait du conseil général
qui restait chargé de la partie administrative ainsi que le montre le
document suivant :

« Proclamation du conseil général de la commune de Dunkerque
permanent à ses concitoyens :

« Le conseil de guerre, séant à Dunkerque, a fait annoncer au conseil général de la commune que la ville était déclarée « être en état de
siège », en conséquence, citoyens, le conseil général proclame que la
ville est en état de siège et que, conformément à l'article X du titre Iᵉʳ
de la loi du mois de juillet 1791, il restera permanent et se bornera aux
seules opérations d'administration exécutives sous les ordres et la réquisition des pouvoirs militaires constitués.

« La présente proclamation sera publiée, imprimée et affichée partout
où besoin est.

« Fait et arrêté, ouï et ce requérant le procureur de la commune. A
l'assemblée du 22 août 1793, l'an II de la République française.

« Signé : EMMERY, maire. »

Archives de Dunkerque. Carton H. 44 et registre D³.

(2) Le port de Dunkerque disposait, en outre, pour sa défense, de huit
chaloupes-canonnières commandées par le lieutenant Castagnier. Ces cha-
loupes, en s'embossant à l'est de la grande rade, battaient en écharpe
les troupes placées à l'aile droite de l'armée assiégeante. O'Méara avait

600 hommes, auxquels il convient d'ajouter les 3,000 fantassins et 600 cavaliers qui étaient venus du camp de Gyvelde jusque sous les murs de la ville; quant à la garde nationale, son effectif s'élevait à peine à 2,000 hommes, parmi lesquels 300 étaient exercés au tir du canon. Pour tirer parti de ces ressources médiocres, le conseil de guerre prit aussitôt une quantité de mesures excellentes. Les femmes et les enfants, que la perspective d'un siège effrayaient, furent envoyés à Gravelines et à Calais; la garde citoyenne fut affectée à la défense du corps de place et à la police intérieure, et l'on dégagea le champ de tir sur le front Est en abattant les haies, les arbres ou les maisons qui favorisaient les approches. Le 23, vers minuit, on ouvrit les écluses, et en moins d'une demi-journée, grâce à une forte marée, l'inondation fut tendue entre Dunkerque et Bergues au point d'interdire à l'ennemi le franchissement de la zone comprise entre ces deux places, depuis le pont du petit Steendam jusqu'au fort Lapin.

D'autre part, on établit de hautes traverses ou couverts à l'extrémité des rues qui aboutissaient vers les remparts, afin d'empêcher leur enfilade par le canon de l'ennemi et l'on prit des mesures de précaution pour éteindre rapidement les incendies. Enfin, un poste de 300 gendarmes, avec deux canons de bataillon, fut installé au pont de petite Synthe, sur le canal de Bourbourg, pour couvrir les communications avec Calais et Gravelines (1).

On avait même décidé de tenter une sortie dès le 24

convenu, avec Castagnier, qu'un pavillon national mis en berne, en haut des grandes dunes, l'avertirait des attaques par l'Estran. La nuit on emploierait des feux. (H. 44, archives de Dunkerque.)

(1) *Siège de Dunkerque*, par l'adjoint du génie Diot. Archives de la chefferie du génie de Dunkerque.

afin de contraindre l'ennemi à s'éloigner des remparts. Le chef de brigade du 5e chasseurs (Louis La
Noüe) devait diriger cette opération : 1200 hommes
d'infanterie, soutenus par l'artillerie de la place, attaqueraient l'ennemi de front par la chaussée pavée de
Rosendael pendant qu'une colonne, comprenant 1000 fantassins et 50 chasseurs, essayerait de tourner la droite
des assiégeants par les dunes, avec l'appui des chaloupes-canonnières embossées à l'Est de la grande
rade. Or, ce même jour, York avait résolu de repousser,
jusque sur le chemin couvert, celles de nos troupes qui
s'étaient maintenues dans les jardins de Rosendael et
dans le village (1). A cet effet, il avait confié au comte
d'Alton le commandement des troupes légères de
l'avant-garde, d'un bataillon Starray, de deux bataillons de grenadiers anglais et de deux bataillons d'infanterie légère anglaise. Les deux partis adverses se ren-
contrèrent sur un terrain très propre à la défense pied à
pied : haies, fossés, canaux, murs de clôtures, maisons
de pierre, etc., rien ne manquait pour que les progrès
de l'assaillant puissent être retardés par un combat pied
à pied. La lutte menaçait en effet de s'y éterniser lorsque,
vers 9 heures du matin, d'Alton, qui avait commis la faute
d'engager ses troupes successivement, fut renforcé par
deux bataillons hessois (d'Eschwege et de Wurmb).
Cet officier « jeune et chevaleresque (2) », descen-
dant alors de cheval, se mit à la tête de ces bataillons et
tenta un assaut énergique qui contraignit nos troupes à
se retirer sur le chemin couvert ; elles furent poursuivies
par les assaillants jusque sur les glacis ; mais à ce
moment la colonne de La Noüe, chargée de tourner les
Anglais, ayant débouché dans le flanc droit des batail-

---

(1) *Mémoires d'Arnaudin*, tome Ier, 2e partie, chapitre III. A. H. G.
(2) Ditfürth, *loc. cit.*, page 97.

lons hessois, ceux-ci se replièrent à leur tour, abandonnant même Rosendael. Dans cette retraite le comte d'Alton fut mortellement blessé. Malheureusement pour nous les régiments de Kospoth et Prince-Charles, envoyés au secours de d'Alton par le duc d'York qui avait compris l'importance de la sortie de la garnison, chassaient une deuxième fois nos troupes du village ; dans l'après-midi, celles-ci se retiraient définitivement à l'abri des remparts (1). Les pertes françaises s'élevaient à quelques tués et environ 200 blessés; celles des alliés à 12 officiers et 350 hommes tués ou blessés.

Les dispositions prises par York. — Les canonnières de Castagnier avaient tellement gêné l'opération tentée le 24, par l'armée de siège, que York en conçut un vif dépit et, pour se protéger contre leur intervention ultérieure, il demanda à son gouvernement qu'une flotte vînt, le plus tôt possible, participer au blocus de la place. L'amirauté, regrettant de n'avoir pas été prévenue plus tôt de cette nécessité (2) qu'on avait eu le tort de ne

---

(1) L'attitude de la garnison de Dunkerque ne fut pas irréprochable si l'on s'en rapporte au procès-verbal de la séance du conseil général du 24 (*Siège de Dunkerque*, par la société dunkerquoise, page 32). Le colonel La Noüe déclare que ses troupes ont d'abord longtemps hésité avant d'exécuter ses ordres, et qu'une colonne abandonna son poste en désordre. « Il a ensuite observé à la municipalité que toute sortie faite en masse pouvait avoir les plus grands inconvénients, si les troupes chargées de les exécuter n'obéissent pas strictement, que de pareilles sorties pouvaient compromettre la sûreté de la ville, qu'il invitait le conseil de faire connaître aux habitants ces inconvénients et de les prémunir contre les suggestions qu'on pourrait leur faire à cet égard. »

(2) Dundas à Murray, Londres, le 29 août. « ..... Why did you not earlier suggest to me the wish of a naval cooperation with respect to Dunkirch. I had always a conceit, in my own mind, that it might be of use, but I had no authority to quote for that opinion. I hope, however it will be soon enough for every essential purpose. » (Registre 48, British army on the continent, Drafts. War-Office, original correspondence.)

pas prévoir, désignait aussitôt le vice-amiral Macbride
pour prendre le commandement d'une escadre à constituer immédiatement. Celui-ci devait d'abord se rendre
auprès du duc d'York afin de prendre ses instructions
et de déterminer les conditions de cette coopération (1).
A la suite d'une entrevue, qui eut lieu très probablement
le 30 août, il fut décidé que la flotte se dirigerait vers
les côtes de France, le plus tôt possible, et que les
bateaux insuffisamment prêts la rejoindraient ultérieurement (2). En principe, la composition de cette escadre
devait être la suivante :

---

(1) Dundas à Murray. Whitehall, 27 août. « In consequence of what
you have stated to me in your letter of the 24th instant, of the incon-
venience with which the fire from the enemy's vessels from the har-
bour of Dunkirch has been attended, and of the application made by His
Royal Highness for naval assistance from Ostend, it has been judged
adviseable that admiral Macbride should be sent over in a private way,
in order to be fully possessed of His Royal Highness's ideas, with respect to the extent of the cooperation which may be necessary to be given
by the naval Department, and the mode in which it can be best employed
in facilitating the operations carrying on against that place; and also to
state to you for His Royal Highness's information, how far it may be
practicable consistently with a due attention to other pressing services
to furnish the force which may be required. As soon as the admiral
shall have had this communication he will take his measures accor-
dingly consistently with the instructions he has received. » (*Ibidem.*)

(2) Withehall, 31 août. Le secrétaire d'État au vice-amiral Macbride.
« I am commanded to signify to you His Majesty's pleasure that you are
to proceed without a moment's delay with such of the ships and vessels of His Majesty's squadron under your command as are now in the
Downs, to the Coast of France; directing the others to follow you
and employ the said ships and vessels in such a manner as may be
judged most adviseable for assisting the operations carrying on by the
army under the command of His Royal Highness Duke of York for the
reduction of Dunkirch, transmitting to me from time to time for His
Majesty's information an account of your proceedings whilst you are employed upon this service..... » (Registre 11. Army on the continent,
secretary of states.)

A List of His Majesty's ships and vessels which are to compose the squadron under the command of Rear admiral Macbride (1).

RATES.	SHIPS VESSELS.	GUNS.	MEN.	COMMANDERS.	DISPOSITION.
4	Centurion	50	350	Samuel Osborn	
5	Quebec	32	220	Josias Rogers	Wants 40 men Downs ready of Gravelines.
6	Vestal	28	200	John Mrs Dougale	
	Friton			Georges Murray	
Armed sloops	Albion	20	125	Robert H. Hichens	
Armed vessel	Union	0	29	Lieutnant R. Dacres	Downs.
5	Sheerness	44	300	Lord Vis{t} Garlies	At Spithead coming to the Downs.
	Orpheus	32	220	Henry Newcome	
	Ceres	32	220	Richard Imledon	At the grove coming to the Downs.
Fireship	Comet		55	William Bradley	In the River Thames coming to the Downs.
Bomb vessel	Terror		70	Arnherst Morris	
	Vesuvius			Georges Grey	
Floating battery	Redoubt	20	450	Alexr Traser	At Ostend.
Sloop	Echo	46	125	P. Halket	At Porsmouth.

Signé : MACBRIDE.

(1) British army on the continent. War-Office. O. C. Registre 47.

Or, ces bateaux n'étaient pas concentrés et il fallait un certain temps pour compléter leur armement, en vue du rôle qui leur était assigné; c'est ainsi que le 5 septembre Macbride (1) réclamait encore le lieutenant d'artillerie Miller, comme aide de camp, et quelques hommes ayant des connaissances spéciales au point de vue des batteries flottantes. En fait, ce fut seulement dans l'après-midi du 7 (2) que Macbride fit voile pour les côtes de France avec les vaisseaux *Québec*, *Vestal* et *Sheerness;* son intervention devait donc être trop tardive puisque notre victoire d'Hondtschoote, survenue le 8 septembre, allait contraindre l'armée de siège à se replier vers Furnes dans la nuit du 8 au 9.

Pour toutes ces raisons, et malgré sa redoutable puissance maritime, l'Angleterre, obligée il est vrai d'entretenir une flotte sur les côtes de l'Inde et dans la Méditerranée, ne devait pas réussir à seconder, sur le front de mer du port de Dunkerque, l'action de son armée de terre.

Quoi qu'il en soit, York s'empressa de profiter de son demi-succès du 24 pour faire prendre à ses troupes un emplacement favorable en vue du siège qu'il entreprenait :

« Cet engagement, écrit d'Arnaudin (3), n'empêcha pas l'armée combinée de prendre, ce même jour, sa position de siège. On s'occupa en outre de déterminer une ligne de circonvallation, pour s'assurer contre les sorties, en attendant qu'on fût en mesure de procéder à l'ouverture de la tranchée. Cette ligne s'étendait à droite et à gauche du canal de Furnes qu'elle traversait, à une distance de

---

(1) Macbride à Dundas, 5 septembre. (Registre 12, *loc. cit.*, secretary of states.

(2) Macbride à Dundas, 7 septembre Registre 12, British army on the continent, secretary of states; et registre 47, British army on the continent. War-Office, original correspondence.

(3) Mémoires, *loc. cit.*, 2e partie, chapitre III, tome Ier.

deux cents toises au plus, en arrière du pont du petit Steendam. Par la gauche, elle suivait le chemin qui va de cet endroit à Coudekercke, en passant par le pont du grand Steendam, et elle s'étendait, par la droite, jusqu'aux dunes aboutissant, par cette extrémité, à deux dunes des plus élevées et des plus avancées du côté de l'Estran, sur lesquelles on érigea, par la suite, des batteries pour répondre au feu des chaloupes-canonnières. Cette ligne, dans tout son développement, devait être garnie de batteries distantes de cinquante toises les unes des autres. »

La construction de ces batteries et l'établissement de la ligne de circonvallation absorbèrent toute l'activité de l'armée de siège pendant quelques jours; seuls les avant-postes, chargés de protéger les travailleurs, échangeaient journellement des coups de fusil avec ceux de nos tirailleurs qui continuaient à s'embusquer derrière les clôtures des jardins ou derrière les haies les plus voisines du chemin couvert. D'autre part, le feu de nos canonnières importunait tellement les assiégeants que les détachements ennemis campés dans les dunes durent être reportés, plus en arrière, jusqu'aux clôtures des derniers champs qui se trouvaient de ce côté.

L'armée de siège s'installa définitivement, de la façon suivante, à l'abri de la ligne de circonvallation dont le tracé a été indiqué précédemment. Elle campa sur deux lignes : les Autrichiens à l'aile droite, les Hessois au centre (1) et les Anglais à l'aile gauche (2). En 1 et 2 on construisit deux redoutes ouvertes armées de pièces de régiment; la batterie principale (n° 3) fermée à la gorge était armée de deux pièces de douze livres et

---

(1) Le général de Buttlar, qui commandait les Hessois, tomba malade et fut évacué sur Bruges où il mourut ; de Wurmb lui succéda.

(2) Ditfürth, tome 1er, page 103. Se reporter à la carte n° 4 où se trouvent les chiffres correspondants à ceux du texte.

d'un mortier; de cette batterie principale jusqu'au canal
de Furnes on installa quatre batteries (n°s 4, 5, 6 et 7)
reliées par une courtine, les batteries 5 et 7 contenaient
chacune deux pièces; les deux autres servaient de places
d'armes à la réserve des bataillons qui fournissaient les
postes de la droite. Chaque jour on commandait un
escadron de cavalerie et 1800 hommes d'infanterie, tant
Autrichiens qu'Anglais ou Hessois, sur lesquels 1400
formaient les piquets et 400 la réserve.

A l'aile gauche une batterie (n° 8), armée de trois
canons, était reliée à Teteghem par une longue courtine comprenant les batteries 9, 10, 11, 12, 13 et 14, occupées par des détachements des bataillons campés derrière; la garnison de cette aile se composait d'un escadron
de cavalerie, de 1400 fantassins dont 1000 étaient de
piquet et 400 en réserve. La relève de toutes ces garnisons de la ligne de circonvallation avait lieu tous les
jours à trois heures. Ce déploiement de forces, loin d'intimider les assiégés, attirait au contraire le feu des chaloupes-canonnières qui causaient aux assiégeants des
pertes d'autant plus sensibles que la ligne de circonvallation avait un faible relief, et pour causes, car on trouvait l'eau à deux pieds de profondeur et l'on manquait
de bois de fascinage. D'autre part, les assiégés ayant
coupé les eaux qui alimentaient le canal de Furnes, celui-
ci se trouvait à peu près à sec, de sorte que la voie de
terre était seule utilisable pour le transport des poids
lourds; enfin, l'inondation tendue dans la nuit du 23 au
24, par les soins des Dunkerquois, avait continué à
progresser tellement que tout le terrain au sud de
Teteghem, depuis la batterie n° 9 jusqu'à la petite
Moère, était sous l'eau; la communication directe entre
York et Freytag était donc absolument interceptée (1).

---

(1) Un pont de pontons avait été jeté sur le canal de Furnes en face
du petit Dunkerque.

Ces difficultés sérieuses et le manque d'eau potable incitaient les Anglais à éviter le plus possible le combat et à pousser activement leurs travaux. D'ailleurs, le 26, d'un observatoire construit dans les dunes, on avait vu passer une flotte qui cinglait vers Nieuport (1) ; elle apportait le matériel d'artillerie de siège si impatiemment attendu. Il fallait se hâter !

Dès le 27 au soir on fixait le tracé de la première parallèle à environ deux cent cinquante toises de la place. Le 28, toutes les batteries de la ligne de circonvallation étaient construites et l'on commençait à les armer ; le bataillon de chasseurs à pied d'Odonnel, qui occupait le pont du grand Steendam, était renforcé par un détachement de Loyal-Émigrant ; le 29, on commençait à installer le grand parc d'artillerie à Zuytcoote, un peu au nord du dépôt des fourrages.

Le 2 et le 3 septembre, les premières pièces de siège arrivaient de Nieuport au grand parc et l'on poussait le plus possible les travaux de fascinage.

Par conséquent, les alliés se bornaient à investir partiellement la place qui conservait ses communications avec Bergues, Saint-Omer, Boulogne et l'intérieur de la France. Comme, d'autre part, et pour les raisons que l'on sait, aucune flotte anglaise ne venait bloquer le front de mer, il est clair que la résistance pouvait durer aussi longtemps que la garnison et la population continueraient à montrer de l'énergie.

La résistance de la place. — On trouvera, dans l'ouvrage intitulé *La Défense nationale dans le Nord de 1792 à 1802* (2), le procès-verbal du conseil de la commune de

----

(1) *Mémoires d'Arnaudin, loc. cit.*, chapitre III, IIe partie, tome Ier.

(2) Foucart et Finot ; tome II. A ce même point de vue il convient de signaler également le *Siège de Dunkerque* publié en 1893 par la

la ville de Dunkerque pendant le siège. Ce procès-verbal, commencé le 22 août et clos le 17 septembre 1793, donne non seulement, comme le disent ces auteurs, des détails intéressants sur la marche des événements militaires, mais « toutes les impressions, si variées et si complexes, de l'opinion publique dans une ville assiégée. Toute la vie, pour ainsi dire, d'une population dont l'ardeur patriotique était surexcitée encore par le danger, s'y reflètent comme dans un miroir fidèle..... » Nous nous permettrons donc de renvoyer à la lecture de ce document pour tout ce qui a trait à l'attitude de la population et aux divers incidents locaux qui n'intéressent pas immédiatement la conservation de la place. On relatera seulement ici les mesures générales qui furent prises en vue de la défense proprement dite, tant par le gouvernement que par le conseil de guerre ou par le commandant d'armes.

A la suite de l'échec subi par les troupes qui avaient tenté une sortie le 24, le conseil de guerre avait montré une vive inquiétude : « Quant à la lettre des administrateurs du district qui vous a paru alarmante, écrivait-il au général Carrion, à Bergues (1), nous ne pouvons vous cacher qu'à quel point qu'elle le soit elle est vraie, vu notre faiblesse, la force de nos ennemis et la lenteur que l'on met à nous donner du secours..... »

La population énervée commençait à s'en prendre à son gouverneur, qu'elle accusait à peu près de lâcheté et de trahison sous prétexte qu'il n'avait pas commandé

---

société dunkerquoise pour l'encouragement des sciences, des lettres et des arts.

(1) Correspondance, A. H. G., de Dunkerque, 25 août. Cette lettre écrite aux administrateurs du district de Bergues, par deux de leurs collègues près le conseil de guerre, commençait par cette phrase : « C'est avec la plus vive douleur, citoyens nos collègues, que nous vous annonçons que la position de cette place paraît désespérée... »

en personne la sortie du 24. D'ailleurs O'Méara était également suspect à Berthelmy qui avait supplié Houchard et les représentants du peuple de disgrâcier ce général (1). Aussi, dès le 23, on donnait comme successeur à O'Méara le général Souham auquel le chef d'état-major notifiait en ces termes sa nouvelle affectation :

Le général chef de l'état-major de l'armée Berthelmy
au général de brigade Souham (2).

« Il vous est ordonné, citoyen général, de partir sur-le-champ en poste pour arriver sans perdre de temps au camp de Cassel près Dunkerque où vous prendrez les ordres du général de division Barthel.

« Vous aurez à défendre le camp retranché de Dunkerque et vous pouvez vous y couvrir de gloire. Il est moins question d'y faire de savantes dispositions militaires que d'y montrer le nerf et le courage dont vous êtes également susceptible. Prévenez les troupes, rappelez-leur qu'elles se battent pour la liberté et vous en obtiendrez tout ce que vous voudrez. Vous aurez avec vous l'adjudant général Hoche (dont vous pouvez tirer le plus grand parti); il se rencontrera sans doute chez le général Barthel. Vous recevrez les instructions particulières de ce général.

« Si l'ennemi se présente devant votre camp retranché et qu'il y soit bien reçu, alors si vous le voyez plier, il faut devenir audacieux et profiter de votre première

---

(1) On trouvera aux documents annexes le texte des accusations dirigées contre O'Méara, par Berthelmy, par le médecin-major Dauvert et par un officier du 1er bataillon du Pas-de-Calais. On y lira également une lettre dans laquelle Bouchotte déclare que ce général lui a été signalé comme dangereux par les commissaires aux armées et que sa destitution a pu être prononcée grâce à leurs rapports.

(2) Registre de correspondance, tome VI, 23 août, A. H. G.

réussite ; mais c'est trop vous en dire, partez et marchez nuit et jour. »

Souham (1) se présentait dans la matinée du 26 août au conseil général de la commune et prenait possession de son commandement.

---

(1) Joseph, comte Souham, né le 30 avril 1760 à Lubersac (Corrèze) ; enrôlé au régiment des cuirassiers du roi le 17 mars 1782 ; congédié à la fin de 1786 ; élu lieutenant-colonel en second du 2e bataillon de la Corrèze le 15 août 1792 ; lieutenant-colonel en premier le 19 septembre 1792 ; général de brigade employé à l'armée du Nord le 30 juillet 1793 ; général de division le 13 septembre 1793 ; commandant la 24e division militaire (Belgique) le 26 août 1796 ; réformé le 7 septembre 1797 ; employé à l'armée de Mayenne le 16 août 1797, à l'armée du Danube le 7 mars 1799, à l'armée du Rhin le 28 décembre 1799 ; en non-activité le 22 septembre 1801 ; commandant la 20e division militaire le 27 avril 1802 ; destitué le 16 février 1804 ; remis en activité le 16 mars 1807 ; employé à l'armée d'Italie le 8 juin 1807 ; commandant la 2e division d'infanterie au 7e corps de l'armée d'Espagne le 7 septembre 1808 ; passé avec sa division à l'armée de Catalogne le 8 février 1810 ; employé à l'armée d'Italie le 8 novembre 1810, à l'armée d'Allemagne le 27 mars 1811 ; commandant la 4e division du corps d'observation du Rhin le 24 mai 1811 ; commandant la 3e division du corps d'observation de la réserve le 3 juillet 1811 ; passé avec sa division à l'armée du nord de l'Espagne le 11 août 1811 ; passé à l'armée de Portugal le 3 octobre 1812 ; général en chef, par intérim, de cette armée le 4 octobre 1812 ; rentré en France le 29 novembre 1812 ; commandant la 8e division du 3e corps de la Grande Armée le 17 janvier 1813 ; commandant en chef le 8e corps de la Grande Armée le 23 août 1813 ; commandant la 2e division de réserve de Paris le 4 mars 1814 ; commandant le 6e corps de la Grande Armée en avril 1814 ; commandant la 20e division militaire le 20 avril 1814 ; disponible le 21 mars 1815 et destitué le 3 avril suivant ; commandant la 20e division militaire le 21 juillet 1815 ; en non-activité le 20 septembre 1815 ; inspecteur général d'infanterie dans la 8e division militaire le 18 août 1816, dans les 10e et 11e divisions militaires le 27 avril 1817 ; gouverneur de la 5e division militaire le 12 août 1818 ; disponible le 15 novembre 1830 ; dans la section de réserve le 7 février 1831 ; retraité le 11 juin 1832 ; mort à Paris le 28 avril 1837.

Légion d'honneur : officier le 30 novembre 1807, commandeur le

Ce général âgé de 33 ans « était loin d'avoir la valeur et l'expérience de son prédécesseur, écrit le général Yung (1), mais il avait les opinions exaltées du jour, une âpreté et un aplomb qui ne devaient jamais se démentir dans le courant de sa curieuse carrière ». Ses débuts à Dunkerque furent d'ailleurs assez malheureux, car, aussitôt arrivé, ce général adressait à Houchard et au Comité de Salut public une lettre où il déclarait que la place ne pouvait tenir que cinq jours, que la population et la garnison étaient découragées, que l'esprit public était sans vigueur ; d'après lui, les agents de Pitt jetaient partout la démoralisation, enfin la garnison s'élevait à peine à 5,000 hommes alors qu'il eût fallu la porter à 15,000. Le Comité de Salut public, qui voulait que le commandant d'armes répondît du salut de Dunkerque, fut tellement indigné qu'il n'hésita pas à retirer à Souham son commandement, tout en lui adressant cette réprimande sévère :

Le Comité de Salut au général Souham.

Paris, le 29 août 1793, an II de la République une et indivisible.

« Vous nous avez envoyé, citoyen (2), copie d'une lettre que vous avez écrite au général Houchard du 26 de ce mois par laquelle vous lui dites que la place de Dunkerque n'est susceptible d'aucune défense. Nous ne pouvons vous dissimuler qu'un pareil langage nous

---

10 février 1810, grand-officier le 3 juin 1813, grand-croix le 1er mars 1831.

Chevalier de Saint-Louis le 1er juin 1814, grand-croix de l'ordre de la Réunion le 3 avril 1813.

Comte de l'Empire et pourvu d'une rente de 10,000 francs sur la Westphalie par décret du 19 mars 1810.

(1) Le *Siège de Dunkerque*, loc. cit., préface, page 17.

(2) Archives municipales de Dunkerque, dossier H. 44.

paraît bien étrange dans la bouche d'un militaire. Nous croyons qu'un général doit toujours trouver, soutenir et prouver que sa place est imprenable. Nous sommes étonnés qu'une des plus fortes villes de la République soit regardée par vous comme ne pouvant tenir que cinq jours si elle est attaquée dans les règles.

« Il paraît, citoyen, que vous ignorez complètement les propriétés du poste que vous avez à défendre ; vous dites que le chemin couvert est très mauvais lorsque tout le monde sait qu'il est parfaitement palissadé ; vous dites qu'il n'y a que des ouvrages en terre, mais vous ne dites pas que ces ouvrages en terre sont aussi très bien palissadés et enveloppés d'un double fossé plein d'eau avec un mur crénelé par derrière. Il ne faut pas songer d'avance à vous en prendre aux buissons du Rosendael ; ils ne sauraient couvrir la trahison ni la lâcheté de ceux qui rendraient la place ; il n'y a ni arbres ni buissons sur vos glacis, dans vos chemins couverts, dans vos fossés, sur vos cavaliers, sur votre esplanade ; c'est là ce qu'il faut défendre ; c'est là que vos sorties seront efficaces et que votre poudre ne sera pas consommée à tirer des coups incertains. Vous devez ménager cette espèce de munitions qui est si précieuse et, en tirant des coups hasardés à la grande portée, ne pas ménager aux malveillants le prétexte de dire qu'on manque de poudre et qu'il faut se rendre.

« Vous paraissez ignorer, citoyen, qu'il est presque impossible d'amener de gros canons devant votre place par la difficulté des chemins, que l'artillerie de vos remparts ne peut être démontée puisqu'ils ne donnent aucune prise au ricochet, que Dunkerque ne peut être cernée tant que Bergues n'est pas prise. Voilà des avantages inappréciables dont aucune place de la République ne jouit au même degré que la vôtre.

« Secondez seulement, citoyen, le courage des Dunkerquois ; ne jetez pas le découragement parmi ces braves gens en publiant que votre place n'est pas tenable. Souvenez-vous que la France voit son salut dans Dunkerque et des traîtres dans tous ceux qui, chargés de la défendre, survivraient à sa perte.

« Signé : Barère, Prieur de la Marne, C.-A. Prieur, Carnot et Hérault. »

« *P.-S.* — D'après des nouvelles réflexions, citoyen, le Comité de Salut public arrête que vous remettrez sur-le-champ le commandement de Dunkerque à celui qui commande après vous.

« Signé : Carnot, Barère, Prieur, et Prieur de la Marne. »

Cependant Souham, auquel cette lettre ne devait parvenir que le 2 septembre, déployait la plus grande activité et s'efforçait de galvaniser à la fois les troupes et la population ; il était en cela secondé fort utilement par son chef d'état-major, l'adjudant général Hoche, dont la gloire devint plus tard si populaire.

Le 30 août, le nouveau gouverneur invitait la municipalité à surveiller les citoyens ; son adresse était rédigée en termes énergiques, propres à stimuler le zèle des élus de la cité (1) :

« En arrivant, écrivait-il, j'ai été frappé du désordre qui régnait dans les troupes que j'avais à commander et dans leur manutention. J'ai cru d'abord qu'il n'était que l'effet de l'insouciance de quelques personnes ; je suis entièrement détrompé aujourd'hui et je crois avoir acquis la triste certitude que la malveillance, plus qu'une terreur panique, a causé les agitations que nous éprouvons depuis deux ou trois jours. Plusieurs personnes ont répandu l'alarme dans la ville, des signaux se sont répétés, des ordres donnés par moi ont été méconnus ou

---

(1) Archives municipales de Dunkerque, dossier II. **44**.

interprétés dans un sens contraire, quelques individus se sont même permis d'en donner que je ne puis approuver. Je désire, citoyens, que la municipalité fasse une proclamation afin qu'après la retraite aucune personne ne laisse pénétrer de sa maison ni feu ni lumière, et pour prévenir les citoyens que ceux d'entre eux qui seront trouvés dans Rosendael sans avoir été commandés seront punis. Et en effet, des citoyens ont donné l'exemple aux soldats de brûler des maisons pour en avoir le fer et le plomb. Que la municipalité veille sur ses citoyens ; je ferai exemple des militaires pris en contravention. Le rapport m'a été fait que c'étaient des citoyens de cette ville qui avaient levé des contributions sur les citoyens des campagnes qui approvisionnaient les marchés de la place ; je vous préviens que j'ai cru nécessaire de défendre qu'on sortît par les portes de Rosendael, de Nieuport et de Bergues.

« Magistrats du peuple qui, comme moi, êtes animés de l'amour de la patrie, de la patience, du courage et espérez que sous peu de jours nous terrasserons peut-être les ennemis de la liberté.

« Signé : SOUHAM. »

D'autre part, Souham adressait le 1er septembre, à la population, la proclamation suivante (1) :

« Citoyens,

« Tous les citoyens sont en réquisition permanente, et la ville déclarée en état de siège, ils sont soumis à la discipline et police militaire. Autorisé par les lois et les représentants du peuple, qui sont parmi nous, à faire tel règlement qu'il conviendra pour maintenir le bon ordre dans la place, je déclare :

---

(1) A. H. G., correspondance.

Article premier.

« Qu'il sera établi, dans les vingt-quatre heures, une commission militaire autorisée à juger, conformément aux lois, tous délits quelconques; son jugement sera exécuté deux heures après avoir été porté.

Article II.

« Il est défendu aux citoyens d'avoir chez eux, après la retraite, aucuns feux ou lumières qui puissent pénétrer à travers de leur maison.

Article III.

« Il est défendu à qui que ce soit de former des rassemblements, groupes, etc., soit sur les places, dans les rues, soit dans un édifice public, ou particulier, pendant le jour ou la nuit.

Article IV.

« La société populaire qui a abandonné son poste à l'instant du danger est invitée à le reprendre et à surveiller avec nous les malveillants et les agents de Pitt.

Article V.

« Seront punis de mort :

« Ceux qui proposeront de rendre la place, autres que les membres du conseil de guerre ;

« Ceux qui abandonneront leur poste ;

« Ceux qui crieront à la trahison ou sauve qui peut ;

« Ceux qui auraient une correspondance avec les ennemis de la République, qui leur feraient des signaux par des feux, linges ou autrement,

« Et enfin ceux qui seront trouvés porteurs d'écrits contre-révolutionnaires ou de cocardes blanches.

Article VI.

« Comme le courage n'est point un métier, mais un

don de la nature, pourront sortir de la place, tout homme qui ne se sentirait pas les forces physiques et morales nécessaires aux défenseurs de la patrie, les femmes et les enfants.

Article VII.

« Étant responsable envers le peuple des ordres que je donne ou qui sont donnés par le chef de mon état-major, je rends responsable de leur entière exécution ceux à qui ils sont adressés.

Article VIII.

« La générale ne sera battue que par l'ordre du général commandant la place. Lorsqu'on l'entendra, les citoyens devront se porter à leur poste sur le rempart. Des patrouilles seront ordonnées, elles seront chargées d'arrêter tout citoyen trouvé oisif dans les rues et de faire rentrer, chez elles, les femmes qui devront obéir, sous peine d'être arrêtées elles-mêmes et traitées suivant la rigueur du règlement.

Article IX.

« Le citoyen chez lequel seront trouvés couchés des officiers ou soldats, devant être au camp, sera mis à une amende de mille livres, et incarcéré pendant tout le temps du siège.

Article X.

« Les cabaretiers qui donneront à boire, après la retraite, seront mis à cinq cents livres d'amende.

« Le général de brigade,

« Signé : Souham.

« Pour copie conforme à l'original :

« L'adjudant général, chef de l'état-major,

« Signé : L. Hoche. »

Aussi, lorsque le 2 septembre, au matin, Souham fit part au conseil général de la mesure prise à son égard par le Comité du public, la municipalité surprise protesta et les représentants du peuple décidèrent (1) que Duquesnoy se rendrait sur-le-champ à Paris, auprès de la Convention nationale, pour demander le maintien du général à son poste. Néanmoins, Houchard désignait immédiatement le général Jacques Ferrand pour succéder à Souham, et notifiait ce choix au ministre, en ajoutant les réflexions suivantes (2) :

« Aussitôt que j'ai su le départ du général Souham, j'ai pourvu à son remplacement par le général Ferrand. Je regrette, cependant, que le premier en ait été tiré car malgré ce qu'il a écrit au Comité de Salut public, sur la résistance qu'il limitait pour la défense de Dunkerque, j'ai lieu de croire, d'après ce qu'on m'en a dit, qu'il n'était nullement disposé à rendre la place. Il aura ouï dire, à quelques officiers du génie qui raisonnent toujours mathématiquement sur les opérations de guerre, et d'après d'anciens calculs établis lors des guerres de roi à roi, que la place ne devait tenir que cinq jours et il l'aura répété ; il ne l'eût pas fait s'il avait eu plus d'expérience et plus de moyens...... »

En fait, Ferrand, arrivé le 5 septembre à Dunkerque, n'exerça le commandement suprême que jusqu'au 11 du même mois, date à laquelle Souham reprit son ancienne fonction. Heureusement, les inconvénients qui pouvaient résulter de ces mutations répétées furent atténués par l'activité et le zèle du chef d'état-major, le jeune et ardent adjudant général Hoche, lequel resta à son poste pendant toute la durée du siège.

Il est probable, cependant, qu'une attaque brusquée,

---

(1) Voir aux documents annexes l'arrêté motivé des représentants du peuple (3 septembre, à Cassel).

(2) Lettre de Houchard à Bouchotte, 5 septembre. A. H. G.

si elle eût été exécutée par l'armée de siège dans la période du 26 au 28 août, aurait eu des chances de réussite. John Hano, sujet anglais, pourtant capitaine dans la garde nationale de Dunkerque, l'affirme nettement : « La place peut encore très facilement être prise d'assaut, écrit-il le 28 août (1), si les assiégeants pouvaient savoir sa réelle faiblesse dont son Altesse royale n'a certainement pas connaissance. » Les impressions de Souham, l'inquiétude du conseil de guerre et l'attitude des troupes, dans la sortie du 24, laissent croire, en effet, qu'un coup de force aurait pu alors entraîner la reddition de la place. Mais, puisque le duc d'York, manquant d'audace, ou mal renseigné, préférait attendre l'arrivée de son matériel de siège et la coopération d'une flotte de guerre, chaque journée de répit augmentait les chances des assiégés en leur procurant le temps d'améliorer les moyens de défense.

L'intervention de la division Jourdan devenue, à partir du 28 août, la division Leclaire. — Dans sa séance du 24 août, le conseil général avait décidé que deux députés — les citoyens Dauchy, officier municipal, et Blairel, notable (2) — se rendraient auprès des généraux et des représentants « à l'effet de présenter l'état des forces de la place et la position actuelle et fâcheuse de la ville ».

Ces délégués arrivaient le 25 à Cassel où ils se présentaient à Duquesnoy qui faisait aussitôt droit à leurs réclamations, dans les conditions que voici (3) :

« Citoyens, mes collègues,

« Des officiers municipaux de Dunkerque me sont

---

(1) *Siège de Dunkerque*, par la société dunkerquoise, page **174**.
(2) Procès-verbal, publié par MM. Foucard et Finot, tome II, page **72**.
(3) Duquesnoy au Comité de Salut public, de Cassel, 26 août. A. H. G.

venus hier exposer les dangers que courait cette place, ils me demandèrent des secours ainsi que la ville de Bergues. Je fus, avec eux, chez les généraux et après un conseil de guerre tenu il fut arrêté que le général Jourdan partirait sur-le-champ avec toute sa division et irait s'emparer, en passant, du poste de Watten où il laisserait un bataillon avec deux pièces de canon et un détachement de chasseurs; qu'il filerait ensuite le long du canal de Gravelines pour rester maître des écluses, qu'il jetterait, dans cette place, un bataillon, deux dans Dunkerque et un dans Bergues et qu'avec le reste de sa division il se tiendrait à peu de distance de Dunkerque où il serait à portée de faire entrer tous les secours dont cette place pourrait avoir besoin..... »

A ce moment, Houchard, qui projetait de faire une diversion sur Menin, à l'aide d'un corps rassemblé à Lille et dont la division Jourdan devait faire partie, s'était transporté de Gavrelle à Lille, puis à Cassel où il était arrivé dans la soirée du 25. Bien que l'arrêté ci-dessus contrariât vivement ses intentions, le général en chef n'osa pas l'annuler et il adressa à Jourdan l'ordre suivant (1) :

Au quartier général à Lille, le 26 août 1793.

Ordre du général Houchard concernant le général Jourdan.

« Il est ordonné au général Jourdan de se rendre de suite au camp de Cassel pour y prendre le commandement des troupes des mains du général Barthel.

« Le général Jourdan commandera toutes les troupes, camps, cantonnements et places depuis Bailleul jusqu'à Dunkerque. Le général en chef le charge de chasser les ennemis de cette partie de la frontière en employant

---

(1) Correspondance, A. H. G.

tous les moyens que ses talents et son dévouement entier à la cause de la liberté lui suggéreront.

« Le général Jourdan remettra le commandement particulier de sa division au général Leclaire à qui il donnera toutes les instructions convenables.

« Le général Jourdan aura une relation directe avec le général Béru commandant jusqu'à Armentières. Ils se concerteront ensemble pour leurs opérations mutuelles. Le général Jourdan tâchera de donner de l'énergie aux troupes sous ses ordres ; il lui est ordonné de punir sévèrement tous les officiers qui manqueront à leur devoir et qui n'instruiront pas les soldats dont le soin leur est confié.

« Le général Jourdan rendra compte tous les jours de sa position au général en chef ; il aura sous ses ordres l'adjudant général Ernouf dont les talents et le patriotisme sont précieux. »

En conséquence, la division Jourdan exécutait les mouvements suivants (1) :

Le 25, à 11 heures du matin, elle quittait Cassel pour venir à Watten ; le 26, elle poussait jusqu'à Loon. Le 27, Jourdan venait à Dunkerque où le conseil de guerre lui donnait avis que l'on craignait une descente vers le fort Mardyck. Aussitôt le 12ᵉ régiment de chasseurs et le 2ᵉ bataillon de la Meurthe étaient dirigés sur ce point. Le 28, la demi-brigade du 45ᵉ et celle du 47ᵉ (2), sous le

---

(1) Registre d'ordres 1³/38, A. H. G. et *Mémoires du général Leclaire*, page 83.

(2) La composition de ces demi-brigades était la suivante :

Demi-brigade du 45ᵉ
- 5ᵉ bataillon des Vosges ;
- Bataillon du 45ᵉ ;
- 10ᵉ bataillon de Paris.

Demi-brigade du 47ᵉ
- 10ᵉ bataillon de Seine-et-Oise ;
- Bataillon du 47ᵉ ;
- 2ᵉ bataillon de la Vienne.

commandement du général Leclaire, renforçaient la garnison de Dunkerque.

Le même jour, au reçu de l'ordre donné par Houchard, Jourdan remettait le commandement de sa division au général Leclaire et se rendait à Cassel pour y prendre celui du camp, en remplacement de Barthel envoyé à Saint-Quentin (1).

Leclaire (2) installait alors son quartier général à Bourbourg et disposait ses troupes comme il suit, le 29 août :

> Le 19e d'infanterie à Watten ;
> Le 6e de Paris à Looberghe ;
> Le 1er bataillon de Saint-Denis à Lynck ;
> Le 2e de la Meurthe à Bourbourg ;
> 50 chasseurs du 12e à Mardick ;
> Le 3e de la Meurthe à Brouckbercke ;
> Le 15e d'infanterie légère à Spiker ;
> Le 3e bataillon franc à Spiker ;
> Le 56e à Coppenausfort ;
> Le 12e chasseurs à cheval à Bourbourg ;
> 50e hussards du 4e à Watten.
> Un détachement du 26e de cavalerie et de gendarmes attachés à l'état-major à Bourbourg.

Dès lors, la place de Dunkerque était à l'abri d'un coup de force ; six bataillons aguerris, dont l'effectif s'élevait à 2,600 hommes environ, étaient entrés dans ses murs et le reste de l'ancienne division Jourdan était à portée de la secourir, tout en interdisant à l'ennemi la rive septentrionale du canal de Bergues.

L'action énergique des représentants du peuple. —

---

(1) Correspondance, A. H. G. Ordre donné par Houchard, le 26 août.

(2) La division Jourdan devenue division Leclaire portait alors la dénomination de « 2e division du Nord ». Entre temps, Leclaire avait refusé d'accepter le poste de gouverneur de Dunkerque, malgré les sollicitations de Jourdan, car il préférait rester à la tête des troupes qu'il connaissait et dont il était connu. (*Mémoires du général Leclaire*, p. 84.)

Les représentants Collombel, Duquesnoy et Hentz entraient également, le 29, dans Dunkerque où ils allaient s'efforcer de relever l'esprit public par une attitude des plus énergiques.

Tout d'abord ils adressaient à la population cette proclamation :

« Citoyens !

« L'ennemi est à vos portes, il vous menace ; déjà vous lui avez prouvé que des républicains qui connaissent le prix de l'honneur et de la liberté ne composent point avec des esclaves ; mais il en est un autre bien plus à craindre ; il existe parmi vous ; c'est celui que Pitt soudoye dans votre sein ; il sait que les efforts de ses satellites ne résisteront pas au courage de nos braves républicains ; il a recours aux moyens de l'intrigue et de la corruption ; il a des agents en grand nombre ; surveillez, vous les découvrirez et vous briserez les ressorts de ses infernales manœuvres.

« La France a les yeux fixés sur vous ; elle attend son salut de votre fermeté et de votre courage ; des forces considérables viendront à votre secours ; ne perdez pas de vue que si Dunkerque tombait au pouvoir des Anglais, il deviendrait le théâtre de la guerre la plus sanglante, vos propriétés seraient exposées à toutes sortes de dévastations, car les Français le reprendraient à tel prix que ce fût.

« Si donc il se trouvait parmi vous quelqu'un assez lâche ou assez scélérat pour proposer de rendre la place à l'ennemi, qu'il soit livré sur-le-champ au glaive de la loi et que sa tête tombe sans miséricorde : la liberté ou la mort ! Voilà vos serments ; vous ne serez pas parjures et la République sera sauvée (1).

« Signé : Collombel, Duquesnoy, Hentz. »

---

(1) Archives municipales de Dunkerque, H. 44, pièce 62.

Considérant d'autre part que la population de Dunkerque comprenait un grand nombre d'Anglais dont
quelques-uns possédaient des maisons de commerce fort
importantes, les représentants prenaient, d'accord avec
le conseil général de la commune, la décision que voici :

« Les citoyens représentants ont dit qu'il convenait de
faire sortir de cette ville tous les étrangers qui s'y
trouvent, notamment ceux des puissances avec lesquelles
nous sommes en guerre, qu'il serait dangereux, même à
ces étrangers, de demeurer dans une ville assiégée par
leurs compatriotes.

« En conséquence ont arrêté, de concert avec le conseil général :

« 1º Qu'à la diligence de la municipalité tous les étrangers qui sont des nations avec lesquelles la République
est en guerre seraient sur-le-champ mis en sûreté pour
être conduits avec tous les égards possibles dans une
place de guerre de troisième ligne, jusqu'à ce que la ville
sera délivrée de la présence de l'ennemi et être disposé
d'eux conformément à la loi ;

« 2º Que la municipalité demeurerait responsable de
l'exécution de cet article ;

« 3º Qu'elle ferait aux commandants militaires toutes
les réquisitions qui ne compromettraient pas la défense
de la place pour faire conduire successivement tous les
étrangers mentionnés en l'arrêté dans une ville de troisième ligne ;

« 4º Que les étrangers ci-dessus seraient conduits en la
ville d'Arras, sauf d'après des observations ultérieures à
indiquer d'autres villes, dans le cas où celle d'Arras ne
contiendrait pas ou ne pourrait contenir tous les étrangers mentionnés au présent arrêté.

« D'après l'arrêté ci-dessus, le conseil général a arrêté
de l'exécuter sur-le-champ. En conséquence, que tous les
individus étrangers de tout sexe et de tout âge appartenant aux nations avec lesquelles la République est en

guerre seront mis en état d'arrestation pour être transférés en la ville d'Arras, auquel effet chaque officier municipal accompagné de deux notables et de la force armée se portera dans sa section et y arrêteront tous les étrangers indistinctement, sauf à élargir ceux dont les sentiments civiques sont connus (1). »

En outre, Trullard et Berlier, arrivés dans la ville quelques jours plus tard, en vertu d'une mission spéciale de la Convention, établissaient un comité de surveillance « chargé d'interdire aux aristocrates toute manœuvre contre-révolutionnaire ».

Grâce à toutes ces mesures, la population reprenait confiance et la garnison se disciplinait.

« Les matelots, écrivait Toutain au Ministre (2), sortent et parcourent les dunes avec le sabre et les pistolets seulement et font face aux chasseurs tyroliens et aux tirailleurs impériaux ; ils en ont tué plusieurs et ont fait deux prisonniers. L'intrépidité de ces hommes de mer surprend nos braves frères d'armes. Ils se rendent également utiles aux batteries et aux travaux..... Le conseil de guerre m'a demandé pour tenir ses séances la cave du magasin général ; elle a été préparée en conséquence ; elle recevra également les administrateurs de la ville..... »

Le temps de prendre toutes ces dispositions nous était fort heureusement donné par l'assiégeant qui s'occupait, exclusivement, à creuser des tranchées ou à construire des batteries, en attendant l'arrivée de son artillerie de siège et l'apparition d'une flotte de guerre. Quant à la garnison, elle ne tentait aucune sortie jusqu'au 6 septembre. Seuls les postes avancés de la place tiraillaient journellement, soit en avant du chemin cou-

----

(1) *Siège de Dunkerque*, par la société dunkerquoise, page 62.

(2) Dunkerque, 29 août. Toutain, ordonnateur civil de la marine, au Ministre de la guerre. A. H. G., correspondance.

vert, soit dans les dunes, contre les grand'gardes du corps de siège chargées de protéger les travailleurs. Une centaine de jeunes gens de 10 à 16 ans, vêtus « comme des capucins (1) » participaient en « enfants perdus » à cette « guerre de buissons » qui causa quelques pertes de part et d'autre ; l'artillerie de la place, elle aussi, prenait part à la lutte, et les canons des remparts tonnaient tous les jours sans obtenir d'ailleurs des résultats appréciables. Cependant, dans la journée du 30, la division Leclaire, obligeait à se replier, sur la rive droite, les détachements de Walmoden qui avaient franchi le canal de Bergues à Looberghe et à Mille-Brugghe (2).

A partir de ce moment, les diverses unités de cette division venaient successivement renforcer la garnison de Dunkerque aux dates ci-dessous :

Le 1ᵉʳ septembre, le bataillon de gendarmerie ;

Le 3 septembre, le 12ᵉ régiment de chasseurs à cheval et la demi-brigade du 56ᵉ ;

Le 4 septembre, la demi-brigade du 19ᵉ et le 15ᵉ bataillon d'infanterie légère ;

Le 5 septembre, le 3ᵉ bataillon franc et la 32ᵉ division de gendarmerie à pied.

Car, dès le 31 août, les représentants Levasseur, Collombel, Duquesnoy et Hentz avaient demandé à Houchard d'augmenter la susdite garnison (3).

« Dunkerque a 8,319 hommes de garnison, écrivaient-ils, sur lesquels il faut compter 6,000 hommes disponibles pour la défense ; mais vu l'étendue immense de terre à défendre, il en faudrait 4,000 de plus au dire des gens de l'art... Bergues n'a que 2,300 hommes, dont

---

(1) *Siège de Dunkerque*, par la société dunkerquoise. Relation de John Hano.

(2) *Mémoires du général Leclaire*, page 84, *loc. cit.*

(3) Correspondance, A. H. G. Les représentants à Houchard.

120 chasseurs à cheval, et il n'y a que 80 milliers de poudre.

« Nous pensons que pour sauver ces deux places il faut faire faire des mouvements à l'armée ou leur envoyer du renfort ; il n'y a pas de temps à perdre..... »

En conséquence, Berthelmy avait aussitôt envoyé à Jourdan, qui commandait le secteur de Dunkerque, les instructions suivantes (1) :

« Je vous répète, citoyen général, qu'il faut sauver Dunkerque ; c'est le cri de toute la France ; c'est là que tous les yeux sont fixés ; allez à Dunkerque et renforcez-en la garnison ; le général Souham se plaint de sa faiblesse ; il faut, absolument, encore tenir huit jours. »

Enfin, après avoir communiqué à Jourdan dans le plus profond secret, un nouveau projet d'opérations (2) d'après lequel on devait constituer une armée de secours qui obligerait prochainement York et Freytag à décamper, le chef d'état-major ajoutait :

« Ainsi vous voyez, il faut absolument que Dunkerque tienne le temps qu'il nous faut pour nous rassembler. Comme le général en chef se portera lui-même à Cassel, faites faire son logement ainsi que celui de son état-major. Envoyez sur-le-champ des renforts à Dunkerque ; il faut tenir à tout prix. »

De sorte que l'intérêt de la campagne est désormais concentré dans l'intervention plus ou moins opportune de cette armée de secours, dont nous étudierons maintenant la constitution et le mode d'emploi.

---

(1) Berthelmy à Jourdan, 31 août. A. H. G.

(2) On lira au chapitre XV la genèse de ce nouveau plan d'opérations.

CHAPITRE XIV.

L'affaire de Tourcoing (27 août 1793) [carte n° 3].

Les hésitations de Houchard. — Lorsqu'il eut enfin discerné, le 19 août, que le mouvement offensif du duc d'York était dirigé sur la Flandre maritime, Houchard se préoccupa tout d'abord de renforcer les troupes chargées de la défense de ce secteur de la frontière en y envoyant la division Landrin (1). Cela fait, son esprit hésita entre plusieurs combinaisons.

Le 22, le général en chef compte faire refluer sur Lille la division Jourdan et disposer ainsi, derrière la Lys, d'une *armée exterminatrice* de 36,000 hommes avec laquelle il prendra l'offensive *contre Cobourg* que les troupes de Maubeuge « travailleront dans son flanc gauche » ; pendant ce temps, Barthel rétablira les choses dans la région de Cassel et repoussera l'ennemi : « De l'arrivée des troupes de la Moselle dépend le moment de l'attaque générale, car il ne reste plus au camp de Biache qu'environ 12,000 hommes, avec lesquels il faut couvrir Douai et Arras qui sont sans garnison (2). »

Le 24, Houchard, troublé par l'audace des Anglais, se transporte à Lille avec l'intention d'opérer contre les Hollandais, vers Menin, une diversion qui inquiéterait York et ralentirait son mouvement sur Dunkerque ;

----

(1) Houchard à Bouchotte, de Gavrelle, 21 août. A. H. G.
(2) Houchard à Bouchotte, de Gavrelle, 22 août. A. H. G.

la division Jourdan coopérerait à cette entreprise. Mais, en arrivant à Lille, le commandant de l'armée du Nord apprend que cette division doit désormais participer à la défense de Dunkerque; « toutes les combinaisons sont dérangées » par cette circonstance et Houchard gémit alors sur la situation qui lui est ainsi faite « par la nullité de Barthel, par la lâcheté et l'ignorance crasse des officiers et par le retard des renforts de la Moselle.

« … Je ne puis savoir comment les choses tourneront, déclare-t-il au ministre (1) ; si les troupes de la Flandre maritime s'étaient défendues avec tant soit peu de courage, j'aurais eu la division Jourdan pour me renforcer » et la dispersion de cette « belle division » — c'est le qualificatif qu'il emploie — l'affecte profondément. Cependant, il fallait prendre un parti car les représentants « attendaient le plus heureux effet (2) » des mouvements de troupes en cours d'exécution et surtout de la présence, au nord de Lille, des divisions Jourdan et Landrin. « Le général en chef doit arriver aujourd'hui à Cassel, écrit Duquesnoy au Comité de Salut public, et probablement nous chasserons, *sous peu*, les satellites des tyrans qui ravagent, pillent, violent, incendient, tuent, en un mot, commettent tous les crimes dont le siècle le plus barbare ait jamais fourni d'exemple (3). »

Houchard, auquel Berthelmy recommandait d'autre part de ne pas différer son attaque (4), comprit qu'il ne pouvait tarder davantage à tenter quelque manœuvre. Le 26, il revenait à Lille où l'on discutait, en conseil de guerre, le plan d'une nouvelle opération. Il y fut décidé,

----

(1) Houchard à Bouchotte, de Lille, 26 août. A. H. G.

(2) Bentabolle et Levasseur au Comité de Salut public, de Lille, 25 août. A. H. G.

(3) Duquesnoy au Comité de Salut public, de Cassel, 25 août. A. H. G.

(4) Berthelmy à Houchard, de Gavrelle, 24 août, A. H. G.

sur la proposition de Gay-Vernon (1), qu'un corps d'une
trentaine de mille hommes, partant de Lille, attaquerait les Hollandais sur la Lys, pendant que Jourdan,
investi du commandement supérieur de toutes les troupes
stationnées dans le secteur de Dunkerque à Bailleul,
« chasserait les ennemis de cette partie de la frontière en
employant les moyens que ses talents et son dévouement
entier à la République lui suggéreront (2) ». Il combi-
nerait, à cet effet, ses opérations avec celles du général
Béru, commandant le secteur de Lille à Armentières.
Mais l'exécution de ce plan comportait une concentration
de forces et une transmission d'ordres qui devait exiger
un certain délai. Houchard, pressé d'agir et manquant
de patience, modifia le projet ci-dessus en décidant que,
dès le 27, les 15,000 hommes réunis sous les murs de
Lille chasseraient de la rive droite de la Lys tous les
postes hollandais. « Si cette expédition réussit, comme
il y a lieu de l'espérer, écrivait Berthelmy, cela arrêtera l'impétuosité des Anglais (3). » D'ailleurs, pendant que l'opération principale sera exécutée comme il
vient d'être dit, une démonstration sera faite par les
troupes de Maubeuge ainsi que par le cordon qui
s'étend depuis Lille au camp de Gavrelle « dans le but
d'occuper Cobourg..... (3). »

On fit vainement observer à Houchard que « cette
démonstration prématurée et partielle ne servirait qu'à

---

(1) Duquesnoy au Comité de Salut public, de Cassel, 26 août. On
trouve dans cette lettre le passage suivant :

« Ce fut son adjudant général Vernon, ci-devant aide de camp de
Custine, qui proposa ce plan et qui le fit adopter.

« Il a infiniment de connaissances et d'activité dans ce qu'il fait,
mais il a des yeux qui ne me plaisent pas. »

(2) Ordre de Houchard à Jourdan, publié au chapitre XIII.

(3) Berthelmy au Ministre de la guerre, de Gavrelle, 26 août.
A. H. G.

découvrir nos projets en donnant l'éveil à l'ennemi (1). » Le général en chef ne voulut rien entendre et lança les ordres en vue de cette attaque, dont il attendait sans doute quelque succès facile, propre à calmer toutes les impatiences. Ainsi la phase des petites opérations se perpétue ; notre commandement, évitant de se mesurer avec le gros des forces ennemies, se contente de bousculer des postes, au lieu de rechercher la bataille.

L'affaire de Tourcoing. — Le plan de la manœuvre à exécuter le 27 août, par l'armée du Nord, comportait une attaque proprement dite et une simple démonstration.

L'attaque devait être faite conformément aux dispositions suivantes (2) :

a) Une colonne commandée par Macdonald, promu la veille au grade de général de brigade, marchera sur Lannoy ;

b) Une deuxième colonne, aux ordres de l'adjudant général Dupont, également nommé général de brigade, le 26, se dirigera par Mouveaux sur Tourcoing. Avec cette colonne, qui est la principale, marcheront Houchard, Béru et les représentants Bentabole et Levasseur ;

c) Une colonne, conduite par le général de brigade Alexandre Dumas, passera par Roncq et prendra Linselles comme objectif ;

d) En même temps, les troupes de Pont-à-Marque exécuteront une diversion contre le camp de Cysoing tandis que le général Dumesny, disposant d'une partie de la division Landrin, s'avancera sur Werwick pour tenir en respect le camp de Menin et empêcher que l'en-

---

(1) *Mémoires de Gay-Vernon*, page 244.
(2) Le général Béru au ministre de la guerre, du camp de la Madeleine, 28 août A. H. G.

nemi n'envoie des renforts sur la rive droite de la Lys.

D'autre part, Berthelmy ordonnait les mesures suivantes, en vue de la *démonstration*.

a) Le général Colaud, disposant de trois demi-brigades (1) d'infanterie et de quelques escadrons, est chargé de faire une démonstration, le 27, sur la rive Est du canal, en avant de Pallué et Hérin, afin d'empêcher que l'ennemi, redoutant une attaque, ne vienne inquiéter le camp de Mons-en-Pesvel ;

b) La brigade Hédouville, partant à 5 h. 30 du matin du camp de Gavrelle, le 27, viendra occuper la position suivante :

    1 bataillon à Sauldemont ;

    1 bataillon à Saulchy-Cauchy ;

    1 bataillon à l'Écluse ;

Ces bataillons sont placés en échelon afin d'assurer s'il y a lieu la retraite de la cavalerie dont il est question en *c* ;

Les trois autres bataillons, sous les ordres directs du général Hédouville, s'établiront : la gauche vers Bellonne, la droite sur la hauteur plus au sud ;

Jusqu'à 10 heures du matin, l'infanterie restera en dehors des villages ci-dessus indiqués, à la lisière située du côté de l'ennemi ; à ce moment, elle cantonnera ;

L'artillerie légère, qui se trouve à l'Écluse, est à la disposition du général Hédouville ;

c) Le 6ᵉ chasseurs et le 25ᵉ de cavalerie rompront, le 27, l'un à 4 heures, l'autre à 5 heures du matin, pour venir se ranger en bataille sur la hauteur de Marquion à Saulchicourt. De ce point, ils feront rayonner des patrouilles afin de s'éclairer et de laisser croire à l'en-

---

(1) On a vu précédemment (chapitre XIII) la composition détaillée de la brigade Colaud. Berthelmy avait ordonné qu'on la renforçât, dans la nuit du 26 au 27, par une demi-brigade venue du camp de Biache. (Tome XI, correspondance.)

nemi qu'il va être attaqué. A la nuit, la cavalerie cantonnera derrière l'infanterie.

L'objet des mouvements *b* et *c* est de quitter une position inutile à garder afin de se rapprocher de l'ennemi et de faire une diversion avantageuse au poste de Mons-en-Pesvel, qui paraît être menacé.

d) Le 27, à 2 heures du matin, le 2ᵉ bataillon de la Manche et le 1ᵉʳ bataillon républicain partiront de Douai, passeront par le pont d'Auby et viendront se placer « la droite vers le ruisseau de Pont-à-Bouvry, avec Mons-en-Pesvel derrière eux » pour garder la communication de Douai à Lille ;

e) Le général Chaumont, qui commande à Douai, devra renforcer les postes de Raches et s'éclairer vers les bois de Rambouillet ;

f) Il est recommandé aux généraux Colaud, Hédouville, Chaumont et Romanet « de se tenir en correspondance active (1) » ;

g) Enfin le général Antoine, suspect, est remplacé provisoirement, à la tête de la réserve de cavalerie, par l'adjudant général Haquin.

En somme, dans l'espèce, on se propose simplement d'intimider l'ennemi, sans l'attaquer, et l'on espère que, pour y réussir, il suffira de se montrer.

L'analyse des faits fera ressortir toutes les défectuosités de cette étrange combinaison.

Exécution de la manœuvre. — La colonne Dumas se heurtait au faible rideau d'avant-postes que les Hollandais avaient disposés entre Roncq et Linselles, sous le commandement du major de Byland ; ceux-ci se repliaient sur Roncq que notre grosse artillerie se met-

---

(1) Tous ces mouvements résultent des ordres contenus dans le registre de correspondance, tome VI. A. H. G.

tait à canonner. Comme, à ce moment, un détachement du général Dumesny était déjà parvenu au Nord-Ouest d'Halluin, de Byland s'arrêtait peu à Roncq.

A la nouvelle de cette double attaque, qui paraissait dirigée sur Menin, le prince d'Orange avait pris aussitôt les dispositions suivantes (1) :

1º Le régiment des gardes suisses venait à Bousbeck pour y garder le pont sur la Lys ;

2º Le prince conduisait lui-même, sur Roncq, une colonne comprenant : un bataillon des gardes-dragons, les bataillons des gardes hollandaises, le bataillon de Saxe-Gotha, le bataillon de Bédarides, deux obusiers et deux canons de 12 ;

3º Le 1er bataillon de Waldeck, les bataillons d'Hohenlohe, de Rasfeld, de Nassau-Ussingen et un escadron de gardes à cheval quittaient également le camp et suivaient la colonne ci-dessus dont ils formaient la réserve ;

4º Les bataillons de May et de Wartensleben, avec un escadron de Saint-Gravemer, se portaient au-devant de Dumesny, vers Werwick.

La colonne principale, qui se dirigeait sur Roncq, arrivait devant ce village au moment où de Byland venait de l'évacuer. Aussitôt, son artillerie entrait en action pour riposter au feu violent de nos canons et de nos obusiers, tandis que l'infanterie se déployait à cheval sur la chaussée de Menin, les bataillons de gardes hollandaises de Bédarides et de Saxe-Gotha à droite, ceux de Rasfeld et de Nassau-Ussingen à gauche ; sur la chaussée même on mettait en batterie une pièce de 12. Les grenadiers du bataillon des gardes hollandaises, ayant tourné notre gauche, se précipitaient à la baïonnette sur notre infanterie au moment même où l'incendie éclatait dans

---

(1) Relation adressée par le prince d'Orange aux États-Généraux de Hollande. A. H. G., correspondance.

Roncq; nos fantassins, abandonnant alors le village, se repliaient sur la hauteur qui se trouve au sud, sur la chaussée de Lille, d'où le feu de l'artillerie hollandaise ne tardait pas à les chasser.

Une fois maître de Roncq, le prince d'Orange se portait au secours de Werwick et repoussait l'attaque de Dumesny; le bataillon de grenadiers du colonel de Larrey passait même sur la rive droite de la Lys avec trois pièces de 6.

Quant au général Dupont, qui avait pris comme objectif Tourcoing, il rencontrait en ce point une résistance sérieuse. Cette ville était occupée par 4,000 hommes d'infanterie (dont deux régiments suisses) sous le commandement du général-major de Gensau; en outre, ses abords étaient garnis de haies ou de boqueteaux épais, et l'on ne pouvait avancer qu'en suivant la chaussée qui était défendue par des retranchements garnis d'artillerie.

Grâce à cette circonstance, l'infanterie ennemie bien embusquée put arrêter la nôtre pendant plus de quatre heures; heureusement, nos obusiers de gros calibre parvinrent à prendre la supériorité du feu et les grenades incendièrent les maisons, de sorte que nos tirailleurs réussirent à pénétrer dans les rues où le combat fut assez vif, car l'ennemi voulait donner à son artillerie le temps de se replier (1). Finalement, une attaque générale à la baïonnette obligea les Hollandais à se retirer, en nous laissant environ 100 prisonniers (dont cinq officiers), un obusier et son caisson. Cette retraite s'exécuta assez facilement sur Courtrai, bien que le terrain fût plat et découvert, grâce à l'intervention de la cavalerie hollandaise qui put même tailler en pièces le bataillon du Finistère, venu de Blancfour, dans le

---

(1) Lettre des Représentants au Comité de Salut public, de Lille, le 28 août. A. H. G.

flanc droit des Hollandais ; ce bataillon s'enfuit et abandonna deux pièces et un caisson.

De son côté, la colonne Macdonald lançait sur Willem et sur Lannoy une double attaque qui se heurtait
dans cette partie aux postes du prince Frédéric (frère du
Stathouder). Celui-ci avait installé son camp principal à
l'Est et près de Willem et placé ses avant-postes, commandés par le colonel de Tuyll, sur la ligne Willem,
Gruson et Bouvines.

A la nouvelle du danger qui le menaçait, Frédéric
prenait aussitôt les mesures ci-dessous :

1° Les bataillons de Baseck, de Rechteren et de Walderen, avec deux pièces de 12, étaient chargés de secourir
le poste de Willem ;

2° Les bataillons de Dopoff et de Gumoens, le 3ᵉ escadron de Hesse-Philippstadt devaient se placer en réserve
sur la hauteur de Willem ;

3° Le 1ᵉʳ escadron d'Orange-Frise s'avançait à l'Ouest
de Sailly.

Ces troupes arrivaient sur la ligne de combat au
moment où nous allions donner l'assaut contre le village
de Lannoy. Aussitôt le prince Frédéric faisait face à cette
menace et déployait son infanterie, entre Sailly et Lannoy, tandis que sa cavalerie chargeait sur les deux
flancs ; les républicains, surpris par cette contre-attaque,
reculaient, abandonnant une pièce de 8 et un chariot de
munitions.

Une charge, dirigée sur un de nos bataillons par
l'escadron d'Orange-Frise, fut heureusement arrêtée par
un grand fossé et cette circonstance « permit même aux
nôtres de le mettre en confusion avec une bonne décharge
générale (1) ».

Le détachement de Pont-à-Marque, envoyé en recon-

---

(1) Rapport du prince d'Orange aux États-Généraux, *loc. cit.*

naissance du côté de Cysoing, repoussait tout d'abord quelques postes autrichiens, mais Beaulieu intervenait avec une cavalerie nombreuse, et nos troupes, chargées de tous côtés, se retiraient, abandonnant quatre pièces de canon.

Quant à la menace que devait exécuter le général Colaud, elle donna complètement dans le vide et il n'y eut, de ce fait, aucune rencontre.

Dans l'ensemble, cette journée coûtait aux alliés près de 1000 tués ou blessés, 100 prisonniers, une pièce de 8, un caisson et des chevaux.

Nos pertes s'élevaient à 100 morts, 400 blessés (1) et 7 pièces de canon.

Bien que la prise de Tourcoing eût décidé l'ennemi à abandonner Roncq et Lannoy, le résultat tactique obtenu dans cette journée était de médiocre importance (2). En conquérant ainsi à peu près trois lieues de terrain, on donnait un peu d'air au camp de la Madeleine et l'on facilitait son ravitaillement; mais, pour que ce succès entraînât quelque conséquence sérieuse, il eût fallu poursuivre énergiquement le major de Byland, en retraite sur Courtrai. Malheureusement il n'en fut rien et pour causes, car il s'était produit, au moment où nos troupes entrèrent dans Tourcoing, des scènes de désordre, de pillage et d'ivrognerie qui soulevèrent, à juste titre, l'indignation des généraux et des Représen-

---

(1) Parmi ces blessés se trouvaient Sicardy, né à Ville-sur-Aube, et Boutry, grenadier au 5e régiment d'infanterie. Le premier, auquel on venait de couper la jambe s'écriait, en apprenant que Lannoy était évacuée : « Oh! je ne regrette plus ma jambe! » Le deuxième, à qui on venait de couper le bras, aurait dit aux assistants : « N'importe, il m'en reste encore un pour la République et pour exterminer ses ennemis. » Lettre des représentants Levasseur et Bentabolle au Comité de Salut public, de Lille, 28 août.

(2) Gay-Vernon dans ses mémoires (page 245) qualifie ce combat d' « inutile et sanglant ».

tants du peuple; d'autre part, on pouvait tout craindre de la lâcheté des conducteurs d'artillerie.

Béru déclare qu'il a été témoin « de la bravoure des soldats et, en même temps, de l'ardeur effrénée de quelques-uns pour le pillage; il sera impossible d'entreprendre d'autres opérations si l'on ne réprime ces malheureux excès qui ternissent à la fois l'esprit républicain qui doit nous animer et le succès des armes de la République (1) ». « Il serait infiniment utile à la République, écrit-il par ailleurs (2), et conforme aux sentiments qui doivent animer les troupes que, dans l'opinion, la perte d'une pièce de canon fût regardée comme une tache qui ne pourrait être effacée que par la prise d'une autre pièce sur l'ennemi. »

Levasseur et Bentabole s'expriment de même (3) :

« Nous vous dénonçons un très grand abus qui, si vous ne preniez des mesures pour le réprimer, nuirait infiniment aux intérêts de la République. Des conducteurs de chevaux, pour ne pas s'exposer en retirant les pièces de canon, coupent les traits de leurs chevaux. Nous vous demandons, à cet égard, une loi sévère contre ces lâches.

« La prise de Tourcoing nous aurait déterminé à nous porter plus avant si des hommes bien répréhensibles dans nos troupes, profitant de ce que les habitants de Tourcoing ont la réputation d'être aristocrates, pour y commettre quelque pillage, n'avaient empêché la marche de l'armée. On a fait restituer les effets pillés et l'on a

---

(1) Béru aux Représentants du peuple; du camp de la Madeleine, 28 août. A. H. G.

(2) Béru au Ministre de la guerre; du camp de la Madeleine, 28 août. A. H. G.

(3) Levasseur et Bentabolle au Comité de Salut public, de Lille, 28 août.

recommandé la plus grande sévérité contre ceux qui se rendraient coupables de pareils désordres. »

Houchard déplore également les scènes regrettables auxquelles il vient d'assister et déclare que, si l'on ne rétablit pas la discipline, il sera impossible de conduire les troupes à la victoire :

« Après la prise de Tourcoing, écrit-il le 29 août au Comité de Salut public (1), je comptais rassembler toutes mes colonnes et marcher sur le camp de Menin, mais les troupes se sont livrées dans le village de Tourcoing à un tel excès de pillage et d'ivrognerie, qu'il m'a été impossible de rien faire et que j'ai été forcé de prendre le parti de me retirer sur Mouveaux, dans la crainte que l'ennemi ne revenant en force, il me trouvât dans ce désordre épouvantable. Si les troupes commandées par le général de brigade Dupont avaient écouté sa voix, elles auraient eu un succès complet, mais après avoir emporté le village à la baïonnette, la vue de deux pelotons de cavalerie les a mis en désordre et les a fait retirer, de sorte qu'il a fallu recommencer l'attaque. Plusieurs corps se sont fort bien conduits; le ci-devant régiment d'Auxerrois, après avoir rentré dans le village par la droite, en est sorti pour se mettre en bataille. Je prendrai des connaissances exactes de la conduite particulière de tous les corps afin de vous en rendre compte.

« Je vous le déclare, Citoyens Représentants, si dès l'instant il n'est pas pris des moyens sûrs et prompts de réprimander le brigandage et faire renaître la discipline et l'obéissance, il est impossible de conduire les troupes à la victoire. Les dragons et un des Représentants du peuple qui travaillaient avec moi pour empêcher le pillage et faire sortir les troupes du village *ont été couchés*

---

(1) Correspondance. A. H. G.

en joue par des volontaires. Assignats, lits, meubles de toutes espèces ont été enlevés malgré mes efforts et ceux des Représentants du peuple dans un village français que nous venions d'arracher des mains des satellites des despotes. Il est indispensable qu'un général en chef et tout commandant une expédition puisse former dans l'instant où il le jugera convenable un conseil de guerre composé d'un petit nombre d'officiers, sous-officiers et soldats pour juger et exécuter sur l'heure les pillards et les indisciplinés. »

Enfin le général en chef demande également que l'on prenne des mesures très sévères pour empêcher que notre artillerie ne tombe aussi facilement aux mains de l'ennemi :

« J'ai représenté au Ministre que les bataillons, surtout ceux des volontaires, n'attachent aucun intérêt à leurs pièces de canon et qu'ils les abandonnent souvent à l'ennemi sans les défendre ; il faut prendre là-dessus les moyens les plus violents et attacher une marque de déshonneur à tout bataillon qui aurait laissé prendre ses canons par l'ennemi. Comme cette conduite lâche tient principalement à la conduite des officiers, il faudrait destituer le chef et les capitaines de tous les bataillons qui n'auraient pas défendu leurs canons et ne les auraient pas disputés avec acharnement à l'ennemi. »

Ainsi, cette affaire du 27 août, inutile au point de vue tactique, laissait à ceux qui dirigeaient alors les opérations une impression fâcheuse, car elle diminuait leur confiance dans la solidité des troupes et les incitait à éviter toute nouvelle rencontre avec l'ennemi.

CHAPITRE XV.

La préparation de la manœuvre d'Hondtschoote.

Les divers plans offensifs mis en discussion. — Le choix des moyens à employer
pour débloquer Dunkerque. — Les dispositions prises en vue de la réunion
vers Cassel de l'armée de secours; mesures concernant le rétablissement de
l'ordre et de la discipline. — Les responsabilités encourues par les diverses
autorités dans le choix et la préparation du plan d'opération : *a*) le rôle et la
mentalité de Houchard; *b*) le rôle et l'attitude du Comité du Salut public et du
Ministre de la guerre. — Conclusions.

Les divers plans offensifs mis en discussion. —
L'affaire de Tourcoing n'avait entraîné aucune modi-
fication à la situation générale des armées en présence.

Les forces des coalisés, divisées en deux groupes équi-
valents, étaient encore immobilisées autour de deux
places fortes (le Quesnoy et Dunkerque) distantes
d'environ 150 kilomètres et cet intervalle était toujours
surveillé, pour ne pas dire couvert, par 20,000 Hollandais et Autrichiens disposés en cordon depuis Menin
jusqu'à Orchies.

Comme ces deux places assiégées étaient à l'abri d'une
attaque brusquée, et comme aussi les différentes opérations que comporte un siège méthodique exigent un
temps relativement long, il faut bien reconnaître que
la tâche de notre commandement était très simplifiée
par cette disposition particulière. S'il est vrai, en effet,
que les difficultés de la conduite de la guerre proviennent surtout du mystère qui voile les desseins et
les mouvements de l'adversaire, s'il est exact qu'une
certaine faculté de divination soit une des qualités nécessaires au stratège qui doit en quelque sorte, pressentir
les intentions de son ennemi, la solution du cas qui nous
intéresse présentement exigeait évidemment une perspi-

cacité beaucoup moindre. Car, lorsque les forces adverses sont fixées pour une durée de plusieurs jours, le nombre des combinaisons stratégiques entre lesquelles l'esprit peut hésiter se trouve très réduit. Dans l'espèce, il est clair que l'offensive française devait être dirigée soit sur le Quesnoy, soit sur Dunkerque, à moins que, rompant la couverture des alliés, l'armée du Nord ne vînt s'interposer entre ces deux forteresses, pour se retourner ensuite contre Cobourg ou contre York. Ce sont bien là les solutions qui avaient été envisagées par l'état-major de Houchard, par le Ministre et par le Comité de Salut public. L'attaque dirigée le 27 contre les Hollandais n'était-elle pas le premier acte d'un plan général d'après lequel Houchard réunirait sous Lille un corps de 50,000 hommes, marcherait sur Menin, bousculerait les Hollandais et se porterait ensuite du côté d'Ypres pour opérer contre l'armée anglo-hanovrienne? Or, les événements survenus au cours de cette journée de lutte n'avaient pas eu pour effet de modifier la volonté du général en chef; celui-ci avait même été encouragé à persister dans son projet par les instructions que le Comité de Salut public adressait aux Représentants du peuple dans une lettre partie de Paris le 25 août et dont voici les passages essentiels (1) :

« L'armée du Nord étant au moins de 100,000 hommes indépendamment des garnisons, ou de 14,000 hommes au moins tout compris, nous ne vous dissimulons pas que nous sommes étonnés que vous ayez un besoin si pressant de renforts pour vous défendre ; *il paraît que le vice est plutôt dans la mauvaise disposition de vos forces trop disséminées que dans la faiblesse du nombre.*

« Cependant nous ne négligeons rien pour hâter les

---

(1) Correspondance. A. H. G.

secours que vous désirez; des chevaux d'artillerie en assez grand nombre et 5,000 à 6,000 hommes de cavalerie ont dû vous parvenir ou vous parviendront au premier moment. Enfin le peuple entier se lève. Que faut-il donc de plus? Du courage et la punition des traîtres.....

« ... Nous pensons, citoyens collègues, que le plus sûr moyen d'obtenir des succès serait de couper l'armée ennemie en deux en attaquant avec de grandes forces le cours de la Lys par Lille; après quoi, il serait aisé de la prendre à revers soit du côté de la Flandre maritime, soit du côté du Hainaut; il faut surtout sauver Bergues et Maubeuge et jeter une grande quantité de subsistances dans ces places. »

Mais au lieu de s'en tenir à cette solution simple, Houchard la modifiait, dès le 29, en décidant que l'attaque sur Menin au lieu d'être unique serait seulement la principale, et que l'on enverrait sur Maubeuge et Cambrai 10,000 fantassins et 2,000 cavaliers de renfort « pour attaquer Cobourg (1) ».

Il s'agit donc maintenant de diriger simultanément une double offensive sur Menin et sur Maubeuge, de sorte que l'objectif étant double, les efforts seront divergents et la concentration des troupes s'effectuera en deux masses distinctes; par suite, la préparation de l'opération se trouve compliquée et retardée. Houchard comprend très bien cependant qu'il faudrait agir rapidement. « Je devrais être en mesure, déclare-t-il, de marcher dans huit jours avec les forces qui me sont destinées (1). » Mais il lui faudrait pour cela une grande partie de ce personnel et de ce matériel déjà réclamés au Ministre, savoir, outre les renforts du Rhin et de la Moselle qui ne sont pas encore arrivés : 24 pièces de 4,

____

(1) Houchard au Comité de Salut public, de Gavrelle, 29 août. A. H. G.

de la poudre, des obus de 6 pouces, 3,000 chevaux d'artillerie, le 2ᵉ régiment de carabiniers, dix millions dont six pour les fourrages et quatre pour la viande; « la cavalerie est sans avoine et les chevaux se ruinent faute d'être nourris. »

Heureusement le Comité de Salut public, poussé par certaines considérations politiques, venait tirer Houchard d'embarras en lui indiquant, sous la forme la plus impérative, le but essentiel qu'il fallait atteindre à n'importe quel prix.

Le Comité du Salut public au général Houchard (1).

Paris, le 28 août 1793, an Iᵉʳ.

Citoyen général,

« D'après les faits importants que vous nous avez communiqués sur les mouvements de l'ennemi, nous ne pouvons douter qu'il n'attache la plus grande importance à la conquête des villes de Bergues et de Dunkerque. Il est aisé de sentir, en effet, que Pitt n'a pas d'autre moyen de soutenir son crédit chancelant et de consoler sa nation des frais énormes de la guerre et de la perte totale de son commerce. Si nous sauvons ces deux villes, la révolution la plus complète est inévitable en Angleterre ; si nous les perdons, le plus affreux découragement parmi nous en sera la suite infaillible. Ce n'est donc pas précisément sous le point de vue militaire qu'il faut envisager l'attaque dirigée sur ce point si important de notre frontière, c'est principalement sous le point de vue politique. Il faut sauver avant tout Bergues et Dunkerque parce qu'il faut sauver avant tout l'honneur de la nation qui est là. Portez-y des forces immenses ; que l'ennemi soit chassé de la Flandre maritime ; qu'il en soit chassé à quelque prix que ce puisse

---

(1) A. H. G. Correspondance.

être. C'est le moment, citoyen général, de justifier le choix glorieux que la nation a fait en vous confiant le commandement de sa principale armée, et nous espérons que vous ne démentirez pas la haute réputation que vous ont mérité vos talents et vos vertus républicaines. »

D'autre part le Ministre de la guerre, faisant sienne la solution du Comité, adressait au général en chef des recommandations du même ordre.

« Il importe de réduire à zéro les calculs politiques de Pitt, écrivait-il le 28 (1), Dunkerque manquée, la campagne est perdue pour eux. Cette circonstance mérite toute votre méditation... » Le 30, il insistait encore en ces termes : « Secourez Dunkerque ; ne laissez pas tomber cette clef importante de la mer dans les mains de vos ennemis ; détruisez leurs magasins, leurs munitions ; enfin faites échouer leur campagne et qu'ils n'hivernent pas sur notre territoire..... J'ai donné des ordres pour les objets que vous avez demandés ; il ne tiendra pas à moi que cela n'arrive bientôt, parc et poudre et en artillerie, et je compte que dans huit jours vous serez à même de porter le grand coup (2)... »

De son côté Berthelmy, dont l'influence sur Houchard est déjà connue, appréciait la situation stratégique avec une certaine perspicacité. Dans une lettre qu'il adressa le 29 août au général Brune (3), le chef d'état-major proposait, en effet, une solution analogue à celle qui avait rallié le 25 août les suffrages du Comité de Salut public. L'armée est pillarde au dernier degré, écrivait-il ; la plupart des corps n'écoutent plus la voix de leurs chefs ; on manque de bons officiers d'état-major ; les trois quarts des généraux sont perclus, mais tant pis ; il

---

(1) Bouchotte à Houchard. A. H. G. Correspondance.
(2) Bouchotte à Houchard. A. H. G. Correspondance.
(3) A. H. G. Correspondance.

faut agir quand même. Puisque les ennemis sont divisés en deux armées, on gardera la défensive vis-à-vis de l'une et on *chauffera l'autre*. Comme on aura à meilleur compte les Anglais et les Hollandais, on rassemblera sous Lille une force agissante de 50,000 hommes pour inquiéter le flanc gauche d'York ou le prendre à revers, tandis que les troupes de Cassel et des cantonnements de la Lys l'attaqueront de leur côté.

Sous Maubeuge, il y aura 30,000 hommes, et à Gavrelle une dizaine de mille; ceux-ci seront renforcés plus tard par l'armée qui, après avoir battu York, viendra opérer contre Cobourg. Le 3 septembre au matin on sera en état de « commencer à agir offensivement », et si Dunkerque fait une résistance républicaine, les Anglais seront jetés à la mer.

Il faudra se donner beaucoup de mal pour l'exécution de ce plan, car on devra « suppléer aux généraux ganaches ou trop froids pour la guerre révolutionnaire, aux mauvais officiers d'état-major, au manque d'artillerie et surtout de caissons; néanmoins en parlant aux soldats, en tonnant contre les officiers, on les réveillera, on les échauffera, et il faudra bien que çà aille ». Berthelmy sait bien qu'il aura un travail forcé pendant cinq ou six jours, mais qu'importe, puisqu'il s'agit de préparer une victoire à laquelle il espère se trouver tout botté (1).

Le choix des moyens à employer pour dégager Dunkerque. — La conception moderne du rôle d'un chef d'armée permet de supposer que, au reçu des instructions ci-dessus du Comité de Salut public et du Ministre de la guerre, Houchard s'isolerait pendant

––––––––––

(1) Berthelmy venait de recevoir à la jambe un coup de pied de cheval, par suite, il ne pouvait momentanément faire usage de bottes, ni monter à cheval.

quelques heures pour méditer à l'aise sur la situation
tactique, et que, une fois sa décision prise, il communi-
querait celle-ci à son chef d'état-major, lequel se
serait alors chargé du soin d'assurer, avec le concours
du personnel d'état-major, la rédaction et la transmission des ordres d'exécution. Ce sont bien là, en effet, les
procédés familiers aux grands capitaines dont le talent,
à défaut du génie, s'exerce de lui-même et sans recourir
aux lumières d'autrui pour tout ce qui concerne l'élabo-
ration de la manœuvre à réaliser. Au lieu de s'en
tenir à cette méthode de commandement, conforme aux
principes généraux de la conduite de la guerre, Houchard, poussé peut-être par la crainte des responsabilités
ou par un manque de confiance en lui-même, éprouvait
le besoin de réunir, le 30 août, un conseil de guerre
qui devait lui dicter sa décision. Les généraux Berthelmy, Gay-Vernon, Dupont et Dupont-Chaumont, les
représentants Delbrel et Levasseur, ainsi que les adjudants généraux Allain et Merlin étaient présents à ce
conseil où l'on arrêta le plan suivant (1).

Une armée de 40,000 hommes se porterait de Lille sur
Menin et Ypres pour couper la retraite aux Anglais, tandis que les troupes déjà réunies sous Cassel attaqueraient
ceux-ci directement. Le projet primitivement adopté par
le conseil de guerre du 26 août, sur la proposition de
Gay-Vernon, était donc maintenu dans ses grandes
lignes, avec cette différence cependant que l'opération sur
Ypres était combinée avec une attaque directe qui devait
partir de Cassel. Il demeurait entendu que les troupes
concentrées vers Cambrai et Maubeuge resteraient en
face de Cobourg. Telle était la solution sur laquelle on
s'était mis d'accord, lorsque, chemin faisant, à la sortie

---

(1) Levasseur au Comité de Salut public, de Cassel, 1ᵉʳ septembre.
A. H. G.

de la conférence, le général Dupont-Chaumont, qui commandait à Douai, exprima aux représentants Levasseur et Delbrel et au général Dupont les inquiétudes que ce plan lui causait. D'après lui, on avait choisi le chemin le plus long, de sorte que l'on courait le risque d'être retardé par des combats sur la Lys et d'arriver trop tard peut-être pour sauver le port de Dunkerque, d'autant plus menacé, à ce moment, que les Anglais, disait-on, venaient de recevoir de l'artillerie de siège. Mieux valait donc, à son avis, concentrer toutes les forces agissantes autour de Cassel pour opérer directement contre Freytag et York.

C'était reprendre un projet qu'Ernouf avait exposé au conseil de guerre du 26 août et auquel celui de Gay-Vernon avait été préféré par Ernouf lui-même. Cependant les Représentants et le général Dupont furent tellement impressionnés par ces arguments qu'ils invitèrent Dupont-Chaumont à les consigner par écrit et Levasseur revint à la hâte auprès de Houchard pour les soumettre à l'examen d'un nouveau conseil de guerre. Cette fois, le général en chef, Berthelmy et Gay-Vernon, craignant réellement que leur offensive ne produisît des effets trop tardifs pour empêcher la chute de Dunkerque, se rangeaient à l'avis de Dupont et décidaient que la concentration aurait lieu sous Cassel. De là, on attaquerait Freytag d'abord et York ensuite (1).

Par conséquent, la crainte que la garnison de Dunkerque ne résistât pas assez longtemps avait fait renoncer à la manœuvre indirecte qui promettait cependant des résultats, moins immédiats il est vrai, mais combien plus complets puisqu'elle pouvait nous procurer la chance d'acculer York à la mer.

Les dispositions prises en vue de la réunion vers

______

(1) Houchard à Bouchotte, de Lille, 3 septembre. A. H. G.

Cassel de l'armée de secours. — Dès le 30 au soir, le chef d'état-major mettait la main à la préparation du plan définitif, en communiquant au commissaire général Petitjean ce que Napoléon qualifiait plus tard de « secret de l'armée », c'est-à-dire qu'il faisait connaître à ce haut fonctionnaire la zone de concentration et la quantité approximative des troupes qui devaient s'y réunir. C'était là une confidence indispensable, puisqu'il fallait accumuler le plus tôt possible dans cette région des approvisionnements de toutes sortes; toutefois pour éviter que l'ennemi pût tirer de là quelque déduction utile, Berthelmy recommandait de répandre le bruit d'un rassemblement de l'armée sous les murs de Lille.

« Je vous fais passer sous le plus profond secret, citoyen commissaire général, écrivait-il le 30 août (1), que les dispositions du général en chef sont changées et que l'armée de 50,000 hommes qui devait être placée sous les murs de Lille doit être placée au camp de Cassel; le 8, les troupes de la Moselle commenceront à arriver au nombre de 4,000 hommes à Cassel jusqu'à la concurrence de 14,000 hommes environ.

« Demain, il partira du camp de Gavrelle environ 40,000 hommes ; de Lille, il partira après-demain 8,000 hommes; demain 31 août, il partira de Mons-en-Pesvel six bataillons; il faut laisser courir le bruit que c'est sur Lille que doit se rassembler l'armée.

« Faites trouver des vivres à Béthune pour les 10,000 hommes de troupe de Gavrelle.

« Aire, Saint-Omer, Saint-Venant doivent nous nourrir ; faites vos dispositions.

« Marche de la colonne d'Arleux. — D'Arleux iront camper à la hauteur de Beaumont en avant de Saint-

---

(1) A. H. G. Registre de correspondance, tome VI.

Venant, de Beaumont à la hauteur de Béthune où il sera pris des vivres pour deux jours.

« Partiront de Béthune après le souper, iront à la hauteur de Saint-Venant, de Saint-Venant à Cassel.

« Route des troupes de la Moselle. — En poste jusqu'à Saint-Venant, de Saint-Venant iront à pied se cantonner derrière Cassel. »

Il suit de là que les 50,000 hommes désignés pour constituer la « masse agissante » devaient être réunis non plus à Lille mais à Cassel, c'est-à-dire à l'extrémité gauche, et non au milieu, de notre cordon défensif qui mesurait environ 90 kilomètres, d'Arleux à Cassel. Par conséquent, la durée de la concentration était augmentée de deux journées et l'on commettait l'imprudence de faire ce rassemblement près de l'ennemi, sans pouvoir le protéger par le canon et les remparts d'une ville forte comme Lille. Si donc on s'en était tenu à la solution qui consistait à réunir l'armée de secours à Lille pour la porter par Menin et Ypres sur les derrières d'York et Freytag, le mouvement offensif aurait pu être entamé deux jours plus tôt. Par conséquent il est probable qu'on aurait pu mener à bien ce premier projet sans escompter pourtant une résistance de la place de Dunkerque plus longue que celle dont on avait fait état pour lui préférer le deuxième.

Quoi qu'il en soit, les mouvements de concentration commencèrent dès le 31 août et durèrent jusqu'au 4 septembre dans les conditions suivantes (1) :

1° Une division comprenant 14 bataillons d'infanterie, 6 régiments de cavalerie et 1 compagnie d'artil-

---

(1) Les divers ordres donnés en vue de la concentration figurent sur le registre de correspondance, tome VI, ou sur le registre XIII des ordres de Berthelmy ; ils sont reproduits aux documents annexes.

lerie légère, sous les ordres du général Hédouville (1),
partait du camp de Gavrelle et venait cantonner le
31 août à hauteur de Beaumont, le 1er septembre à
Béthune, le 2 à Saint-Venant et le 3 à Cassel. Les
troupes qui la composaient provenaient de l'avant-garde
ou des flanqueurs de gauche (2) de l'armée stationnée
au camp de Gavrelle, ou des premiers renforts envoyés
par l'armée de la Moselle; voici d'ailleurs l'ordre de
bataille de cette nouvelle division :

INFANTERIE.

9e et 14e bataillons d'infanterie légère ;
8e bataillon des fédérés ;
2e bataillon du 1er régiment d'infanterie ;
9e bataillon des fédérés ;
1er et 2e bataillons d'Ille-et-Vilaine ;
2e bataillon du 22e régiment d'infanterie ;
9e bataillon de la réserve ;

---

(1) Joseph, vicomte de Hédouville, né au Petit-Louppy (Meuse), le
6 mai 1744 ; lieutenant au régiment de Monthurieux (milice de Lorraine) le 9 novembre 1757 ; réformé en décembre 1759 ; lieutenant au
3e bataillon provincial de Saint-Dizier le 16 juin 1761 ; cadet volontaire
à la légion de Hainaut en 1762 ; garde du corps du Roi (compagnie Vil-
leroi) en 1764 ; lieutenant au régiment provincial de Troyes le 1er mai
1770 ; capitaine le 1er mai 1773 ; capitaine au 3e bataillon de la Marne
en septembre 1791 ; commandant la compagnie franche de Valenciennes
en 1792 ; nommé général de brigade par Dampierre le 9 avril 1793,
confirmé le 15 mai suivant ; suspendu le 17 septembre 1793 ; traduit
devant le tribunal révolutionnaire ; acquitté le 16 nivôse an II ; en
réforme par arrêté du 21 floréal an V ; de l'an VIII à l'an XI est successivement membre du conseil d'administration des hôpitaux militaires de
Luxembourg, Mayence et Ajaccio ; retraité le 6 prairial an XI ; décédé
à Sandrupt (Meuse) le 23 juin 1818.
(2) Pour combler le vide ainsi produit dans les flanqueurs de
gauche, Berthelmy envoyait aussitôt à Arleux, du camp de Gavrelle,
le 2e bataillon des Basses-Alpes et au poste de l'Écluse une demi-brigade comprenant le 2e bataillon de la Corrèze, le 2e bataillon du
74e régiment et le 3e du Lot ; une compagnie d'artillerie légère était
adjointe à cette demi-brigade.

26

2ᵉ bataillon du 56ᵉ régiment d'infanterie ;
2ᵉ bataillon de l'Orne.
1ᵉʳ bataillon de la Vienne ;
1ᵉʳ bataillon du 62ᵉ régiment d'infanterie ;
1ᵉʳ bataillon du 89ᵉ régiment d'infanterie.

ARTILLERIE.

29ᵉ compagnie d'artillerie légère.

CAVALERIE.

6ᵉ régiment de chasseurs ;
2ᵉ et 5ᵉ régiments de hussards ;
7ᵉ, 8ᵉ et 17ᵉ régiments de cavalerie.

2º Une brigade comprenant 6 bataillons partait de Mons-en-Pesvel le 31 sous les ordres du général Romanet ; elle couchait le 31 à la Bassée, le 1ᵉʳ septembre à Saint-Venant, le 2 à Cassel où elle devait camper ;

3º La brigade du 36ᵉ, venue de l'armée du Rhin et arrivée le 31 à Arras, repartait le 1ᵉʳ septembre de fort bon matin pour Cassel où elle arrivait le 4.

Elle comprenait comme on sait :

Le 1ᵉʳ bataillon du 36ᵉ régiment d'infanterie ;
Le 2ᵉ bataillon du Haut-Rhin ;
Le 11ᵉ bataillon des Vosges ;
Le 2ᵉ bataillon du 36ᵉ régiment d'infanterie ;
Le 6ᵉ bataillon du Jura.

4º Le parc d'artillerie, commandé par le général Mérenveüe se rendait le 2 septembre à Lens, le 3 à Béthune, le 4 à Saint-Venant ;

5º Le général Houchard partait le 1ᵉʳ septembre pour Cassel. Le quartier général, escorté par le 19ᵉ chasseurs et toute la gendarmerie de la force armée qui n'était plus nécessaire à Gavrelle, quittait ce village le 3 septembre à 5 h. 30 du matin, couchait à Béthune et atteignait Cassel le 5, après avoir fait étape le 4 à Aire.

6º La 4ᵉ compagnie d'artillerie légère et le 3ᵉ bataillon des Ardennes, partis de Saint-Quentin le 2 septembre à 5 heures du matin étaient le 2 à Péronne, le 3 à Bapaume, le 4 à Arras, le 5 à Béthune, le 6 à Saint-Venant et le 7 à Cassel.

Les divisions Leclaire et Landrin, déjà rendues dans la Flandre maritime, et les renforts venus du Rhin et de la Moselle dans les conditions indiquées au chapitre XI, devaient également participer à la manœuvre d'Hondtschoote comme il sera indiqué ultérieurement.

Il serait intéressant de compléter cette étude de la concentration par l'examen des mesures administratives proprement dites. Malheureusement nous n'avons retrouvé qu'un ordre adressé par le chef d'état-major au commissaire-ordonnateur et au commandant de l'artillerie. Cet ordre prescrivait d'envoyer d'Aire à Saint-Venant, le 31, 3,000 fusils d'infanterie neufs ou réparés et de Lille à Saint-Venant 4,000 paires de souliers, le tout destiné à pourvoir aux remplacements les plus urgents, lors du passage des troupes dans cette ville. En outre, le commandant de l'artillerie était invité à y envoyer 2,000 piques à distribuer aux canonniers des bataillons d'infanterie ou des compagnies d'artillerie.

Mesures concernant le rétablissement de l'ordre et de la discipline. — D'autre part, avant de conduire les troupes à la bataille, le commandement et les Représentants du peuple s'efforçaient de faire disparaître certains défauts d'ordre général et d'établir une discipline rigoureuse au sein de l'armée du Nord, à l'aide des prescriptions suivantes.

Les chefs de corps de l'infanterie et de la cavalerie sont invités à faire remplacer sur-le-champ tous les officiers et sous-officiers qui sont absents en vertu d'un congé dont le délai est expiré. En outre, on engage les officiers et sous-officiers « dont les blessures et les grandes infirmités empêcheraient de faire aucune campagne » à demander leur retraite au Ministre de la guerre ; ces demandes seront vivement appuyées (1).

Le général en chef, ayant appris que (2) « malgré les ordres répétés sur l'expulsion des femmes à l'armée, quelques officiers généraux et particuliers en avaient encore à leur suite, prévient pour la dernière fois qu'il a donné ordre à la gendarmerie, sous les peines de désobéissance formelle, de les arrêter partout où elles seront. Elles seront les premières barbouillées de noir et promenées dans les camps de l'armée et le général proposera au Ministre de la guerre la destitution des généraux et officiers qui contreviendraient au présent ordre ».

La police des convois est réglementée comme il suit (3) :

« Il est défendu sous peine de suspension aux officiers et sous-officiers de mettre des malles et des ballots sur les chariots ; ces voitures ne sont destinées qu'à porter les effets de campement. Il est défendu aux femmes de soldats de monter sur lesdites voitures sous peine d'être barbouillées de noir, promenées à la tête du camp et renvoyées.

« Il est défendu aux soldats de mettre sur les mêmes voitures leurs sacs, marmites, bidons et autres effets de campement, sous peine de quinze jours de garde du camp et, s'ils récidivent, punis comme désobéissant aux ordres du général en chef.

« Les bataillons ne pourront avoir sous aucun prétexte plus de cinq voitures de charrois à leur suite et il est défendu expressément aux chefs de donner des réquisitions pour avoir des voitures. Les chefs seront responsables en leur propre et privé nom, et s'il s'en trouve

---

(1) Ordre du 29 au 30 août, registre XIII *bis*. A. H. G.
(2) Ordre du 31 août au 1ᵉʳ septembre, registre XIII *bis*. A. H. G.
(3) Ordre du 2 au 3 septembre, registre XIII *bis*. A. H. G.

plus de cinq, le chef payera 36 livres par jour au profit
de l'administration des charrois. »

Enfin les Représentants prenaient les deux arrêtés
ci-dessous qui visent, l'un la perte des canons, l'autre
l'organisation d'un tribunal militaire dont les jugements
devaient être rendus et exécutés dans les vingt-quatre
heures.

Au nom de la République française, les Représentants(1) du Peuple envoyés près l'armée du Nord.

Lille, le 3 septembre 1793, l'an 1ᵉʳ de la République.

« Considérant que la perte de nos canons provient du
peu de cas qu'en font les bataillons à qui on les a confiés
et de la négligence coupable des officiers chargés de les
commander et de veiller à leur conservation ;

« Considérant que l'ennemi s'est emparé d'une grande
partie de notre artillerie par le peu de défense qu'on lui
a opposé lorsqu'il a attaqué et que le salut de la République demande qu'il soit pris des mesures plus fortes
pour faire attacher plus de prix à ce moyen de défense
par ceux à qui il est confié ;

« Arrêtent que tout bataillon qui abandonnera ses
canons à l'ennemi sans les avoir disputés à outrance, le
chef et tous les premiers capitaines du bataillon seront,
ainsi que tous les officiers d'artillerie, destitués de toutes
fonctions militaires, le bataillon renvoyé sur les derrières de l'armée, privé de l'honneur de combattre les
ennemis de la liberté, et son nom et ceux des officiers
rendus publics par la voie de l'impression pour être
voués à l'infamie ;

« Arrêtent que le présent sera imprimé et distribué
dans toutes les divisions de l'armée, mis à l'ordre pour

---

(1) A. H. G. Correspondance.

être lu à toutes les compagnies par les capitaines qui les commandent à fin qu'il n'en soit prétendu cause d'ignorance.

« Signé : Levasseur, Bentabole, Chasles et Colombel. »

Les Représentants du Peuple envoyés près l'armée du Nord (1).

Cassel, le 5 septembre 1793.

« Considérant que Pitt a répandu dans nos armées des agents qui y sèment la terreur et qui y excitent au pillage afin de les désorganiser ;

« Qu'il n'y a point de tribunal militaire établi près l'armée qui marche sur Dunkerque et conséquemment nul moyen de réprimer les délits ;

« Que cependant c'est au moment des batailles qu'ils sont commis de la manière la plus désastreuse ;

« Que déjà à Linselles et à Tourcoing deux victoires ont été sans succès pour la République parce que des malveillants ont excité les soldats au pillage et que pendant ce temps l'ennemi s'est rallié.

« Vu la grandeur du danger et des suites fâcheuses, qui résulteraient de l'impunité,

« Arrêtent ce qui suit :

ARTICLE PREMIER.

« Il sera établi dans le jour, pour l'armée qui marche sur Dunkerque, un tribunal militaire qui jugera et appliquera la peine portée au Code militaire du mois de mai dernier.

ARTICLE II.

« Il jugera dans les vingt-quatre heures après l'arrestation sur la simple audition des témoins et des accusés

---

(1) A. H. G. Correspondance.

et le jugement sera exécuté sur-le-champ en présence de l'armée.

Article III.

« Ceux qui commettraient aucuns des délits militaires seront aussitôt accusés et conduits au tribunal avec au moins deux témoins pour être entendus et jugés.

« Fait à Cassel, le 5 septembre 1793, l'an 1er de la République française une et indivisible.

« Signé : Hentz.   Signé : Levasseur. »

Les responsabilités encourues par les diverses autorités dans le choix et la préparation du plan d'opérations. — a) *Le rôle et la mentalité de Houchard. —* Houchard qui depuis le 29 août n'avait correspondu ni avec le Comité de Salut public ni avec le Ministre de la guerre, se décidait enfin, le 3 septembre, à communiquer à ce dernier son plan d'opérations. Ce mutisme qui dura cinq jours est d'autant plus surprenant que le général en chef avait coutume d'écrire, on peut dire journellement, à l'une au moins de ces deux autorités. Houchard regrettait-il d'avoir modifié son projet primitif d'attaquer les Hollandais? Gardait-il le silence dans la crainte de recevoir un contre-ordre, alors que les mesures préparatoires étaient en cours d'exécution (1)? ou bien ses déplacements ne lui avaient-ils pas laissé le temps d'écrire? Quoi qu'il en soit, Houchard explique dans cette lettre (2) son changement de plan : « L'intérêt que

---

(1) Cette hypothèse est émise par M. Chuquet. (Voir *Hondtschoote,* page 174, *loc. cit.*)

(2) Cette lettre du 3 septembre contient un exposé très clair du plan d'opérations et des difficultés qu'entraînait son application ; elle permet en outre de bien connaître l'état d'esprit dans lequel se trouvait le commandant de l'armée du Nord ; on ne saurait donc trop engager le lecteur à se reporter à la copie textuelle qui figure aux documents annexes.

Dunkerque doit nous inspirer par toutes les raisons qui m'ont été dites par vos lettres et celles du Comité de Salut public, je me suis déterminé à agir directement pour délivrer cette place, au lieu de porter mes attaques du côté de Menin, à la rive droite de la Lys, pour de là prendre à revers l'armée qui attaque Bergues et Dunkerque. J'ai fait le rassemblement des troupes sur Cassel et nous nous porterons directement sur les ennemis. » Le général en chef rejette ainsi sur le Comité de Salut public et sur le Ministre la responsabilité du changement de plan, puisque ce sont leurs insistances qui ont provoqué sa décision; il déclare en outre que les difficultés à vaincre sont considérables et il les énumère avec soin, pour bien faire comprendre aux membres du gouvernement révolutionnaire que si l'entreprise échoue, ce n'est pas à lui seul qu'on devra s'en prendre. Voici d'ailleurs les causes qui, d'après lui, paralysent son action. « Les opérations promptes et rapides sont impossibles » parce que l'alimentation de l'armée n'est pas assurée dans de bonnes conditions. En effet, on vient d'arrêter Petitjean et de lui donner un successeur incapable; or, l'esprit public est nul; les administrations des villes, des districts et des départements sont trop égoïstes et ne concourent pas à l'envi au ravitaillement de l'armée; il faut tirer les vivres des places; depuis quinze jours les chevaux d'artillerie et de cavalerie manquent d'avoine, « beaucoup meurent à défaut de nourriture »; le parc d'artillerie est misérable et il faudrait 600 chevaux en plus; les bataillons venus de l'armée de la Moselle sont arrivés sans canon; les renforts à recevoir sont diminués de 10,000 hommes et on annonce que les carabiniers ne viendront pas; « aussi cette nouvelle *lui a-t-elle fait faire la plus terrible grimace du monde* ». Le manque de cavalerie empêchera de « convertir la défensive en offensive » et « la chose n'en ira pas aussi bien ». Enfin

Beaulieu a remonté la Sambre avec 10,000 hommes
et s'est dirigé du côté de Beaumont (1) ; par conséquent,
le projet de diversion à exécuter par Gudin « est furieusement dérangé ». Houchard estime cependant que
malgré tous ces obstacles il sera en mesure d'agir vers
le 7 ; ce sera plus tôt, s'il le peut.

On voit ainsi combien le sentiment de sa responsabilité et le manque de confiance dans ses moyens
d'action tempéraient la bonne volonté du commandant
de l'armée du Nord. Cependant dans une nouvelle
lettre datée du 5 septembre, ce dernier montrait enfin
plus d'assurance, tout en se plaignant amèrement de
la composition du cadre des généraux (2) :

« Demain, écrivait-il alors au Ministre, nous allons
faire un déjeuner à l'anglaise ; je vous rendrai compte
de l'issue ; les colonnes se rassemblent aujourd'hui en
leurs points de départ respectifs. Les avant-postes ont
été attaqués sans succès sur tout le front, à l'exception
d'un poste du 36e qui s'est laissé surprendre. On présume que l'ennemi voulait ainsi connaître et prendre
des notions sur nos forces et nos positions. . . . .

« Je voudrais, citoyen Ministre, vous voir ici pour
que vous puissiez vous-même juger nos généraux et
vous convaincre de l'espèce d'inanition dans laquelle ils
se trouvent par la crainte de leur responsabilité. Alors
vous sentiriez véritablement notre misère et notre
embarras sur ce point. Rarement il se donne un ordre
qu'il ne soit suivi de refus d'accepter un commandement trop étendu ou d'observations minutieuses sur les
détails des opérations. Je voudrais bien pouvoir vous
indiquer dans l'armée trois ou quatre bons généraux de

---

(1) Cette affirmation était erronée, car on sait que Beaulieu s'était
borné à relever les Prussiens de Knobelsdorf dans la région Orchies-
Cysoing.

(2) Houchard à Bouchotte, de Cassel, 5 septembre. A. H. G.

division et le double de généraux de brigade. Ceux annoncés n'arrivent pas ou n'arrivent que pour dire qu'ils ne sont bons à rien. Je n'ai personne absolument à envoyer à Maubeuge à la place du général Gudin. Je sens néanmoins comme vous qu'il faut de nécessité absolue le remplacer. Si vous ne trouvez personne, je n'ai à vous proposer de cette armée que le jeune général de brigade Dupont. C'est le seul capable de faire des dispositions en grand et de donner de la vigueur au corps de Maubeuge. Il laissera un grand vide au camp de la Madeleine et je serai dans le même embarras pour l'y remplacer... »

Ne dirait-on pas que c'est là le plaidoyer d'un prévenu désireux de se ménager l'indulgence d'un jury et le bénéfice des circonstances atténuantes, car Houchard se retourne vers ceux qui le font agir et leur dit au préalable ceci. Vous voulez que je fasse lever le siège de Dunkerque, j'obéis ; pour cela je vais attaquer les Anglais et courir les chances d'une bataille. Or, dans cet acte de force, la valeur technique de l'armée dont vous m'avez imposé le commandement jouera un rôle important et le résultat obtenu variera avec les qualités professionnelles de cet instrument de combat. Constatez donc avec moi que je suis assez mal outillé, car cette armée est peu mobile par suite du mauvais fonctionnement des services administratifs ; les généraux sont incapables, la cavalerie y est numériquement très inférieure à celle de l'ennemi ; on manque d'attelages pour traîner l'artillerie ; les troupes sont pillardes et mal disciplinées, ainsi que l'a prouvé l'affaire de Tourcoing ; enfin les renforts promis ne sont pas arrivés. Comme toutes ces défectuosités vous sont imputables plutôt qu'à moi, rendez-vous bien compte de la part de responsabilité qui vous incombera dans les événements qui se préparent.

Une telle attitude paraîtrait déplacée à d'autres époques

de notre histoire, mais elle s'explique très bien si l'on songe que Houchard avait appris le 31 août l'exécution capitale de son ancien chef, le général Custine (28 août 1793). Levasseur raconte dans ses mémoires (1) comment cette nouvelle fut connue du commandant de l'armée du Nord et combien fut pénible l'impression que celui-ci en ressentit. « Un jour que je me trouvai avec lui et tout son état-major, il reçut une lettre de Paris lui annonçant la mort de Custine. — Custine guillotiné ! s'écria-t-il ; c'est donc un parti-pris ; on veut guillotiner tous les généraux. — Et toi aussi, répondis-je, si tu nous trahis. Il ne nous échappera pas un traître. Comment peux-tu tenir un pareil langage en présence de tous ces officiers ? Voudrais-tu leur faire croire que la guillotine attend tous les défenseurs de la patrie ? Non, citoyens, ajoutai-je en m'adressant aux officiers ; la Convention aura des récompenses nationales pour les braves et des châtiments pour les traîtres. Je crus inutile de rapporter ce propos au Comité de Salut public. Cependant il me revint en mémoire comme une preuve de la tiédeur du général de l'armée du Nord. »

Bien que Levasseur, fort enclin, comme on l'a dit, à exagérer son importance proconsulaire, ait pu dénaturer la vérité en sa faveur, il n'en est pas moins vrai que Houchard pouvait à bon droit penser qu'on le guillotinerait pour crime de trahison s'il était vaincu. Dès lors, il était enfermé dans un dilemme impressionnant : s'il temporisait encore et attendait pour agir que ses moyens d'action eussent été mis au point désirable, on ne manquerait pas de l'accuser de « custinisme » et de le traduire devant le tribunal révolutionnaire qui le condamnerait certainement ; si, au contraire, la bataille qu'il allait engager aboutissait à un échec, il n'échapperait

______

(1) Tome II, page 46, *loc. cit.*

pas davantage au couperet. Dans ces conditions, le commandant de l'armée du Nord ne pouvait aller au combat avec enthousiasme. Comme l'a si bien écrit M. Chuquet, Houchard se sentant épié, soupçonné, « semblait avoir sur le front l'ombre des angoisses qui n'avaient cessé d'agiter son cœur depuis son arrivée en Flandre (1) ». Et ces angoisses étaient très justifiées, car la situation de ce chef d'armée, soldat vaillant et homme d'honneur, acculé à l'obligation de vaincre ou de mourir sur l'échafaud, fut une des plus poignantes qui torturèrent jamais la conscience d'un général, au moment d'affronter les hasards du champ de bataille.

b) *Le rôle et l'attitude du Comité de Salut public et du Ministre de la guerre.* — De même que Houchard s'efforçait d'établir les responsabilités du gouvernement révolutionnaire, de même ce dernier tentait à son tour de rejeter aussitôt, sur le général en chef, tout le poids des événements dont l'issue douteuse inquiétait les esprits. Voici comment le Comité de Salut public répondait le 5 septembre par la plume de Carnot, à la lettre que Houchard lui avait adressée le 3 du même mois (2) :

Le Comité du Salut public au général Houchard, commandant en chef l'armée du Nord et des Ardennes.

Paris, 5 septembre 1793, l'an Ier de la République une et indivisible.

« Citoyen général,

« Le Ministre de la guerre nous a communiqué la lettre que vous lui avez adressée sur votre situation militaire. Nous ne voyons pas sans peine que vous ayez abandonné le projet d'envelopper les ennemis qui sont

____

(1) M. Chuquet, tome XI, page 184.
(2) A. H. G. Correspondance.

devant Bergues et Dunkerque. En frappant ce grand coup la guerre eût été peut-être terminée. Mais si vous avez pensé que le succès fût douteux, nous ne pouvons qu'approuver la résolution que vous avez prise. S'il était vrai, néanmoins, comme on nous l'assure, que les ennemis eussent d'eux-mêmes abandonné leur entreprise et levé le siège, nous pensons qu'après vous être emparé du cours de la Lys, vous pourriez, au lieu de tourner à gauche pour vous porter sur la Flandre maritime, comme les ennemis s'y attendent, vous pourriez au contraire, après avoir attiré leurs forces de ce côté, tourner brusquement sur votre droite pour attaquer Tournay et dégager le Quesnoy duquel il est temps que vous vous occupiez très sérieusement. Au reste, citoyen général, c'est à vous à juger. Pleins de confiance dans vos talents militaires, votre civisme et votre expérience, nous ne voulons gêner aucun de vos mouvements et nous vous laissons la libre et entière disposition de vos troupes ; évitez leur morcellement qui vous paralyse et tâchez de porter à l'ennemi un coup terrible, sans cependant risquer aucune action décisive pour peu qu'elle soit douteuse.

« Nous usons de toutes nos ressources pour subvenir à vos besoins ; c'est à vous de faire punir les traîtres et les lâches ; vous en avez le moyen puisque vous voilà autorisé à les faire juger par une commission militaire, comme les émigrés qui les soudoient. »

En d'autres termes, le Comité de Salut public aurait préféré que Houchard, s'en tenant au premier plan, eût choisi le camp de Menin comme premier objectif ; mais c'est là un simple avis, une opinion qui laissait au général toute sa liberté d'action et par conséquent toute la responsabilité de ses décisions.

Quant au Ministre de la guerre, il continue à exprimer, sous une forme un peu différente, les idées du Comité de Salut public.

« Il m'a semblé, écrit-il le 3 septembre à Houchard(1), que le Comité pensait avec raison qu'il ne pouvait pas vous prescrire telle ou telle opération ni telle ou telle manière de l'exécuter. Il faudrait avoir des données sur la force, la position et les ressources de l'enneni qu'il n'a pas et qui ne peuvent lui parvenir que de l'armée. Ainsi il a arrêté qu'il ne vous serait envoyé que des réflexions, vous laissant du reste toute latitude dans vos opérations. Le Comité s'est donc borné à examiner les objets principaux qui méritaient le plus un prompt secours, et il a reconnu que Dunkerque et le Quesnoy avaient besoin plus particulièrement d'un effort de votre part. Il a pensé que le point de Maubeuge bien renforcé aujourd'hui peut faire une utile diversion non seulement au Quesnoy mais encore à l'expédition que vous projetez sur Bergues et Dunkerque. Ne pourriez-vous y envoyer Jourdan ou tel autre qui le vaudrait, car Gudin parle beaucoup de ses infirmités et de l'impossibilité où il est de remplir ses fonctions.

« Le Comité avait paru fort content de votre projet de vous porter sur Menin et de couper la ligne des ennemis et d'empêcher les secours de venir troubler vos entreprises du côté de Dunkerque lorsqu'ils auraient été pris à revers. La défaite des Anglais lui paraissait probable ; si vous prenez un autre chemin, c'est qu'il est nécessaire et il le pense ainsi. Vous pouvez vous assurer que vous avez la confiance du Comité de Salut public et du Conseil exécutif et que les patriotes comptent beaucoup sur vous... » Quant aux difficultés administratives, le Ministre de la guerre se borne à les constater et à prodiguer des encouragements au général en chef. « L'administration ne peut marcher rapidement, déclare-t-il, à cause de la multiplicité des

----

(1) A. H. G. Correspondance.

affaires, des demandes indiscrètes des citoyens qui voient toute la République dans leur commune, et des contre-ordres. Tout cela est une suite presque inévitable dans une révolution ; il faut que nous marchions avec tous nos embarras ; le patriotisme est plus occupé de les diminuer que de se roidir contre eux... » Puis, faisant allusion aux irruptions de l'ennemi dans la région de Saint-Quentin, il complète ce demi-aveu d'impuissance par les réflexions suivantes :

« En vain, l'on parle raison aux administrations et on leur dit que dans une défense aussi étendue, il n'est pas possible qu'il n'y ait quelque point qui ne souffre ; que l'essentiel c'est de garnir telle ville de première importance, de tenir telle position essentielle, et qu'en maintenant ces points là, l'on sauvera la République parce que l'ennemi ne pourra pas faire d'établissement solide. C'est paroles perdues, chacun ne voit que sa localité. Au milieu de tout cela, rien ne doit relâcher notre zèle et notre dévouement pour servir nos concitoyens. Il existe une vérité, c'est que la nation veut être libre, et dans cette volonté il y a des ressources intarissables. »

Dans une autre lettre, motivée par une réclamation du général Favart (1), Bouchotte insiste encore auprès du général en chef sur la gravité des circonstances et des décisions qu'il va prendre (2) : « N'oubliez jamais, lui écrit-il, que les sans-culottes vous regardent avec intérêt et qu'il faudrait que vous le voulussiez pour que cet intérêt vînt à cesser. »

---

(1) Le général Favart, commandant à Lille, avait protesté contre l'affaiblissement de la garnison par suite des ordres de Houchard qui voulait prélever une division sur les troupes du camp de la Madeleine, et la faire participer à l'opération projetée contre York et Freytag.

(2) A. H. G. Correspondance

Conclusions. — De cette correspondance devenue plus abondante à la veille de la bataille, il résulte que le Comité de Salut public et le Ministre de la guerre laissent au commandant de l'armée du Nord toute son initiative pour arrêter le plan de la manœuvre à exécuter ; cependant, ils regrettent l'abandon du premier projet d'offensive par Menin et Ypres sans cependant désapprouver franchement le deuxième ; finalement, ils invitent le général en chef à ne risquer aucune action décisive « pour peu qu'elle soit douteuse ».

Cet exemple de l'intervention d'un gouvernement dans la désignation du but stratégique doit être retenu, car il s'en dégage un enseignement.

En effet, d'après le concept absolu de la guerre, comme dit Clausewitz, il est clair que si la politique pose le problème de la guerre, c'est bien au commandement seul qu'il appartient de le résoudre en appliquant exclusivement les principes de l'art militaire. Puis, lorsque le général en chef a su imposer sa volonté à l'adversaire, c'est au gouvernement qu'incombe le soin de fixer les conditions de la paix. Théoriquement, la question des relations entre le pouvoir politique et le commandement supérieur en temps de guerre doit certainement être envisagée de la sorte ; mais dans la pratique il en va tout autrement. Comment éviter, en effet, qu'un gouvernement, dont le sort ou le prestige dépend de l'issue des opérations, n'intervienne auprès du chef qu'il a désigné pour lui conseiller, sinon pour lui ordonner de rechercher de préférence tel ou tel résultat ? L'histoire des guerres passées est fertile en exemples de cette nature. L'attitude du gouvernement révolutionnaire n'a donc rien qui doive surprendre ; on peut même estimer que, dans l'espèce, celui-ci fit preuve d'une certaine sagesse en laissant à Houchard le soin de choisir les moyens de délivrer Dunkerque, et en se bornant à imposer à ce général un objectif que les circonstances politiques désignaient clairement. Mais, si l'on ne peut pas dire que Houchard fut contraint de renoncer à son plan primitif, on comprend très bien, dès que l'on fait état de sa mentalité, les raisons qui ont déterminé ce général à concentrer son armée sous Cassel et non sous Lille.

Sachant que sa tête serait le prix d'un échec, le commandant de l'armée du Nord devait évidemment considérer comme un ordre la simple opinion exprimée par le Comité de Salut public, au sujet de la délivrance de Dunkerque, afin qu'on ne l'accusât pas de « custinisme », et que son zèle à répondre au moindre désir du gouvernement lui donnât droit aux circonstances atténuantes, si sa manœuvre n'aboutissait pas. Mais, d'autre part, il faut reconnaître qu'il était cruel de placer ainsi le commandant de l'armée du Nord dans l'alternative de vaincre ou de mourir sur l'échafaud, alors que ce chef, doutant de lui-même et des moyens dont il disposait, avait été poussé malgré lui jusqu'à la fonction suprême qui dépassait de beaucoup ses aptitudes militaires. Cette victime d'une situation particulièrement tragique a donc tous les droits à la pitié.

CHAPITRE XVI

La bataille d'Hondtschoote (6, 7 et 8 septembre 1793).

(Carte n° 7 et croquis n° 8).

———

I. — LE PLAN D'ATTAQUE.

Le dispositif d'attaque. — Le plan d'attaque proprement dit.

Le dispositif d'attaque.— Si l'on en croit Gay-Vernon, ce fut encore à un conseil de guerre, réuni dans la matinée du 4 septembre à Cassel, que Houchard confia la mission de fixer le plan d'attaque proprement dit. « Pour remplir les instructions du Comité de Salut public, écrit cet adjudant général, nous avions à choisir entre deux partis. L'un était de porter l'armée derrière la Haute-Colme et Dunkerque, puis de sortir de ce camp retranché et de marcher droit sur les dunes pour y combattre de front les Anglais ; c'était prendre le taureau par les cornes, et ce moyen effraya les principaux conseillers de Houchard. L'autre parti consistait à former une attaque qui, évitant les chances d'une bataille rangée, convînt mieux à la situation des troupes, à leur nombre, et à la qualité de nos soldats dont nous devions ménager le sang et redouter l'inexpérience. Il fut donc décidé qu'on manœuvrerait contre le corps d'observation. »

Ce plan étant adopté, l'état-major s'occupa aussitôt de disposer les troupes en vue de l'attaque. Voici, d'après

———

(1) *Mémoires, loc. cit.*, page 232.

les ordres qui furent envoyés le 4 et le 5 (1), la composition exacte des colonnes et l'emplacement qu'elles occupaient dans la nuit du 5 au 6 septembre, avant de s'ébranler dans la direction de l'ennemi (2).

1° *Un corps de bataille*, sous les ordres du général Jourdan, est rassemblé dans l'après-midi du 5, au nord de Cassel, à cheval sur la route d'Hardifort; il comprend :

a) La brigade du 36ᵉ commandée par le général Mengaud et venue de l'armée du Rhin (3); le 6ᵉ régiment de cavalerie lui est rattaché.

b) La brigade du 67ᵉ et le 7ᵉ bataillon du Doubs, prélevés également sur les renforts envoyés par l'armée du Rhin (3); elle est aux ordres du général Lœillot-Demars, plus connu sous le nom de Demars.

c) Une brigade comprenant : le 1ᵉʳ bataillon de l'Eure, le 9ᵉ bataillon de Paris, le 9ᵉ bataillon de la Seine-Inférieure, le bataillon de la Butte-des-Moulins, le 1ᵉʳ bataillon du 83ᵉ, le 1ᵉʳ bataillon de Paris, le 7ᵉ régiment de cavalerie et la 1ʳᵉ compagnie d'artillerie légère est adjointe aux brigades *a)* et *b)*.

La brigade Mengaud (4) est placée à l'Ouest de la route d'Hardifort, les deux autres à l'Est de cette même route.

---

(1) Tous ces ordres figurent au registre XIII ou au registre de correspondance, tome VI. A. H. G. Ils sont reproduits textuellement aux documents annexes.

(2) L'ordre du 5 au 6 prescrivait à toutes ces troupes de faire deux fois la soupe le 5 et de garder la viande de la dernière pour le lendemain 6 septembre.

(3) Voir sa composition, chapitre XI, page 275.

(4) François-Xavier Mengaud, né à Belfort, le 9 avril 1752, était fils d'un avocat au parlement d'Alsace. Au sortir du collège, il entra aux gardes du corps du comte d'Artois. Il revint à Belfort en 1781. Élu, en octobre 1789, commandant d'un corps de volontaires à cheval et, en janvier suivant, colonel des deux corps de la garde nationale; député

L'effectif total du corps de bataille s'élève à 13,000 hommes environ.

2° Une *avant-garde*, commandée par le général de Hédouville, a été rassemblée dans la soirée du 5 à *Steenworde*; elle comprend les unités ci-dessous :

a) Une brigade d'infanterie dont Colaud doit prendre le commandement, soit : 9ᵉ de la réserve, 2ᵉ bataillon du 56ᵉ, 2ᵉ bataillon de l'Orne, 1ᵉʳ du 62ᵉ régiment, 1ᵉʳ du 89ᵉ régiment, 1ᵉʳ de la Vienne.

b) Le 1ᵉʳ bataillon du 49ᵉ régiment d'infanterie et le

---

en cette qualité aux fédérations à Dôle, à Strasbourg et à Paris; procureur syndic de la commune, juge au tribunal du district, il présidait le club de Belfort lors de la « désertion » de Louis XVI, et prononça à cette occasion un discours propre à inspirer l'horreur de la royauté. Elu capitaine de grenadiers et le lendemain chef du 2ᵉ bataillon des volontaires du Haut-Rhin, il fit les campagnes de l'armée du Rhin jusqu'au 14 août 1793. Appelé à l'armée du Nord avec la 36ᵉ brigade, il fut nommé à Arras chef de cette brigade par les représentants Elie Lacoste, Peyssard et Delbrel, en remplacement du citoyen Ferette, destitué. Mais, au même instant, le colonel Saint-Laurent arrivait avec un brevet du Conseil exécutif, pour prendre le commandement de la brigade. Mengaud « culbuté » de cette place, et déjà pourvu d'un successeur au 2ᵉ bataillon des volontaires du Haut-Rhin, perdait ses deux emplois en huit jours et se trouvait, comme il dit, dans une inquiétante position. Mais les Représentants lui ordonnèrent d'exercer les fonctions de général de brigade; et ce fut en cette qualité qu'il commanda à Herzeele et à Hondtschoote. Transporté à Cassel après sa blessure, Mengaud y reçut une lettre du Conseil exécutif qui le nommait général de division par arrêté du 25 septembre..... Nommé au mois de germinal an II à l'armée du Rhin qu'il ne put rejoindre cause de sa blessure; réformé, puis remis en activité et chargé du commandement de la 6ᵉ division militaire à Besançon (9 thermidor an VII); employé à l'armée d'Italie (8 décembre 1799) et commandant à Tortone (4 juillet 1800); réformé de nouveau (22 août 1800); sous-préfet de Belfort, du 25 janvier 1805 au 22 août 1814; Mengaud mourut dans sa ville natale le 30 décembre 1830 (A. H. G.). (Extrait du tome XI de M. Chuquet, p. 217.)

5e bataillon du Haut-Rhin venus à l'armée du Nord avec les renforts de Rhin-et-Moselle.

c) Le 9e bataillon d'infanterie légère.

d) Le 6e régiment de chasseurs.

e) Le 4e régiment de hussards qui est envoyé le 5 au soir à Winnezeele à la disposition du général Colaud.

f) La 12e compagnie d'artillerie légère.

Le chef d'état-major évalue l'effectif de cette avant-garde à 7,400 hommes (1).

3° *Un détachement aux ordres de Vandamme* (2) est constitué, dans l'après-midi du 5 à Godewaersvelde, à l'aide des éléments suivants :

Le 2e régiment de hussards ;

Le 14e bataillon d'infanterie légère ;

Le 4e bataillon du Var ;

---

(1) Lettre de Berthelmy à l'ordonnateur. (Registre XIII, p. 134. A. H. G.)

(2) Dominique-Joseph-René Vandamme, comte d'Unsebourg, né le 5 novembre 1770, à Cassel (Nord) ; incorporé au bataillon auxiliaire du régiment des colonies le 8 juillet 1788 ; caporal le 14 septembre 1788 ; sergent le 17 mars 1789 ; passé au régiment de la Martinique le 31 mars 1789 ; abandonne le 29 avril 1790 ; incorporé au 24e régiment d'infanterie de ligne le 22 juin 1791 ; congédié le 30 août 1792 ; capitaine commandant une compagnie franche, dite compagnie de Vandamme, le 13 septembre 1792 ; chef du bataillon des chasseurs du Mont-Cassel le 5 septembre 1793 ; général de brigade à l'armée du Nord le 27 septembre 1793 ; réformé lors de la réorganisation des états-majors le 13 juin 1795; remis en activité à l'armée de Rhin-et-Moselle le 29 septembre 1795 ; à l'armée du Danube en ventôse an VII ; à l'armée de Batavie le 17 fructidor an VII ; général de division le 5 février 1799 ; réformé avec traitement le 17 août 1800; employé à l'armée de réserve, devenue armée des Grisons, le 6 septembre 1800 ; commandant la 16e division militaire le 19 septembre 1801 ; employé au camp de Saint-Omer le 30 août 1803 ; au 4e corps de la Grande Armée en septembre 1805 ; au VIe corps le 20 octobre 1806 ; au 9e corps le 1er mai 1807 ; commandant la 16e division militaire le 11 novembre 1807 ; commandant le camp de Boulogne le 16 août 1808 ; commandant la division des troupes de Wurtemberg le

Une brigade comprenant : le 8e bataillon des fédérés, le 2e bataillon du 1er régiment, le 9e bataillon des fédérés, le 1er bataillon d'Ille-et-Vilaine, le 1er bataillon du 22e d'infanterie, le 2e bataillon d'Ille-et-Vilaine.

Les compagnies franches de l'Égalité, de l'Observatoire, de Vandamme, de Saulcy, dont la réunion forme le bataillon dit du Mont-Cassel, commandé jusqu'alors par Vandamme.

Ces unités, extraites en majeure partie de l'ancienne division Hédouville, forment un total de 4,400 hommes, au dire de Berthelmy. La mission de ce détachement sera rattachée, comme on le verra plus loin, à celle de l'avant-garde.

4° *Une division commandée par le général Dumesny* est rassemblée, dans la soirée du 5, en avant de Bailleul.

Sa composition n'a pu être déterminée exactement, faute de documents ; cependant il est à peu près certain qu'elle fut constituée à l'aide de prélèvements effectués sur les troupes stationnées tant à Bailleul et Armentières qu'au camp de la Madeleine. Le 5e régiment de hussards avait été rattaché à cette division dont l'effectif a été évalué par tous les historiens à 9,000 hommes environ.

---

11 mars 1809 ; commandant le camp de Boulogne le 7 février 1810 ; commandant la 14e division militaire et le camp de Cherbourg le 24 août 1811 ; commandant les troupes westphaliennes au 8e corps le 21 février 1812 ; disponible le 6 août 1812 ; commandant les 2e et 5e divisions d'infanterie et la division de réserve le 18 mars 1813 ; commandant en chef le 1er corps de la Grande Armée le 1er juillet 1813 ; prisonnier de guerre à Kulm le 30 août 1813 ; rentré en France et mis en non-activité le 2 septembre 1814 ; commandant le 3e corps de l'armée du Nord le 20 avril 1815 ; exilé en exécution de l'ordonnance du 24 juillet 1815 ; rentré en France en vertu de l'ordonnance du 1er décembre 1819 ; admis comme disponible dans le cadre de l'état-major général le 1er avril 1820 ; admis à la retraite le 1er décembre 1824 ; mort à Cassel le 15 juillet 1830. Grand-Cordon de la Légion d'honneur le 14 juin 1804.

A l'aile gauche du corps de bataille on a rassemblé les unités suivantes :

5° *Une division placée sous le commandement du général Landrin*, que seconde le général Romanet, est formée dans l'après-midi du 5 sur la montagne de Cassel, du côté d'Hardifort, à l'aide des corps ci-dessous :

Le 8ᵉ régiment de cavalerie, 1ᵉʳ bataillon de la Marne, 2ᵉ bataillon du 45ᵉ, 3ᵉ bataillon de la Marne, 3ᵉ de l'Oise, 4ᵉ de l'Aisne, le bataillon de Molière, 1ᵉʳ d'Indre-et-Loire, 2ᵉ bataillon du 5ᵉ régiment, 2ᵉ d'Indre-et-Loire, 2ᵉ des volontaires nationaux, 1ᵉʳ de la Haute-Vienne, 1ᵉʳ bataillon du Nord, une compagnie d'artillerie légère, soit un total de 6,000 hommes environ.

6ᵉ *Un corps* est réuni à Bergues sous les ordres du général *Leclaire*, dans la nuit du 5 au 6 ; il comprend : le 12ᵉ régiment de chasseurs à cheval, 150 chasseurs du 5ᵉ régiment, le 15ᵉ bataillon d'infanterie légère, un bataillon du 56ᵉ régiment d'infanterie, le 2ᵉ bataillon de la Meurthe, le 9ᵉ du Pas-de-Calais, un bataillon du 14ᵉ régiment d'infanterie, le 8ᵉ bataillon de Soissons, le 4ᵉ bataillon de Lille, le 1ᵉʳ bataillon du Finistère, la 32ᵉ division de gendarmerie, le 1ᵉʳ bataillon de l'Orne, un bataillon du 24ᵉ régiment d'infanterie, le 1ᵉʳ bataillon du Calvados, 17ᵉ des fédérés, le 4ᵉ bataillon de Bergues, le 5ᵉ bataillon de la Somme.

L'effectif de ces troupes s'élève à 6,000 hommes environ.

Répartition de l'artillerie. — Il est ordonné au général Mérenveüe (1), commandant le parc de l'artillerie, alors placé à Saint-Venant, d'envoyer :

---

(1) Jean-François Bouchel Mérenveüe, né le 4 octobre 1734 ; sous-lieutenant d'artillerie le 1ᵉʳ mai 1756 ; lieutenant en troisième le

1º A Steenworde, deux pièces de 12, quatre pièces de 8, le quart des munitions de 4 et des cartouches d'infanterie;

2º A Cassel, deux pièces de 12, quatre pièces de 8, deux obusiers de 6 pouces, la moitié des munitions de 4 et des cartouches d'infanterie (1);

3º A Bailleul, deux pièces de 16, deux pièces de 8, deux obusiers de 10 pouces avec des obus incendiaires; l'autre quart des munitions de 4 et des cartouches d'infanterie; plus des piques pour les canonniers.

Cela fait, le reste du parc se rendra posément à Haze-brouck où il parquera (2).

L'équipage de pont de pontons sera rendu à Haze-

---

27 mai 1760, en second le 13 septembre 1761, en premier le 1ᵉʳ janvier 1763; sous-aide-major le 15 octobre 1763; capitaine par commission le 14 juillet 1766; chef de bataillon le 3 octobre 1784; lieutenant-colonel le 1ᵉʳ janvier 1791; colonel le 28 août 1792; général de brigade le 8 mars 1793; d'abord employé à Calais, puis commandant l'artillerie des armées du Nord et des Ardennes; général de division commandant l'artillerie de l'armée du Nord le 26 août 1793.

(1) L'ordre qui fixe la répartition du canon de position dans le corps de bataille est ainsi conçu :

Au village de la Trombe au bas de la montagne sur la route de Bergues : 1 pièce de 12;

A la colonne dirigée sur Herzeele, commandée par le citoyen Mengaud, commandant la 36ᵉ brigade à la barrière de Bergues : 2 pièces de 4, 2 pièces de 8;

A la colonne dirigée sur Houtkerque, commandée par le général Jourdan, au parc d'artillerie de Cassel : 1 pièce de 12, 2 pièces de 8, 2 obusiers de 6 pouces.

Le tout sera arrangé le plus tôt possible et se disposera à partir à 3 heures du matin.

(2) Dans une lettre adressée par Bellemont, directeur du parc d'artillerie, au général Mérenveüe, ce directeur déclare que depuis quinze jours la ration d'avoine a été réduite à un demi-boisseau; la paille est supprimée, on donne seulement 15 livres de foin. « C'est trop peu, ajoute-t-il, pour des chevaux d'artillerie qui traînent souvent double charge à cause des chevaux qui manquent. »

brouck le 5, pour s'y tenir à la disposition du général Jourdan, commandant le corps de bataille.

Toutes les munitions des dépôts doivent être réunies à Saint-Venant.

La place de Douai est chargée de ravitailler en munitions les bouches à feu de Mons-en-Pevel, d'Arleux et du camp de Gavrelle.

Le plan d'attaque proprement dit (1). — Les troupes sont donc placées sur un front de 35 kilomètres (de Bergues à Cassel et de Cassel à Bailleul), et divisées en six fractions auxquelles on a confié des missions particulières.

A l'aile droite, Vandamme et Dumesny doivent combiner leur action. Vandamme, partant de très bonne heure, se dirigera sur Reninghest par Westoutre, et servira momentanément d'avant-garde à Dumesny. Celui-ci suivra à peu de distance la colonne Vandamme et tentera de s'emparer de la citadelle d'Ypres; dans tous les cas il empêchera que, du camp de Menin, les Hollandais n'envoient des renforts à Freytag. Une fois Reninghest pris, Vandamme se dirigera sur Poperingues afin d'agir en combinaison avec Hédouville, lequel devra s'emparer d'abord de Poperingues et diriger ensuite ses efforts contre Roussbrughe.

Jourdan marchera sur Houtkerque et Herzeele, tandis que Landrin prendra Wormhout comme objectif et s'efforcera de maintenir l'ennemi sur place.

Quant à Leclaire, il a reçu du commandant en chef, dans la soirée du 5, l'instruction que voici (2) :

« .....Le général Leclaire, avec son corps d'armée, d'environ 5,000 hommes, marchera avec audace sur les ennemis en avançant en deux colonnes avec précaution

---

(1) Voir la carte n° 7.
(2) *Mémoires* de Leclaire, *loc. cit.*, page 83.

sur West-Cappel et Oost-Cappel ; il aura soin de se tenir bien en force sur sa droite, du côté de Wormhout, qui sera tenu en échec par des forces considérables (1).

« Il sortira demain, 6 du courant, de Bergues, au moment où il verra que les attaques de Roussbrughe et de Wormhout seront en pleine vigueur ; le but principal de cette marche doit être de prendre l'ennemi entre deux feux en faisant une jonction qui nous mettra à portée de le détruire par la supériorité de nos forces. Comme le général Leclaire pourra avoir affaire à un corps considérable de nos ennemis que nous mènerons en queue, il aura soin de présenter un grand front de bataille, dès qu'il aura connaissance de la proximité de l'ennemi, afin d'attaquer sur plus de points et lui faire illusion sur ses forces. Si l'ennemi le poussait, il se portera dans les haies et attendra ainsi que nous venions à son secours. »

Enfin, Houchard invitait en ces termes le commandant de Dunkerque à faire une sortie ce même jour, 6 septembre (2) :

« Je vous préviens, citoyen général, que j'attaquerai demain matin 6 du courant, par Roussbrughe et Wormhout ; c'est pourquoi vous enverrez à Bergues deux bataillons et un régiment de chasseurs à cheval, afin que le général Leclaire puisse sortir de cette place avec un corps de 6,000 hommes. Vous-même, après avoir vu que le général Leclaire s'avance vers Oost-Cappel, et qu'il attaque vivement les ennemis, vous sortirez avec toute votre garnison, à l'exception de 2,000 hommes, pour attaquer les ennemis et, si vous voyez qu'ils battent en retraite, vous les pousserez vive-

____

(1) Il s'agit évidemment de la division Landrin, dont on connaît la composition et la mission.

(2) *Mémoires* de Leclaire, page 197.

ment, en faisant vos efforts pour me donner de vos nouvelles. Je crois que votre sortie pourra avoir lieu vers midi ; vous examinerez bien si en faisant marcher légèrement une colonne sur l'Estran, vous ne pourriez pas prendre l'ennemi à revers. »

Ce fractionnement de l'armée de secours en colonnes dont les objectifs sont disposés sur un front de 30 kilomètres, de Wormhout à Ypres, doit retenir l'attention. Car, si l'on considère que le terrain très couvert et très coupé dans cette région (1) rendait très difficultueuses les communications latérales, on prévoit qu'il sera impossible au commandant en chef de faire sentir son action sur toutes les parties de ce vaste champ de bataille. Or, pour suppléer à ce manque de direction et éviter le décousu fâcheux qui pouvait en résulter, il eût fallu que les chefs de toutes ces colonnes eussent une forte expérience, une grande initiative, une éducation militaire à toute épreuve. De même, il eût été nécessaire que la troupe possédât des qualités manœuvrières solides, et l'on sait combien toutes ces conditions étaient imparfaitement remplies au sein de l'armée du Nord. On ne peut, par conséquent, approuver ce dispositif d'attaque qui dissémine les efforts au lieu de les concentrer sur l'un des points faibles de la ligne ennemie, pourtant si démesurément étendue (2).

Houchard aurait certainement montré une habileté plus grande en augmentant l'effectif de son corps de bataille et en dirigeant celui-ci par Steenworde et Roussbrughe

---

(1) L'aspect du pays a beaucoup varié depuis l'époque où ces opérations se sont déroulées ; lorsqu'on parcourt cette région actuellement, on ne rencontre plus les coupures, haies ou clôtures, dont il est fait mention dans les relations du temps.

(2) « *Nous étions très mal*, écrit Scharnhost qui commandait une batterie hanovrienne et Houchard aurait pu nous détruire totalement. » Chuquet, tome XI, page 193.

sur Hondtschoote, tandis que Leclaire et Landrin auraient accroché le corps d'observation. Cette masse,
s'avançant rapidement et énergiquement, n'aurait rencontré que les faibles postes situés à l'extrême gauche
de l'armée de Freytag et ce général, surpris par cette
manœuvre qui aurait menacé sa ligne de retraite sur
Furnes, se serait trouvé dans la pire des situations tactiques. Quant au dispositif de marche qu'il convenait
d'employer, le commandant en chef de l'armée du Nord
l'a indiqué lui-même, dans son instruction tactique du
23 août (1), c'est-à-dire qu'il suffisait de protéger ce
corps de bataille contre toute surprise par une avant-
garde et deux corps de flanqueurs.

Il est vrai que dans leurs rapports, le général en chef
et Berthelmy dénomment la division Landrin *flanqueurs
de gauche*, celle de Dumesny *flanqueurs de droite*, et la
division Jourdan *corps de bataille*, mais ce sont là des
mots détournés de leur sens. L'emploi qui fut fait de
ces différentes unités, au cours de la lutte, ne répond
pas du tout à l'idée que Houchard voulut exprimer lorsqu'il introduisit ces termes techniques dans
le texte de son « instruction ». Ce n'est pas en effet
une masse bien protégée par trois détachements de
sûreté et orientée sur un point exactement défini par un
chef sûr de lui-même que l'on verra évoluer les 6, 7
et 8 septembre ; ce seront au contraire six et même sept
colonnes qui opéreront sans liaison contre des objectifs
particuliers et très éloignés les uns des autres.

Tant il est vrai que, en art militaire, l'action a le pas
sur l'idée, et qu'une éducation patiente et laborieuse
permet seule de franchir l'abîme qui sépare la pratique
de la théorie, l'exécution de la conception.

---

(1) Se reporter au chapitre XII.

II. — LA JOURNÉE DU 6 SEPTEMBRE.

Les opérations de la colonne Vandamme et de la division Dumesny. — Marche de la division Hédouville constituant l'avant-garde. — Marche du corps de bataille et du détachement Colaud. — Jourdan s'empare d'Herzeele et de Bambecke. — Opérations de la colonne Landrin. — Marche du corps de Leclaire. — Sortie de la garnison de Dunkerque. — La situation vers 9 heures du soir. — La manœuvre exécutée par Freytag pendant la nuit du 6 au 7 septembre. — Conséquences de l'abandon de Rexpoède et de la retraite du corps de bataille sur Herzeele.

Le décousu des opérations, résultant à la fois du dispositif d'attaque et de la nature du pays, oblige à étudier séparément la marche de chacune des colonnes qui ont pris part à la bataille d'Hondtschoote.

Les opérations de la colonne Vandamme et de la division Dumesny. — Conformément aux ordres verbaux qui lui avaient été donnés par Gay-Vernon, Vandamme, dont les troupes étaient bivouaquées dans les prairies de Godewersvaelde, met son détachement en marche à minuit, chasse de Westoutre un poste ennemi d'une trentaine d'hommes, puis, continuant sa route sur Reninghest, s'empare de ce point d'appui défendu par 860 Anglais et Hanovriens et deux pièces de canon. Cette affaire de postes nous coûtait trois ou quatre blessés ; l'ennemi perdait une douzaine de morts et plusieurs prisonniers. De Reninghest, Vandamme continuant son mouvement, passe entre Vlamertingue et Poperingues et vient établir son bivouac, pour la nuit du 6 au 7, près de Proven (1).

Malheureusement Dumesny, auquel les succès de la

_____

(1) Récit de Vandamme. A. H. G. Publié dans *Le général Vandamme*, de Ducassé.

colonne précédente ouvraient la route d'Ypres, reste immobile au camp de Bailleul, au lieu de profiter de cette
occasion pour marcher rapidement sur Ypres, surprendre la garnison (1) et s'emparer de la place. Gay-
Vernon explique ainsi cette inaction étonnante de toute
une division (2) :

« Voici les faits tels qu'ils se sont passés ; ce sera une
preuve, ajoutée à tant d'autre, qu'à la guerre les officiers
d'état-major ne doivent s'en tenir aux ordres verbaux
que lorsqu'il y a impossibilité de les envoyer autrement.

« J'avais été chargé du détail pour la marche des
diverses colonnes. D'après les dispositions de Houchard,
Vandamme et Dumesny étaient destinés à se prêter sur
notre droite un mutuel appui. Mais la division de
Bailleul devait attendre pour commencer son mouvement que les chasseurs de Mont-Cassel eûssent défilé
devant elle.

« Le 5 au soir, avant de quitter Cassel, je fis venir à
l'état-major le général Vandamme, et nous combinâmes
ensemble sur la carte l'ordre de marche qu'il suivrait.
Le corps qu'il commandait passait à Reninghest et
j'engageai cet officier à prendre les devants pour aller
prévenir Dumesny des instructions de Houchard. Je
crus que l'ordre serait mieux donné et mieux compris
verbalement que par écrit ; et je ne doutais pas qu'il ne
fût aussitôt exécuté, puisqu'il était porté par un militaire
du grade élevé et de l'habileté reconnue de Vandamme.
Cependant Dumesny ne s'en contenta pas et ne suivit pas
la colonne des chasseurs de Mont-Cassel. »

---

(1) D'après Ditfürth, tome Ier, page 109, cette garnison ne se composait
que d'un bataillon autrichien de Stuart et de 400 Hanovriens. On sait
d'autre part qu'en exécution du traité des Barrières, cette ville avait dû
être démantelée.

(2) *Mémoires*, page 263.

Marche de la division Hédouville constituant l'avant-garde. — La division Hédouville, diminuée du détachement Colaud, dont on verra plus loin le rôle et la composition, part de Steenworde à 3 heures du matin, se dirigeant sur Poperingues, alors occupé par deux bataillons et deux escadrons hanovriens qui abandonnent ce village après une résistance énergique et se replient sur Ypres. Continuant alors sa marche par la chaussée de Proven, Hédouville s'empare de Roussbrughe, défendu par un bataillon et deux escadrons, puis franchissant l'Yser, il atteint Oost-Cappel vers 9 heures du soir.

L'ensemble des forces ennemies, auxquelles nos deux colonnes s'étaient heurtées, dans la région comprise entre Reninghest et Oost-Cappel, ne dépassait pas 2,500 hommes qui avaient battu en retraite, partie sur Ypres, partie de Roussbrughe sur Rexpoède et Hondtschoote.

Marche du corps de bataille et du détachement Colaud. — Colaud, détaché momentanément de la colonne Hédouville avec le 4ᵉ hussards et sa brigade d'infanterie (2ᵉ du 56ᵉ et 1ᵉʳ du 89ᵉ) se dirige de Steenworde sur Watone puis sur Houtkercke qu'il attaque dès 7 heures du matin ; les défenseurs (4 compagnies de Laudon-Vert et quelques hussards de Blankenstein) se replient aussitôt, soit sur Herzeele, soit sur Proven, ou même dans les bois de Saint-Six, où le 4ᵉ hussards les poursuit.

Dans la circonstance, le détachement de Colaud avait servi d'avant-garde au corps de bataille, qui s'avançait d'Hardifort sur Houtkercke, conduit par Jourdan auquel s'étaient joints Houchard et les Représentants Delbrel et Levasseur. Ce corps de bataille atteignit Houtkercke au moment même où la brigade Colaud venait de contraindre l'ennemi à évacuer ce village. Ce que voyant, Houchard manifesta l'intention de continuer

son mouvement sur Roussbrughe, puis sur Hondtschoote
avec les divisions Hédouville et Jourdan réunies ; mais à
ce moment, l'adjudant général Ernouf ayant fait remarquer qu'il y aurait quelque imprudence à s'avancer ainsi
vers le Nord, avant d'avoir chassé l'ennemi du village de
Herzeele, le général en chef, renonçant à son idée (1),
ordonnait à Jourdan de s'emparer de Herzeele, tandis
que la brigade Colaud irait à Proven où elle rejoindrait
au passage le gros de la division Hédouville laquelle
se dirigeait sur Roussbrughe, comme on l'a vu précédemment.

Jourdan s'empare d'Herzeele et de Bambecke. — Le
village d'Herzeele, qui était devenu l'objectif du corps
de Jourdan, à partir d'Houtkercke, était occupé par le
bataillon de chasseurs hessois, deux compagnies de
Laudon-Vert et deux escadrons de dragons. Ce détachement (2) était placé sous les ordres du colonel de Prüschenk (3) qui avait eu soin d'organiser le village défensivement.

Le bataillon de chasseurs, qui avait été disposé dans
les bois situés au Sud-Est du village, arrêta un instant
par son feu la tête de la colonne Jourdan à laquelle il
prit même un canon. Mais bientôt, cédant à la supériorité numérique de l'assaillant, ces chasseurs durent se
replier pour venir occuper la lisière Sud d'Herzeele
jusqu'à ce que, sous la menace d'un enveloppement
complet, Prüschenk eût ordonné la retraite sur Bambecke. Celle-ci s'effectuait sans trop de pertes par suite
d'une disposition particulière du terrain qui masqua

---

(1) Gay-Vernon, *loc. cit.*, page 257.
(2) Quelques fractions d'infanterie hanovrienne chassées de Houtkercke par Colaud, avaient rallié le détachement de Prüschenk vers
Herzeele.
(3) Ditfürth, *loc. cit.*, page 111.

complètement le mouvement des chasseurs hessois. Il n'en fut pas de même pour les compagnies de Laudon-verts qui, contraintes de traverser une zone parsemée de broussailles, perdirent beaucoup d'hommes et une pièce d'artillerie ; quant à la cavalerie, elle dut se faire jour, le sabre à la main, pour gagner le pont sur l'Yser. Nos fantassins, enlevés par Jourdan qui s'était placé à leur tête l'épée à la main (1), étaient entrés dans les rues du village, au pas de charge et au cri de « Vive la Répu-blique ! »

« Profitant de la belle disposition où se trouvaient les troupes » (2), Houchard se décidait à attaquer immédia-tement Bambecke. C'était là une opération plus délicate que les précédentes puisqu'on allait se heurter à la ligne de l'Yser, dont la rive gauche était bordée de hauteurs importantes. D'autre part, le pont sur lequel la route d'Herzeele à Bambecke franchit la rivière, était protégé par une bonne flèche enveloppée d'abatis et armée de trois pièces de 3 ; enfin, le passage était défendu par le détachement de Prüschenk qui avait renforcé un batail-lon du 1er régiment d'infanterie hanovrienne, et 2 esca-drons du 2e régiment d'infanterie hanovrienne, lesquels se trouvaient depuis plusieurs jours à Bambecke sous le commandement du général Dachenhausen (3). Aussi l'élan de nos bataillons se brisa-t-il tout d'abord contre cette tête de pont que deux de nos pièces de 8 se mirent à canonner pendant plus d'une heure. A ce moment, un orage affreux éclatait avec une extrême violence (4) et nos soldats commençaient à manquer de munitions.

---

(1) Compte rendu de Houchard. Au quartier général d'Hondtschoote, 11 septembre. A. H. G. *Correspondance.*

(2) *Ibid.*

(3) Cichart, *loc. cit.*, page 271.

(4) Gay-Vernon, *loc. cit.*, page 258.

Jourdan dépêchait alors un aide de camp auprès de
Houchard pour demander s'il n'y avait pas lieu de
suspendre l'opération. Cette proposition provoqua l'indignation de Berthelmy qui se trouvait auprès du général
en chef : « Il faut vaincre à tout prix, à défaut de cartouches, n'a-t-on pas des baïonnettes ! » s'écria le chef
d'état-major qui proposa de brusquer l'attaque de front,
tandis qu'un bataillon du 36ᵉ de ligne franchirait l'Yser
à gué.

Les Représentants du peuple et Houchard s'étant
rangés à cet avis, Berthelmy fit battre la charge (1) et
nos troupes enlevèrent d'assaut le pont et le village de
Bambecke. Le bataillon des chasseurs hessois se
repliait sur Wilder, abandonnant une quarantaine de
tués et de blessés ; parmi ceux-ci se trouvaient le colonel
de Prüschenk, le capitaine Ochs et le lieutenant Leu-
tullus ; de son côté, le détachement de Dachenhausen
faisait sa retraite sur Rexpoède, où son chef l'installait,
en se proposant de tenir énergiquement dans ce village
d'autant plus facile à défendre qu'il était entouré de haies
et de boqueteaux.

Le corps de bataille avait ainsi pris pied sur la rive
gauche de l'Yser ; mais il était 6 heures du soir et « les
troupes étaient excessivement fatiguées, les chemins
étaient devenus affreux ; aussi le général en chef aurait-
il désiré borner les succès de cette journée à la possession du village de Bambecke (2) ». Houchard pouvait à
bon droit se déclarer satisfait du résultat déjà obtenu,
car, au même instant, on lui annonçait les succès de la
colonne Hédouville qui débouchait également sur la

---

(1) Rapport de Berthelmy, *Bulletin* de la Société de lettres, sciences
et arts de la Corrèze. A. H. G.

(2) Compte rendu de Houchard sur l'expédition d'Hondtschoote,
11 septembre.

rive gauche de l'Yser, se dirigeant sur Oost-Capelle d'où ses avant-postes pourraient se relier à ceux de Jourdan. Gay-Vernon, qui accompagnait le général en chef partageait l'opinion de ce dernier : « Nos soldats, qui marchaient et combattaient depuis treize heures, écrit-il dans ses mémoires (1), avaient besoin de nourriture et de repos. Chacun pensait que nous emploierions les trois quarts d'heure de jour qui restaient à bien établir nos postes et nos bivouacs et à nous affermir sur le terrain que nous avions conquis. C'était l'intention de Houchard. Mais dans notre armée, la volonté du général en chef n'était pas le dernier mot du commandement supérieur ; par delà, il fallait encore en appeler aux décisions des Représentants du peuple. Or, le conventionnel Hentz venait de dire « *que les hommes libres n'étaient jamais fatigués de combattre les esclaves des tyrans; qu'ainsi l'armée devait continuer son mouvement* » et Houchard donna aussitôt l'ordre de marcher sur Rexpoède. Nos troupes, animées par le désir de terminer cette longue journée, enlevèrent ce village avec ardeur. La nuit vint : elle était sombre et pluvieuse et nos soldats se débandèrent dans les maisons pour s'abriter et prendre leur repas. Trois des bataillons de Jourdan et un régiment de cavalerie occupèrent Rexpoède ; l'adjudant général Ernouf, qui connaissait bien le pays, se chargea de démêler, au milieu de la plus profonde obscurité, quelques bons emplacements pour établir nos postes.

« L'ennemi (c'est-à-dire Dachenhausen) avait dispersé son infanterie dans les bois et les vergers qui avoisinent Rexpoède ; sa cavalerie s'était établie derrière une forte batterie sur le chemin de Killem..... »

Vers 9 heures du soir donc, le corps de bataille occu-

______

(1) *Mémoires* de Gay-Vernon, *loc. cit.*, page 258.

pait Rexpoède et se disposait à y passer la nuit « avec tranquillité (1) ».

Opérations de la colonne Landrin. — D'après les instructions qu'il avait reçues, Landrin devait occuper le général Walmoden par de fausses attaques sur Wormhout, pendant toute la journée du 6, et enlever ce poste le 7 à la pointe du jour. En conséquence ce général disposait ses troupes de manière à attaquer à la fois Ekelsbecke, Wormhout et Crustate. Sur tout ce front, l'ennemi faisait une résistance énergique. Une de nos colonnes qui s'était emparée du pont de Saint-Bonaventure fut à son tour culbutée par un détachement hanovrien comprenant le 2ᵉ bataillon de grenadiers, 2 compagnies du 3ᵉ bataillon de grenadiers, 2 bataillons du 5ᵉ régiment d'infanterie, 1 escadron du 1ᵉʳ régiment de cavalerie, quelques fractions de dragons hessois et de cavalerie anglaise et deux pièces lourdes, le tout sous le commandement du général-major de Diepenbroick (2). Celui-ci réussit même, après avoir repris ce pont, à mettre le désordre dans nos troupes qu'il poursuivit jusqu'à une lieue vers le Sud. Cette défaite de sa gauche contraignit Landrin à replier toute sa division au Sud de Wormhout, dans le but de tenter une nouvelle attaque le lendemain.

Marche du corps de Leclaire. — En exécution de ces ordres de Houchard, dont on a lu le texte précédemment, Leclaire opéra comme il l'indique dans son journal; nous lui laissons la plume, sans douter de la véracité de son récit qui n'est contredit par aucun document (3) :

---

(1) Compte rendu de Houchard, *loc. cit.*
(2) Cichart, *loc. cit.*, page 272.
(3) *Mémoires, loc. cit.*, page 87.

« Le 6 septembre j'arrivai vers 2 heures du matin à Bergues, je trouvai toutes mes troupes arrivées et tous les renseignements que j'avais demandé que l'on me tînt prêts, ainsi que les guides. Je donnai ordre que, vers 6 heures du matin, les troupes fussent sous les armes. Voici l'état, savoir :

« Première colonne.

- 12ᵉ chasseurs à cheval ;
- 15ᵉ d'infanterie légère ;
- 56ᵉ d'infanterie ;
- 2ᵉ de la Meurthe ;
- 9ᵉ du Pas-de-Calais ;
- 14ᵉ d'infanterie ;
- 8ᵉ de Soissons ;
- 4ᵉ de Lille ;
- 1ᵉʳ du Finistère.

Le Chef du 2ᵉ bataillon de la Meurthe.

« Deuxième colonne.

- 150 chasseurs du 5ᵉ régiment ;
- La 32ᵉ division de gendarmerie ;
- 1ᵉʳ de l'Orne ;
- 24ᵉ d'infanterie ;
- 1ᵉʳ du Calvados ;
- 17ᵉ fédérés ;
- 4ᵉ de Bergues ;
- 5ᵉ de la Somme.

Le Chef de bataillon,
Le Maire,

36 cavaliers du 26ᵉ
30 gendarmes à cheval } attachés à l'état-major.

« A midi on n'avait encore rien vu, rien entendu qui pût indiquer que les attaques sur Roussbrughe et sur Wormhout, fussent effectuées ; dans cette incertitude je pris mon parti : je commençai sur-le-champ à déployer mes troupes avec bien de la peine sur le glacis de la place, le canon de l'ennemi m'y tuait du monde ; je donnai le commandement de la colonne de gauche au chef du 4e bataillon de Bergues, le citoyen Lemaire (1), le commandement de la colonne de droite au chef du bataillon du 2e de la Meurthe ; j'envoyai ordre de faire tirer les grosses pièces de la place, ce qui fit un peu taire le feu des ennemis.

« Le chef de bataillon Lemaire attaqua à la gauche le poste bien retranché de Beentis-Meullen, l'ennemi y tint ferme ; il y avait des pièces de 7, on ne put ni le tourner ni le débusquer. J'attaquai à la droite dans la direction de la Maison-Blanche. L'ennemi faisait jouer beaucoup d'artillerie et sur un front considérable.

« Les inondations couvraient ma droite jusqu'à peu près un quart de lieue de la place ce qui me donnait beaucoup de tranquillité. Je ne pus entendre un seul coup de canon vers Roussbrughe et Wormhout, mais à 3 heures, j'entendis celui de Dunkerque.

---

(1) André-Joseph Lemaire, né le 6 mars 1788, à Quincy (Nord) ; enrôlé volontaire au régiment de Condé (infanterie), le 25 mars 1754 ; sergent le 17 mars 1761 ; congédié par ancienneté le 30 août 1770 ; employé comme lieutenant sur les bâtiments armés en course, sur l'*Épervier* du 17 juillet au 8 octobre 1781, sur la *Charmante* du 23 avril au 10 mai 1782 où il est fait prisonnier par les Anglais ; rentré de captivité, embarqué sur l'*Espérance* le 22 juin 1782 et pris à nouveau par les Anglais le 11 juillet ; remis en liberté ; embarqué sur le même bâtiment le 1er janvier 1783 ; débarqué le 16 février suivant ; cesse de servir ; capitaine dans la garde nationale de Dunkerque le 17 juillet 1789 ; commandant du 7e bataillon en janvier 1791 ; capitaine au 4e bataillon du Nord le 25 août 1792 ; lieutenant-colonel en chef le 12 septembre 1792 ; nommé général de brigade provisoire par les Représentants du peuple près l'armée du Nord le 15 septembre 1793 ; confirmé le 24 septembre 1793 ; général de division le 30 mars 1794 ; non compris dans l'organisation des états-majors du 13 juin 1795 ; cesse ses fonctions le 2 août 1795 et se retire à Dunkerque ; pension du grade de chef de bataillon le 26 mars 1798, convertie en solde de retraite du même grade le 14 septembre 1799. Son nom est inscrit au côté Nord de l'Arc de triomphe de l'Étoile.

« J'avais repoussé l'ennemi à ma droite, où il cédait peu à peu avec assez d'opiniâtreté, jusque vers la Maison-Blanche, mais alors mon flanc droit était absolument découvert; je fis prendre une bonne position au 56ᵉ bataillon et, sur sa gauche, je plaçai quelques pièces de 4.

« Je craignais les progrès que je faisais, surtout voyant la droite de l'ennemi tenir aussi ferme. Vers les 5 heures du soir, une colonne ennemie venant du camp de Socx se porta sur ma droite. Je fis retirer mes troupes dans le plus grand ordre; je mis plus de deux heures et demie à parcourir cette demi-lieue ou trois quarts de lieue au plus, pour rentrer dans Bergues; je perdais beaucoup de monde par la nombreuse artillerie de l'ennemi et leur gros calibre. Je n'avais que du 4 à leur opposer. Le 56ᵉ bataillon fit des prodiges : il soutint lui seul la retraite dans la position où je l'avais placé, et cela pendant plus d'une heure, par les feux de demi-bataillon, de peloton et de file les plus réguliers. Je ne puis assez louer la bravoure et la discipline de ce bataillon. Le capitaine Fuzier (1), qui le commandait, mérite à juste titre l'es-

---

(1) Louis Fuzier, né le 30 octobre 1757 à Mounès (Aveyron); soldat au régiment de Bourbon (devenu le 16ᵉ d'infanterie) le 11 septembre 1776; caporal le 26 décembre 1779; sergent le 21 mai 1780; fourrier le 7 juin 1784; sergent-major le 16 mars 1788; adjudant le 23 juin 1790; adjudant-major le 12 janvier 1792; capitaine le 28 avril 1792; chef de bataillon provisoire le 21 nivôse an II; général de brigade à l'armée du Nord, par les Représentants Saint-Just et Lebas, le 15 floréal an II; confirmé le 25 prairial an III; réformé le 25 pluviôse an V, ayant été dénoncé comme « anti-républicain et membre d'une société qui lançait des traits empoisonnés contre les meilleurs patriotes, en les qualifiant de buveurs de sang, jacobins, etc. »; remis en activité le 2 fructidor an VII, dans la 25ᵉ division militaire; employé ensuite en Batavie jusqu'au 22 vendémiaire an X qu'il est autorisé à se retirer dans ses foyers; envoyé dans la 12ᵉ division militaire le 28 ventôse an X; employé au camp volant des grenadiers formé dans la Vendée le 2 vendémiaire an XIV; employé au corps d'observation de la Gironde par décret du 2 août 1807; admis à la solde de retraite par décret du 3 mars 1809; cette

time de tout militaire. Je l'ai en vain recommandé au représentant Duquesnoy, mais c'était alors un crime d'être dans les troupes de ligne.

« Je rentrai vers 8 heures du soir à Bergues. Je fis partir à l'instant même le 56ᵉ bataillon, le 2ᵉ de la Meurthe et le 12ᵉ régiment des chasseurs à cheval pour Dunkerque, où je présumais que l'on en aurait plus besoin que moi.

« Les troupes eurent ordre d'être prêtes au premier signal. Le chef de bataillon Lemaire fut dangereusement blessé d'un coup de biscaïen ; il fut nommé général de brigade..... »

On voit ainsi que l'entrée en ligne de la division Leclaire n'eut aucune conséquence heureuse, parce que cette division se laissa intimider par une colonne ennemie venue du camp principal que Walmoden avait établi sur les hauteurs de Quaetypre.

Sortie de la garnison de Dunkerque. — Quant au canon de Dunkerque que Leclaire déclare avoir entendu vers 3 heures, il tonna en effet à ce moment, car le commandant de la place, obéissant aux instructions de Houchard, avait tenté une sortie dans les conditions suivantes.

A 2 heures de l'après-midi, alors que les batteries des remparts, des forts et des batteries flottantes commençaient une vive canonnade, 6,000 hommes environ, répartis en quatre colonnes, sortaient de la place pour attaquer l'ennemi, tant dans les dunes que dans Rosendael. La première, utilisant la digue du canal de Furnes, était accompagnée de voitures chargées d'un

---

décision est prise en raison de la mauvaise santé de Fuzier qui n'a pu partir avec le duc d'Abrantès pour le Portugal ; mort à Arras le 19 février 1835.

Légionnaire le 19 frimaire an XII ; commandeur le 14 juin 1804 ; chevalier de Saint-Louis le 17 août 1822.

matériel destiné à établir des ponts sur les coupures de la digue ; la deuxième, débouchant par la barrière de Nieuport avec quatre pièces de canon, devait entrer dans Rosendael par la rue du milieu ; tandis que la troisième, y pénétrerait par la rue de la Chapelle ; la quatrième, la plus forte, passant par la barrière de l'Estran, soutenue dans sa marche par le feu des batteries flottantes, devait s'avancer vers les dunes.

Notre attaque eut tout d'abord quelque succès, sauf à la colonne de droite qui fut arrêtée par le feu d'une batterie anglaise établie sur la digue. La deuxième colonne réussit à entrer dans les premières maisons de Rosendael qu'elle incendia, tandis que la troisième et la quatrième repoussaient tout d'abord le régiment de Jordis qui défendait le village et les dunes ; la quatrième s'emparait même d'une dune très élevée sur laquelle elle plantait un drapeau. Mais York, se rendant compte du danger que courait sa droite, faisait soutenir celle-ci par le 14ᵉ régiment d'infanterie, par le régiment autrichien de Starray et par deux régiments de Colloredo ; d'autre part l'ingénieur Moncrieff, démasquant une batterie armée de six pièces de 12 et construite dans les dunes, ouvrait subitement le feu contre notre colonne de gauche qui, également menacée d'être enveloppée, dut se replier, mais en bon ordre, sur la place. Les assiégeants avaient 600 hommes hors de combat. Moncrieff, grièvement blessé, succombait le lendemain. De notre côté, nous avions 200 tués ou blessés, et nous ramenions une trentaine de prisonniers (1). « Pendant tous ces mouvements

----

(1) Voir, pour cette sortie, les *Mémoires* d'Arnaudin, IIᵉ partie, chapitre IV ; Foucart et Finot, tome II, pages 95 et 105, documents publiés ; Ditfürth, page 124 ; la lettre de Hentz, du 7 septembre, datée de Gravelines.

Hentz cite un trait de courage de treize de nos grenadiers qui ont forcé un corps de garde défendu par vingt-quatre autrichiens ; ils y

le plus grand calme a régné en ville, rapporte le procès-verbal du conseil général de la commune. La garde citoyenne est aux portes des remparts et les citoyens non armés, ainsi que les citoyennes, ont aidé à transporter les blessés et à leur donner des secours. »

La situation vers 9 heures du soir. — Vers 9 heures du soir, les différentes colonnes occupaient donc les emplacements suivants : Dumesny était à Bailleul, Vandamme à Proven, Hédouville à Oost-Cappel, Jourdan à Rexpoède, Landrin en face de Wormhout; Leclaire était rentré à Bergues, et la garnison de Dunkerque avait regagné les remparts. L'armée de secours avait ainsi pris pied solidement par son centre sur la rive droite de l'Yser et se trouvait en bonne posture pour reprendre son mouvement offensif le lendemain matin. Houchard, satisfait de ce résultat, s'était installé dans la maison d'un potier de Rexpoède (1), avec son état-major et le représentant Delbrel. On y devisait gaiement : « Après avoir fait toutes les dispositions que les circonstances paraissaient exiger, écrit Delbrel dans ses *Notes historiques*, le général Houchard et moi, ainsi

---

sont entrés la baïonnette au bout du fusil, en ont tué dix-sept, fait six prisonniers, un seul s'est sauvé.

(1) Cette maison existe encore à Rexpoède, à la bifurcation de la grande route de Bergues à Oost-Cappel et d'un chemin qui va de Rexpoède à Weest-Cappel. Elle est construite à la flamande, c'est-à-dire qu'elle n'a pas d'étage et qu'elle est couverte d'un toit à pente très inclinée. Le rez-de-chaussée comprend une vaste pièce dans laquelle Houchard et son état-major passèrent la soirée du 6 à causer des événements de la journée. Le propriétaire, M. Pierre Vandaeles, a fait démolir récemment la poterie attenante.

Lorsqu'on entre dans Rexpoède par la lisière Nord, il semble que ce village a été construit dans une cuvette ; ses abords sont encore très couverts dans cette partie et la crête militaire dominante est environ à 500 mètres des premières maisons du village.

que quelques officiers d'état-major, entrâmes dans une
baraque où nous trouvâmes quelques pots de bière
et quelques pains de munition abandonnés par l'ennemi.
C'était une trouvaille précieuse pour nous, car nous
avions été toute la journée à cheval sans avoir le temps
de nous rafraîchir. Nous buvions, nous nous entretenions
des succès que nous avions obtenus et des divers faits
dont nous avions été les témoins où les acteurs, lorsque
tout à coup, à minuit, une fusillade terrible et le cri
général : « Aux armes! » vinrent troubler notre délicieux
repas et notre glorieuse conversation. L'attaque de la
part des Anglais fut si rapide qu'ils eurent pénétré dans
le village avant que nous fussions à cheval. Mais favo-
risés par la confusion presque inséparable d'un combat
de nuit, nous sautâmes en selle, nous traversâmes la
mêlée et nous vînmes hors du village rejoindre le gros
de la division. Un officier du génie (1), qui était avec
nous, n'eut pas le même avantage, il fut pris au moment
où il mettait le pied à l'étrier..... »

Pour comprendre les causes de cette surprise complète, il est nécessaire de se reporter aux événements
qui s'étaient déroulés jusqu'alors dans le camp ennemi.

*La manœuvre exécutée par Freytag pendant la nuit
du 6 au 7 septembre.* — Le 6 au soir, l'armée d'observation se trouvait dans une situation critique. Bien que les
attaques dirigées sur Wormhout, Eckelsbecke et la
Maison-Blanche eussent échoué, l'énergie avec laquelle
elles avaient été conduites, et la présence de nos troupes
sur la rive droite de l'Yser vers Bambecke et Oost-
Cappel, devaient en effet convaincre Freytag que cette
journée était le prélude d'un mouvement offensif général
de notre armée. Comme les têtes de nos colonnes, les

---

(1) Il s'agit de Coquebert de Montbret.

plus avancées vers le Nord, étaient plus rapprochées d'Hondtschoote que le gros des troupes hanovriennes, les assaillants pouvaient se saisir de ce village le lendemain et couper ainsi la ligne de communication par Furnes qui seule permettait à l'armée d'observation de rester en liaison avec l'armée de siège. La retraite sur Hondtschoote s'imposait donc et il importait de commencer le mouvement le plus tôt possible en profitant de l'obscurité pour échapper à l'étreinte des Français. Il est certain que cette opération présentait des difficultés d'exécution très grandes ; les troupes qui avaient combattu jusqu'à la nuit étaient fatalement en désordre et fatiguées ; le terrain était accidenté, couvert et coupé, et l'orage avait détrempé les routes. Quoi qu'il en soit, il fallait se replier et Freytag donna des ordres en conséquence dès 8 heures du soir, avec la conviction que Rexpoède était toujours tenu par le détachement du général Dachenhausen (1).

L'ensemble des troupes, placées jusqu'alors en demi-cercle autour de Bergues, devait se diriger de la Maison-Blanche vers Hondtschoote, tandis que le gros de l'armée d'observation se fractionnerait en deux colonnes pour atteindre Rexpoède : l'une, celle de droite, comprenant la cavalerie et l'artillerie et pour toute infanterie le 2e bataillon de la Garde, commandé par le prince Adolphe, devait prendre, sous le commandement

---

(1) Les auteurs qui ont raconté cet épisode présentent des versions très différentes, en ce qui concerne le dispositif de marche adopté par Freytag pour effectuer cette retraite, tels d'Arnaudin, Ditfürth, Gay-Vernon et Cichart. Après avoir analysé ces textes et les avoir rapprochés des documents, nous avons préféré le récit de Cichart. Cela est d'ailleurs logique puisqu'il s'agit, dans l'espèce, d'une opération de l'armée hanovrienne dont cet auteur s'est fait l'historien particulier à l'aide des documents des *Archives* du Hanovre. M. Chuquet n'a pas manqué d'avoir la même préférence.

de Freytag, la route principale qui conduit de Wilder à Rexpoède ; l'autre, celle de gauche, commandée par le lieutenant général de Busche, se composerait de la plus grosse partie de l'infanterie et passerait par Weest-Cappel.

Freytag se mit en tête de la colonne de droite et chargea Walmoden (1), qui avait été retenu au quartier général de Wilder par une indisposition, de presser le plus possible la mise en marche des troupes. Celui-ci resta en arrière jusqu'à ce que les mesures propres à assurer la défense du pont de Wilder eussent été prises ; puis, la retraite étant ainsi couverte, il rejoignit la colonne de droite en marche sur Rexpoède.

Le feld-maréchal Freytag, persuadé que Dachenhausen tenait encore Rexpoède, car les officiers qui devaient lui annoncer la retraite de ce général ne l'avaient pas encore rencontré, s'avançait tranquillement avec le prince Adolphe d'Angleterre (plus tard duc de Cambridge), son état-major, le général Trew, le capitaine Scharnhorst, 24 dragons et 100 hommes de la Garde (2), lorsque soudain, à l'entrée du village, un escadron de cavalerie française chargeait tout ce groupe qui marchait sans défiance. Ce fut un sauve-qui-peut général ; Freytag blessé à la tête, perdant son sang, tombe de cheval et s'affaisse dans un fossé ; il est fait prisonnier. Le prince Adolphe ne réussit à s'échapper que grâce au dévouement de son aide de camp, le lieutenant de Wangenheim. L'artillerie, qui tenait la tête de cette colonne, obstrue la route et la cavalerie, appelée en toute hâte, ne peut dans ces ténèbres, charger hors du chemin. Le bataillon de

____

(1) Cette indisposition explique la présence de Walmoden à la colonne de droite et son rôle dans l'affaire de Rexpoède, car ce général aurait dû normalement se trouver avec les troupes qui se dirigeaient de la Maison-Blanche sur Hondtschoote.

(2) Chuquet, *loc. cit.*, page 199, tome XI.

Gardes hanovriennes, sous le colonel Mylius, arrive
enfin, mais, accueilli par un feu terrible venu de la
lisière du village, il est contraint de faire demi-tour ;
alors toute la colonne se jette à gauche de la route, hors
de la portée de nos armes et se met à errer confusément
dans la campagne.

Pendant ce temps, Walmoden qui, de sa personne,
était arrivé à peu près à hauteur du milieu de cette
colonne de droite, était rejoint par l'adjudant général de
Spörken et le lieutenant-colonel quartier-maître général
Kuntze, accourus à la hâte pour lui annoncer ces événements et lui dire que Freytag était prisonnier. Comprenant aussitôt que, dans cette situation, cette colonne,
composée de cavalerie et d'artillerie, serait impuissante
à se frayer un passage, Walmoden se rendait immédiatement à la colonne de gauche et donnait au général de
Busche l'ordre d'attaquer Rexpoède avec le 2e bataillon
de grenadiers, le 1er escadron du 7e régiment de cavalerie, une division du régiment autrichien Brentano et
quelques compagnies de Laudon vert. Ces fantassins
avaient combattu toute la journée et marché sous la pluie
à travers des chemins défoncés ; ils n'avaient plus que
8 cartouches par homme : mais Walmoden les exhorte
en leur faisant comprendre qu'il faut à tout prix dégager
la colonne de droite.

Alors, sous une pluie battante, Busche, traversant
West-Cappel, s'empresse d'atteindre la chaussée de
Bergues, puis tournant à droite, se dirige sur la sortie
Nord-Ouest de Rexpoède ; « il commande à sa troupe
de garder le silence ; il pousse dans les champs à droite
et à gauche de la route deux canons dont le roulement
trahissait sa marche ; à minuit, il est aux abords de Rexpoède. Il braque ses pièces sur le cimetière où il voit un
grand nombre de Français réunis autour d'un immense
feu de bivouac. Criblés de mitraille, attaqués à l'impro-
viste sur leurs derrières, les Carmagnoles courent aux

armes. Ils tournent deux pièces d'artillerie légère contre les assaillants ; mais les Austro-Hanovriens tuent les canonniers et, conduits par le général Busche et le major de Drieberg, ils s'élancent, culbutent tout ce qu'ils trouvent sur leur passage et envahissent le village (1) ». Or, Jourdan n'avait laissé que trois bataillons dans Rexpoède, le reste de sa division étant, comme on sait. au bivouac sur la route de Bambecke, au Sud du village. Les trois bataillons surpris par cette attaque inopinée sur leur flanc droit, alors qu'ils faisaient face à la colonne venant de Wilder, furent déconcertés et lâchèrent pied. Jourdan, accouru sur la place du village où ils s'étaient entassés pêle-mêle, essaya vainement de les ramener à la lisière ; il fallut céder.

Cependant, avant de prescrire la retraite, Jourdan voulut connaître les intentions du général en chef ; comme il n'avait autour de lui aucun officier d'état-major, il courut de sa personne auprès de Houchard. Celui-ci ayant décidé que Rexpoède serait évacué et que toute la division se retirerait sur Bambecke, Jourdan revint à Rexpoède pour assurer l'exécution de cet ordre ; mais à ce moment, le combat de rues qui durait depuis plus d'une heure dans les ténèbres, avait tourné complètement à l'avantage des assaillants. Un témoin oculaire, Delbrel (2), dépeint ainsi cette mêlée : « On peut en voir de plus sanglante, mais non de plus affreuse. Dans l'obscurité la plus profonde, les bataillons se heurtaient avant de s'être aperçus. La mousqueterie et l'artillerie n'avaient pour point de mire que le feu de la mousqueterie et de l'artillerie ennemies. Heureux si, dans ce tumulte, le fer et le

---

(1) Chuquet, *Hondtschoote*, page 202.

C'est à ce moment que la conversation de Houchard et de ses compagnons était interrompue dans les conditions que nous avons relatées plus haut.

(2) Notes historiques, *loc. cit.*, Bibliothèque nationale.

plomb français n'avaient atteint que des corps anglais !
Il est facile de prévoir que dans un combat au milieu
des ténèbres, l'avantage est pour les assaillants. Les
Anglais avaient de plus sur nous celui de connaître le
terrain et une position qu'ils avaient occupée pendant
plusieurs jours. Tous nos efforts furent donc inutiles ; il
fallut abandonner Rexpoède. Le désordre se mit dans
quelques bataillons ; en vain nous fîmes tout pour les
retenir ; ils entendaient notre voix, mais, sûrs de n'être
pas connus, ils fuyaient avec toute la précipitation que
permettaient un temps de pluie et des chemins bour-
beux. Enfin, après bien des fatigues, je parvins à rallier
une partie de la division qui se réunit enfin tout
entière à Bambecke le 7 au matin. Je fus particulièrement secondé par le général Berthelmy, chef de l'état-
major. »

Donc, vers 2 heures du matin, nos troupes débandées
refluaient en désordre, partie vers Bambecke et partie
vers Oost-Cappel, mais les deux pièces d'artillerie
légère qui avaient été mises en batterie contre la
colonne de Busche furent sauvées par deux compagnies
de grenadiers envoyées à cet effet par Houchard (1).
Quant à Jourdan, accueilli par une décharge de mousqueterie au moment où il revenait sur Rexpoède, il
rebroussa chemin et gagna Bambecke où le bruit de sa
mort s'était répandu.

Heureusement, l'ennemi, qui était surtout préoccupé
d'atteindre Hondtschoote au plus vite, ne poursuivit pas
nos bataillons affolés et désorganisés, et le rassemblement des fuyards put s'opérer dans une sécurité relative
autour de Bambecke ; quelques-uns cependant continuèrent leur route sur Cassel, d'autres sur Oost-Cappel.
Lorsque la clarté du jour permit enfin d'apprécier

______

(1) Compte rendu de Houchard, *loc. cit.*

exactement les conséquences de cette surprise, Houchard estima que ses troupes étaient incapables de faire un nouvel effort.

« A la suite du combat de nuit, écrit Gay-Vernon (1), notre corps de bataille se trouvait dans un désordre presque complet. Il faut faire la part des lieux, des temps et des circonstances. Sur un terrain aussi accidenté, nos colonnes communiquaient difficilement entre elles, les ordres arrivaient tard, souvent mal à propos et quelquefois pas du tout. Notre armée était pleine d'ardeur, de patriotisme et de courage, mais on savait combien les troupes, au moindre revers, étaient promptes à s'effrayer ; de récents exemples ne manquaient pas à cet égard, et on devait à la vigueur de Jourdan que la nocturne échauffourée de Rexpoëde ne se fût pas changée en déroute. Nos soldats n'avaient pas d'expérience et le service intérieur des corps se faisait avec une excessive incurie. On négligeait de prendre les plus simples précautions ; les chefs de corps et les officiers ne tenaient pas la main à ce que les soldats eussent leurs sacs et leurs gibernes garnis ; on laissait inutilement gaspiller une quantité énorme de munitions de tous genres, et c'est ainsi que dans la matinée du 7 les divisions de Jourdan se trouvèrent sans pain, sans caude-vie, et presque sans cartouches. Cependant, les ordres les plus sévères avaient été donnés par ce général et par Houchard pour que les chefs de corps eussent le soin de faire prendre à chaque homme des vivres pour deux jours et 150 cartouches..... »

C'est pourquoi le général en chef ordonna la retraite de Bambecke sur Herzeele, où il fit arrêter et bivouaquer les unités, en attendant qu'on leur procurât des subsistances.

---

(1) *Loc. cit.*, page 261.

Pendant ce temps, Walmoden, qui avait pris le commandement de l'armée d'observation (1), conduisait ses colonnes sur Hondtschoote où elles arrivaient vers 6 heures du matin ; dans la nuit, les détachements des généraux-majors de Wangenheim et Dachenhausen avaient déjà reflué sur ce village. Quand à Freytag, il avait été conduit sous escorte à Rexpoède, et enfermé dans une maison du village. C'est là qu'il fut retrouvé, lors de la surprise nocturne, et délivré par le lieutenant von dem Busche, fils du général et par l'enseigne Arentschildt, qui s'étaient donnés pour mission de rechercher leur chef. Comme Freytag était las et blessé, on l'étendit sur un caisson qui le transporta à Furnes (2).

Conséquences de l'abandon de Rexpoède et de la retraite du corps de bataille sur Herzeele. — L'attaque nocturne de Rexpoède par les alliés, et la retraite du corps de bataille jusque vers Herzeele, sur la rive droite de l'Yser, avaient modifié la situation tactique en faveur de nos

---

(1) Dès le 7 septembre, le duc d'York invitait Walmoden en termes flatteurs à conserver le plus longtemps possible le commandement de l'armée d'observation. Voici d'ailleurs un extrait de la lettre qu'il adressa à ce sujet de Leffrinckoucke à Walmoden :

« ... Mettant la plus grande confiance, non seulement dans ses talents, mais aussi dans l'amitié personnelle qu'Elle m'a toujours témoignée, me reposant enfin pleinement sur ses lumières, je prie votre Excellence de vouloir non seulement se charger du commandement le moment que le Maréchal témoigne que cela le gêne dans la situation présente, mais aussi de vouloir tâcher, si cela était possible, sans qu'Elle se compromît le moins du monde, de faire en sorte qu'il ne songe dans le moment présent qu'à se faire guérir. » (*Archives de Hanovre,* nº 38, E. B. I. nº 8-a).

(2) Dans une brochure intitulée *La Bataille d'Hondtschoote,* page 10, M. Émile Gusmann raconte que le feld-maréchal aurait été maltraité par les soldats qui étaient chargés de sa garde. Comme cet auteur n'appuie son récit sur aucun document, nous n'avons pas cru devoir reproduire ici ses affirmations.

ennemis. Les troupes de Jourdan n'étaient pas en état de prendre part immédiatement à un nouveau combat, et l'armée d'observation, désormais à l'abri de l'enveloppement, restait libre de faire sa retraite sur Furnes et de se réunir au corps de siège.

Ainsi les conséquences de la faute commise par le commandement français, en éparpillant ses forces, se faisaient déjà lourdement sentir, car il est clair, comme l'a écrit Jomini (1), que si la division Hédouville eût été réunie à celle de Jourdan, c'en était fait de l'armée hanovrienne qui eût passé sous les fourches caudines. Or, pendant que la mêlée furieuse se déchaînait dans les rues de Rexpoëde, chacune des autres colonnes restait immobile à son bivouac et Houchard, accroché au corps de bataille, trop éloigné de ses autres fractions pour leur imprimer une direction, se bornait à commander en fait la division Jourdan, au lieu de conduire l'armée entière.

III. — LA JOURNÉE DU 7 SEPTEMBRE.

Opérations de Leclaire et d'Hédouville. — Opérations de Vandamme et de Landrin. — La situation tactique dans la soirée du 7. — Dispositions prises le 7 par Houchard pour la journée du 8 septembre.

Dans la soirée du 6, alors qu'il était sous l'impression des succès obtenus au cours de l'après-midi, Houchard avait formé le projet de reprendre son mouvement offensif dès le 7 au matin. L'ordre ci-dessous qu'il expédiait à Leclaire de la maison du potier le 6, vers 10 heures du soir, le prouve clairement.

« Le général en chef est à Rexpoëde; il attaquera

____

(1) *Histoire des guerre de la Révolution*, page 59, livre V, chaitre XX.

l'ennemi demain matin. Le général Leclaire sortira de Bergues avec la garnison et attaquera vivement l'ennemi suivant les ordres donnés (1). » Mais les événements de la nuit avaient modifié les intentions premières du général en chef. Celui-ci, péniblement impressionné par le désordre qui régnait dans le corps de Jourdan, résolut, dans la matinée du 7, de consacrer cette journée à la reconstitution et au ravitaillement de ce corps, au lieu de poursuivre l'exécution de son plan avec les autres colonnes qui n'étaient pas entamées, tout en laissant le corps de bataille en deuxième ligne. Houchard, par trop oublieux de sa véritable fonction de commandant d'armée, portait ainsi son attention à peu près exclusivement sur les unités au milieu desquelles il se trouvait ; de sorte que son activité, comme celle de son état-major, s'appliqua exclusivement à une besogne qui incombait à Jourdan et à son entourage. « Nous nous occupâmes, écrit Gay-Vernon (2), à rassembler des vivres, des munitions et à les distribuer aux bataillons qui tous avaient épuisé leurs sacs et leurs gibernes. Pendant cette journée de repos, nos soldats raccommodèrent leurs chaussures ruinées par les mauvais chemins, et nettoyèrent leurs armes qui en avaient grand besoin après les pluies battantes de la journée et de la nuit. »

Cependant l'armée de secours ne resta pas complètement immobile, car plusieurs généraux, ignorant les événements de la nuit et abandonnés à leur propre inspiration, continuèrent leur mouvement un peu au hasard dans les conditions indiquées plus loin.

Opérations de Leclaire et d'Hédouville. — Vers 6 heures du matin, Leclaire « n'ayant aucune nouvelle » de

---

(1) Leclaire ne reçut cet ordre que le 7 dans l'après-midi. *Mémoires de Leclaire*, page 91.

(2) *Loc. cit.*, page 260.

Houchard, et ignorant la retraite de Walmoden, prit le parti de renouveler son attaque en adoptant la même formation de marche que la veille (1). La colonne de droite, trouvant le camp de la Maison-Blanche évacué par l'ennemi, continuait sa route et rencontrait à 2 kilomètres plus loin un convoi, dont elle s'emparait facilement, car l'escorte était en déroute. Les voitures capturées étaient envoyées à Bergues. « J'eus beaucoup de peine à maintenir l'ordre et à empêcher le pillage », écrit Leclaire dans ses *Mémoires*. Pendant ce temps, la colonne de gauche, qui avait suivi la route du canal, voyait au loin et canonnait une colonne ennemie en marche sur Hondtschoote ; celle-ci se composait des troupes hanovriennes qui avaient occupé, sous les généraux de Diepenbroick et d'Hammerstein, les postes d'Eckelbecke, de Crochte et de Bierne, alors que plus au Sud, sur la route de Bambecke à Hondtschoote par Rexpoède, l'arrière-garde de Walmoden commandée par le lieutenant général Erskine se repliait lentement sur le gros. Peu de temps après la capture du convoi ennemi, Leclaire, qui se trouvait en tête de la colonne de droite, apercevait tout à coup, sur la chaussée de Rexpoède, une troupe qui se dirigeait vers le Nord-Ouest ; immédiatement les canonniers de l'avant-garde prenaient les dispositions de tir ; mais Leclaire, étonné, envoyait immédiatement reconnaître cette colonne et interdisait d'ouvrir le feu jusqu'à ce qu'il en donnât l'ordre. Bien lui en prit, car on était en présence de la division Hédouville, qui était partie à 8 heures du matin d'Oost-Cappel et n'était pas arrivée assez tôt pour accrocher l'arrière-garde de l'armée d'observation ; celle-ci avait en effet réussi à

---

(1) Le lieutenant-colonel Duval, du 1er bataillon du Calvados, remplaçait le chef de bataillon Lemaire, dans le commandement de la colonne de gauche ; l'adjudant général Bailleul était placé à la tête de celle de droite. *Mémoires* de Leclaire, page 89.

s'échapper après un combat assez vif livré aux abords
de Rexpoède. Leclaire et Hédouville se concertèrent
alors sur ce qu'il y avait à faire. « Nous convînmes de
tomber sur l'ennemi tout de suite, que nous supposions
gagner vers Hondtschoote, écrit Leclaire, mais la nuit
nous surprit; il fallut bivouaquer, lui à Rexpoède, ma
colonne de droite à la Maison-Blanche, celle de gauche
au canal (1). »

Opérations de Vandamme et de Landrin. — Le 7,
à 5 heures du matin, Vandamme partait de Proven
et conduisait son détachement par Roussbrughe jusqu'à
Rexpoède. Après une halte de courte durée, faite pour
remettre de l'ordre dans les troupes, la colonne se dirigeait sur West-Cappel : mais, en arrivant près de ce
village, la tête se heurtait au convoi des Hanovriens que
Vandamme réussissait à disperser après avoir capturé
23 voitures et un certain nombre de prisonniers. Ce sont
très probablement les débris de ce convoi qui vinrent se
faire prendre par Leclaire, à 2 heures de l'après-midi. A
la suite de cet épisode, Vandamme se dirigeait sur Hondtschoote. Vers 4 heures, il rencontrait les troupes de couverture de Walmoden qui avait installé son armée (13,000
hommes environ) aux abords de Hondtschoote, le centre
en avant de ce village, la droite appuyée au canal de
Furnes, la gauche atteignant les jardins qui se trouvent au
Sud et près de Leyzel. Le général-major de Diepenbroick
tenait la chaussée de Killem avec deux bataillons de grenadiers, deux bataillons du 5ᵉ régiment d'infanterie et deux
bataillons du 10ᵉ (2). Ce fut lui qui reçut l'attaque de
Vandamme : ce dernier, faisant déployer son infanterie
hors de la portée du canon des redoutes construites par

(1) *Mémoires* de Leclaire, page 91.
(2) Cichard, *loc. cit.*, page 276.

les Hanovriens sur les buttes des moulins à vent, engageait avec les défenseurs une vive fusillade, accompagnée d'une violente canonnade. « On a peu d'exemples, écrit Vandamme dans son récit (1), d'un feu d'artillerie et de mousqueterie aussi vif et aussi soutenu. C'était une grêle continuelle de balles et de biscaïens et de boulets ; elle dura pendant trois heures. » Cependant les Hanovriens étaient sur le point de reculer, lorsque Diepenbroick lançait à la baïonnette ses deux bataillons de grenadiers et le 2e bataillon du 10e régiment contre l'assaillant qui, surpris par cette charge audacieuse, se repliait sur Killem, abandonnant trois canons. Comme la nuit tombait, Vandamme ne fit pas exécuter de retour offensif ; il ramena ses troupes en bon ordre jusqu'à Killem, où elles passèrent la nuit : « On fit encore dans ce village le pain pour le soldat qui en manquait et on fit tuer des bestiaux (1). »

D'autre part, Landrin, se conformant aux ordres qu'il avait reçus primitivement du général en chef, entrait facilement à Wormhout et Eckelsbecke, puisque les coalisés avaient abandonné ces deux villages dans la nuit du 6 au 7.

Quant à Dumesny, il était resté à Bailleul, attendant toujours de nouveaux ordres, et montrant ainsi une inertie ou une incapacité que rien ne saurait justifier.

De son côté, la garnison de Dunkerque, s'en tenant aux instructions précédemment données par Houchard, faisait une nouvelle sortie dans l'après-midi du 7 ; mais celle-ci ne réussissait pas à contraindre à la retraite les postes les plus avancés de York. De part et d'autre, il y eut très peu de tués et de blessés ; nos troupes firent une dizaine de prisonniers (2).

____

(1) Récit de Vandamme, reproduit par Ducassé.
(2) Trullard et Berlier terminent leur compte rendu relatif à cette

La situation tactique dans la soirée du 7 septembre. — Pendant toute cette journée du 7, Houchard, surpris de n'être pas talonné lui-même par les alliés, n'avait pas eu l'intention de poursuivre son adversaire qui avait pu s'installer tranquillement et solidement aux abords d'Hondtschoote. Seules les colonnes de Leclaire, Hédouville et Vandamme, errant à l'aventure, en vertu de la vitesse qu'elles avaient acquise la veille, avaient continué à se mouvoir, au risque de s'entretuer, puisque chacune d'elles ignorait ce que faisaient les autres ; livrées au hasard des rencontres, elles avaient heurté des détachements ennemis sans savoir pourquoi ; on avait même vu ce jour-là Vandamme, ce jeune chef à peine âgé de 24 ans, téméraire et inconséquent comme on peut l'être à cet âge, affronter avec 4,000 hommes un ennemi trois fois plus nombreux et prêt à se défendre. Le décousu de tous ces mouvements, on pourrait dire leur incohérence, révèlent très clairement la faiblesse de notre commandement supérieur et les défectuosités du dispositif d'attaque.

Quoi qu'il en soit des fautes commises dans cette journée, les forces adverses occupaient les emplacements suivants dans la nuit du 7 au 8.

La garnison de Dunkerque s'était retirée à l'abri des remparts ; la division Leclaire bivouaquait en deux fractions équivalentes, l'une à la Maison-Blanche, l'autre le long du canal, à peu près sur le même méridien que la précédente ; la division Landrin occupait Eckelsbecke et Wormhout ; Hédouville était à Rexpoède ; la division Jourdan n'avait pas quitté son bivouac entre Herzeele

---

sortie par la phrase suivante : « Le soldat a témoigné une grande satisfaction de la manière dont il a été conduit par les généraux dans cette sortie, et réciproquement ceux-ci donnent les plus grands éloges aux soldats. » Lettre publiée par Foucart et Finot, tome II, page 106.

et Houtkercke ; Vandamme tenait Killem et Dumesny était resté à Bailleul.

L'armée d'observation, commandée par Walmoden, qui remplaçait Freytag évacué sur Furnes, occupait à Hondt-schoote, la position indiquée précédemment; sa droite était au canal de Furnes, au bord duquel on avait construit une petite redoute, sa gauche à Leyzel. Les 13,000 hommes, dont cette armée se composait, avaient été renforcés par le régiment Erbprinz que le duc d'York avait détaché de l'armée de siège ; les deux bataillons de ce régiment, commandés par le général-major Cochenhausen, avaient dû passer par Furnes à cause de l'inondation. Des postes tenaient les villages de Hoogstade, d'Isemberg et de Leyzel (1). Comme cette région était très couverte et très coupée, la cavalerie avait été maintenue en arrière de l'infanterie, sur les routes. Toute l'aile droite était couverte par un petit canal appelé la *Becque d'Hondtschoote* qui relie ce village au canal de Furnes ; des redoutes, construites de distance en distance sur des buttes de moulin à vent, protégeaient le centre et la gauche de la position. Sur la butte du centre, on avait installé une batterie de huit pièces et de quatre obusiers (2), laquelle battait de ses feux la chaussée pavée de Killem, la seule qui fut restée vraiment praticable à la suite des pluies abondantes tombées depuis deux jours. La lisière d'Hondtschoote, à laquelle on accède par une pente douce qui met le village à l'abri de l'inondation, avait été organisée défensivement.

Cependant cette position ne satisfaisait pas Walmoden, qui craignait que sa communication avec Furnes ne fût coupée ; aussi n'était-il pas disposé à s'y défendre sérieusement. Mais dans l'après-midi du 7, le général autri-

---

(1) *Mémoires* d'Arnaudin, 2ᵉ partie, chapitre IV.
(2) Gay-Vernon, page 265.

chien Werneck et le marquis de Bouillé, envoyés du duc
d'York, vinrent lui exposer que l'armée de siège, qui
se disposait à lever son camp, courrait les plus grands
dangers, si le corps d'observation ne couvrait pas son
flanc gauche (1). Cédant à leurs instances, Walmoden se
décida à résister le plus longtemps possible sur place,
malgré le manque de munitions (2) et la certitude qu'il
avait d'être battu (3). Il prit donc ses dispositions en con-

----

(1) Il est vraisemblable que le contenu de la lettre ci-dessous qui
existe aux *Archives de Hanovre*, sous le numéro 38 E. B. I. n° 8a, a
servi de base aux discussions de Walmoden, de Werneck et du
marquis de Bouillé :

« Comme le rapport que le maréchal Freytag a fait qu'il a été forcé
de se retirer devant des forces supérieures avec le corps d'observation,
oblige à remettre le siège de Dunkerque jusqu'à l'arrivée des renforts,
je me trouve nécessité à prendre les mesures suivantes pour les deux
corps :

« Le corps d'observation aux ordres du maréchal Freytag tâchera
d'occuper les anciennes lignes françaises, depuis Hondschoote sur la
droite et la gauche appuyée à l'Yser. Si cette position n'était pas
soutenable, le Maréchal tâcherait d'en trouver une autre qui couvre en
même temps Furnes et la gauche du corps d'armée destiné à cerner
Dunkerque : il faudrait, pour cela, que la droite de cette position fût
appuyée aux Grandes-Moëres et la gauche au canal de Loo..... Il
sera nécessaire de couper tous les ponts sur la digue qui traverse la
Moëre, et tâcher de rendre le passage des Moëres, par cette digue qui
se trouverait sur la gauche de l'armée de S. A. R., impossible ou au
moins très difficile.

« L'armée destinée au siège prendra, en attendant qu'on puisse faire
transporter l'artillerie à Furnes, une position qui couvre ce transport
et nous mette à même de le protéger selon les circonstances.

« FRÉDÉRIC,
« *Général commandant en chef l'armée alliée en Flandres.* »

(2) Dans la matinée du 8, Walmoden recevait un convoi de munitions de réserve qui arriva au moment même où votre attaque se produisait.

(3) Cichard, *loc. cit.*, page 277.

séquence et répartit ainsi le commandement de ses troupes.

L'aile droite, sous le général-major Diepenbroick, comprenait :

Deux bataillons de grenadiers, deux bataillons du 5ᵉ régiment, un du 6ᵉ, deux du 10ᵉ, un du 11ᵉ et un bataillon du régiment Erbprinz, en tout neuf bataillons, et de l'artillerie lourde ou de campagne.

L'aile gauche, commandée par le général-major d'Haunners, se composait de six bataillons, (deux de garde, un de grenadiers, un du 4ᵉ régiment, un du 6ᵉ et un du 11ᵉ). A cette aile se trouvait en outre le général-major Cochenhausen avec le reste des troupes hessoises et le régiment autrichien Brentano.

Enfin, par mesure de précaution, Walmoden envoyait dès le 7, à Furnes, son convoi de bagages qu'il faisait escorter par le régiment de dragons Prince-Frédéric (1).

On conçoit que, dans cette situation, les 13,000 hommes de Walmoden — dont 4,000 cavaliers à peu près inutilisables — eussent été une proie facile pour l'armée assaillante qui comptait plus de 40,000 hommes, si cette dernière avait été conduite par un chef entreprenant et manœuvrier. D'autant mieux que la quantité énorme de haies et de boqueteaux, qui couvraient le pays, permettaient à l'infanterie française d'appliquer heureusement sa tactique de combat alors que l'ennemi, privé du concours de sa cavalerie, se trouverait gravement gêné dans l'emploi de ses procédés habituels (2). Malheureusement le commandement français ne tira pas tout le parti désirable de cette situation si avantageuse.

---

(1) Ditfürth, *loc. cit.*, page 115.
(2) Idée exprimée par Ditfürth, page 114.

Dispositions prises le 7, par Houchard, pour la journée du 8 septembre. — Lorsqu'il eut connaissance des mouvements exécutés, dans la journée du 7, par Hédouville, Vandamme et Leclaire, Houchard reprit confiance et décida de renouveler son attaque conformément au plan suivant.

Dumesny exécutera le 8 l'opération qu'il aurait dû tenter dès le 6, c'est-à-dire qu'il cherchera à s'emparer d'Ypres et protégera le flanc droit de l'armée contre toute entreprise des Hollandais campés vers Menin.

Le corps de bataille se dirigera d'Herzeele sur Hondtschoote, appuyé à droite par la brigade Colaud partant d'Oost-Cappel; Vandamme alors stationné à Killem, coopérera à cette attaque.

La division Hédouville, diminuée de la brigade Colaud, se dirigera sur Bergues, et si elle ne rencontre pas l'ennemi, elle viendra prendre part à la bataille.

Landrin se rendra à Dunkerque pour y renforcer la garnison et empêcher par des sorties que York n'envoie des secours à l'armée d'observation.

Quant à Leclaire, il répétera le 8 le mouvement qu'il avait esquissé le 6.

Ce plan n'est pas sensiblement plus judicieux que celui des deux journées précédentes, car il n'aboutit pas davantage à la concentration des forces et à la convergence des efforts sur le point décisif.

Au lieu de prendre comme objectif unique l'armée d'observation concentrée autour d'Hondtschoote et de chercher à lui couper sa ligne de retraite sur Furnes, en manœuvrant la gauche de Walmoden, Houchard confie à une moitié de son effectif des missions secondaires et dont l'utilité n'est pas immédiate. Les éléments de la « masse agissante », comme disaient le général en chef et son chef d'état-major, alors qu'ils préparaient *l'expédition*, sont toujours dispersés à l'extrême, tellement que sur les 43,000 hommes qui composaient la susdite masse,

22,000 à peine interviendront sur le champ de bataille où doit se décider le sort de Dunkerque et de Bergues. Le général en chef a détourné de son but véritable, sans raison plausible, environ la moitié de son effectif, et pour éviter d'être faible en un point, il ne sera fort nulle part. C'est là, sans conteste, l'œuvre d'un commandement timide ou timoré, une conception de chef dépourvu non seulement de génie, mais encore de talent.

On verra d'ailleurs par l'exposé des faits combien il fallut de bravoure et d'endurance parmi les troupes pour remédier aux inconvénients de ce plan défectueux, et par là on jugera de l'intérêt qui s'attache à la question du choix des généraux.

IV. — La journée du 8 septembre.

La division Dumesny attaque Ypres. — Opérations de la division Landrin. — Première phase de l'engagement devant Hondtschoote. — Deuxième phase de l'engagement devant Hondtschoote. — Les opérations de la colonne Leclaire dans la matinée du 8. — Les colonnes de notre centre et de notre droite donnent l'assaut; Walmoden se replie. — La poursuite. — La journée du 8 à Dunkerque. — Critique de la poursuite. — Considérations finales.

La division Dumesny attaque Ypres. — Aux termes des instructions adressées par Houchard au général Dumesny, celui-ci devait contenir les forces ennemies qui pourraient venir, soit de Menin, soit d'Ypres, et brûler cette dernière ville. En conséquence, le dimanche 8 septembre, à 5 heures du matin, cette division (1) s'avançait par Reninghest et Wlamertingue, sur Ypres,

---

(1) D'après la « Note des opérations de l'expédition d'Ypres commandée par le général Dumesny » adressée par ce général aux Représentants, de Bailleul, 11 septembre; publiée par MM. Foucart et Finot, *loc. cit.*, tome II, page 113.

couverte sur sa droite par un détachement de flanc qui passa par Diekebusch, et sur sa gauche par une flanc-garde dirigée sur Poperingues. La marche fut très ralentie, par suite des précautions de sûreté qu'il était nécessaire de prendre dans une région très propre à la guerre de surprise et d'embuscade. Cependant, les postes ennemis qui tenaient ces différents villages furent enlevés vivement et poursuivis par nos tirailleurs, à travers un terrain tellement couvert qu'il ne permettait pas à l'infanterie d'agir en masse. Enfin, le gros des troupes étant arrivé à 1 kilomètre à peine des remparts, on s'arrêta pour prendre le repas du soir et l'on passa la nuit dans cette situation.

Le détachement de gauche, commandé par Duquesnoy, s'était également approché à une très petite distance de l'enceinte, reliant alors sa gauche à la droite de la colonne principale. Vers 7 heures du soir, deux officiers firent la reconnaissance des abords en vue de l'attaque et dans la nuit, on établit trois batteries de siège (1), l'une composée de pièces de 16 et de 12, l'autre de pièces de 8 et d'artillerie légère, la dernière d'obusiers. Deux parlementaires, envoyés vers la place pour inviter l'ennemi à se rendre, ayant été reçus à coups de fusil, le bombardement commença le lundi matin 9 et dura jusqu'à 8 heures du soir, pendant que l'infanterie se fusillait de part et d'autre : les incendies allumés par les

---

(1) Signalons en passant cette méconnaissance par notre commandement des principes de la guerre de siège. Il est en effet très imprudent d'installer des batteries de siège avant d'avoir ouvert la première parallèle qui seule peut garantir la sécurité des pièces de gros calibre, lesquelles se déplacent difficilement. Des généraux improvisés pouvaient seuls avoir la témérité de négliger cette précaution, sous prétexte que les couverts naturels peuvent constituer des points d'appui suffisants pour l'infanterie chargée de défendre une telle artillerie.

boulets rouges et la roche à feu des obus furent rapidement éteints. Enfin, le colonel Salis, qui commandait la faible garnison (1), eut l'idée d'envoyer une compagnie de Stuart et trois pièces de canon sur le flanc gauche de l'assaillant ; la marche de cette colonne, dont les espions grossirent l'importance, fut signalée à Dumesny en même temps que l'apparition sur son aile droite de troupes hollandaises venues de Menin (2). Alarmé par ces renseignements, Dumesny ordonna la retraite sur Bailleul ; elle commença à 8 heures du soir et s'exécuta dans la nuit sur des chemins détrempés où l'artillerie circulait péniblement. Duquesnoy se repliait également, poursuivi par un détachement de Stuart et 25 hussards de Blankenstein qui firent prisonniers 2 de nos officiers et 60 soldats. Il est vrai que nous ramenions un grand nombre de bestiaux, mais le commissaire Chivaille, en annonçant l'envoi d'un troupeau de mille têtes à Lille, faisait la remarque suivante : « Je vous dirai avec douleur que le soldat s'est beaucoup

---

(1) La garnison d'Ypres comprenait 700 Hanovriens, un bataillon autrichien de Stuart et 24 pièces.

(2) Pour protéger sa droite et détourner les secours que les Hollandais tenteraient peut-être d'envoyer à Ypres, de leur camp de Menin, Dumesny avait ordonné au commandant d'Armentières nommé Joslet, d'inquiéter l'ennemi à Messines et dans les cantonnements voisins. En conséquence celui-ci, réunissant 2,700 hommes qui appartenaient à la garnison d'Armentières et aux postes de Nieppe et d'Houplines, s'avançait en deux colonnes dirigées l'une sur Messines, l'autre, la plus faible sur Neuve-Église et Vulverghem. Il y eut en ces points, tant le 8 que le 9, quelques combats sans importance qui coûtèrent quelques tués ou blessés aux deux parties. Le commandant Joslet en rendant compte de ces épisodes dans son rapport qui a été publié par Foucart et Finot (pages 115 et 116) écrit ceci : « Il m'est impossible de vous exprimer l'ardeur du soldat : ce ne sont pas des hommes que je commandais, mais des diables ; hier, ils se sont un peu livrés au pillage, mais aujourd'hui je leur ai fait un sermon rempli de quelques sacré dieux et ils se sont très bien comportés..... »

trop occupé de pillage et que les chefs n'ont pas toujours été écoutés quand ils ont voulu l'arrêter. Si on ne fait pas un exemple éclatant sur les pillards, je ne sais ce que nous deviendrons quand nous entrerons en Belgique (1). » Dumesny déclarait que les troupes s'étaient conduites avec infiniment de valeur « mais aussi, j'ai bien à me plaindre, ajoutait-il, du pillage et de leur indiscipline (2) ».

En résumé, cette division de 9,000 hommes se heurta, pendant deux jours, à une garnison comprenant moins de 2,000 défenseurs et revint le 10 à son point de départ, après avoir seulement razzié quelques troupeaux.

Opérations de la division Landrin. — Tout en donnant l'ordre à Landrin de marcher sur Dunkerque, Houchard admettait que ce général pourrait agir de concert avec Leclaire (3). Landrin avait donc envoyé son adjudant général Durutte (4) à Bergues, pour discuter

---

(1) Lettre de Chivaille à Bentabole, Foucart et Finot, page 112.

(2) Dumesny à Bentabole, publiée par Foucart et Finot, page 112.

(3) Voir l'ordre de Houchard à Leclaire, *Mémoires* de Leclaire, page 91.

(4) Pierre-François-Joseph, comte Durutte, né le 13 juillet 1776 à Douai ; volontaire au 3e bataillon du Nord le 1er avril 1792 ; sous-lieutenant à la légion du Nord et adjoint aux adjudants généraux par le général en chef Dumouriez le 22 août 1792 ; lieutenant sur le champ de bataille à Jemmapes le 6 novembre 1792 ; capitaine au 19e dragons le 6 mars 1793 ; adjudant général, chef de bataillon, nommé provisoirement le 15 septembre 1793 ; adjudant général, chef de brigade le 30 septembre 1793 ; général de brigade le 26 septembre 1799 ; employé à l'armée du Rhin le 8 octobre 1799 ; employé dans la 16e division militaire le 16 septembre 1801 ; commandant le département de la Lys le 3 octobre 1801 ; général de division le 27 août 1803 ; employé au camp de Bruges le 30 août 1803 ; commandant la 10e division militaire le 22 août 1804 ; commandant de l'île d'Elbe le 28 mai 1805 ; employé à l'armée d'Italie le 25 mars 1809 ; commandant de la ville

les dispositions qu'il convenait de prendre dans ce sens,
Mais Leclaire ayant proposé de réunir les deux divisions
pour attaquer Hondtschoote par la gauche, Landrin s'en
tint strictement à la lettre de l'ordre du général en chef
et se dirigea sur Dunkerque où il arriva dans la matinée
du 9, après avoir passé la nuit du 8 au 9 sous les murs
de Bergues. Si l'on considère que la distance de Wormhout à Dunkerque est à peine de 20 kilomètres, on se
demande pourquoi cette division n'a pas atteint cette
dernière ville dans l'après-midi du 8. Elle aurait pu
alors renforcer en temps utile la garnison et contribuer
puissamment au maintien de l'armée de siège devant
Dunkerque, pendant que Walmoden se serait fait battre
vers Hondtschoote. Par suite de cette lenteur inexcu-
sable, la division Landrin ne rendit aucun service au
cours de cette journée du 8 ; ce fut une force perdue.

Première phase de l'engagement devant Hondtschoote.
— On sait que Houchard avait formé le projet de continuer le 8, avec les corps de Colaud, Jourdan, Vandamme
et Leclaire, son mouvement offensif dirigé sur Hondtschoote.

A 4 heures du matin, Vandamme partait de Killem et

---

d'Amsterdam le 5 août 1810 ; commandant la 31ᵉ division militaire à
Groningue le 24 décembre 1810 ; disponible le 4 octobre 1811 ; gouverneur
de Berlin en 1812 ; chargé par le maréchal Marmont des fonctions de
gouverneur de Metz en janvier 1814 ; commandant la 3ᵉ division militaire et commandant supérieur de Metz le 23 mai 1814 ; commandant
la 4ᵉ division du 1ᵉʳ corps de l'armée du Nord le 28 mars 1815 ;
retraité pour blessures le 18 octobre 1815 ; mort à Paris le 18 avril 1827.
Légion d'honneur : membre le 11 décembre 1803 ; commandeur le
14 juin 1804 ; grand-officier le 23 août 1814 ;
Chevalier de Saint-Louis le 27 juin 1814 ;
Chevalier de la Couronne de fer le 17 juillet 1809 ;
Baron de l'Empire le 15 août 1809 ; comte en 1813.
Son nom est inscrit au côté Est de l'Arc de triomphe de l'Étoile.

poussait ses tirailleurs tout près d'Hondtschoote à l'Ouest
de la route de Rexpoède, derrière des haies ou des boqueteaux qui dissimulaient aux vues sinon aux coups de
l'adversaire.

D'autre part, le corps de bataille s'ébranlait vers
3 heures du matin et sa tête atteignait, à 7 heures environ,
le carrefour des Six-Chemins (1) situé à 1000 mètres à
peine au Sud-Ouest d'Hondtschoote. Là on faisait une
halte. Houchard, qui accompagnait Jourdan, était étonné
de n'avoir point encore rencontré quelques détachements
ennemis chargés de couvrir la position principale de
l'armée d'observation. Pour s'éclairer, il demanda à des
paysans si Hondtschoote n'était plus occupé par les

---

(1) Voir le croquis n° 8.

Il faut remarquer que le carrefour des Six-Chemins, qui est à 800
mètres environ du saillant Sud-Ouest d'Hondtschoote, se trouve à côté
d'un mamelon peu élevé dont la crête prolongée par une ligne de faîte
ne permet pas de voir les abords immédiats du village à un observateur
venant de Rexpoède. C'est ce mamelon que Jourdan a utilisé comme
première position de batterie ; de là on pouvait entretenir un feu efficace contre les canons que Walmoden avait installés sur un mouvement
de terrain peu élevé et situé à la lisière Sud du village près de l'emplacement où se dressait alors le moulin à vent dit « Moulin de la
bataille » maintenant disparu. Les artilleries adverses se trouvaient
ainsi à 800 mètres l'une de l'autre, distance qui correspond à la portée
moyenne des pièces de cette époque.

Le nivellement du terrain n'a pas été modifié depuis 1793, mais un
grand nombre de haies, de clôtures ou de petits canaux ont disparu,
de sorte que les approches seraient beaucoup plus faciles de nos jours
qu'au moment où la bataille fut livrée : en outre les rives de la Becque
d'Hondtschoote, actuellement desséchées, étaient alors baignées par un
blanc d'eau qui s'étendait jusqu'à 200 mètres des premières maisons du
village ; cela explique pourquoi les troupes qui attaquèrent Hondtschoote par l'Ouest-Nord-Ouest eurent de l'eau jusqu'aux genoux lorsqu'elles se portèrent à l'assaut d'un retranchement construit sur la
butte du moulin à vent qui se trouve à 150 mètres environ au Nord-
Nord-Ouest du port actuel. (Voir à ce sujet le récit de la journée du
8 septembre écrit par le général Leclaire dans ses *Mémoires*.)

alliés (1) ; ceux-ci lui firent alors des réponses vagues d'où l'on pouvait conclure approximativement que les coalisés n'avaient laissé dans ce village que 5,000 hommes environ et quelques pièces d'artillerie. Comme ces indications étaient contraires aux prévisions de l'état-major, elles parurent suspectes au général en chef qui chargea l'adjudant général Gay-Vernon de faire une reconnaissance. Celui-ci put s'approcher très près de la ligne de résistance de Walmoden, lequel, se tenant prêt à recevoir le choc, n'avait pas jugé utile, sur ce terrain particulièrement couvert, d'exposer des avant-postes d'infanterie à se faire enlever ; par suite de cette absence d'un réseau de sûreté, Gay-Vernon put se rendre compte exactement de la disposition de l'adversaire et dénombrer même ses bouches à feu. Il vit ainsi que la gauche de l'ennemi s'appuyait à une région toute coupée de haies et de fossés, que sa droite était couverte par la Becque d'Hondtschoote et par l'inondation.

Il en conclut que l'attaque principale devrait être dirigée contre le centre, malgré la présence de cette forte batterie de 12 pièces de position qui avait été installée par Walmoden sur la butte dite « du Moulin de la bataille » et qui battait le chaussée de Killem (2).

Mais, pendant que cette reconnaissance s'effectuait, les tirailleurs de Vandamme avaient déjà entamé la fusillade à l'Ouest de cette chaussée et ceux de Jourdan étaient venus prolonger à droite cette ligne d'infanterie. A ce moment, la grosse batterie de l'ennemi ayant ouvert le feu sur le corps de bataille qui était resté en colonne, au repos sur la route de Rexpoède, Jourdan fit aussitôt mettre en batterie dix pièces qui réussirent à causer quelques ravages dans les rangs ennemis. En outre, notre

---

(1) Chuquet, tome XI, page 209.
(2) *Mémoires* de Gay-Vernon, page 264.

infanterie, abandonnant la colonne de route par trop vulnérable, se formait à droite et à gauche de la chaussée de Rexpoède en colonnes d'attaque. Cependant, le général en chef ne voulait pas lancer ses colonnes à l'assaut avant que les troupes de Colaud et de Leclaire ne fussent en mesure de participer à l'attaque générale, de sorte que ce combat de tirailleurs et cette lutte d'artillerie durèrent plus de deux heures. Nos bataillons ainsi exposés aux feux de l'artillerie adverse « frémissaient d'impatience, attendant le signal du combat (1) ». Il arriva même que cette attente trop prolongée sous le feu provoqua peu à peu, et pour ainsi dire goutte à goutte, la dispersion de quelques bataillons qui se disséminèrent derrière les couverts du terrain et se livrèrent à une vive fusillade à laquelle les lignes déployées de l'infanterie hanovrienne, disposées à la lisière du village, répondaient de leur mieux par des salves de peloton (2).

Le désordre relatif de notre infanterie, en permettant à celle-ci d'utiliser tous les abris naturels, constituait dans l'espèce une supériorité et nos fantassins avaient ainsi réussi à gagner un peu de terrain sans que cependant il eût été possible de diriger vraiment le combat. « C'était une mêlée, résultant d'une foule d'engagements singuliers, de duels où, suivant l'expression pittoresque du chef d'état-major « on se poignardait (3) ».

La droite du corps de bataille était néanmoins parvenue assez près de l'aile gauche des alliés pour donner des inquiétudes à Walmoden qui ordonna à Cochenhausen d'exécuter une contre-attaque avec un bataillon Erbprinz et deux compagnies de Brentano. Ce mouvement réussit bien à faire reculer nos tirailleurs, mais

---

(1) Notes historiques de Delbrel.
(2) Ditfürth, page 115.
(3) *Mémoires* de Gay-Vernon, page 267.

l'ennemi était arrêté à son tour par un fossé profond et bordé d'une haie derrière laquelle notre infanterie fusillait efficacement les troupes de Cochenhausen. Celles-ci se repliaient alors jusqu'à la lisière extérieure d'Hondts-choote, où elles se reconstituaient et se réapprovision-naient en munitions (1).

Un second mouvement en avant, exécuté par la division Jourdan, était arrêté un peu plus tard par une deuxième contre-attaque faite par le même détachement de Cochenhausen, composé comme précédemment du 1er bataillon d'Erbprinz et d'un bataillon Brentano à quatre compagnies au lieu de deux. Dans cette deuxième contre-attaque, l'ennemi repoussait nos tirailleurs ; il avait même la chance de reprendre un canon qu'il avait dû abandonner à la suite de sa première offensive (2).

Il était environ 10 heures du matin, et notre situation devenait critique.

Au centre, notre infanterie perdait du terrain et l'artillerie pouvait être capturée, car le moindre mouvement rétrograde de nos pièces eût sans doute occasionné la plus complète déroute. A l'aile droite, la brigade Colaud, qui était arrivée depuis une heure environ en face de l'aile gauche de Walmoden, ne réussissait pas à progresser. A notre gauche, Leclaire venait à peine de déboucher, à portée de fusil, en face de l'aile droite des Hanovriens.

A ce moment, Houchard crut que la bataille était perdue ; les témoins oculaires Delbrel, Levasseur et Gay-Vernon, dont nous possédons les mémoires, sont d'accord sur ce point. D'après Delbrel, qui paraît le plus

---

(1) Ditfürth, page 115.

(2) Le général-major Cochenhausen fut à ce moment blessé aux deux jambes. Fait prisonnier à Hondtschoote, il y mourut et y fut enterré. Ditfürth, page 116.

véridique et le plus précis, voici quelle aurait été alors l'attitude de Houchard. Delbrel ayant témoigné à Houchard son mécontentement, celui-ci, l'air très embarrassé, répondit que les ennemis étaient les plus forts et que l'affaire serait très chaude ; il prononça même le mot de retraite. A tout cela Delbrel opposa les meilleures raisons : le peu d'expérience et de solidité de nos jeunes troupes ferait certainement dégénérer la retraite en un sauve-qui-peut général ; on entendait à la droite et à la gauche un feu assez vif dont on pouvait déduire que nos colonnes des ailes allaient enfin intervenir vigoureusement ; dans ces conditions, une offensive générale paraissait être la seule solution acceptable (1). Levasseur et Jourdan ayant appuyé fortement cet avis, Houchard résolut alors de continuer la marche en avant, et l'on prit en conséquence les dispositions ci-dessous.

Deuxième phase de l'engagement devant Hondtschoote. — Jourdan, faisant avancer trois de ses bataillons qui n'avaient pas encore combattu, arrêterait la contre-attaque de Cochenhausen et rallierait de son mieux sa division. Pendant ce temps, Houchard se transporterait à la colonne de Colaud et ferait battre la charge afin de l'entraîner à l'assaut ; dès qu'il entendrait le bruit des tambours à sa droite, Jourdan attaquerait également. Enfin on chargeait un officier de prévenir Vandamme et Leclaire, qui devaient opérer de concert contre l'aile droite ennemie (2), d'avoir à porter également leurs troupes en avant lorsque la charge battrait à leur droite. C'est donc de notre extrême droite que devait venir le signal de l'offensive générale, et le commandant de l'armée du Nord s'y rendait aussitôt avec le

---

(1) Notes historiques, *loc. cit.*

(2) *Mémoires* de Gay-Vernon, page 266.

représentant Levasseur pour déterminer lui-même le moment précis où tout le système des forces allait être déclanché.

Au centre, Jourdan, secondé par Delbrel, ayant réussi à rallier tant bien que mal les bataillons dispersés, ramenait ceux-ci au combat grâce à l'impulsion donnée par les trois bataillons qui avaient été conservés en réserve jusqu'à ce moment. On avait même gagné un peu de terrain, lorsque, tout à coup, une troisième contre-attaque exécutée à la baïonnette par le 2e bataillon Erbprinz et une quarantaine de grenadiers hanovriens, le tout sous le major Mallet (1), s'avançait par la chaussée de Killem, entraînant avec elle toute la ligne des Hanovriens ; une troisième fois le corps de bataille se repliait. Jourdan et Delbrel, étonnés de ne pas entendre à leur droite le signal convenu, s'efforçaient de maintenir l'ordre et d'empêcher la déroute. « Ce n'était pas chose facile, écrit Delbrel, car à un moment nous nous trouvâmes seuls en avant des tirailleurs faisant d'inutiles efforts pour les retenir (2). » Ni l'un ni l'autre cependant ne désespérèrent du succès; ils avisèrent immédiatement aux moyens de rallier la division une fois encore et de la ramener tout entière à l'attaque du centre autrichien. Ce fut alors que Jourdan proposa de recourir au moyen suivant : prenant le bataillon de 700 hommes qui était resté en dehors du champ de bataille pour garder les drapeaux, on le lancerait en avant au pas de charge, pendant que les quelques escadrons de cavalerie, dont on disposait, seraient mis aux trousses des fuyards pour les arrêter et les ramener au feu. « Nous formerons ainsi, disait Jourdan (3), une tête de colonne qui en imposera aux tirailleurs ennemis. Les

---

(1) Ditfürth, page 117.
(2) Notes historiques.
(3) *Ibid.*

nôtres, pressés par notre cavalerie, encouragés d'ailleurs par la présence de ce bataillon en bon ordre, viendront sans doute se rallier à nous. Notre colonne, comme
une boule de neige, grossira en avançant ; nous serons
secondé dans notre attaque par la division de gauche,
qui a l'ordre de charger de son côté aussitôt que nous
battrons la charge. Voilà le seul moyen qui nous reste.
Mais j'ai les bras liés par le général Houchard, qui m'a
recommandé de ne rien entreprendre au centre jusqu'à
ce que la droite eût commencé l'attaque. Si la tentative
que je propose venait à échouer, on ne manquerait pas
de m'imputer le revers que nous pourrions éprouver et
de m'accuser d'avoir compromis par mon insubordination le sort et la gloire de la France. » Les observations de Jourdan lui paraissant justes, Delbrel tourna
ainsi la difficulté : « Vous craignez, dit-il au général, la
responsabilité ? Eh bien, je vous en décharge ; je la
prends sur moi et je vous donne l'ordre formel de tout
disposer dans votre division pour attaquer le plus tôt
possible. Mon autorité, supérieure à celle du général en
chef, ne vous permet pas de balancer. » Après avoir
ainsi donné très impérativement au général Jourdan
l'ordre d'attaquer, je pris un autre langage : « Vous
m'avez mis, lui dis-je, dans la nécessité de vous parler
en supérieur, j'offre maintenant d'agir en subordonné.
Vous n'avez ni aide de camp ni adjudant, je vous en servirai. » J'allai d'abord chercher le peu de cavalerie que
nous avions et je la mis aux trousses des fuyards pour
les ramener. Je courus ensuite prendre le bataillon qui
gardait les drapeaux. Je me mis à sa tête. Lorsque nous
fûmes au lieu où j'avais laissé le général Jourdan, je ne
l'y trouvai plus ; il avait été blessé et obligé de se
retirer (1).

---

(1) Jourdan avait été légèrement blessé à la poitrine par un boulet
qui l'avait effleuré.

« Dans ce moment — il était à peu près midi — la charge se fit entendre à droite, nous la battîmes au centre, on la battit à gauche et nos trois colonnes attaquèrent à la fois les redoutes et les retranchements. »

Avant de suivre ces colonnes au cours de leur mouvement offensif et simultané, et de relater les circonstances de cette phase du combat, il convient de se reporter à la colonne de gauche commandée par le général Leclaire et de la conduire depuis son point de départ jusqu'à son arrivée à Hondtschoote, où son intervention devait déterminer la retraite de Walmoden.

Les opérations de la colonne Leclaire dans la matinée du 8. — Dans l'après-midi du 7, Leclaire avait reçu de Houchard l'ordre de répéter le 8 son attaque du 6, afin, disait celui-ci, de prendre l'ennemi entre plusieurs feux. Puis dans la nuit du 7 au 8, le général en chef avait exhorté son subordonné à faire preuve d'énergie. « Continuez, général, lui écrivait-il, je marche demain, j'ai du monde devant Ypres, je fais occuper Roussbrughe ou au moins j'y envoie un renfort, je marche sur Hondtschoote, tapez dur, nous ferons de même; il faut que la journée de demain honore la République (1). »

En exécution de ces prescriptions, le 8 au matin Leclaire, partant de la Maison-Blanche avec sa colonne de droite, rejoignait celle de gauche qui avait passé la nuit du 7 au 8 auprès du canal, au Nord de Warhem. Ayant ainsi réuni toutes ses forces, il s'avança sur Hondtschoote en suivant la chaussée qui longe le canal de la Basse-Colme. Cette marche fut excessivement lente et très pénible (2); en maints endroits l'inondation avait recouvert la digue, qu'obstruaient encore des avant-

---

(1) *Mémoires* de Leclaire, page 92.
(2) *Ibid.*, page 93.

trains ou des voitures abandonnés par l'ennemi. Enfin,
vers 10 heures du matin, au moment où le corps de
bataille venait d'être ramené pour la deuxième fois, la
tête de la colonne de Leclaire se trouvait à 400 mètres
environ de la lisière Ouest d'Hondtschoote. Comprenant
que nos troupes de droite devaient se heurter à une
résistance très sérieuse, puisque de ce côté le bruit
de la fusillade se rapprochait de Rexpoède, Leclaire
prit ses dispositions pour attaquer la droite de l'ennemi. Voici d'ailleurs comment il raconte cet épisode
glorieux (1) :

« Je fis mettre en batterie sur un petit pont les deux
pièces de la 32ᵉ division de gendarmerie que j'avais fait
porter à la tête de la colonne. J'ordonnai le feu le plus
vif, bien persuadé que l'ennemi serait intimidé de se voir
attaqué inopinément de ce côté et que cela ranimerait
les colonnes de droite, qui sûrement ne s'attendaient pas
que je fusse arrivé à ce point. Lorsque je fus certain que
les colonnes de droite devaient avoir entendu le feu que
je faisais sur cette partie, je dis deux mots aux gendarmes, au moment où une des deux pièces venait d'être
démontée. Ils me crurent et se jetèrent à corps perdu, la
baïonnette en avant, sur le retranchement ennemi,
ayant de l'eau jusqu'au genou; ils y furent guidés par le
fils cadet du chef de bataillon Lemaire (2), qui me suivait comme aide de camp, et par l'adjoint Warenghien (3).

---

(1) *Mémoires* de Leclaire, page 94.

(2) Jean-Baptiste Lemaire, né à Dunkerque vers 1772; soldat au
régiment de Beaujolais (devenu 74ᵉ) le 15 mars 1789 jusqu'au 9 septembre 1792; ledit jour au 4ᵉ bataillon de Dunkerque; sous-lieutenant
le 11 septembre 1792; aide de camp du général Carrion le 22 août 1793;
adjoint à son père, le général de brigade, le 2 octobre 1793; lieutenant
provisoire au 4ᵉ bataillon de Dunkerque, aide de camp de son père, le
15 germinal an II; étant sous-lieutenant à la 13ᵉ demi-brigade d'infanterie, démissionne en l'an VII pour infirmités.

(3) Florimond-Joseph de Warenghien, né le 11 décembre 1773 à

Le retranchement fut emporté, les pièces prises. Sur 400 gendarmes, j'en perdis 117 tués ou blessés. Dans ce moment, le 1er bataillon de l'Orne, qui suivait les gendarmes et les soutenait, le 1er du Calvados de même, souffrirent beaucoup; le chef de ce dernier bataillon qui commandait cette colonne fut blessé. On fit une boucherie horrible des ennemis.

« Ma position ne me laissait plus de choix, il fallait pousser avec vigueur, pénétrer ou périr dans le canal, car une retraite devenait impossible. Je fis battre la charge, j'animai mes troupes et je puis dire que, dès ce moment, l'attaque se fit à la course, car j'étais toujours au trot de mon cheval. Je n'eus pas fait trois cents pas que quelques tirailleurs ennemis, qui se trouvaient à droite et à gauche du canal, intimidèrent un bataillon dans le centre de la colonne, qui se mit à fuir. Les autres se desserrèrent et le laissèrent filer. Un seul chasseur à cheval du 5e régiment, que j'envoyai au pont où j'avais commencé l'attaque, l'arrêta; il se rallia. C'était certainement la faute des officiers, qui donnaient l'exemple.

« Je pris encore une pièce attelée de ses quatre chevaux, le caisson de même. J'avais peine souvent à passer, à cause de la quantité des morts, et des Anglais (1) qui se jetaient à genoux devant mon cheval

----

Cambrai. Son père était conseiller du Roi au parlement de Flandre et signait « de Warenghien de Flory ». Entré dans la garde nationale de Douai en 1789, sous-lieutenant au 1er régiment de ligne le 15 septembre 1791; lieutenant le 29 mai 1792; adjoint aux adjudants généraux le 25 septembre 1793; aide de camp du général Leclaire le 19 février 1794, du général Fuzier le 19 juin 1796; capitaine aide de camp le 5 octobre 1796; capitaine au 8e régiment de dragons le 24 mars 1797; réformé le 26 mars 1801; enfermé ensuite dans une maison de santé « ayant le cerveau totalement dérangé par suite d'une chute faite à l'armée »; admis à la retraite le 7 juin 1811.

(1) Les Français prirent d'abord les soldats de Freytag pour des

et me demandaient grâce. Je dirigeai la seconde colonne
par un chemin qui prend à droite lorsque l'on quitte le
canal. Je lui donnai du canon en tête. On n'entendait
que les cris de : « Vive la République ! En avant ! » et la
charge.

« Arrivé près de la barrière, le feu de l'ennemi
redoubla de vivacité et force coups à mitraille ; je fis
abattre cette barrière à coups de canon ; alors ma tête de
colonne fut un peu intimidée, voyant la cavalerie
anglaise rangée en bataille sur la place et prête à
s'ébranler. Je n'avais que 25 chasseurs du 5ᵉ régiment
avec moi dans ce moment, et qui jusque-là m'avaient
furieusement gêné sur le canal. Je dis à l'officier qui les
commandait et qui, heureusement, avait un trompette
avec lui : « Faites sonner la charge, tombez au galop sur
cette cavalerie, le chemin est étroit, ils croiront avoir
affaire à un gros corps de cavalerie. » Aussitôt dit, aussitôt fait. Aux cris de : « Vive la République ! » ils
débouchèrent. La cavalerie ennemie ne les attendit pas,
elle se mit en déroute, se culbutant les uns sur les
autres ; je déployai avec promptitude sur la place et fis
entourer un corps de 300 Hanovriens en bataille : les
désarmer, les mettre en marche par un *à droite*, tout
cela fut l'ouvrage d'un moment. Je les envoyai tout de
suite à Bergues, escortés par quelques gendarmes..... »

Il était un peu plus de midi quand la division Leclaire
débouchait ainsi sur la place d'Hondtschoote. A ce
moment nos colonnes du centre et de droite, que nous
avons abandonnées à l'instant même où elles s'élançaient
à l'assaut, atteignaient également la lisière Sud du vil-

Anglais, car les Hanovriens portaient également la tunique rouge. (Extrait
de *The present state of the British army in Flanders with an authentic
account of their retreat from before Dunkirck. By a British Officer*.
London 1793.) Cette brochure est au British Museum. Catalogue 23.
England folio 1428, 1581, page 1492.

lage et les Hanovriens se repliaient enfin à la suite d'une lutte acharnée dont nous allons exposer les péripéties.

Les colonnes de notre centre et de notre droite donnent l'assaut.—Walmoden se replie.—Houchard, en arrivant vers la droite de la ligne, trouva la brigade Colaud arrêtée devant l'aile gauche ennemie qui résistait énergiquement sur sa position. Se mettant alors en avant du 17e régiment de cavalerie resté en réserve, il fit déployer les escadrons et s'avança à leur tête, au trot, l'épée haute, suivi de son état-major ; en même temps, il ordonnait qu'on battit la charge. Auprès du général en chef se tenait le représentant Levasseur qui s'efforçait, par ses harangues, d'exciter le courage des soldats. La belle attitude des escadrons (1), la vue du panache et de l'écharpe tricolore du conventionnel (2) produisirent sur tous un effet électrique ; toute l'infanterie s'élança en avant aux cris mille fois répétés de : « Vive la Nation ! Vive la République ! » (3), et ce fut ainsi qu'on aborda au pas de course, sans tirer, à la baïonnette, les retranchements ennemis (4).

A ce moment, Delbrel revenait à la tête du bataillon des drapeaux et ne retrouvait plus Jourdan, qui avait été blessé. Entendant la charge battre furieusement à sa droite, il continuait son mouvement en avant et tout le

---

(1) Le 17e de cavalerie était venu de l'armée de la Moselle avec les renforts partis le 29 juillet; il comptait 331 chevaux.

(2) Gay-Vernon, *loc. cit.*, page 268.

(3) Voir *Houdtschoote* de M. Chuquet, *loc. cit.*, page 215. Le général de brigade Mengaud eut dans cette charge la cuisse traversée par une balle.

(4) Au cours de cet assaut, Colaud fut grièvement blessé. Le représentant Levasseur eut un cheval tué sous lui, mais reprenant aussitôt une autre monture, il entrait dans Houdtschoote en même temps que la brigade Colaud.

corps de bataille entraîné par cet exemple, se précipitait
également sur l'ennemi, la baïonnette haute (1).

Cette offensive simultanée de notre droite et de notre
centre s'étant produite à l'instant même où la colonne de
Leclaire venait de rompre la droite ennemie dans les
conditions que l'on connaît, Walmoden, dont les troupes
étaient très éprouvées par un combat qui durait depuis
cinq heures environ, se décidait à battre en retraite.
D'ailleurs, les munitions étaient presque épuisées et les

---

(1) Il existe deux tableaux à l'huile représentant la bataille de
Hondtschoote. Celui que l'on doit au pinceau d'Hippolyte Bellanger
(1840) est actuellement à la mairie d'Hondtschoote; l'artiste a traité
particulièrement les péripéties de la partie gauche (Ouest) et du centre
du champ de bataille vu d'un point situé à l'Ouest du carrefour des
Six-Chemins; on voit en effet sur cette toile la colonne de Leclaire avec
ses gendarmes en tête débouchant en face de la lisière Ouest du village,
au pied du moulin à vent n° 2 et du retranchement que les Hanovriens
avaient construit dans cette partie. Au centre et à droite de la toile, le
corps de bataille de Jourdan en colonnes attaque la partie Sud-Ouest
d'Hondstchoote.

L'autre tableau, celui qui a été peint par Jules Dupré et Eugène
Lamy, se trouve au musée de Lille où il produit une impression d'ensemble très saisissante. La bataille y est plus largement dessinée que
dans le précédent; cependant, comme la partie gauche y a été laissée
dans le vague, il s'ensuit que les deux toiles se complètent et présentent
chacune un intérêt particulier. Celle de Dupré et Lamy représente au
premier plan le Moulin de la Bataille (n° 1); dans le fond à gauche le
moulin n° 2; à droite la charge du 17e de cavalerie et la marche en
avant des fantassins de Colaud, au centre les colonnes d'attaque d'infanterie qui s'avancent dans un beau mouvement contre les longues lignes
rouges formées par l'infanterie hanovrienne disposée le long des lisières
du village.

On trouve en outre au musée de Dunkerque (à gauche de la porte
d'entrée) une gravure représentant la bataille d'Hondtschoote, gravée
par Avril à Paris, d'après les dessins levés sur les lieux, lors de l'action,
par Joseph Delorge. Elle porte l'inscription : « Dédié au Directoire
exécutif. A Paris, chez l'auteur, rue Cassette, n° 830. Cette gravure
évoque seulement quelques faits survenus à la partie gauche du champ
de bataille et relatifs à l'engagement de la colonne Leclaire.

progrès de la brigade Colaud faisaient craindre que la communication directe avec Furnes ne fût bientôt interceptée. D'autre part, on sait que le commandant de l'armée d'observation ne s'était décidé à faire tête à Hondtschoote que pour donner à l'armée de siège le temps de se replier et qu'il n'entrait pas dans ses intentions d'y arrêter absolument l'offensive des républicains. C'est pourquoi il avait fait reconnaître, à l'avance, une position de repli, ainsi que les itinéraires à suivre pour s'y rendre. Cette position était située au Sud de Furnes ; la droite s'appuyait au canal de Furnes à Bergues, près de Bulscamp, la gauche au canal de Loo à hauteur de Steinkerke ; le front était couvert par deux petits canaux parallèles (Stein-Grach) ; enfin, le terrain au Sud était très plat et très découvert, par conséquent tout à l'avantage du défenseur. Le moment critique étant arrivé, il n'eut plus qu'à prescrire l'exécution d'un mouvement déjà prévu et la retraite eut lieu dans les conditions que voici.

L'armée, rompant à la fois par la droite et par la gauche, se dirigea en deux colonnes sur Bulscamp ; celle de droite, formée par les bataillons placés à l'aile gauche de Walmoden pendant la bataille, passa par Leysele et Ysemberg laissant Wulveringhen à gauche ; celle de gauche, longeant le canal, gagna Bulscamp par Houthern, laissant Wulveringhem à droite. La cavalerie, inutilisée jusqu'alors, par suite de la nature du terrain, suivait en échelons chacune des deux colonnes (1).

---

(1) D'après d'Arnaudin et Jomini la colonne de droite des Hanovriens se repliant par Leyzel et Hoghestade aurait gagné les environs de Furnes en longeant le canal de Loo. Il est vraisemblable que ce dernier itinéraire fut suivi seulement par le bataillon d'Hoghestade, car on ne peut admettre que cette colonne ait fait un tel détour et défilé par le flanc en face de Colaud et de la cavalerie de Houchard placée à l'extrême droite.

Une arrière-garde, chargée de protéger le mouvement de retraite, était laissée à Hondtschoote; elle comprenait le 2ᵉ bataillon Erbprinz, qui avait pour mission de faire une défense énergique dans le village jusqu'à ce que les colonnes fussent hors d'atteinte; le 1ᵉʳ bataillon du même régiment Erbprinz, qui avait évacué Hondtschoote peu de temps avant le 2ᵉ, laissait également une compagnie en arrière, laquelle se joignait bientôt au 2ᵉ bataillon après avoir couru le risque d'être faite prisonnière (1).

Bien que cette arrière-garde fût relativement faible, elle suffit cependant à permettre l'écoulement du gros de l'armée d'observation; car nos bataillons une fois entrés dans le village s'y dispersèrent en se mélangeant. Il y eut à ce moment une extrême confusion facilement explicable, du reste, si l'on considère que les têtes des colonnes de Leclaire, Vandamme, Jourdan et Colaud, pénétrèrent simultanément dans des rues étroites, à la suite d'un assaut meurtrier, consécutif à un combat au cours duquel nos jeunes troupes avaient employé des formations désordonnées. En outre, il convient de remarquer qu'il était à peu près 1 heure de l'après-midi; or, on avait quitté les camps ou cantonnements dans la matinée vers 3 heures et l'on se battait avec acharnement depuis neuf heures du matin; par conséquent nos troupes étaient très fatiguées.

Leclaire dépeint ainsi dans son journal le spectacle qu'il eut sous les yeux au moment où il arriva sur la place d'Hondtschoote (2):

« Je trouvai le général Houchard qui arrivait, il courut à moi, m'embrassa en me disant que je l'avais tiré d'un grand embarras. Je lui répondis qu'il fallait

---

(1) Ditfürth, page 119.
(2) *Mémoires*, page 95.

sur-le-champ mettre de l'ordre dans les colonnes car tout se trouvait pêle-mêle. Je crois qu'il n'en tint compte ou qu'il ne m'entendit point. Je le dis au représentant Levasseur, mais on ne put guère en venir à bout. Tous les volontaires me demandaient leurs bataillons ; j'en formai des pelotons au fur et à mesure. *C'est bien dans ce moment que je sentis la nécessité de la diversité des uniformes.*

« Je crus et je m'attendais qu'on allait poursuivre l'ennemi, mais il n'en fut point question. J'attendais patiemment, rassemblant le plus possible nos troupes qui n'en pouvaient plus de faim et de fatigues, lorsque je reçus l'ordre de les établir à l'entour du village... »

La poursuite. — Il n'est pas douteux qu'il eût été habile de poursuivre énergiquement l'armée d'observation, en s'efforçant de la déborder continuellement à l'Est pour lui couper la route de Furnes. L'occasion était propice : les troupes de Walmoden, harassées, manquant de nourriture et surtout de munitions, se traînaient péniblement sur des chemins où elles constituaient une proie facile (1).

« Une nouvelle bataille, écrit Scharnhorst, aurait eu des suites extrêmement tristes et si les républicains avaient toujours menacé notre flanc gauche, même s'ils n'avaient engagé qu'une canonnade, nous aurions abandonné Furnes, Dixmude, Nieuport pour nous retirer sur Thourout..... Dans la circonstance, ajoute-t-il

---

(1) La lettre ci-dessous, adressée à Walmoden par Mylius le 9 septembre, permet de se faire une idée du désordre qui régna pendant cette retraite dans les rangs de l'armée hanovrienne :

« Je la (Son Excellence) supplie de faire mettre ses bataillons en ordre : en sortant d'Hondtschoote il était inévitable *qu'ils se soient mêlés* mais à présent ils peuvent se rallier, et que sa cavalerie, qui n'a pas donné hier, fasse tête..... » (*Archives de Hanovre, loc. cit.*)

ironiquement, les Français ont été plus amis qu'ennemis (1) ».

Sur 9,000 hommes d'infanterie (2), 85 officiers et
2,500 soldats étaient tués, blessés ou prisonniers (3), et
le reste des Hanovriens ou des Hessois se trouvait dans
un désordre inexprimable (4).

Nos troupes auraient pu atteindre ces débris assez
facilement, malgré l'épuisement des bataillons et quoique

---

(1) Scharnhorst de Lehmann, reproduit par M. Chuquet, page 221,
Hondtschoote.

(2) Cichard donne (page 281) le tableau des pertes subies par les
Hanovriens pendant les quatre journées des 5, 6, 7 et 8. Elles s'élèvent
à 15 officiers, 211 sous-officiers ou soldats tués ; 52 officiers et 1092 sous-
officiers ou soldats blessés ; 28 officiers, 933 sous-officiers ou soldats
disparus ou prisonniers. Soit un total de 2,331 hommes.

(3) Les pertes françaises ne sont pas exactement connues : dans son
Compte rendu sur l'expédition d'Hondtschoote, Houchard écrit : « Le
nombre de nos blessés ne peut être que considérable, il va peut-être à
700 : je n'ai pas encore l'état des morts. » Cependant « on sait exactement que dans les trois journées du 6, du 7 et du 8 septembre, le
2ᵉ bataillon du 67ᵉ régiment d'infanterie eut 10 tués, 122 blessés,
32 disparus, et le 7ᵉ bataillon des Vosges 7 tués et 45 blessés. (Foucart
et Finot, II, 117-119.) Un des bataillons qui se distinguèrent le plus
particulièrement fut le 5ᵉ des volontaires de la Somme. Un soldat de ce
bataillon, Modeste Digeon, vint porter à la Convention deux drapeaux
que ses camarades avaient pris. « Le 5ᵉ de la Somme, écrivait Berthelmy, avait perdu son drapeau et ses canons dans une surprise de
l'ennemi (à Oost-Cappel), il a réparé ses torts à l'affaire d'Hondtschoote
et racheté par son courage la faute qu'on avait à lui reprocher. » (Berthelmy à Bouchotte, 18 septembre. A. H. G.) Un décret de la Convention, du 27 septembre, accorda un drapeau à ce bataillon. (*Note* de
M. Chuquet, tome XI, page 228.)

(4) L'officier anglais qui a écrit la brochure intitulée : *The present
state of the British Army in Flanders*, etc....., déclare que les Hanovriens ont été très éprouvés au cours de ces journées de lutte ; il prétend
que quatre régiments qui se trouvaient à Nieuport vers le 15 septembre
ne comprenaient pas plus de 700 hommes au total. Un de ces régiments
ne comptait plus que 1 enseigne et 60 hommes sur 30 officiers et
700 hommes, et encore cet enseigne était-il bessé.

le terrain ne permît pas à la cavalerie et à l'artillerie
légère de prendre une part très active à la poursuite.
D'ailleurs, la division Hédouville (moins la brigade
Colaud) débouchait enfin sur le terrain de l'action.
C'était là un renfort de 5,000 combattants qui, partis
de Rexpoède dans la matinée du 8, avaient erré inutilement du côté de Bergues, jusqu'au moment où le
bruit d'une très vive canonnade eût enfin déterminé leur
chef à les ramener vers Hondtschoote, en marchant au
canon (1).

Il est vrai que Houchard songea bien à faire poursuivre l'armée de Walmoden par cette troupe fraîche ;
mais au lieu de lancer celle-ci aux trousses de la colonne
de droite, il ordonna à Hédouville de s'avancer au plus
vite par la chaussée de Houthem. Comme le pont, qui se
trouve à 800 mètres à l'Ouest de ce village, avait été
détruit par l'ennemi, et comme aussi il était tard, Hédou-

---

(1) Gay-Vernon raconte dans ses *Mémoires* (page 271) que Houchard
accueillit Hédouville avec aigreur, et il laisse entendre clairement
que si Hédouville avait bien interprété les ordres du commandant
en chef, sa division eût dû parvenir assez à temps sur le terrain de la
bataille pour déborder la gauche de l'armée d'observation. Il est malheureusement impossible de déterminer exactement la part de responsabilité qui, dans l'espèce, incombe soit à Houchard, soit à Hédouville,
car il serait nécessaire, pour cela, d'avoir sous les yeux le texte même
de l'ordre que le supérieur adressa à son subordonné : or ce document
n'a pas été retrouvé.

Quoi qu'il en soit l'idée première qui a poussé Houchard à envoyer
Hédouville sur Bergues ne se comprend pas, même si le général en chef
a laissé à ce dernier la liberté de modifier sa direction de marche
suivant les circonstances. Car enfin, dans la soirée du 7, Houchard ne
devait pas ignorer que le pays entre Rexpoède et Bergues avait été
évacué par l'ennemi et il ne pouvait pas supposer que les troupes d'investissement de Bergues fussent restées en place après les événements
du 6 et du 7.

Gay-Vernon reconnaît que le mouvement d'Hédouville sur Bergues
fut la faute la plus grave commise pendant ces trois journées.

ville ne poussa pas plus avant et s'arrêta en face de l'obstacle.

Pendant ce temps, Houchard, pressé par Levasseur de ne pas s'en tenir à son premier succès, était allé reconnaître les bords de la Grande-Moère, dans l'intention de faire passer sur la rive maritime un corps de 4,000 cavaliers, soutenus par de l'infanterie légère, dont le commandement aurait été confié à Vandamme (1), « *parce qu'il connaissait bien le pays* ». On espérait que ce détachement réussirait à gêner le mouvement de l'armée du duc d'York, que l'on croyait en retraite sur Furnes. Malheureusement, écrit Gay-Vernon (2), Delbrel et Levasseur étaient restés à Hondtschoote avec Berthelmy pour y activer la reconstitution des bataillons. Houchard, qui avait besoin de leur présence pour prendre ses décisions, « n'eut pas la force de s'arracher à ses habitudes de tâtonnement ; il courut aux renseignements, questionna les habitants ; les uns dirent que la traversée était facile ; les autres que la Grande-Moère avait tellement enflé depuis deux jours que le passage serait presque impossible à tenir. Houchard craignit de se compromettre et de compromettre sa cavalerie ; néanmoins, comme il adoptait assez aisément les demi-moyens, il ordonna à Vandamme de passer la Moère avec 60 cuirassiers et d'aller reconnaître et inquiéter les mouvements du duc d'York. »

Cela fait, Houchard et son état-major revenaient, vers 5 heures du soir, à Hondtschoote et s'y installaient dans un château situé à l'extrémité Nord-Est de la rue de Furnes (3).

---

(1) *Mémoires* de Gay-Vernon, page 272.

(2) *Ibid.*, page 273.

(3) Ce château, bâti à la moderne, existe encore ; c'était une simple maison seigneuriale où Walmoden avait établi son quartier général le 7 ; on s'était battu avec acharnement dans les jardins qui l'entourent

Nombre d'historiens ont reproché au commandant en chef de l'armée du Nord de n'avoir pas tenté de franchir la Grande-Moère, aussitôt après la prise d'Hondtschoote, pour couper la route de Furnes au duc d'York et contraindre l'armée de siège à mettre bas les armes ou « à mourir d'eau salée », suivant l'expression imagée de Berthelmy. Avant d'exprimer une opinion à ce sujet, il convient de revenir à Dunkerque pour y étudier les événements qui se déroulèrent autour de cette place dans la journée du 8; de la sorte, on pourra discuter en toute connaissance de cause l'opportunité de cette manœuvre, puisqu'on connaîtra la situation exacte de l'armée de siège au moment précis où notre attaque se serait produite.

La journée du 8 à Dunkerque. — Dans la matinée du 8, l'armée de siège continuait ses travaux d'approche et poursuivait la construction de retranchements dans les dunes, afin de protéger la droite de la ligne d'investissement. Mais la garnison ne devait pas rester inactive ce jour-là, car Houchard avait donné l'ordre au général Ferrand de faire une sortie entre 9 heures et 10 heures du matin. Hoche, qui la dirigeait, avait repris Rosendael et détruit la batterie anglaise construite en avant du village; puis il avait replié ses troupes. Vers 2 heures de l'après-midi, on avait tenté une nouvelle sortie, qui fut conduite comme celle du 6, c'est-à-dire que l'on s'efforça, avec l'aide des chaloupes-canonnières, de contraindre l'aile droite d'York à la retraite (1). Cette fois-ci, les troupes d'attaque étaient accompagnées

---

et l'on avait trouvé des cadavres de soldats noyés dans la pièce d'eau. Dans une des salles on mit la main sur trois drapeaux dont un d'émigré; il était noir; on y lisait en lettres d'or : *Noblesse française*.

(1) Foucart et Finot, tome II, page 103, et d'Arnaudin, chapitre V, 2ᵉ partie.

de cavalerie et d'artillerie ; de plus, elles s'avançaient pleines de confiance, parce que le bruit du canon de l'armée de secours avait fait renaître toutes les espérances. Un feu très vif de mousqueterie et d'artillerie s'engagea de part et d'autre ; il dura jusqu'à la nuit. Cependant la résistance énergique opposée par l'ennemi contraignit nos troupes à se retirer le soir derrière les remparts, après avoir fait subir toutefois des pertes importantes aux régiments Jordis et Starray, ainsi qu'à l'infanterie légère anglaise (1).

Pendant ce temps, York avait appris que Walmoden évacuait Hondtschoote. Se rendant compte alors du danger qui menaçait son armée, il avait donné l'ordre, dès 4 heures de l'après-midi, de replier les tentes et d'envoyer le gros des bagages à Furnes, sous l'escorte d'un régiment de cavalerie. Puis, le combat ayant pris fin vers 8 heures du soir, un conseil de guerre fut aussitôt réuni pour examiner en conférence l'éventualité d'une retraite immédiate. Le duc d'York et le comte de Bouillé émirent d'abord l'avis qu'il était nécessaire, avant de lever le siège, de ramener à Furnes les grosses pièces d'artillerie (1). Mais les autres généraux firent remarquer que ce serait là une opération assez longue, puisqu'il faudrait employer des transports par terre, le canal étant à peu près à sec ; les républicains auraient donc le temps d'écraser Walmoden et de porter ensuite leurs coups sur l'armée d'York, laquelle, étant fort affaiblie par les pertes subies au cours du siège, serait peut-être complètement anéantie. On décida donc de se replier sur Furnes pendant la nuit. Le mouvement commença à minuit : l'armée rompit par la droite et par la gauche en deux colonnes constituées comme il suit (2) :

---

(1) Ditfürth, page 125.
(2) D'Arnaudin, IIe partie, chapitre V.

Colonne de droite, sous le lieutenant général de Biela : régiment de Joseph Colloredo, régiment de Wenzel Colloredo, les Hessois dans l'ordre de leur campement, les Anglais dans l'ordre de leur campement, le 11e régiment de dragons légers, le régiment de Karackzay chevau-légers : elle passa par Vxem (ou Houthem) et Gyvelde pour venir former la gauche du camp en avant de Furnes.

Colonne de gauche, sous Alvinzi : régiment de Starray, régiment de Jordis, régiment de Stuart, les Hessois dans l'ordre de leur campement, les Anglais dans l'ordre de leur campement, les 15e et 16e régiments de dragons légers : elle suivit la rive Nord du canal de Furnes pour constituer la droite du camp vers Adinkercke.

Un bataillon de Kospoth marchait en queue de chacune de ces colonnes, pour soutenir l'arrière-garde constituée à l'aide des gardes de tranchée.

La marche se fit avec une très grande lenteur, parce que, écrit Ditfürth (1), les bataillons anglais n'avaient pas exécuté l'ordre donné dans l'après-midi de replier les tentes; en outre, la plupart étaient encore profondément endormis alors que toutes les autres troupes étaient déjà sous les armes. De ce fait le départ fut retardé d'une heure. En outre, le chemin que suivait la colonne de droite était obstrué par un convoi anglais qui s'était arrêté sur la route, pour se reposer; les chevaux étaient dételés, les conducteurs ivres ou absents, si bien qu'il fallut un temps assez long, même en employant la force, pour se frayer un passage. Ce fut seulement le 9 septembre, vers dix heures du matin, que l'armée de siège arriva au camp de Furnes, sans avoir été inquiétée, ni par la garnison de Dunkerque, ni par les troupes de

---

(1) *Loc. cit.*, page **127**.

Houchard. Elle avait seulement aperçu dans le lointain un parti de cavalerie française comprenant environ 100 chevaux (1). Le camp fut installé entre Furnes et Adinkercke, dans la journée du 9 ; il ne fut levé que trois jours plus tard, le 11 septembre.

La jonction des deux armées d'York et de Walmoden était donc réalisée dès le 9, à midi, et le plan, que Houchard devait mener à bien, n'avait pas été exécuté intégralement. Le siège de Dunkerque était levé, il est vrai, mais les armées de siège et d'observation étaient de nouveau réunies dans une forte position et les pertes qu'elles avaient subies ne les affaiblissaient pas gravement.

En effet, l'armée d'observation avait perdu à peu près 3,000 hommes tués, blessés ou prisonniers, 3 drapeaux et 5 pièces de canon. Quant à l'armée de siège, elle abandonnait 14 pièces de 27, 13 de 17 qui armaient les batteries des dunes, 10,000 boulets, 23 pièces de canon non enclouées, de l'avoine, 60 milliers de poudre, des matériaux de construction, consistant en planches, chevalets, pioches, pelles, etc., 120 bœufs et quelques chevaux d'artillerie (2). Mais cette armée de siège n'avait pas été battue.

Critique de la poursuite. — Les conditions de la retraite du corps de siège et du corps d'observation étant déterminées exactement, il faut reconnaître que l'armée de secours aurait pu transformer en un désastre cette double retraite et cueillir ainsi des trophées plus glorieux. La preuve de cette affirmation est d'ailleurs facile à faire.

------

(1) Ces cavaliers appartenaient à la reconnaissance dirigée par Vandamme.

(2) Voir aux documents annexes l'état de ce matériel certifié par le garde-magasin d'artillerie de Dunkerque.

Dans l'après-midi du 8, le corps de Walmoden était réduit à 7,000 fantassins complètement démoralisés; or, les divisions Leclaire et Jourdan, ainsi que la brigade Colaud, dont l'effectif total s'élevait à 18,000 hommes environ, auraient pu être lancées à sa poursuite vers 5 heures de l'après-midi, après un repos de trois heures. Le contact de l'armée d'observation aurait été vraisemblablement repris vers 7 heures et, si l'on tient compte de la supériorité numérique et de l'enthousiasme de nos troupes victorieuses, il n'est pas douteux que celles-ci auraient encore infligé une nouvelle défaite à Walmoden. Pendant ce temps, nos 4,000 cavaliers, le corps d'Hédouville, qui n'avait pas combattu, et les bataillons de Vandamme, qui comprenaient une forte proportion d'infanterie légère, eussent été en mesure de traverser la Grande-Moère dans les endroits où celle-ci était praticable et d'atteindre le canal de Furnes vers 7 heures du soir également. Ces 13,000 hommes pouvaient ainsi déboucher sur les derrières d'York, tandis que la garnison de Dunkerque, renforcée par la division Landrin, recommencerait ses attaques sur le front avec un groupe de bataillons formant un total de 14,000 hommes. Car on sait que, dans la journée du 8, la division Landrin n'avait parcouru que 20 kilomètres sans combattre; il n'était donc pas exagéré de demander à cette division d'attaquer énergiquement York dans la soirée de ce même jour. L'armée de siège, prise ainsi entre deux feux par 27,000 hommes de troupes fraîches ou surexcitées par la victoire, aurait été probablement obligée de mettre bas les armes; il n'est pas douteux, en poussant les choses au pis, qu'elle aurait au moins subi une défaite grave.

Les objections que Houchard fit aux Représentants et aux officiers de son état-major, lorsque ceux-ci le suppliaient d'exploiter énergiquement sa victoire, n'infirment pas du reste la solution ci-dessus. Les chemins sont

impraticables, surtout à l'artillerie, disait-il, les marches
et les combats de nuit ne sont pas familiers aux troupes
républicaines, ainsi qu'on l'a vu à Rexpoède; la cavalerie peut se perdre dans les moères, enfin les troupes
ont besoin de repos et de nourriture. Or les routes
étaient également mauvaises pour les alliés et leurs
soldats souffraient des mêmes maux que les nôtres;
cependant ceux-là supportaient encore les fatigues de la
retraite. D'autre part, en opérant comme on vient de le
voir, nos troupes auraient engagé ce nouveau combat
avant la nuit, et après s'être reposées trois ou quatre
heures. Il est tellement évident, du reste, que cette
poursuite était possible, que nos ennemis eux-mêmes ne
comprirent pas pourquoi elle ne fut pas exécutée.

D'Arnaudin exprime ainsi le sentiment de l'état-
major anglais à ce point de vue : « Il s'en faut de
beaucoup (1) que l'événement malheureux dont on vient
de décrire les diverses circonstances ait eu toutes les
suites fâcheuses dont il était susceptible. Il est de la plus
grande évidence que l'armée assiégeante ainsi que celle
d'observation se seraient trouvées exposées au danger
le plus pressant si l'ennemi eût profité de tous ses avantages. D'abord, dès le commencement de l'affaire, les
républicains étaient en mesure d'arriver à Furnes et
avant l'armée d'observation et avant celle de siège, tout
en les enveloppant l'une et l'autre. Et ensuite depuis la
retraite de l'armée d'observation sur Furnes, s'ils se
fussent mis à traverser brusquement les grandes moères
qui, *surtout dans la partie du Nord, offraient alors un
passage très facile*, ils eussent empêché aisément la
réunion des deux corps d'armée qui, par là même, se
seraient également trouvés barrés de toutes parts, et
l'armée de siège en particulier n'aurait eu d'autre res-

____

(1) *Mémoires*, page 215. A. H. G.

source que de se faire jour à travers un ennemi nombreux, la baïonnette au bout du fusil, ou de mettre bas
les armes..... » Dans le *Bulletin* journalier de l'armée
anglaise devant Dunkerque (1), on trouve également ces
phrases qui concernent la retraite du 9 : « Il est tombé
quelque peu de bagages entre les mains de l'ennemi,
mais la perte est peu considérable en raison *de celle
qu'on craignait*..... On entendit le feu d'une action à
quelque distance. C'était l'ennemi qui tournait le flanc
gauche du général de Freytag. Cette circonstance nous
fit craindre que tout ne fut perdu pour nous..... Nous
nous attendions à être attaqués à tout moment. Cependant tout resta tranquille durant la nuit. »

De même que les alliés se félicitaient d'avoir échappé
à un danger plus grand, de même Houchard s'applau-
dissait du résultat qu'il avait obtenu. Il rendait hom-
mage en ces termes à la bravoure des Représentants et
des troupes : « Je ne saurais trop exprimer combien la
présence des Représentants du peuple influe sur le bon
ordre et la décision des combats. Les Carmagnoles ont
bien mérité de la patrie et il n'y a rien de tel que le vrai
sans-culotte (2). » Quant aux reproches qu'on pouvait lui
adresser au sujet de son manque d'activité après le
succès, c'est à peine s'il essayait d'y répondre par cette
simple phrase : « Il n'y eut pas moyen de poursuivre
l'ennemi dans un pays coupé et où l'on ne voit pas à
deux pas devant soi; d'ailleurs ils avaient eu soin de
couper le pont du canal à Houthem. »

Houchard n'a rédigé son rapport sur l'expédition
d'Hondtschoote que le 11, c'est-à-dire trois jours après
la bataille; aussi ses impressions sont-elles moins vives

---

(1) A. H. G. *Correspondance.*
(2) Rapport de Houchard sur l'expédition d'Houdtschoote, 11 septembre. A. H. G.

et par conséquent moins intéressantes que celles de
Berthelmy. Celui-ci écrivit, en effet, au château
d'Hondtschoote, dès le 8 et vers 5 heures du soir, alors
que la griserie de la victoire exaltait encore les âmes, un
compte rendu qu'il faut lire dans le texte lui-même.

Le général Berthelmy au Ministre de la guerre.

Au quartier général de Hondtschoote, 8 septembre 1793.

Je vous annonce, Citoyen Ministre, que les troupes de la République
ont battu l'ennemi avant-hier, hier et aujourd'hui. Une colonne, celle
formant le corps d'armée, est partie de Cassel ; une autre est partie de
Steenworde, une autre de Bailleul ; une autre encore sur Wormhout.
Toutes jusqu'à présent ont rempli leur objet, battu et chassé l'ennemi ;
avec 18,000 hommes, nous venons de forcer Hondtschoote, qui était
défendue par 15,000 hommes, la plupart Anglais. Nous leur avons pris
trois ou quatre drapeaux, cinq pièces de canon, des caissons, des équipages et bagages, tué beaucoup de monde et fait des prisonniers, dont
plusieurs officiers de marque, entre autres un général hanovrien.
L'affaire a été longue et très chaude ; elle a été terminée à la baïonnette comme celle des jours précédents. Ce moyen est infaillible avec
les sans-culottes ; toutes les troupes ont bien donné ; nous avons aussi
des blessés, peu de tués ; parmi les blessés, nous avons des hommes de
tous grades, depuis les soldats jusques et y compris les généraux. Les
citoyens Delbrel et Levasseur ont été dans toutes les affaires, soldats et
Représentants du peuple. Aujourd'hui, Levasseur a eu un cheval tué
sous lui ; Delbrel a couru la même chance, et bien qu'il montât un
cheval blanc, il a été plus heureux.

La Convention connaît l'esprit du soldat, ils sont les sans-culottes des
armées. Un grenadier nommé Georges, vous saurez le nom de son
régiment, ayant eu un bras emporté d'un boulet de canon, suivait les
rangs et d'une voix de tonnerre chantait la *Carmagnole* et du ton
le plus ferme criait : « Vive la République ! ». Il offrait son autre
bras à la patrie. Les officiers et généraux blessés ont tenu la même
conduite.

Je ne vous donne pas d'autres détails parce que nous devons donner
notre temps à des dispositions ultérieures. Je dois cependant vous dire
que la garnison de Bergues a fait des sorties brillantes, qu'une partie
est réunie à nous et que cette ville est libre.

Malheureusement, le siège de Dunkerque est sans doute levé ; je dis
malheureusement, parce que s'il ne l'était pas, les Anglais la payeraient

cher ; ils seraient obligés de mettre bas les armes, sans quoi ils seraient *hachés ou mourraient d'eau salée.*

La garnison de Dunkerque a fait aussi de belles sorties ; on assure que le meilleur général anglais y a été tué.

Le camp de la Magdeleine devant Lille a agi aussi et quoiqu'il n'eût à faire que de fausses attaques, il a enlevé des postes ennemis et fait des prisonniers.

Plusieurs partis ennemis ont leur retraite coupée, et sans doute nous les aurons.

Encore quelques affaires comme celles d'aujourd'hui et la République aura triomphé des tyrans.

Salut et fraternité.

BERTHELMY.

Cette lettre montre que ni le chef d'état-major, ni Houchard ne concevaient la poursuite à la manière de Napoléon ou suivant la doctrine actuelle qui veut que cette opération tactique succède immédiatement à la victoire, afin d'exploiter au maximum l'effet de démoralisation produit sur l'adversaire par la défaite. D'après Berthelmy, les conséquences de la bataille d'Hondtschoote pourraient bien, il est vrai, aboutir à l'intoxication de l'adversaire par le sel marin, mais il faudrait pour cela que York n'eût pas l'idée de lever le siège de Dunkerque. Quand de telles menaces sont basées sur une hypothèse d'après laquelle l'adversaire serait subitement frappé d'aliénation, on les doit considérer comme des gasconnades faciles, à la portée de toutes les intelligences.

Outre ces critiques relatives à la poursuite, il convient de relever l'erreur commise le 8 dans le choix du point d'attaque. C'est par là surtout que Houchard se montra, comme l'a écrit Ditfürth, « un chef d'armée très médiocre (1) ». Il est certain, en effet, que celui-ci eut tort

---

(1) « Dagegen zeigte er (Houchard) sich durch seinen Angriffsplan am 8 september als sehr mittelmässiger Heerführer. » Ditfürth, *loc. cit.*, page 122.

de diriger le gros de ses forces, c'est-à-dire le *corps de
bataille*, par la chaussée de Killem, sur le front même de
la ligne principale de défense occupée par Walmoden.
De la sorte, « il prenait le taureau par les cornes », au
lieu de chercher à tourner l'aile gauche des Hanovriens
par Leyzel et de menacer, ou peut-être même d'intercepter, grâce à cette manœuvre, la ligne de retraite de
Walmoden sur Furnes.

Carte n° 1

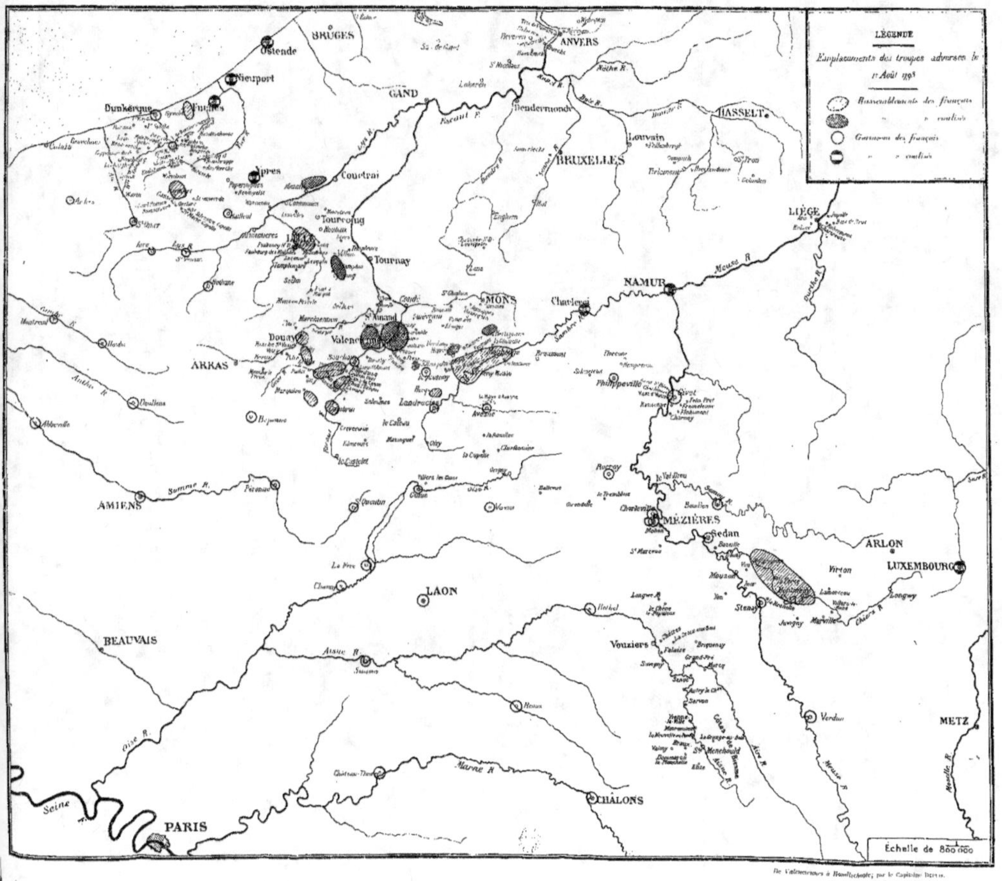

De Valenciennes à Hondtschoote; par le Capitaine Dupuis.

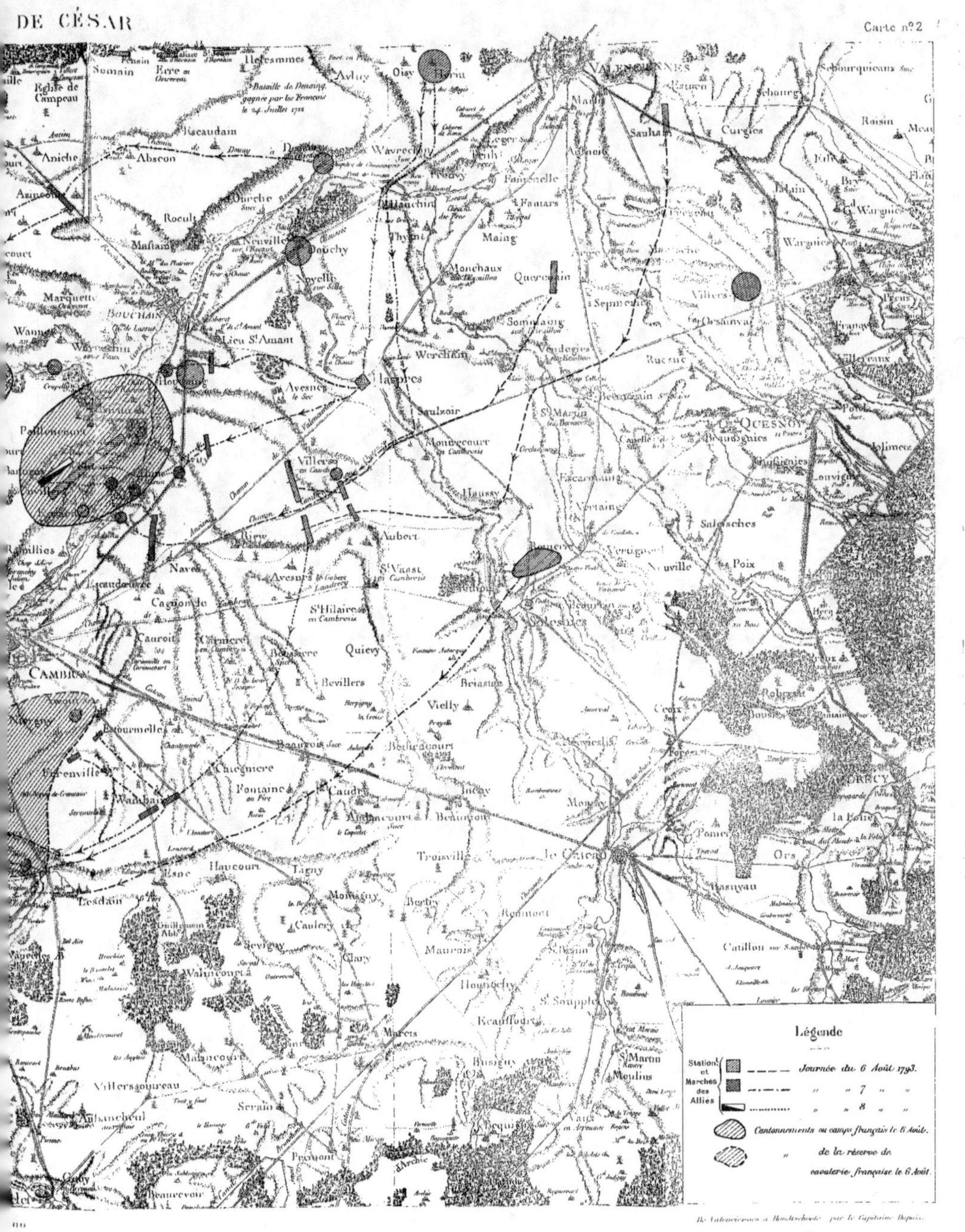
Légende

Stations et Marches des Alliés
Journée du 6 Août 1793.
"   " 7 "   "
"   " 8 "   "
Cantonnements ou camps français le 6 Août.
"   de la réserve de
cavalerie française le 6 Août.

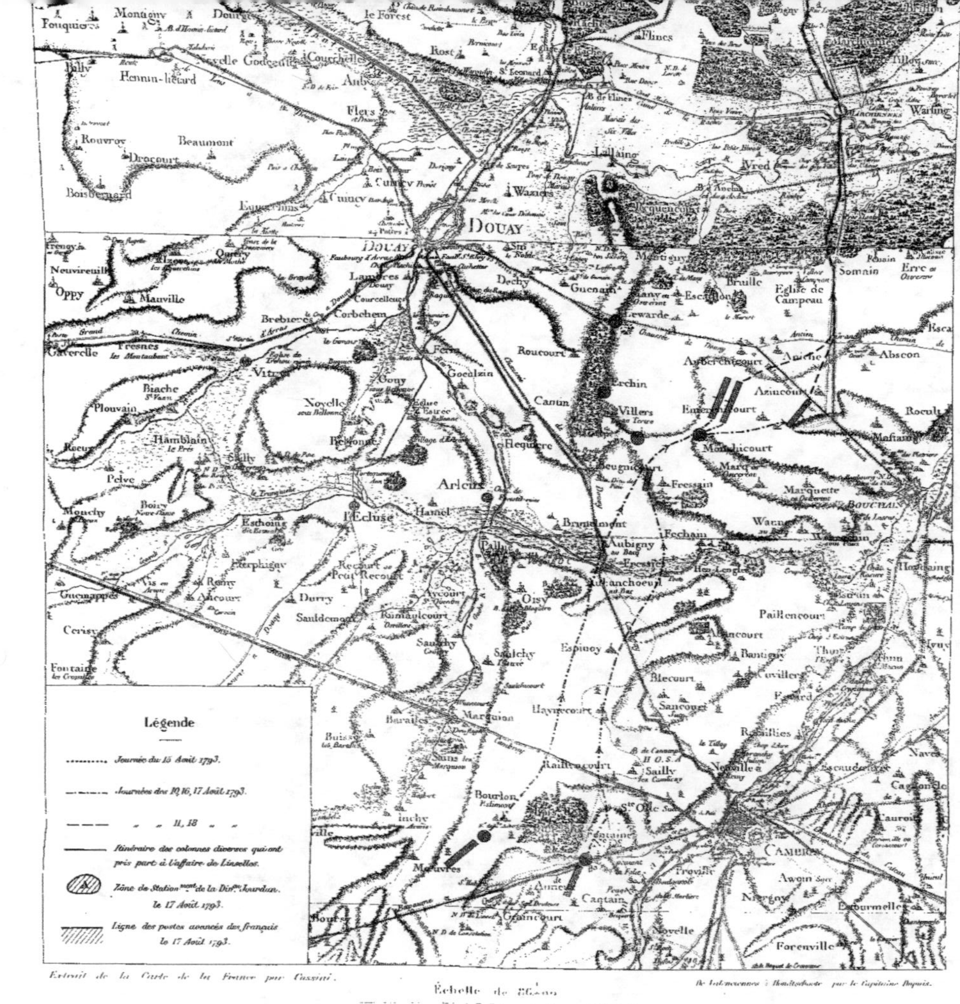

Légende
Journée du 15 Août 1793.
Journées des 15, 16, 17 Août 1793.
„   „   14, 18   „   „
Itinéraire des colonnes diverses qui ont pris part à l'affaire de Linselles.
Zône de Stationnement de la Division Jourdan le 17 Août 1793.
Ligne des postes avancés des français le 17 Août 1793.
Extrait de la Carte de la France par Cassini.
Échelle de 86,000

INVESTISSEMENT PARTIEL DE DUNKERQUE ET DE BERGUES
Carte n° 4
MER DU NORD
Echelle de 36400
Légende
Marche du 21.
" 20 et du 22.
" " 23.
Positions à la fin de ces marches.
Extrait de la Carte de la France par Cassini.
De Valenciennes à Hazebrouck par le Capitaine Dupuis.
Supplément au n° 58 de la Revue d'Histoire.

Échelle de 86400
De Valenciennes à Houtschoote par le Capitaine Dupuis.

FRANÇAISES PENDANT LES JOURNÉES D'HONDTSCHOOTE
Carte n° 7
Légende
Positions du 6 Sept.bre 1793 au matin
Marche   "   "   "
Positions   7   "   " au matin
Marche   "   "   "
Positions   8   "   " au matin
Marche   "   "   "
FURNES
Adinckerke
Buiscamp
CHATELLENIE
Wulveringhem
Vinchem
Houthem
FURNES
AMBACHT
Isenberghe
Hondtschoote
Hoghestade
Giverinckhove
Polvinckhove
Noordschoote
De Cnock
Killem
VEURN
St Edny Capelle
Eversam
Stavele
Oostvleteren
Bixschoote
Kellem Linde
Westvleteren
Zouitschoote
Oost Capel
Rousbrugghe
Crombecke
GENERALITE
Oestene
Poesynghe
Hambecke
Haringhe
DES HUIT
Proven
Elverdinghe
Houtkerck
Couthof
Woesten
Vlaemenghe
YPRES
Proven
POPERINGHE
GENERALITE
DES HUIT
St Laurent
Dickebusch
Reninghe
PAROISSES
Steenwoorde
Terdeghem
Godewaersvelde
Doorschepe
Westoutre
Wytschaete
St Silvestre Capel
Berten
Kemmel
Eecke
Commanderie de Caester
Locker
Denoutre
Wulverghem
Caester
Haute Fontaine
Vletere
Fletre
Nieukerke
Meteren
BAILLEUL
Pradelles
HAZEBROUCK
Strazeele
Merris
Crebbec
WARNETON
Outtersteene
De Valenciennes à Hondtschoote — par le Capitaine Dupuis.
Échelle de 86.400

HONDTSCHOOTE ET SES ABORDS

(D'après le plan cadastral actuel.)

Carte nº 8

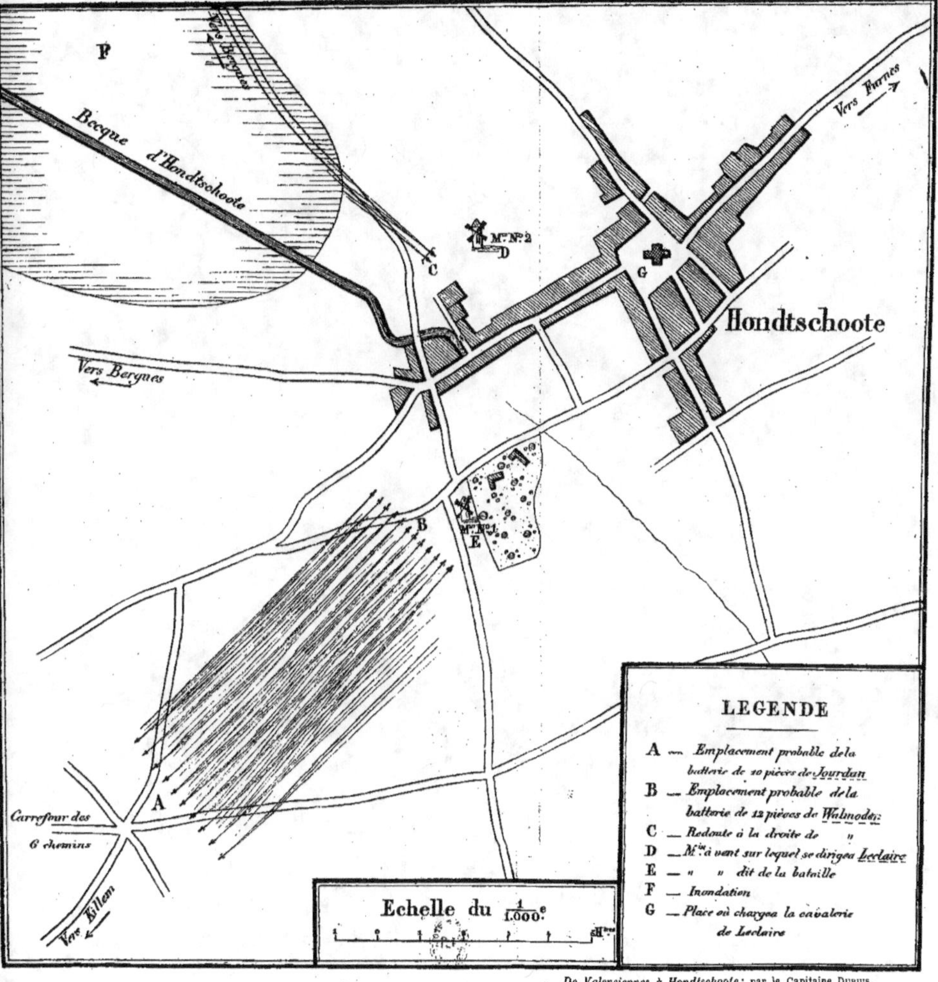

De Valenciennes à Hondtschoote; par le Capitaine DUPUIS.

définitif de nos armes, puisque tous les citoyens, répondant à l'appel de la Convention, viendraient bientôt se grouper autour des drapeaux avec la ferme volonté de chasser l'envahisseur ? En fait, il arriva que la Fortune, lasse de favoriser un parti qui dédaignait ses avances, passa décidément du côté français (1).

Mais si, laissant flotter ces rêves de liberté et de gloire, on se reporte en arrière pour rechercher dans cette étude du passé les responsabilités encourues, celles-ci apparaîtront clairement. Nous nous sommes du moins efforcé de situer dans les événements, et suivant l'importance du rôle qu'ils ont joué, à côté du soldat obscur toujours « généreux de son âme et de sa personne (2) », les généraux, représentants du peuple, commissaires exécutifs ou officiers auxquels les circonstances ont permis d'exercer une influence sur la conduite de la guerre. De même, l'ingérence de la Convention, du Comité de Salut public et du Ministre de la guerre dans la direction des opérations a été signalée à l'occasion, et nous avons, de notre mieux, mesuré ses conséquences. Enfin, l'examen des faits de guerre et l'analyse des documents ont été poussés assez loin pour que les qualités et les défauts du système militaire de la Révolution ressortissent d'eux-mêmes.

Qu'on nous permette cependant d'exprimer ici une opinion personnelle.

Si le mécanisme gouvernemental réussit, grâce à ce puissant générateur d'énergie humaine que fut le mouvement révolutionnaire, à provoquer en un temps

---

(1) « And Fortune, weary of a party which threw away the opportunities of receiving her favours, passed over to the other side. » *Journal de Calvert*, page 125.

(2) *L'Europe et la Révolution française*, tome III, page 511.

très court de nombreux actes de dévouement et d'abnégation parfois sublimes, il se trouva, par contre, incapable d'assurer le recrutement d'un cadre de généraux vraiment dignes de ce nom. Car, 'en définitive,
cette armée du Nord, deux fois plus forte numériquement que celle de l'adversaire et vivement stimulée
par les pouvoirs publics, ne tira qu'un parti fort
médiocre d'une situation stratégique particulièrement
favorable.

Cela provient, selon nous, de ce que l'armée comptait,
en 1793, trop peu d'officiers possédant à la fois l'expérience, l'instruction et l'éducation techniques nécessaires
à quiconque doit exercer le commandement supérieur.
Comme ces qualités s'acquièrent seulement avec l'aide
du temps et grâce à des efforts personnels méthodique-
ment ordonnés, la Terreur elle-même ne pouvait ni les
faire naître spontanément, ni les développer chez ceux
qui furent élevés trop vite aux plus hauts degrés de la
hiérarchie. Et ce fut précisément cette impuissance à
créer le talent, à *l'improviser*, qui rendit le gouvernement injuste à l'égard des chefs militaires, en l'ame-
nant à considérer comme une conséquence de leur mauvaise volonté ou de leur traîtrise ce qui était tout simplement le résultat de leur incapacité.

Ainsi, lorsque Houchard, arrêté le 20 septembre sous
l'inculpation de trahison, fut transféré à la Conciergerie,
il y trouva vingt-quatre généraux qui attendaient leur
mise en jugement (1). Or, nous avons montré d'autre
part, à l'aide de documents probants, que les erreurs
stratégiques ou tactiques de ce général en chef furent
toujours involontaires, on pourrait même dire imperson-

____

(1) Chuquet, *loc. cit.*, tome XI, page 333.

nelles, puisque chacune de ses décisions lui fut dictée par son entourage ou par un conseil de guerre.

C'est pourquoi, après avoir scruté les pensées intimes de Houchard pendant ce mois de lutte, après avoir reconnu que son patriotisme était sincère et son incompétence notoire, après avoir constaté enfin qu'il fut maintenu malgré lui dans son commandement, nous nous faisons un devoir de demander que la tache d'infamie, qui souille encore sa mémoire, soit à jamais effacée.

Ce désir équitable étant ainsi exprimé, il convient enfin d'opposer ici, à l'insuffisance technique du commandement français, les fautes des généraux adverses et de rappeler que les erreurs de ces derniers sont dues à des causes très différentes. Car les Cobourg, Freytag, Mack, etc., n'étaient pas novices et l'inexpérience du jeune duc d'York pouvait être corrigée par des conseillers autorisés. Tous pratiquèrent cependant une stratégie qu'il est trop facile de critiquer, tant elle est puérile. En effet, alors que la prise de Valenciennes et de Mayence, ainsi que les lacunes de notre organisation militaire, permettaient vraisemblablement aux alliés de venir, jusqu'à Paris, dicter leur volonté à la Convention, ceux-ci séparèrent leurs forces et les immobilisèrent à nouveau. Mais, en agissant ainsi, les chefs militaires des coalisés obéissaient aux ordres de leurs gouvernements respectifs qui désiraient retirer de cette guerre des avantages particuliers et immédiats.

Ce fut donc la divergence des vues politiques de nos adversaires qui entraîna l'écartement des lignes d'opérations de leurs armées, et la distance qui sépare Mayence du Quesnoy et le Quesnoy de Dunkerque est une mesure concrète de cette différence d'intérêts que l'Angleterre, l'Autriche et la Prusse cherchaient à dissimuler. On aperçoit ainsi le défaut capital du système de guerre des coalitions formées contre la France à la fin du XVIIIᵉ siècle et au début du XIXᵉ, et l'on comprend par là que Bonaparte ait pu répéter avec un égal succès, contre des ennemis si longtemps incorrigibles, sa fameuse manœuvre dite *en lignes intérieures*.

Il n'est pas douteux que, en 1793 particulièrement, cette aberration des diplomates fut une des causes principales du salut de la France.

TABLE DES MATIÈRES

CHAPITRE III.

L'ÉTAT POLITIQUE DE LA FRANCE DANS SES RAPPORTS AVEC LA SITUATION MILITAIRE.

Pages.

TITRE II

Les opérations proprement dites.

CHAPITRE IV.

GENÈSE DU PLAN D'OPÉRATIONS, PRÉCÉDÉE D'UN APERÇU SUR LA SITUATION STRATÉGIQUE ET DIPLOMATIQUE.

CHAPITRE V.

L'AFFAIRE DU CAMP DE CÉSAR (CARTE N° 2).

CHAPITRE VI.

L'ARMÉE DITE DU CAMP DE CÉSAR S'INSTALLE AU CAMP DE BIACHE ET YORK SE SÉPARE DE COBOURG.

CHAPITRE VII.

CHAPITRE VIII.

CHAPITRE IX

CHAPITRE X.

IIe PARTIE

L'offensive des Français.

TITRE III

La réorganisation de l'armée du Nord et des Ardennes.

CHAPITRE XI.

L'ARMÉE DU NORD REÇOIT DES RENFORTS.

CHAPITRE XII.

LA RÉFORME DE L'ARMÉE DU NORD.

TITRE IV

Les opérations proprement dites.

CHAPITRE XIII.

LES OPÉRATIONS AUTOUR DE BERGUES ET DE DUNKERQUE DU 24 AOUT AU 5 SEPTEMBRE 1793 (CARTE N° 4).

III. — LA JOURNÉE DU 7 SEPTEMBRE.

IV. — LA JOURNÉE DU 8 SEPTEMBRE.

TABLE DES CARTES

Paris. — Imprimerie R. CHAPELOT et Cᵒ, 2, rue Christine.